JN457861

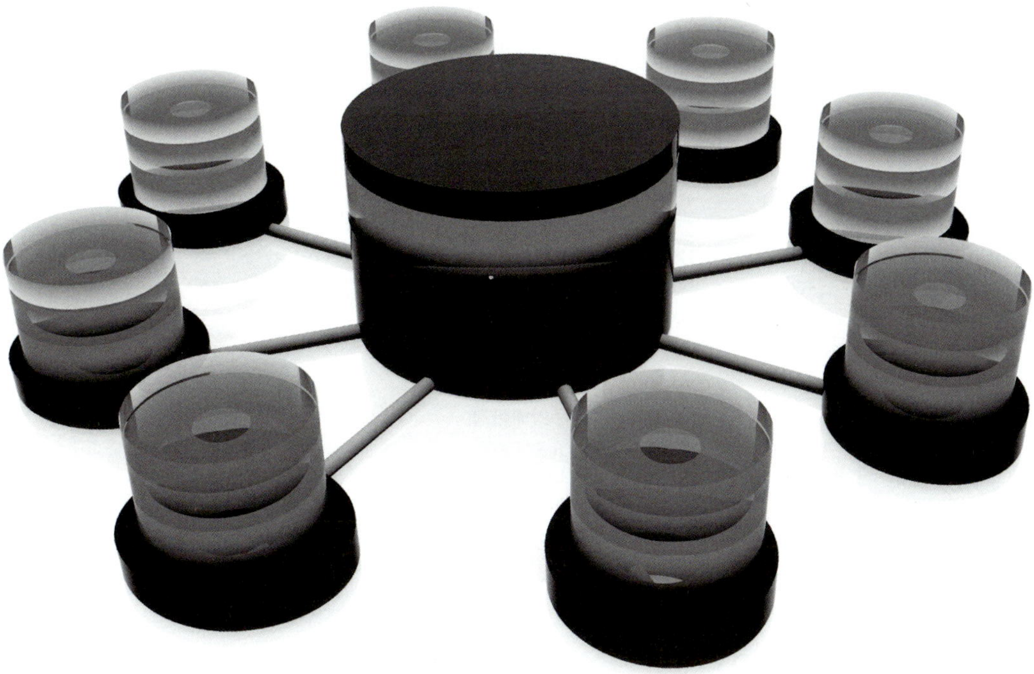

# 데이터베이스 개론과 SQL 실무

김은영 저

## MS SQL Server기반

- 쉬운 설명과 그림으로 데이터베이스 기본 개념 이해
- 다양한 예제를 통한 SQL 실무 습득
- 단원별 실습으로 실력 향상
- 초보자부터, 기본을 다지고 실력을 향상하려는 중급자를 위한 지침서
- 강의용 교재로 설계된 단원 구성

도서출판 홍릉

**저자소개**

## 김은영

- 컴퓨터 공학박사
- ㈜한국UNISYS
- 안산시 공공DB 자문위원

- 저서
  - ASP를 이용한 웹 프로그래밍
  - JSP를 이용한 웹서버 구축
  - 데이터베이스 이론과 ACCESS실습
  - C# 프로그래밍
  - 델파이
  - 비주얼베이직
  - 자바스크립트

# 데이터베이스 개론과 SQL 실무

**인　쇄**: 2019년 12월 10일 초판 1쇄
**발　행**: 2019년 12월 20일 초판 1쇄

**저　자**: 김은영
**발행인**: 송 준
**발행처**: 도서출판 홍릉
**주　소**: 01093 서울시 강북구 인수봉로 50길 10
**등　록**: 1976년 10월 21일 제5-66호

**전　화**: 02-999-2274~5
**팩　스**: 02-905-6729
**e-mail**: hongpub@hongpub.co.kr
http://www.hongpub.co.kr
**ISBN**: 979-11-5600-723-4(93000)

**정　가**: 26,000원

저자와의 협의하에 인지생략

낙장 및 파본은 구입처나 본사에서 교환하여 드립니다.
판권 소유에 위배되는 사항(인쇄, 복제, 제본)은 법에 저촉됩니다.

# 머리말

데이터베이스는 어렵다.

구조가 눈에 보이지 않고 개념과 관련 용어가 추상적이라서 더 어렵다. 하지만 IT 관련 업무를 이해하고 개발하려면 그 어떤 프로그래밍 언어를 사용한다고 하더라도 데이터베이스의 이해는 필수적이다. 게임, 모바일 어플, 웹, 업무용 S/W 등 거의 모든 프로그램에서 데이터베이스를 다루기 때문이다.

대부분의 데이터베이스를 다루는 책에서는 어려운 용어와 더불어 설명 또한 어렵게 되어 있다. 또한, 자료구조와 기본적인 프로그래밍 지식을 가지고 있어야 이해되는 내용들이 많이 있기 때문에 데이터베이스를 지금 막 시작하려는 초보자들은 몇 장만 넘기다 보면 책을 덮고 싶어진다.

이 책에서는,

데이터베이스 이론 내용에 있어서는 IT 관련해서 다른 지식을 가지고 있지 않은 사람도 충분히 이해할 수 있게 최대한 전문용어를 사용하지 않고 되도록 우리말로 풀어서 설명하였다.

또한, SQL 실무를 다루는 내용에서는 초보자를 위해서 SQL 첫 단원부터 차근차근 진행하다보면 어느새 고급 내용까지 습득할 수 있도록 하였고, 이미 SQL을 알고 있었던 중급자는 첫 단원부터 시작하지 않고 원하는 단원을 선택해서 보더라도 쉽게 이해하고 예제를 따라할 수 있도록 구성하였다.

각 단원별로 풍부한 예제를 통해 직접 실습해 볼 수 있도록 하였으며, 예제를 직접 테스트하기 위해 입력해야하는 SQL문을 최소로 하여 예제를 풀기 위한 준비 시간을 줄였다.

마지막으로 이 책은, 책의 내용을 처음 구상할 때부터 학생들을 강의하기 위한 교재로 사용하기 위해 단원과 예제, 그리고 실습 문제를 설계하였기 때문에 대학에서 한 학기 또는 두 학기 강의를 위한 교재로도 충분히 잘 활용할 수 있을 것으로 감히 권해본다.

# 차례

## CHAPTER 01 데이터베이스 개론



## CHAPTER 02 기본 SQL

차례

CHAPTER 03

## 제약조건 다루기



CHAPTER 04

## 함수

# 차례

차례

CHAPTER 06

## INSERT문에서 SELECT 사용하기



CHAPTER 07

## IDENTITY



CHAPTER 08

## VIEW

## 차례

CHAPTER 11

## 트리거(Trigger)



CHAPTER 12

## 인덱스



CHAPTER 13

## SQL Server Management System 이용하기



부록

CHAPTER 01

# 데이터베이스 개론

## 1.1 데이터베이스

데이터베이스는 여러 사람들이 공유하면서 동시에 사용할 수 있도록 데이터들을 모아서 저장해 놓은 것이다.

이때, 데이터들은 어떤 목적에 의해 수집된 것들이며 수집한 데이터들은 서로 충돌되거나 중복되지 않도록 체계적으로 통합하고 구조화 한 다음 저장되고 이런 상태가 유지될 수 있도록 관리된다.

### ■ 데이터베이스 관리시스템

데이터베이스를 관리하고 운영하는 소프트웨어를 데이터베이스 관리시스템(DataBase Management System : DBMS)이라고 한다.

데이터의 입력, 수정, 삭제, 조회 등을 지원하는 기본적인 기능이외에 데이터베이스에 저장되어 있는 데이터들을 항상 **무결성 상태**(이상이 없는 상태)로 유지할 수 있도록 관리하며, 흔히 줄여서 DBMS라고 한다.

### ■ 파일과 데이터베이스

일반 파일도 데이터를 모아서 저장해놓을 수 있는데, 데이터베이스와의 차이점은 일반 파일은 사용자가 단독으로 사용할 수 있는 반면, 데이터베이스에 저장된 데이터는 DBMS 관리 하에 동시에 여러 사용자가 접근할 수 있다는 점이다.

데이터베이스 관리시스템이 나오기 이전에는, 데이터를 파일 형태로 관리하면서, 데이터 사용자의 요구사항에 맞게 각 개별 응용 프로그램에 따라 데이터 파일을 처리하였다.

이때는 데이터 파일별로 동일 데이터가 중복 관리되며 파일별로 불일치하는 등의 여러 문제가 있었다.

이러한 파일 시스템의 문제를 해결하면서 데이터의 정확성 및 동시성, 다양한 사용자들의 동시접속, 권한관리, 데이터의 복구, 백업 등 데이터에 대한 통합적 관리를 위하여 **데이터베이스 관리시스템**(DBMS)이 나오게 되었다.

사용자는, DBMS를 통하여 데이터베이스를 이용하게 된다.

애플리케이션(사용자)과 데이터베이스 간의 중재자로서, 사용자가 애플리케이션을 통해서 데이터베이스에 데이터관련 요청을 하면, DBMS는 이 요구사항을 분석하고, 사용자의 요청사항에 따라서 데이터베이스의 관련 데이터를 조작한다.

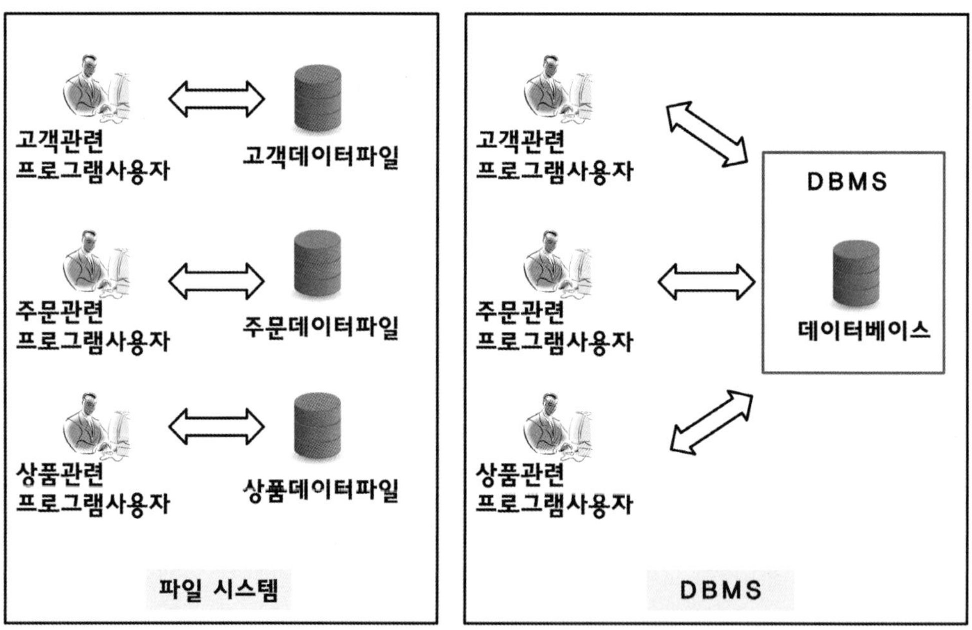


데이터베이스에 저장된 데이터 성격을 다음과 같이 정의한다.

- 특정 저장소에 저장해 두기 때문에 **저장 데이터**(Stored Data)
- 중복된 데이터를 최대한 가려내는 작업을 통해서 저장하기 때문에 **통합 데이터**(Intergrated Data)

- 어떤 목적에 의해 데이터를 수집할 때, 해당 목적과 고유 기능을 수행하기 위해 반드시 필요하고 유지해야하는 데이터들을 선별해서 저장해 놓기 때문에 **운영 데이터**(Operational Data)
- 여러 사용자에 의해서 동시 접근할 수 있기 때문에 **공용 데이터**(Shared Data)

## ■ 관계형 데이터베이스(Relational DataBase)

현재 일반적으로 사용하는 데이터베이스의 형태이다.

데이터베이스에 데이터를 저장할 때 특정 목적에 필요한 데이터들을 하나의 **테이블형태**로 저장한다.

이렇게 저장된 여러 개의 테이블들은 **관계**가 있는 테이블들끼리 서로 연결되어 있는 구조로 운영된다.

쇼핑몰을 예로 들면, 〈고객〉에 대한 정보를 담은 테이블과 〈상품〉에 대한 정보를 담은 테이블이 있고, 고객이 상품을 주문할 때, 이 주문 정보를 담은 〈주문〉 테이블이 있을 수 있다. 〈주문〉 테이블과 〈고객〉 테이블 간에는 〈고객id〉로 연결되어 있고 〈주문〉 테이블과 〈상품〉 테이블 간에는 〈상품id〉로 연결된다.

**고객 테이블**

| 고객id | 고객명 | 연락처 |
|---|---|---|
| 1 | 김철수 | 01012345678 |
| 2 | 안영희 | 01023456789 |
| ... | | |
| 99 | 나정희 | 01098765432 |

**상품 테이블**

| 상품id | 상품명 | 판매가격 |
|---|---|---:|
| P1 | 라면 | 1000 |
| P2 | 생수 | 500 |
| ... | | |
| P99 | 햇반 | 2000 |

**주문 테이블**

| 고객id | 상품id | 주문일 | 주문량 |
|---|---|---|---:|
| 2 | P1 | 20/03/03 | 10 |
| 2 | P2 | 20/03/05 | 5 |
| ... | | | |
| 99 | P1 | 20/03/05 | 10 |

### ■ 테이블(table)

**열**(Column)과 **행**(Row)으로 구성된 형태이며 **릴레이션**(Relation)이라고도 한다.

일반적으로 표를 작성할 때 첫 줄에는 각 칸에 들어갈 값이 어떤 값인지를 알려주는 이름표를 적는데, 같은 의미로 테이블의 첫 행에는 어떤 데이터를 저장할 것인지 보여주는 데이터의 이름표(열 이름표)가 있다고 생각할 수 있다.

**열, 컬럼(Column), 필드(Field), 속성(Attribute)**

| 고객id | 상품id | 주문일 | 주문량 |
|---|---|---|---|
| | | | |
| | | | |
| 2 | P2 | 20/03/05 | 5 |

**행, 로우(Row), 레코드(Record), 튜플(Tuple)**

## 1.2 데이터베이스 디자인

많은 사용자가 공유하면서 서로 다른 목적으로 데이터베이스를 사용할 때 데이터는 이상이 없는(**데이터 무결성**) 정확한 값이어야 한다.

데이터베이스는 이러한 상태(**데이터 무결성 상태**)를 유지하기 위해 계속 데이터의 동작을 감시하고 관리한다.

하지만, 처음부터 데이터에 문제가 있는 상태로 저장된다면 DBMS가 아무리 관리를 잘 한다고 해도 데이터의 무결성을 보장할 수 없다.

따라서, 데이터베이스를 잘 설계하는 것은 무엇보다 중요한 일이며 많은 시간이 소모된다.

데이터베이스를 디자인 하는 절차에 대해서 알아본다.

## ■ 데이터의 용도 결정

디자인하려는 데이터가 왜 필요한지 어떤 용도로 사용될 것인지 나열한다.

예를 들어, 고객의 데이터는 메일을 보내고 고객별 등급을 관리하기 위해 필요하며 상품 데이터는 재고 파악과 상품 정보관리를 위해 필요하다는 등과 같이 간단히 적을 수 있다.

또한, 데이터가 여러 사람에 의해 사용된다면 사용하는 사람들 모두가 필요한 내용을 적고, 여러 가지 다양한 용도로 사용될 계획이라면 용도별로 작성한다.

데이터의 용도를 결정할 때 데이터를 사용할 업무의 목표를 참고하고 어떻게 사용할 것인지에 대한 방법도 고려한다면 정리하기가 쉬워진다.

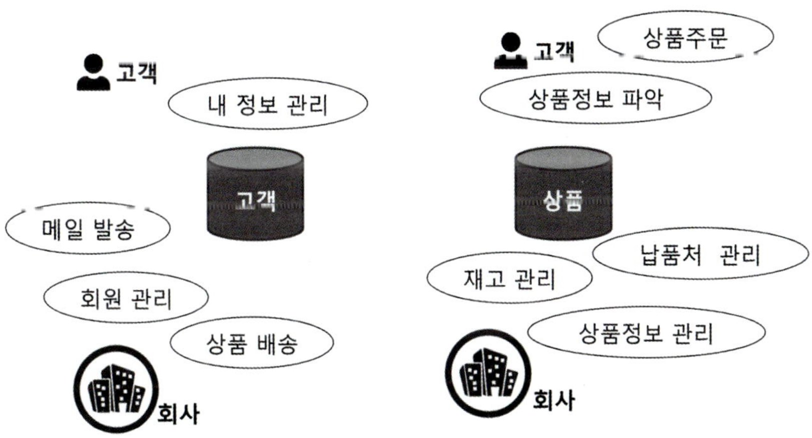


## ■ 필요한 항목의 나열

각 데이터에는 어떤 내용을 담을 것인지 나열한다.

예를 들어, 고객 데이터에 어떤 내용을 포함할 것인지를 정하는데, 이름, 주소, 연락처 등을 나열하는 작업이다.

이때 기존에 고객관련 문서가 있었다면 문서에 어떤 항목들이 있었는지 파악하는 것이 먼저이다.

그리고 나서 문서에 있는 항목 중에 필요하지 않은 항목은 버리고 기존 문서에는 없었지만 새롭게 필요해진 내용을 찾아서 추가한다.

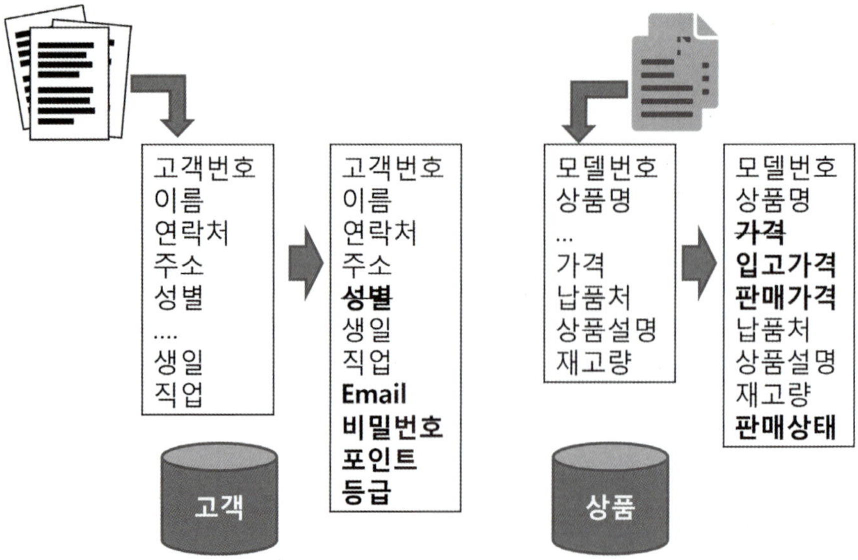


## ■ 데이터를 테이블로 구분

정보를 주요 항목이나 주제로 분류한다. 예를 들어 〈상품〉이나 〈고객〉등으로 정보 항목을 나눌 수 있다.

정보 항목을 열로 설정하고 각 테이블에 저장할 정보를 결정한다.

각 항목은 테이블의 열로 표시된다.

예를 들어, 〈고객〉에서 〈고객번호〉정보는 〈고객id〉열로 결정할 수 있다.

테이블에 포함할 열들이 모두 정의 되면 각 테이블의 기본 키를 선택한다.

기본 키는 각 행을 **고유하게 식별**하는 데 사용 되는 열이다.

즉, 기본 키 값을 조건으로 검색하면 검색되는 행이 아예 없거나, 있으면 1행만 검색 되어야 한다.

〈상품id〉 또는 〈고객id〉를 예로 들 수 있다.

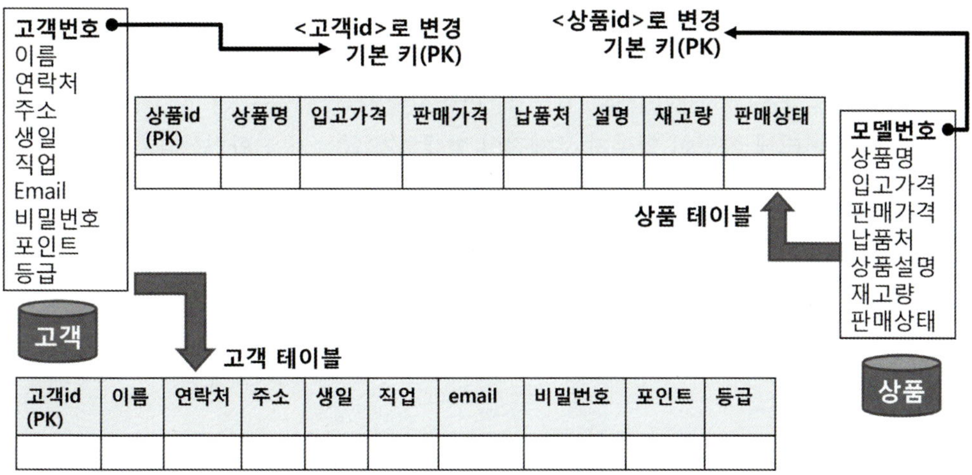


## ■ 테이블 관계 설정

각 테이블을 살펴보고 한 테이블의 데이터와 다른 테이블의 데이터 간의 관계를 결정한다.

테이블에 필드(열)를 추가 하거나 필요에 따라 관계가 명확하도록 새 테이블을 만들 수 있다.

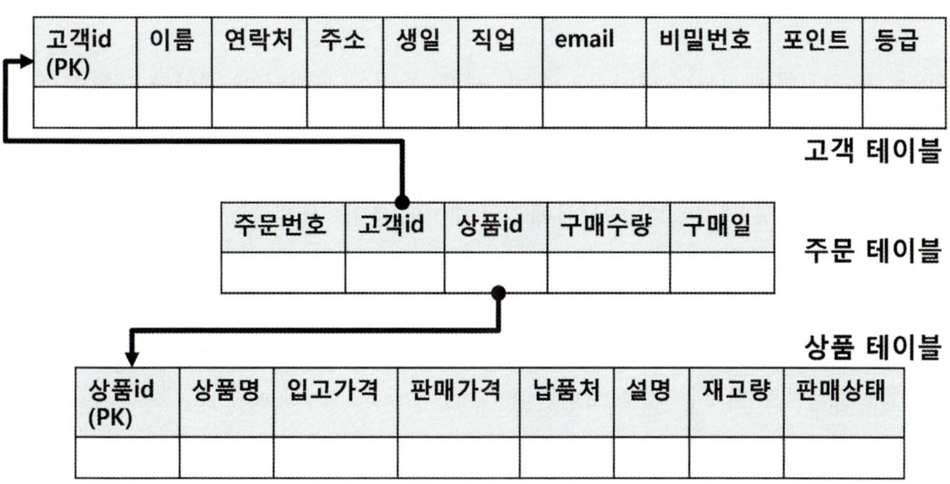

## ■ 디자인 다듬기

오류에 대한 디자인을 분석한다.

테이블을 만들고 샘플 데이터를 입력한 다음, 〈삭제〉, 〈추가〉, 〈수정〉등의 작업을 실행해서 데이터에 이상이 없는지 문제점이 발생하지 않는지를 확인한다.

이런 테스트를 통해 테이블 구조를 변경한다.

이때, 새로운 테이블을 만들 수도 있다.

# 1.3 데이터 정규화

설계한 테이블의 구조가 올바른지 확인하려면 데이터 정규화 규칙을 적용한다.

관계형 데이터베이스를 디자인할 때 데이터의 중복을 최소화하도록 데이터를 구조화하는 처리 절차를 **정규화**(Normalization)라고 한다.

정규화의 **기본 목표**는 테이블 간에 관계를 재구성하여 작고 잘 조직된 관계를 생성하는 것에 있다.

이렇게 정규화 된 테이블의 데이터는 추가, 삭제, 수정이 실행될 때 데이터 간에 불일치하거나 이상이 발생하거나 실행 상에 문제가 없게 된다.

다음 그림은 정규화 되지 않은 테이블에서의 데이터 추가, 삭제, 수정에 문제가 발생할 수 있는 상황을 보여주며 정규화가 왜 필요한지 알 수 있다.

일반적으로 정규화란 크고, 제대로 조직화되지 않은 테이블들과 관계들을 작고 잘 조직된 테이블과 관계들로 나누는 것을 포함한다.

정규화 과정은 제 1 정규화(1NF)부터 제 6 정규화(6NF) 까지 정의되었는데, 일반적으로 데이터베이스 테이블이 제 3 정규화(3NF)가 되었으면 정규화 되었다라고 한다.

| 강좌코드(PK) | 강좌명 | 강사명 | 연락처 | 주소 |
|---|---|---|---|---|
| E1 | 영어회화 | 홍철수 | 01023456789 | 서울 서초구 반포로10 |
| E2 | 영어독해 | 홍철수 | 01023456789 | 서울 서초구 반포로10 |
| J1 | 일본어 | 박영희 | 01044445555 | 안양시 동안구 23번지 |
| C1 | 중국어회화 | 박길수 | 01089896767 | 세종시 도움로 15 |

**DELETE** **강좌 J1 폐강으로 데이터 삭제->강사에 대한 정보도 없어짐**

**UPDATE** **홍철수의 주소 변경->**
**모두 변경하지 않으면 불일치 한 데이터 남아있음**

**INSERT** **아직 강좌를 배정받지 못한 강사에 대해서는 추가 불가**

## ■ 제 1 정규 형

테이블의 모든 행에서 컬럼(열)의 값은 1개만 있어야 한다.

테이블의 모든 컬럼(열)이 **원자 값**(Atomic Value)을 가질 때 제 1 정규 형이라고 한다.

정규화 결과로 행의 수가 증가될 수 있다.

**수강생정보 테이블**

| 번호 | 이름 | 수강과목 | 연락처 | 주소 |
|---|---|---|---|---|
| S1 | 김철수 | DB,JAVA | 01023456789 | 서울 서초구 반포로10 |
| S2 | 박영희 | SQL | 01056782345 | 인천시 남동구 110 |
| S3 | 강기동 | JSP,DB | 01044445555 | 안양시 동안구 23번지 |
| S4 | 이철희 | SQL | 01089896767 | 세종시 도움로 15 |

| 번호 | 이름 | 수강과목 | 연락처 | 주소 |
|---|---|---|---|---|
| S1 | 김철수 | DB | 01023456789 | 서울 서초구 반포로10 |
| S1 | 김철수 | JAVA | 01023456789 | 서울 서초구 반포로10 |
| S2 | 박영희 | SQL | 01056782345 | 인천시 남동구 110 |
| S3 | 강기동 | JSP | 01044445555 | 안양시 동안구 23번지 |
| S3 | 강기동 | DB | 01044445555 | 안양시 동안구 23번지 |
| S4 | 이철희 | SQL | 01089896767 | 세종시 도움로 15 |

## ■ 제 2 정규 형

2차 정규 형은 테이블의 모든 컬럼(열)이 **완전 함수적 종속**을 만족하는 것이다.

어떤 열의 값을 조건으로 또 다른 열을 검색할 때 한 개 값만 검색 된다면 완전 함수적 종속관계를 만족한다고 할 수 있다.

다음 〈성적〉테이블에 있는 열 들을 분석해보자.

| 학번 | 이름 | 과목코드 | 과목명 | 학점 |
|---|---|---|---|---|
| 201 | 김철수 | C1 | DB | A |
| 201 | 김철수 | C3 | JAVA | B |
| 212 | 박영희 | C2 | SQL | B |
| 221 | 강기동 | C1 | DB | C |
| 221 | 강기동 | C2 | SQL | B |
| 231 | 이철희 | C3 | JAVA | B |

〈학번〉을 알고 있고 이 값을 조건으로 검색했을 때 1개 값을 반환하는 열은 〈이름〉이다. 따라서 〈학번〉과 〈이름〉은 완전 함수적 종속관계에 있다고 할 수 있다.

함수적 종속관계에서 〈학번〉을 결정자(Determinant)라고 하며 〈이름〉을 종속자(Dependent)라고 한다.

학번이 "201"이면 이름은 "김철수"
학번이 "221"이면 이름은 "강기동"

그러나 〈학번〉값 조건으로 검색했을 때 〈과목코드〉는 여러 값이 반환될 수 있기 때문에 〈학번〉과 〈과목코드〉와는 완전 종속관계에 있지 않다.

학번이 "231"이면 과목코드는 "C3"
학번이 "201"이면 과목코드는 "C1"과 "C3"

또한, 〈과목명〉은 〈학번, 과목코드〉 2가지 값 조건으로 검색하면 1개 값을 반환하지만 〈학번, 과목코드〉에서 〈과목코드〉만을 조건으로 검색해도 1개 값만을 반환하므로 이렇게 부분적으로 종속 관계가 만족할 경우에는 〈학번〉과 〈과목코드〉는 분리해야 한다.

학번과 과목코드가 "201, C1"이면 과목코드는 "DB"
과목코드가 "C1"이면 과목코드는 "DB"

그리고 〈학번, 과목코드〉 2가지 값 조건으로 검색했을 때 〈학점〉은 1개 값을 반환하므로, 〈학번, 과목코드〉와 〈학점〉은 완전 종속관계를 만족한다.

학번과 과목코드가 "201, C1"이면 학점은 "A"
학번과 과목코드가 "231, C3"이면 학점은 "B"

이런 과정을 통해서 다음과 같은 새로운 테이블을 설계할 수 있다.

먼저, 〈학번〉에 완전히 종속적인 컬럼(열)을 찾아보면 〈이름〉이 해당된다. 따라서 〈학번〉과 〈이름〉으로 구성된 테이블 1개를 추가한다.

<학번>, <이름>

그리고, 〈학번, 과목코드〉를 분리해야 하므로 〈과목코드〉와 〈과목코드〉에 완전히 종속적인 〈과목명〉을 포함하는 테이블 1개를 만든다.

<과목코드>, <과목명>

마지막으로, 〈학번, 과목코드〉에 종속적인 〈학점〉을 포함하는 테이블을 만든다.

<학번>, <과목코드>, <학점>

이 정규화 과정을 통하면 1개의 〈성적〉테이블이 3개의 테이블로 분할된다.

**성적 테이블**

| 학번 | 이름 | 과목코드 | 과목명 | 학점 |
|---|---|---|---|---|
| 201 | 김철수 | C1 | DB | A |
| 201 | 김철수 | C3 | JAVA | B |
| 212 | 박영희 | C2 | SQL | B |
| 221 | 강기동 | C1 | DB | C |
| 221 | 강기동 | C2 | SQL | B |
| 231 | 이철희 | C3 | JAVA | B |

| <>을 알면 -> <>을 알 수 있다. |
|---|
| <학번> -> <이름><br>~~<학번,과목코드> -> <과목명>~~<br><과목코드> -> <과목명><br><학번,과목코드> -> <학점> |

**학생 테이블**

| 학번 | 이름 |
|---|---|
| 201 | 김철수 |
| ~~201~~ | ~~김철수~~ |
| 212 | 박영희 |
| 221 | 강기동 |
| ~~221~~ | ~~강기동~~ |
| 231 | 이철희 |

**과목 테이블**

| 과목코드 | 과목명 |
|---|---|
| C1 | DB |
| C3 | JAVA |
| C2 | SQL |
| ~~C1~~ | ~~DB~~ |
| ~~C2~~ | ~~SQL~~ |
| ~~C3~~ | ~~JAVA~~ |

**성적 테이블**

| 학번 | 과목코드 | 학점 |
|---|---|---|
| 201 | C1 | A |
| 201 | C3 | B |
| 212 | C2 | B |
| 221 | C1 | C |
| 221 | C2 | B |
| 231 | C3 | B |

## ■ 제 3 정규 형

3차 정규화는 관계형 데이터 모델에서 기본 키 이외의 컬럼(열)들 간에 **함수적 종속성** (Dependency)을 가지지 않도록 정리하는 절차이다.

기본 키로 정의된 컬럼(열)이외의 컬럼(열)들 사이에 함수적 종속성이 있는지 확인해서 제거한다.

다음 〈사원〉테이블에 있는 열 들을 분석해보자.

| 사번(PK) | 이름 | 팀명 | 팀내선번호 |
|---:|---|---|---:|
| 912 | 김철수 | 개발팀 | 912 |
| 921 | 박길동 | 자재팀 | 913 |
| 913 | 심영희 | 인사팀 | 915 |
| 914 | 최영수 | 인사팀 | 915 |
| 985 | 강철희 | 기획팀 | 917 |
| 986 | 이길수 | 개발팀 | 912 |

〈사번〉이 기본 키(Primary Key)이고 〈팀명〉은 〈사번〉에 종속되어 있다.

그러나 〈팀내선번호〉는 기본 키가 아닌 〈팀명〉에 완전한 함수적 종속관계를 가지고 있는 것을 볼 수 있다.

사번이 "912"이면 팀명은 "개발팀"
팀명이 "개발팀"이면 팀내선번호는 "912"

따라서, 먼저, 기본 키가 아닌 〈팀명〉과 〈팀명〉에 완전한 함수적 종속관계를 가지고 있는 〈팀내선번호〉를 포함하는 새로운 테이블로 만든다.

<팀명>, <팀내선번호>

| <>을 알면 -> <>을 알 수 있다. |
|---|
| <사번> -> <팀명><br>~~<팀명> -> <팀내선번호>~~ |

**사원 테이블**

| 사번(PK) | 이름 | 팀명 | 팀내선번호 |
|---|---|---|---|
| 912 | 김철수 | 개발팀 | 912 |
| 921 | 박길동 | 자재팀 | 913 |
| 913 | 심영희 | 인사팀 | 915 |
| 914 | 최영수 | 인사팀 | 915 |
| 985 | 깅칠희 | 기획팀 | 917 |
| 986 | 이길수 | 개발팀 | 912 |

**사원 테이블**

| 사번(PK) | 이름 | 팀명 |
|---|---|---|
| 912 | 김철수 | 개발팀 |
| 921 | 박길동 | 자재팀 |
| 913 | 심영희 | 인사팀 |
| 914 | 최영수 | 인사팀 |
| 985 | 강철희 | 기획팀 |
| 986 | 이길수 | 개발팀 |

| 팀명 | 팀내선번호 |
|---|---|
| 개발팀 | 912 |
| 자재팀 | 913 |
| 인사팀 | 915 |
| ~~인사팀~~ | ~~915~~ |
| 기획팀 | 917 |
| ~~개발팀~~ | ~~912~~ |

**팀정보 테이블**

| 팀명 | 팀내선번호 |
|---|---|
| 개발팀 | 912 |
| 자재팀 | 913 |
| 인사팀 | 915 |
| 기획팀 | 917 |

# CHAPTER 02 기본 SQL

SQL(Structured Query Language)은 관계형 데이터베이스 관리시스템(RDBMS)의 데이터를 관리하기 위해 설계된 특수 목적의 프로그래밍 언어이다.

관계형 데이터베이스 관리시스템에서 데이터를 검색하고 관리하며 데이터베이스 스키마를 생성 하고 수정하는 것을 포함한 데이터베이스 관리를 위해 사용된다.

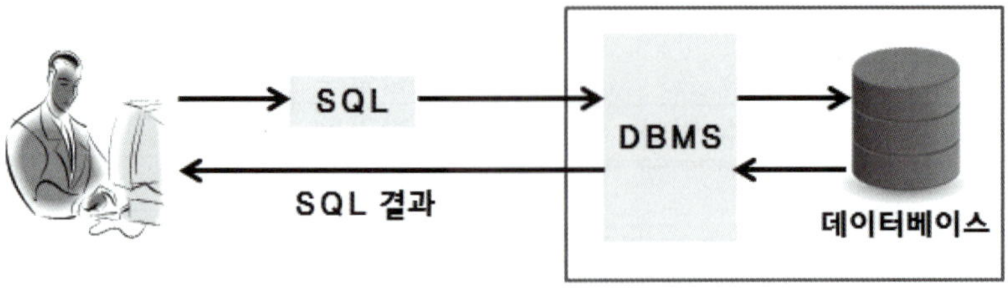


이 단원에서는 SQL의 기본 구문들에 대해서 설명한다.

## 2.1 테이블 만들기

먼저, 테이블을 작성할 데이터베이스를 지정한다.

```
USE 데이터베이스이름;
```

만일, 기존의 데이터베이스를 사용하지 않고 새로운 데이터베이스를 만들려면 다음의 SQL문을 실행한다.

```
CREATE DATABASE 데이터베이스이름;
```

데이터베이스를 만들면 두 개 파일이 SQL 기본 경로에 만들어진다. 실제 데이터가 들어가는 파일과 데이터베이스에 대한 작업내용을 기록하는 로그파일이다.

데이터베이스를 만들 때 데이터베이스 파일의 위치를 직접 지정하려면 개체 탐색기를 이용해서 다음과 같이 작업한다.

1. 〈개체 탐색기〉 창에서 〈데이터베이스〉항목에 마우스 오른쪽 버튼을 클릭한 다음, 메뉴 중에서 〈새 데이터베이스〉메뉴를 선택한다.

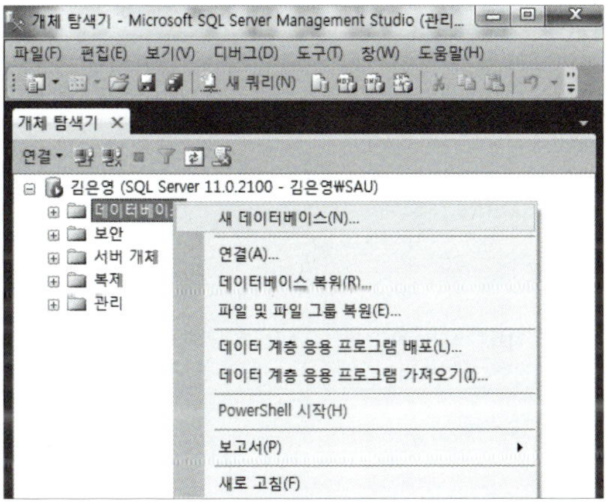


2. 데이터베이스 이름을 입력하고 데이터베이스가 위치할 경로를 지정한다.

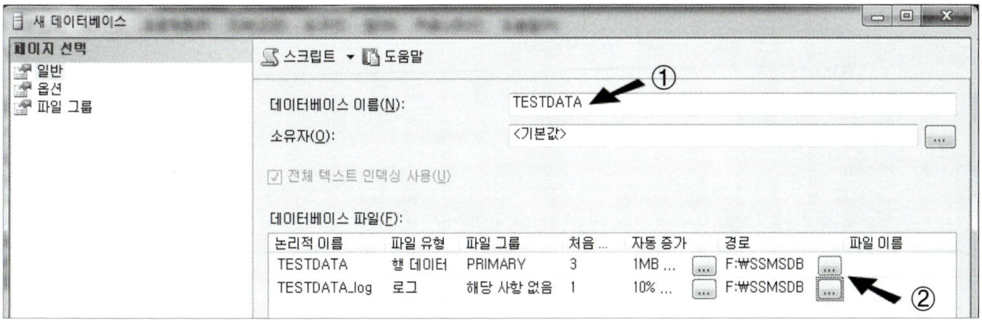


테이블을 만들려면 테이블의 이름과 테이블에 있는 각 열의 이름 및 데이터 형식을 정의해야한다.

테이블을 작성하는 SQL문은 다음과 같다.

```
CREATE TABLE 테이블이름
    (열이름1 데이터유형 제약조건,
     열이름2 데이터유형 제약조건,
     ...
     열이름n 데이터유형 제약조건);
```

만든 테이블의 구조를 확인하려면 시스템 프로시저 sp_help를 실행한다.

```
EXEC sp_help 테이블이름
```

**예제** CREATE TABLE

```
create database TestData;
USE TestData;
CREATE TABLE test(
 id int PRIMARY KEY NOT NULL,
 name NCHAR(6),
 birthday DATE)
EXEC sp_help  test;
```

결과 | 메시지

| | Name | Owner | Type | Created_datetime |
|---|---|---|---|---|
| 1 | test | dbo | user table | 2019-08-20 20:41:52.640 |

| | Column_name | Type | Computed | Length | Prec | Scale | Nullable | TrimTrailingBlanks | FixedLenNullInSource | Collation |
|---|---|---|---|---|---|---|---|---|---|---|
| 1 | id | int | no | 4 | 10 | 0 | no | (n/a) | (n/a) | NULL |
| 2 | name | nchar | no | 12 | | | yes | (n/a) | (n/a) | Korean_Wansung_CI_AS |
| 3 | birthday | date | no | 3 | 10 | 0 | yes | (n/a) | (n/a) | NULL |

| | Identity | Seed | Increment | Not For Replication |
|---|---|---|---|---|
| 1 | No identity column defined. | NULL | NULL | NULL |

| | RowGuidCol |
|---|---|
| 1 | No rowguidcol column defined. |

| | Data_located_on_filegroup |
|---|---|
| 1 | PRIMARY |

| | index_name | index_description | index_keys |
|---|---|---|---|
| 1 | PK__test__3213E83F1C1D2798 | clustered, unique, primary key located on PRIMARY | id |

| | constraint_type | constraint_name | delete_action | update_action | status_enabled | status_for_replication | constraint_keys |
|---|---|---|---|---|---|---|---|
| 1 | PRIMARY KEY (clustered) | PK__test__3213E83F1C1D2798 | (n/a) | (n/a) | (n/a) | (n/a) | id |

## 2.1.1 데이터유형

데이터유형으로 지정할 수 있는 종류는 크게 정수형, 소수점 숫자형, 문자형 그리고 이진 문자열과 유니코드 문자열, 그리고 날짜 및 시간유형과 통화 유형 등이 있다.

### ① 정수형

| 데이터 형식 | 값의 범위 | 길이 |
|---|---|---|
| bigint | -2^63(-9,223,372,036,854,775,808)<br>~ 2^63-1(9,223,372,036,854,775,807) | 8바이트 |
| int | -2^31(-2,147,483,648) ~ 2^31-1(2,147,483,647) | 4바이트 |
| smallint | -2^15(-32,768) ~ 2^15-1(32,767) | 2바이트 |
| tinyint | 0 ~ 255 | 1바이트 |

### ② 소수점 숫자형

| 데이터 형식 | 설명 |
|---|---|
| decimal[(전체자릿수[ ,소수자릿수])<br>numeric[(전체자릿수[ ,소수자릿수]) | • 전체자릿수와 소수자릿수가 고정된 숫자 데이터 형식<br>• 전체자릿수는 1~38, 기본 값은 18. |
| float [ (비트수) ]<br>real | • 부동 소수점 숫자 데이터에 사용하는 근사 숫자 데이터 형식.<br>• real은 4바이트 길이이며 float(24)와 동일.<br>• float의 길이를 지정할 경우 1~53, 기본 값은 53 |

### ③ 문자열

| 데이터 형식 | 설명 | 길이 |
|---|---|---|
| char[(n)] | • n바이트 고정 길이의 문자 데이터.<br>• n은 1~8,000.<br>• n을 지정하지 않으면 기본 길이는 1. | n바이트 |
| varchar[(n)]<br>또는<br>varchar[(MAX)] | • 가변 길이의 문자 데이터. n은 1~8,000.<br>• MAX는 최대 저장소 크기가 2^31-1바이트.<br>• n을 지정하지 않으면 기본 길이는 1. | 실제 입력된 데이터의 길이 + 2바이트 |
| nchar[(n)] | • n자인 고정 길이 유니코드 문자 데이터.<br>• n은 1~4,000. | n바이트의 두 배 |
| nvarchar[(n)]<br>또는<br>nvarchar[(MAX)] | • 가변 길이 유니코드 문자 데이터.<br>• n은 1~4,000.<br>• MAX는 최대 저장소 크기가 2^31-1바이트. | 입력된 문자 수의 두 배 + 2바이트 |
| text | • 최대 길이가 2^31 - 1(2,147,483,647)자인 비유니코드 가변 길이 데이터. | 2,147,483,647바이트 |
| ntext | • 최대 길이가 2^30 - 1(1,073,741,823)자인 가변 길이 유니코드 데이터. | 입력된 문자 수의 두 배 |
| image | • 0~2^31-1(2,147,483,647)바이트의 가변 길이 이진 데이터. | |
| binary[(n)] | • n바이트 고정 길이 이진 데이터.<br>• n은 1~8,000. | n바이트 |
| varbinary[(n)]<br>또는<br>varbinary[(max)] | • 가변 길이 이진 데이터.<br>• n은 1~8,000.<br>• MAX는 최대 저장소 크기가 2^31-1바이트. | 입력된 실제 데이터 길이+ 2바이트 |

**유니코드**

각 나라별 언어를 모두 표현하기 위해 나온 코드 체계가 유니코드(unicode)다. 컴퓨터에서 세계 각국의 언어를 통일된 방법으로 표현할 수 있게 제안된 국제적인 문자 코드 규약인데, 데이터의 교환을 원활하게하기 위하여 문자 1개에 부여되는 값을 16비트로 통일하였다. 1문자당 영어는 7비트, 비영어는 8비트, 한글이나 일본어는 16비트의 값을 지니는데, 이를 모두 16비트로 통일하였다.

### ④ 시간과 날짜

| 데이터 형식 | 형식 | 범위 |
|---|---|---|
| time | hh:mm:ss[.nnnnnnn] | 00:00:00.0000000~23:59:59.9999999 |
| date | YYYY-MM-DD | 0001-01-01~9999-12-31 |
| smalldatetime | YYYY-MM-DD hh:mm:ss | 1900-01-01~2079-06-06 |
| datetime | YYYY-MM-DD hh:mm:ss[.nnn] | 1753-01-01~9999-12-31 |

### ⑤ 통화

| 데이터 형식 | 값의 범위 | 길이 |
|---|---|---|
| money | -922,337,203,685,477.5808 ~ 922,337,203,685,477.5807 | 8바이트 |
| smallmoney | - 214,748.3648 ~ 214,748.3647 | 4바이트 |

## 2.1.2 제약조건

각 열에서 NulL값의 혀용여부와 같은 제약조건들을 지정할 수 있는데 지정할 수 있는 제약조건은 다음과 같다.

### ① PRIMARY KEY 제약조건

테이블에서 다른 행과 구별할 수 있는 값을 가진 열을 지정한다.

즉, PRIMARY KEY로 지정된 열에서 어떤 데이터 값을 가진 행을 검색할 때 반드시 한 개만 검색되거나 검색되지 않아야 한다.

테이블에서 PRIMARY KEY 제약조건은 **한 번만** 정의 할 수 있다.

한 개 열에 PRIMARY KEY 제약조건을 지정할 수도 있지만 **여러 개 열**로 구성된 형태로 지정할 수도 있다.

PRIMARY KEY 제약조건 내에서 정의된 모든 열은 **반드시 NOT NULL**로 정의되어야 한다. NULL 허용 여부를 지정하지 않은 경우에는 PRIMARY KEY 제약조건에 참여하는 모든 열은 NOT NULL로 기본 설정된다.

**Primary key**
**모든 값은 유일(Unique)하다.**

| 컬럼1 | 컬럼2 | ... | 컬럼n |
|---|---|---|---|
| A | 10 | | F |
| B | 10 | | P |
| C | 15 | | F |

**컬럼1이 'B'인 데이터를 검색-〉 1건(Row) 검색됨**

| 컬럼1 | 컬럼2 | ... | 컬럼n |
|---|---|---|---|
| B | 10 | | P |

**컬럼2가 '10'인 데이터를 검색-〉 1건(Row)이상 검색됨**

| 컬럼1 | 컬럼2 | ... | 컬럼n |
|---|---|---|---|
| A | 10 | | F |
| B | 10 | | P |

### ② UNIQUE 제약조건

UNIQUE 제약조건을 사용하면 기본 키에 참여하고 있지 않은 특정 열에 중복 값이 입력되지 않도록 할 수 있다.

UNIQUE 제약조건과 PRIMARY KEY 제약조건 모두 **고유성**(중복없음)을 강제로 적용한다.

한 테이블마다 PRIMARY KEY 제약조건은 하나만 정의할 수 있고 UNIQUE 제약조건은 여러 개 정의할 수 있기 때문에 기본 키가 아닌 열 또는 열 조합에 대해 고유성을 강제로 적용하기 위해서는 UNIQUE 제약조건을 사용해야 한다.

또한 PRIMARY KEY 제약조건과 달리 UNIQUE 제약조건에서는 NULL 값이 허용된다. 단, UNIQUE 제약조건에서 사용되는 다른 값과 마찬가지로 Null 값도 하나(한번)만 허용된다.

UNIQUE 제약조건은 FOREIGN KEY 제약조건에서 참조할 수 있다.

UNIQUE 제약조건은 인덱스를 생성한다.

**Primary key**
**모든 값은 유일(Unique)하다.**

**Unique**
**모든 값은 유일(Unique)하다.**

| 컬럼1 | 컬럼2 | 컬럼3 | 컬럼n |
|---|---|---|---|
| A | 10 | 2 | F |
| B | 10 | 1 | P |
| C | 15 | 3 | F |

**컬럼1이 'B'인 데이터를 추가**

| 컬럼1 | 컬럼2 | ... | 컬럼n |
|---|---|---|---|
| B | ... | ... | ... |

**컬럼3이 '2'인 데이터를 추가**

| 컬럼1 | 컬럼2 | 컬럼3 | 컬럼n |
|---|---|---|---|
| ... | ... | 2 | ... |

### ③ FOREIGN KEY 제약조건

외래 키(FK)는 두 테이블의 **데이터 간 연결**을 설정하고 강제 적용하는 데 사용되는 열이다.

예를 들어 어떤 상점에서 취급하는 상품들에 대한 정보가 〈상품〉테이블에 저장되어있다고 가정한다.

특정 상품에 대한 주문이 발생했을 때 주문에 대한 정보를 〈주문〉테이블에 저장해야 하는데, 이때 주문 상품은 반드시 〈상품〉테이블에 있어야 하는 상품이다. 〈주문〉과 〈상품〉간에 관계가 있기 때문이다.

〈주문〉테이블의 〈상품ID〉열은 상품테이블의 〈상품ID〉열을 참조하는 FOREIGN KEY(외래키)가 된다.

**Primary key**

| 상품ID | 상품명 | 판매가격 |
|---|---|---|
| P1 | 라면 | 1000 |
| P2 | 생수 | 500 |
| ... | | |
| P99 | 햇반 | 2000 |

**상품테이블**

**Foreign key**

| 고객ID | 상품ID | 주문일 | 주문량 |
|---|---|---|---|
| 2 | P1 | 20/03/03 | 10 |
| 2 | P2 | 20/03/05 | 5 |
| ... | | | |
| 99 | P1 | 20/03/05 | 10 |

**주문테이블**

FOREIGN KEY 제약조건은 Null 값을 포함할 수 있는데, FOREIGN KEY 제약조건의 열에 NULL 외의 다른 값을 입력한 경우에는 그 값이 반드시 참조되는 열에 있어야 한다. 그렇지 않은 경우에는 외래 키 위반 오류 메시지가 반환된다.

같은 데이터베이스 내에 있는 테이블만 참조할 수 있으며, 같은 테이블에 있는 다른 열을 참조할 수도 있다. 이것을 자체 참조라고 한다.

데이터 형식은 제약조건이 정의된 열과 같아야 하며, 참조되는 테이블의 PRIMARY KEY 또는 UNIQUE 제약조건에 있는 열만 참조할 수 있다

### ④ DEFAULT 제약조건

하나의 열에는 하나의 DEFAULT만 정의할 수 있는데, 상수 값, 함수, NULL을 포함할 수 있다.

또한, timestamp 데이터 형식의 열 또는 IDENTITY 속성이 있는 열에는 DEFAULT를 지정할 수 없다.

**Default '10'**

| 컬럼1 | 컬럼2 | ... | 컬럼n |
|---|---|---|---|
| .. | 10 | ... | ... |
| ... | 15 | ... | ... |

**컬럼2가 '20'인 데이터를 추가**

| 컬럼1 | 컬럼2 | ... | 컬럼n |
|---|---|---|---|
| .. | 10 | ... | ... |
| ... | 15 | ... | ... |
| ... | 20 | ... | ... |

**컬럼2가 Null인 데이터를 추가**

| 컬럼1 | 컬럼2 | ... | 컬럼n |
|---|---|---|---|
| .. | 10 | ... | ... |
| ... | 15 | ... | ... |
| ... | 20 | ... | ... |
| ... | 10 | ... | ... |

### ⑤ CHECK 제약조건

하나의 열은 원하는 수 만큼의 CHECK 제약조건을 가질 수 있으며 조건은 AND 및 OR로 결합된 여러 개의 논리식을 포함할 수 있다.

여러 개의 CHECK 제약조건은 만든 순서대로 검사된다.

제약조건은 반드시 논리 식에 대해 평가해야 하며 다른 테이블을 참조할 수 없다.

CHECK 제약조건 및 규칙은 INSERT 및 UPDATE 문이 실행될 때 데이터의 유효성을 검사하는 역할을 수행한다.

열에 규칙 및 하나 이상의 CHECK 제약조건이 있는 경우에는 모든 제약조건을 평가한다.

또한, text, ntext 또는 image 열에는 CHECK 제약조건을 정의할 수 없다.

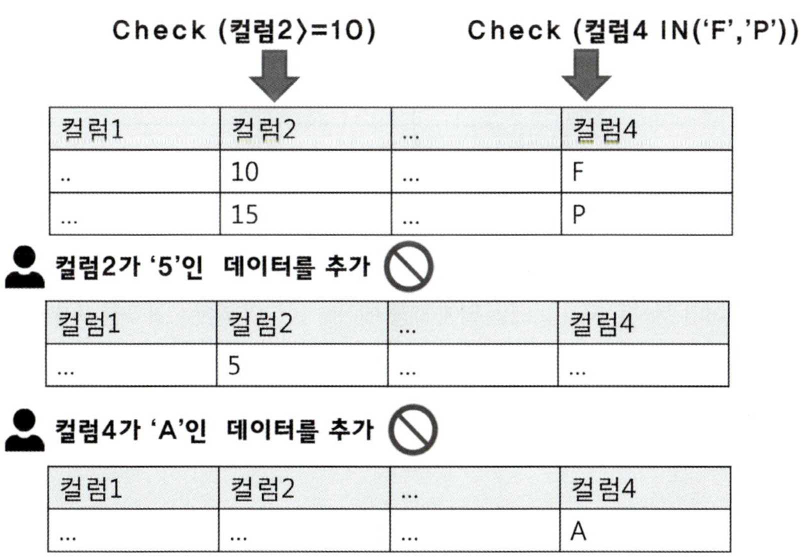


### ⑥ NULL 허용 여부 제약조건

열의 Null 허용 여부에 따라 해당 열에 Null 값(NULL)이 들어 갈수 있을지 결정된다.

NULL은 0 또는 공백 값이 아니며 항목을 만들지 않았거나 명시적인 NULL을 지정했음을 의미하는 것으로 일반적으로 값을 알 수 없거나 적용할 수 없음을 나타낸다.

PRIMARY KEY로 지정된 열은 NOT NULL을 지정하지 않아도 기본적으로 NOT NULL 제약조건이 적용된다.

> 계산되지 않은 열은 항상 NULL 또는 NOT NULL로 명시적으로 정의하는 것이 좋고 사용자 정의 데이터 형식을 사용할 때는 열에 해당 데이터 형식의 기본 Null 허용 여부를 적용하는 것이 좋다.

## 2.2 테이블 삭제하기

테이블을 삭제하려면 테이블의 이름을 지정한다.

```
DROP TABLE 테이블이름 ;
DROP TABLE Product ;
```

현재 데이터베이스에서 Product테이블과 해당 데이터 및 인덱스가 삭제된다.

정확하게 테이블을 지정하거나 다른 데이터베이스의 테이블을 삭제할 경우에는 다음과 같이 데이터베이스이름, 스키마까지 모두 지정해야 한다.

```
DROP TABLE 데이터베이스이름.스키마이름.테이블이름 ;
```

> **스키마**
> 스키마는 테이블을 소유하는 데이터베이스 개체이다. 테이블을 만들 때 테이블이름 앞에 스키마를 지정하지 않으면 관리자로 로그인 한 경우에는 dbo가 기본 스키마이다.

**실습 ❶**

❶ 다음 표를 참고하여 2개 테이블을 만든다.

| 테이블이름 : 고객 | | |
|---|---|---|
| 열이름(컬럼명) | 데이터형식 | 제약조건 |
| 고객ID | CHAR(5) | PRIMARY KEY |
| 고객명 | NCHAR(5) | NOT NULL |
| 연락처 | INT | |

| 테이블 이름 : 상품 | | |
|---|---|---|
| 열이름(컬럼명) | 데이터형식 | 제약조건 |
| 상품ID | CHAR(5) | PRIMARY KEY |
| 상품명 | NCHAR(10) | NOT NULL |
| 판매가격 | INT | |

❷ sp_help명령을 이용해서 만든 테이블을 확인한다.

## 2.3 테이블에 관계설정하기

테이블간에 관계를 설정하는 방법은 FOREIGN KEY 제약조건을 지정하는 것이다.

```
열이름 데이터형식 FOREIGN KEY REFERENCES 참조하는테이블이름(참조하는열이름)
```

고객(고객테이블)이 상품(상품테이블)을 주문할 때(주문테이블) 저장할 데이터들이 다음과 같다고 한다면,

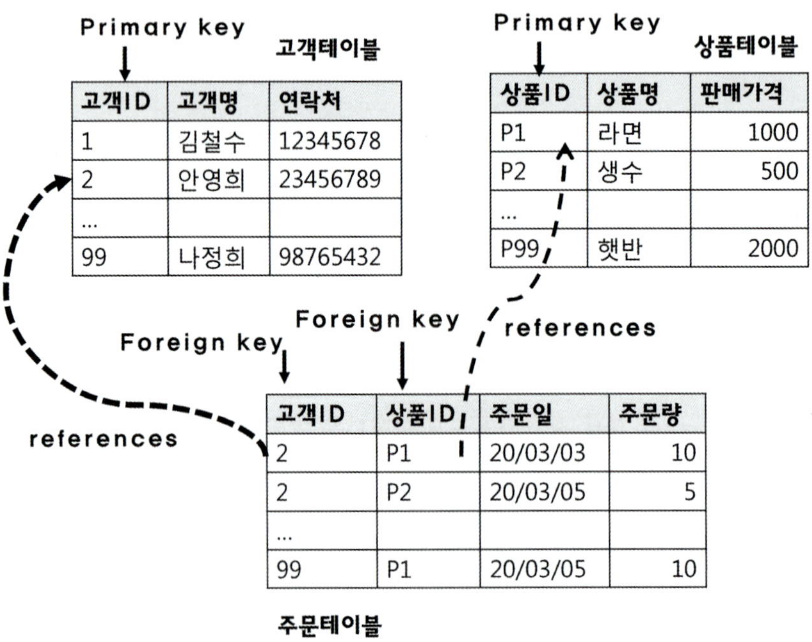


주문 테이블에서 상품ID는 반드시 상품테이블에 저장된 상품ID여야 하므로 다음과 같이 지정한다.

```
상품ID CHAR(5) FOREIGN KEY REFERENCES 상품(상품ID)
```

---

FOREIGN KEY 제약조건을 지정할 때 두 테이블에서 같은 열 이름을 사용할 필요는 없지만 반드시 데이터 형식은 같아야 한다.

---

또한, 주문 테이블에서 고객ID는 반드시 고객테이블에 저장된 고객ID여야 하므로 다음과 같이 지정한다

```
고객ID INT FOREIGN KEY REFERENCES 고객(고객ID)
```

### 2.3.1 테이블 참조 무결성

FOREIGN KEY로 참조되는 테이블의 경우, 그 테이블이 삭제되면 해당 테이블을 참조하는 테이블은 문제가 발생하게 된다. DBMS는 테이블 참조에 있어서 문제가 생겼다고 보고 테이블 삭제를 하지 못하도록 오류를 발생시킨다.

DBMS는 언제나 테이블간에 참조하는데 있어서 아무런 문제가 없는 상태를 유지하도록 하는데 이런 상태를 "**테이블 참조 무결성**"상태라고 한다.

FOREIGN KEY로 참조되는 테이블을 삭제하기 위해서는 FOREIGN KEY로 참조하는 테이블을 먼저 삭제하거나 FOREIGN KEY 제약조건을 삭제하면 된다.

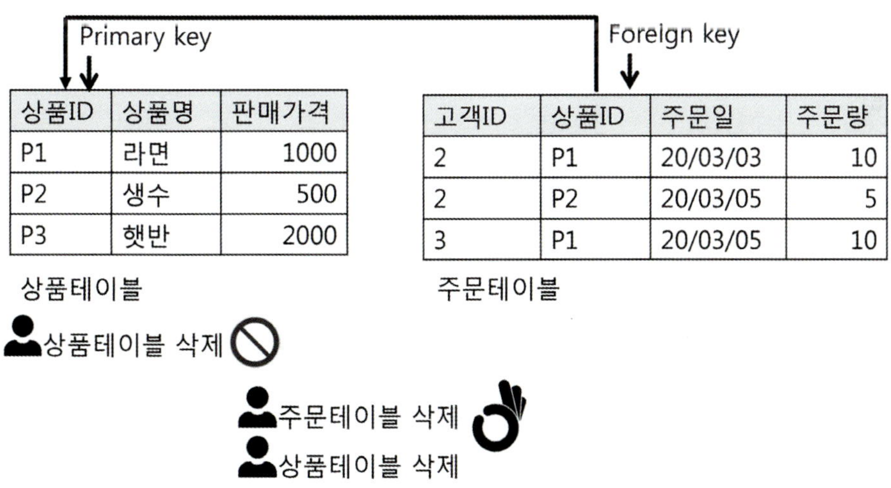


| 상품ID | 상품명 | 판매가격 |
|---|---|---|
| P1 | 라면 | 1000 |
| P2 | 생수 | 500 |
| P3 | 햇반 | 2000 |

| 고객ID | 상품ID | 주문일 | 주문량 |
|---|---|---|---|
| 2 | P1 | 20/03/03 | 10 |
| 2 | P2 | 20/03/05 | 5 |
| 3 | P1 | 20/03/05 | 10 |

**예제** 테이블 참조 무결성 : FOREIGN KEY로 참조되는 테이블을 삭제할 경우

```
CREATE TABLE test (a INT PRIMARY KEY ,b CHAR) ;
CREATE TABLE test2 (a2 INT FOREIGN KEY REFERENCES test(a),b2 CHAR) ;
DROP TABLE test ; /*오류발생*/
```

```
메시지
메시지 3726, 수준 16, 상태 1, 줄 1
개체 'test'은(는) FOREIGN KEY 제약 조건에서 참조하므로 삭제할 수 없습니다.
```

```
DROP TABLE test2 ; /*정상처리*/
DROP TABLE test ; /*정상처리*/
```

**실습 ❷**

① 다음 표를 참고하여 주문 테이블을 만든다.

| 테이블이름 : 주문 | | |
|---|---|---|
| 열이름(컬럼명) | 데이터형식 | 제약조건 |
| 고객ID | CHAR(5) | FOREIGN KEY<br>〈고객〉테이블의〈고객ID〉참조 |
| 상품ID | CHAR(5) | FOREIGN KEY<br>〈상품〉테이블의〈상품ID〉참조 |
| 주문일 | DATE | |
| 주문량 | INT | |

② SP_HELP 명령을 이용해서 만든 테이블을 확인한다.

## 2.4 테이블 수정하기

만들어진 테이블에서 새로운 열(컬럼)을 추가하거나 기존에 있던 열을 삭제할 수 있다.

또한, 열의 데이터형식을 변경할 수도 있다.

기존 테이블에서 열의 데이터형식을 변경할 경우에는 이미 저장되어 있는 데이터 값을 고려해야 한다.

```
ALTER TABLE 테이블이름 ...;
```

### ① 새로운 열 추가하기

만들어진 테이블에서 새로운 열(컬럼)을 추가하기 위한 SQL문은 다음과 같다.

```
ALTER TABLE 테이블이름 ADD 열이름 데이터형식 제약조건;
```

**예제** ALTER TABLE-열 추가

```
CREATE TABLE test (a INT) ;
ALTER TABLE test ADD b VARCHAR(20) NULL ;
EXEC sp_help test ;
```

| | Column_name | Type | Computed | Length | Prec | Scale | Nullable | TrimTrailingBlanks | FixedLenNullInSource | Collation |
|---|---|---|---|---|---|---|---|---|---|---|
| 1 | a | int | no | 4 | 10 | 0 | yes | (n/a) | (n/a) | NULL |
| 2 | b | varchar | no | 20 | | | yes | no | yes | Korean_Wansung_CI_AS |

```
DROP TABLE test ;
```

### ② 열 삭제하기

기존에 있던 열(컬럼)을 삭제하기 위한 SQL문은 다음과 같다.

```
ALTER TABLE 테이블이름 DROP COLUMN 열이름;
```

**예제** ALTER TABLE-열 삭제

```
CREATE TABLE test (a INT, b VARCHAR(20) NULL) ;
EXEC sp_help test ;
```

| | Column_name | Type | C... | Length | Prec | Scale | Nul... | Tri... | Fixe... | Collation |
|---|---|---|---|---|---|---|---|---|---|---|
| 1 | a | int | no | 4 | 10 | 0 | yes | (n/a) | (n/a) | NULL |
| 2 | b | varchar | no | 20 | | | yes | no | yes | Korean_Wansung_CI_AS |

```
ALTER TABLE test DROP COLUMN b ;
EXEC sp_help test ;
```

| | Column_name | Type | Computed | Length | Prec | Scale | Nullable | TrimTrailingBlanks | FixedLenNullInSource | Collation |
|---|---|---|---|---|---|---|---|---|---|---|
| 1 | a | int | no | 4 | 10 | 0 | yes | (n/a) | (n/a) | NULL |

```
DROP TABLE test ;
```

### ③ 열의 데이터 형식 변경하기

기존 테이블에서 정의되어 있던 열의 데이터형식을 변경하기 위한 SQL문은 다음과 같다.

```
ALTER TABLE 테이블이름 ALTER COLUMN 열이름 변경할_데이터형식 ;
```

**예제** ALTER TABLE-데이터형식 변경

```
CREATE TABLE test (a INT ) ;
INSERT INTO test(a) VALUES (10) ; /*테이블에 데이터를 입력하는 SQL문*/
SELECT * FROM test ; /*테이블의 데이터를 검색하는 SQL문, 다음단원 참조*/
```

결과

| | a |
|---|---|
| 1 | 10 |

```
ALTER TABLE test ALTER COLUMN a DECIMAL (5, 2) ;
SELECT * FROM test ;
```

결과 | 메시지

| | a |
|---|---|
| 1 | 10.00 |

```
DROP TABLE test ;
```

**실습 ③**

① 다음 표를 참고하여 (실습1)에서 만든 테이블을 수정한다.

| 테이블 | 수정 내용 |
|---|---|
| 고객 | 〈연락처〉 데이터형식을 CHAR(13)으로 변경 |
| 고객 | 〈포인트:INT〉열 추가 |
| 상품 | 〈재고량:INT〉열 추가 |

② SP_HELP 명령을 이용해서 수정한 테이블을 확인한다.

## 2.5 데이터 입력하기

테이블에 데이터(행/row/레코드)를 입력하는 SQL문에 대해서 알아본다.

기본적으로 단일 SQL문으로 단일 행(데이터)을 추가하지만 단일 SQL문를 사용하여 여러 행을 한 번에 추가할 수도 있다.

또한, 테이블에 정의된 열 이름들을 나열할 수도 있고 생략 가능한 조건인 경우에는 열 이름들을 생략할 수도 있으며 NULL을 허용한 열에 대해서는 값을 생략하거나 직접 NULL을 지정할 수도 있다.

### 2.5.1 한 개의 데이터(행) 입력하기

#### ① 테이블의 모든 열에 대해 값을 순서적으로 지정할 경우

테이블의 모든 열에 대해 테이블에 정의한 열의 순서대로 값을 순서적으로 지정할 경우에는 열 이름들을 생략할 수 있다.

```
INSERT INTO 테이블이름 VALUES (값1,...,값n);
```

**예제** INSERT-1 : 열 이름을 생략한 경우

```
CREATE TABLE test (a INT,b CHAR,c INT) ;
INSERT INTO test VALUES(200,'Y') ;/*오류 발생*/
```

메시지

```
메시지 213, 수준 16, 상태 1, 줄 1
제공된 값의 개수나 열 이름이 테이블 정의와 일치하지 않습니다.
```

```
INSERT INTO test VALUES('Y',200,200) ;/*오류 발생*/
```

메시지

```
메시지 245, 수준 16, 상태 1, 줄 1
varchar 값 'Y'을(를) 데이터 형식 int(으)로 변환하지 못했습니다.
```

```
INSERT INTO test VALUES(100,'X',100) ;/*정상*/
SELECT * FROM test ;/*데이터검색 SQL, 다음단원 참조*/
```

결과 | 메시지

| | a | b | c |
|---|---|---|---|
| 1 | 100 | X | 100 |

```
DROP TABLE test ;
```

### ② NULL을 허용한 열은 제외하고 값을 지정할 경우

NULL을 허용한 열은 제외하고 값을 지정할 경우에는 열 이름들을 반드시 나열해야 한다.

열 이름들을 나열 할 경우에는 테이블 정의 순서와 다르게 나열해도 되는데, 이때 반드시 나열한 열 이름 순서에 맞게 대응하는 값을 지정해야 한다.

```
INSERT INTO 테이블이름(열이름1,...,열이름n) VALUES (값1,...,값n);
```

NULL을 허용한 열에 대해 NULL을 직접 줄 수 있는데, 테이블의 모든 열에 대해 테이블에 정의한 열의 순서대로 값을 순서적으로 지정하면서 NULL을 허용한 열에 대해서 NULL을 직접 지정해 줄 경우에는 열 이름을 생략할 수 있다.

```
INSERT INTO 테이블이름 VALUES (값1,NULL,...,NULL,값n);
```

**예제** INSERT-2 : 열 이름을 지정할 경우 & NULL허용한 열 입력방법

```
CREATE TABLE test (a INT NOT NULL,b CHAR NULL,c INT NULL) ;
INSERT INTO test VALUES(100,'X') ; /*오류 발생*/
```

```
메시지
메시지 213, 수준 16, 상태 1, 줄 1
제공된 값의 개수나 열 이름이 테이블 정의와 일치하지 않습니다.
```

```
INSERT INTO test(b,c) VALUES('Z',300) ; /*오류발생*/
```

```
메시지
메시지 515, 수준 16, 상태 2, 줄 1
테이블 'TestData.dbo.test', 열 'a'에 NULL 값을 삽입할 수 없습니다.
열에는 NULL을 사용할 수 없습니다. INSERT이(가) 실패했습니다.
문이 종료되었습니다.
```

```
INSERT INTO test(a,b) VALUES(100,'X') ; /*정상처리*/
INSERT INTO test(c,a) VALUES(300,100) ; /*정상처리*/
INSERT INTO test(b,c,a) VALUES('Y',300,100) ; /*정상처리*/
INSERT INTO test VALUES(400,NULL,NULL) ; /*정상처리*/
SELECT * FROM test ; /*데이터검색 SQL, 다음단원 참조*/
```

결과 | 메시지

| | a | b | c |
|---|---|---|---|
| 1 | 100 | X | NULL |
| 2 | 100 | NULL | 300 |
| 3 | 100 | Y | 300 |
| 4 | 400 | NULL | NULL |

```
DROP TABLE test ;
```

### 2.5.2 여러 개의 데이터(행) 입력하기

한 개의 INSERT문에서 여러 개의 데이터를 입력하기 위해서는 값들을 지정할 때 동일한 규칙을 가지고 있어야 한다.

```
INSERT INTO 테이블이름 VALUES (값11,...,값1n),..., (값m1,....값mn);
또는
INSERT INTO 테이블이름(열이름1,...,열이름n) VALUES (값11,...,값1n),...,
(값m1,...,값mn);
```

**예제** INSERT-3 : 여러 행을 한 INSERT문에서 추가하기

```
CREATE TABLE test (a INT NOT NULL,b CHAR NULL,c INT NULL) ;
INSERT INTO test(a,b) VALUES(100,'X'),(200,'Y'),(300,'Z') ;
```

결과 | 메시지

| | a | b | c |
|---|---|---|---|
| 1 | 100 | X | NULL |
| 2 | 200 | Y | NULL |
| 3 | 300 | Z | NULL |

```
INSERT INTO test VALUES(1,'X',2),(2,'Y',3),(3,'Z',4) ;
```

결과 | 메시지

| | a | b | c |
|---|---|---|---|
| 1 | 100 | X | NULL |
| 2 | 200 | Y | NULL |
| 3 | 300 | Z | NULL |
| 4 | 1 | X | 2 |
| 5 | 2 | Y | 3 |
| 6 | 3 | Z | 4 |

```
INSERT INTO test VALUES(9,NULL,2),(99,NULL,NULL);
```

결과 | 메시지

| | a | b | c |
|---|---|---|---|
| 1 | 100 | X | NULL |
| 2 | 200 | Y | NULL |
| 3 | 300 | Z | NULL |
| 4 | 1 | X | 2 |
| 5 | 2 | Y | 3 |
| 6 | 3 | Z | 4 |
| 7 | 9 | NULL | 2 |
| 8 | 99 | NULL | NULL |

```
DROP TABLE test ;
```

실습 ❹

❶ 다음 표를 참고해서 앞(실습)에서 만든 테이블에 데이터를 입력한다.

| 고객 | | | |
|---|---|---|---|
| 고객ID | 고객명 | 연락처 | 포인트 |
| C0001 | 강민호 | 01012345678 | 10 |
| C0002 | 김철수 | | 100 |
| C0003 | 박명환 | 01098765432 | 5 |
| C0010 | 김영희 | 01023456789 | 200 |
| C0020 | 최명희 | | 0 |

| 상품 | | | |
|---|---|---|---|
| 상품ID | 상품명 | 판매가격 | 재고량 |
| P1234 | 모니터15 | 70000 | 50 |
| P9999 | TV49 | 650000 | 0 |
| P2345 | 청소기 | 50000 | 0 |
| P8888 | 프린터 | | 200 |
| P9876 | 마우스 | | |

| 주문 | | | |
|---|---|---|---|
| 고객ID | 상품ID | 주문일 | 주문량 |
| C0003 | P9999 | 19/05/31 | 1 |
| C0010 | P8888 | | 2 |
| C0010 | P9999 | 19/08/01 | 1 |
| C0001 | P1234 | 19/09/03 | 3 |
| C0001 | P1234 | 21/09/08 | 2 |

❷ SELECT명령을 사용하여 입력한 데이터를 확인한다.

## 2.6 데이터 수정하기

데이터(행) 값을 수정하는 SQL문에 대해서 알아본다.

조건을 지정하지 않은 경우에는 모든 데이터(행)의 값을 변경하고, 조건을 설정하면 조건에 해당하는 데이터(행)에 대해서만 변경이 실행된다.

### 2.6.1 테이블의 모든 데이터 값을 한 번에 변경하기

UPDATE 문에서 조건을 지정하지 않으면 테이블에 있는 모든 데이터에 대한 변경이 발생한다.

다음 SQL문을 사용한다.

```
UPDATE 테이블이름 SET 열이름1=값1,...,열이름n=값n;
```

**예제** UPDATE-1 : 테이블의 모든 데이터 값을 한 번에 변경하기

```
CREATE TABLE test (a INT,b CHAR,c INT) ;
INSERT INTO test VALUES(1,'X',2),(2,'Y',3),(3,'Z',4) ;
SELECT * FROM test ;
```

결과 | 메시지

| | a | b | c |
|---|---|---|---|
| 1 | 1 | X | 2 |
| 2 | 2 | Y | 3 |
| 3 | 3 | Z | 4 |

```
UPDATE test SET a=100,b='A' ;
SELECT * FROM test ;
```

결과 | 메시지

| | a | b | c |
|---|---|---|---|
| 1 | 100 | A | 2 |
| 2 | 100 | A | 3 |
| 3 | 100 | A | 4 |

```
DROP TABLE test ;
```

### 2.6.2 특정 행에 대해서만 값을 변경하기

```
UPDATE 테이블이름 SET 열이름1=값1,...,열이름n=값n WHERE 조건식 ;
```

WHERE 조건에 맞는 데이터(행)를 찾아서 값을 변경한다. 이 경우에는 조건에 맞는 데이터(행)가 한건도 없을 수 도 있고 여러 건이 해당될 수도 있다.

**예제 UPDATE-2 : 조건과 일치하는 행에 대해서만 값을 변경하기**

```
CREATE TABLE test (a INT,b CHAR,c INT) ;
INSERT INTO test VALUES(1,'X',2),(2,'Y',3),(3,'Z',4) ;
SELECT * FROM test ;
```

결과 | 메시지

| | a | b | c |
|---|---|---|---|
| 1 | 1 | X | 2 |
| 2 | 2 | Y | 3 |
| 3 | 3 | Z | 4 |

```
UPDATE test SET a=100 WHERE  b='A' ;
```

메시지

(0개 행이 영향을 받음)

```
UPDATE test SET a=100 WHERE  b='X' ;
```

메시지

(1개 행이 영향을 받음)

```
SELECT * FROM test ;
```

결과 | 메시지

| | a | b | c |
|---|---|---|---|
| 1 | 100 | X | 2 |
| 2 | 2 | Y | 3 |
| 3 | 3 | Z | 4 |

```
DROP TABLE test ;
```

**실습 ❺**

① 다음 표를 참고해서 데이터를 수정한다.

| 테이블 | 조건 | 수정 내용 |
|---|---|---|
| 고객 | 고객ID가 'C0002'인 조건 | 연락처를 '01077778888'로 변경 |
| 고객 | 조건 없음 | 포인트를 현재 값에서 2배로 변경 |
| 상품 | 재고량이 50보다 큰 조건 | 재고량을 현재 값에서 10만큼 뺀 값으로 변경 |
| 상품 | 상품ID가 'P9876'인 조건 | 판매가격은 15000으로 재고량은 100으로 변경 |
| 주문 | 조건 없음 | 주문량을 현재 값에서 1 더한 값으로 변경 |

② SELECT명령을 사용하여 수정한 데이터를 확인한다.

**기본 SQL문 체크하기**

☑ INSERT 문에서 열이름을 생략할 수 있는 경우는?
☑ INSERT 문에서 NULL이 허용된 열에 값을 지정하지 않으려면?
☑ UPDATE 문에서 WHERE조건을 지정하지 않으면?

# 2.7 데이터 삭제하기

삭제하는 SQL문에서 조건을 지정하지 않으면 테이블의 모든 데이터(행)가 삭제되고, 조건을 지정하는 경우에는 조건에 해당하는 행만 삭제한다.

## 2.7.1 테이블의 모든 데이터(행)를 한 번에 삭제하기

DELETE 문에서 조건을 지정하지 않으면, 테이블에 있는 모든 데이터(행)를 삭제한다.

```
DELETE FROM 테이블이름;
```

**예제** DELETE-1 : 테이블의 모든 데이터를 단일 SQL문으로 삭제하기

```
CREATE TABLE test (a INT,b CHAR,c INT) ;
INSERT INTO test VALUES(1,'X',2),(2,'Y',3),(3,'Z',4) ;
SELECT * FROM test ;
```

결과 | 메시지

| | a | b | c |
|---|---|---|---|
| 1 | 1 | X | 2 |
| 2 | 2 | Y | 3 |
| 3 | 3 | Z | 4 |

```
DELETE FROM test ;
SELECT * FROM test ;
```

결과 | 메시지

| a | b | c |
|---|---|---|

```
DROP TABLE test ;
```

### 2.7.2 특정 데이터(행)만 삭제하기

```
DELETE FROM 테이블이름 WHERE 조건식 ;
```

WHERE 조건에 맞는 데이터를 찾아서 삭제한다. 이 경우에는 조건에 맞는 데이터가 한건도 없을 수 도 있고 여러 건이 해당될 수도 있다.

**예제** DELETE-2 : 조건에 맞는 행만 삭제하기

```
CREATE TABLE test (a INT,b CHAR,c INT) ;
INSERT INTO test VALUES(1,'X',2),(2,'Y',3),(3,'Z',4) ;
SELECT * FROM test ;
```

결과 | 메시지

| | a | b | c |
|---|---|---|---|
| 1 | 1 | X | 2 |
| 2 | 2 | Y | 3 |
| 3 | 3 | Z | 4 |

```
DELETE FROM test WHERE b='Y' ;
```

메시지

(1개 행이 영향을 받음)

```
SELECT * FROM test ;
```

결과 | 메시지

| | a | b | c |
|---|---|---|---|
| 1 | 1 | X | 2 |
| 2 | 3 | Z | 4 |

```
DROP TABLE test ;
```

> 조건식에 사용하는 비교연산자는 =, >, <, >=, <=, <>, != 등이 있다. 또한, NOT을 사용할 수도 있고 두 개 이상의 조건식을 지정하려면 AND, OR 연산자를 사용한다.

실습 ⑥

① 다음 표를 참고해서 데이터를 삭제한다.

| 테이블 | 삭제 조건 |
|---|---|
| 상품 | 상품가격이 60000보다 적고 재고량이 0인 데이터 |
| 고객 | 포인트가 0인 데이터 |
| 주문 | 주문일이 19년12월31일 이후의 데이터 |

② SELECT명령을 사용하여 삭제한 내용을 확인한다.

### 2.7.3 데이터 참조 무결성

FOREIGN KEY 제약조건의 기본 목적이 외래 키 테이블에 저장되는 데이터를 제어하는 것이지만, 기본 키가 정의된 테이블의 데이터 변경 사항도 제어할 수 있고 기본 키가 정의된 테이블의 데이터를 삭제할 때도 제어한다.

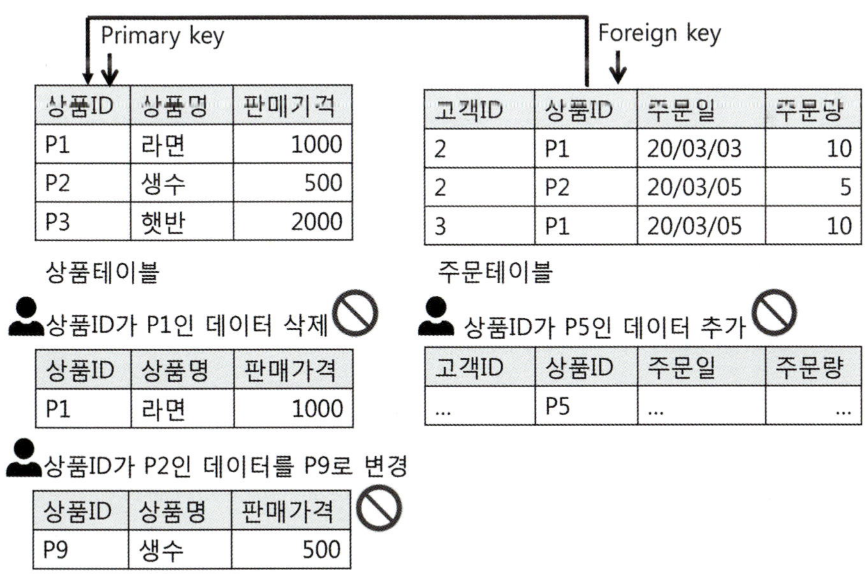


예를 들어, 상점에서 판매하던 상품 중에 더 이상 판매를 하지 않게 되어 해당 상품을 테이블에서 삭제했을 때, 주문테이블에는 이 상품에 대한 주문 내역이 그대로 남아있게 된다.

이런 상태를 **참조에 대한 오류**라고 하고 참조 무결성이 손상된 상태라고 할 수 있다.

FOREIGN KEY 제약조건은 이런 상황이 발생되지 않도록 한다.

이 제약조건은 기본 키 테이블의 데이터를 수정 또는 삭제할 때 외래 키 테이블에 있는 데이터로의 연결이 무효화될 가능성이 있으면 그 데이터를 수정 또는 삭제하지 못하도록 하여 참조 무결성을 강제로 적용한다.

즉, 삭제되거나 변경되는 기본 키 값이 다른 테이블의 FOREIGN KEY 제약조건 값과 연결되어 있으면 기본 키 테이블의 행을 삭제하거나 기본 키 값을 변경하려는 동작이 수행되지 않는다.

FOREIGN KEY 제약조건의 행을 제대로 변경하거나 삭제하려면 먼저 외래 키 테이블에 있는 외래 키 데이터를 삭제하거나 변경하여 외래 키를 다른 기본 키 데이터에 연결해야 한다.

**예제** 데이터 참조 무결성 : FOREIGN KEY로 참조되는 데이터 변경하기

```
CREATE TABLE test (a INT PRIMARY KEY,b CHAR) ;
INSERT INTO test(a,b) VALUES (100,'x'),(200,'y') ;
SELECT * FROM test;
```

결과 | 메시지

| | a | b |
|---|---|---|
| 1 | 100 | x |
| 2 | 200 | y |

```
CREATE TABLE test2 (a2 INT FOREIGN KEY REFERENCES test(a),b2 INT) ;
INSERT INTO test2(a2,b2) VALUES (100,100) ; /*정상*/
SELECT * FROM test2;
```

결과 | 메시지

| | a2 | b2 |
|---|---|---|
| 1 | 100 | 100 |

```
INSERT INTO test2(a2,b2) VALUES (300,300) ;/*a열에 300이 없음 오류 발생*/
```

메시지

```
메시지 547, 수준 16, 상태 0, 줄 1
INSERT 문이 FOREIGN KEY 제약 조건 "FK__test2__a2__7B5B524B"과(와) 충돌했습니다.
데이터베이스 "TestData", 테이블 "dbo.test", column 'a'에서 충돌이 발생했습니다.
문이 종료되었습니다.
```

```
DELETE FROM test WHERE a=100 ;/*a2열에서 100을 참고하고 있음 삭제불가*/
```

```
메시지
메시지 547, 수준 16, 상태 0, 줄 1
DELETE 문이 REFERENCE 제약 조건 "FK__test2__a2__68687968"과(와) 충돌했습니다.
데이터베이스 "master", 테이블 "dbo.test2", column 'a2'에서 충돌이 발생했습니다.
문이 종료되었습니다.
```

```
UPDATE test SET a=900 WHERE b='X' ;/*a2열에서 100을 참고하고 있음 변경불가*/
```

```
메시지
메시지 547, 수준 16, 상태 0, 줄 1
DELETE 문이 REFERENCE 제약 조건 "FK__test2__a2__68687968"과(와) 충돌했습니다.
데이터베이스 "master", 테이블 "dbo.test2", column 'a2'에서 충돌이 발생했습니다.
문이 종료되었습니다.
```

```
DELETE FROM test WHERE a=200 ; /*참조하지 않은 데이터 삭제는 정상처리*/
```

```
메시지
(1개 행이 영향을 받음)
```

```
DROP TABLE test2,test ;
```

**실습 7**

1. 다음 표를 참고해서 데이터를 수정하거나 삭제한다. 오류가 발생하는 경우 그 이유를 설명한다.

| 테이블 | 작업내용 |
|---|---|
| 상품 | 재고량이 0인 데이터를 삭제 |
| 고객 | 연락처가 '01012345678'인 데이터의 고객ID를 'C7777'로 변경 |
| 고객 | 포인트가 10이하인 데이터를 삭제 |
| 주문 | 고객ID가 'C0001'인 데이터를 삭제 |

2. SELECT 명령을 사용하여 작업 결과를 확인한다.

## 2.8 데이터 검색하기

SELECT문은 테이블에 저장된 데이터를 검색하기 위해 사용된다.

기본적인 구문은 다음과 같다.

```
SELECT * FROM 테이블이름 ;
```

### 2.8.1 테이블의 모든 데이터(행)에 대해 모든 열을 검색하기

SELECT문에서 *(별표)를 사용하면 테이블의 모든 열의 값을 반환한다.

또한, 특별한 조건을 지정하지 않으면 테이블의 모든 데이터(행)를 반환한다.

예제 SELECT-1 : 테이블의 모든 열 검색하기

```
CREATE TABLE test (a INT,b CHAR,c INT) ;
INSERT INTO test VALUES(1,'X',2),(2,'Y',3),(3,'Z',4) ;
SELECT * FROM test ;
```

결과 | 메시지

| | a | b | c |
|---|---|---|---|
| 1 | 1 | X | 2 |
| 2 | 2 | Y | 3 |
| 3 | 3 | Z | 4 |

```
DROP TABLE test ;
```

## 2.8.2 테이블의 모든 행에 대해 지정한 열만 검색하기

SELECT문에서 *(별표)를 사용하지 않고 열 이름들을 지정하면 지정한 열의 값만 반환한다.

```
SELECT 열이름1,...,열이름n FROM 테이블이름 ;
```

### ① 열 이름 그대로 출력하기

SELECT문에서 테이블에 정의된 열이름만 지정하면, SELECT문을 실행한 결과에서 테이블의 열 이름을 그대로 출력한다.

**예제** SELECT-2 : 테이블의 특정 열만 검색하기

```
CREATE TABLE test (a INT,b CHAR,c INT) ;
INSERT INTO test VALUES(1,'X',2),(2,'Y',3),(3,'Z',4) ;
SELECT b,c FROM test ;
```

결과 | 메시지

| | b | c |
|---|---|---|
| 1 | X | 2 |
| 2 | Y | 3 |
| 3 | Z | 4 |

```
DROP TABLE test ;
```

### ② 다른 열 이름으로 출력하기

SELECT문을 실행한 결과에서 테이블의 열 이름 대신 다른 이름으로 출력하려면 AS 키워드를 사용한다.

```
SELECT 열이름1 AS 새이름1,...,열이름n AS 새이름n FROM 테이블이름 ;
```

이때, 새 이름에 공백이 없다면 따옴표가 필요 없지만 공백이 있는 경우와 숫자와 문자를 조합한 경우에는 따옴표를 앞뒤로 붙인다.

**예제 SELECT-3 : 열 이름을 변경해서 출력하기**

```
CREATE TABLE test (a INT,b CHAR,c INT) ;
INSERT INTO test VALUES(1,'X',2),(2,'Y',3),(3,'Z',4) ;
SELECT a AS 학번,b,c AS 점수 FROM test ;
```

결과 | 메시지

| | 학번 | b | 점수 |
|---|---|---|---|
| 1 | 1 | X | 2 |
| 2 | 2 | Y | 3 |
| 3 | 3 | Z | 4 |

```
SELECT a, b AS 과목 코드,c  FROM test ; /*오류 발생*/
```

메시지

메시지 102, 수준 15, 상태 1, 줄 2
'코드' 근처의 구문이 잘못되었습니다.

```
SELECT a, b AS '과목 코드',c  FROM test ;/*정상 처리*/
```

결과 | 메시지

| | a | 과목 코드 | c |
|---|---|---|---|
| 1 | 1 | X | 2 |
| 2 | 2 | Y | 3 |
| 3 | 3 | Z | 4 |

```
DROP TABLE test ;
```

### ③ 중복된 값은 제외하기

검색 결과에서 중복된 값은 한 번만 포함되도록 하려면 DISTINCT를 지정한다.

```
SELECT DISTINCT 열이름 FROM 테이블이름 ;
```

**예제** SELECT-5 : 중복된 값 제외하기

```
CREATE TABLE test (번호 INT,주소 NCHAR(2)) ;
INSERT INTO test VALUES(1,'서울'),(2,'경기'),(3,'인천'),(4,'서울');
SELECT 주소 FROM test;
```

결과 | 메시지

| | 주소 |
|---|---|
| 1 | 서울 |
| 2 | 경기 |
| 3 | 인천 |
| 4 | 서울 |

```
SELECT DISTINCT 주소 FROM test;
```

결과 | 메시지

| | 주소 |
|---|---|
| 1 | 경기 |
| 2 | 서울 |
| 3 | 인천 |

```
DROP TABLE test ;
```

### 2.8.3 조건에 일치한 행만 검색하기

SELECT문에서 WHERE 조건식을 지정하면 WHERE 조건에 일치한 데이터(행)들만 반환한다. 이 경우에는 조건에 맞는 데이터가 한건도 없을 수 도 있고 여러 건이 해당될 수도 있다.

```
SELECT * FROM 테이블이름 WHERE 조건식 ;
```

**예제** SELECT-6 : 조건과 일치하는 행만 검색하기

```
CREATE TABLE test (a INT,b CHAR,c INT) ;
INSERT INTO test VALUES(1,'X',2),(2,'Y',3),(3,'Z',4) ;
SELECT * FROM test WHERE c>=3 ;
```

결과 | 메시지

| | a | b | c |
|---|---|---|---|
| 1 | 2 | Y | 3 |
| 2 | 3 | Z | 4 |

```
SELECT * FROM test WHERE a=5 ;
```

결과 | 메시지

| | a | b | c |
|---|---|---|---|

```
SELECT a, b AS '과목 코드',c  FROM test WHERE  b='X' ;
```

결과 | 메시지

| | a | 과목 코드 | c |
|---|---|---|---|
| 1 | 1 | X | 2 |

```
DROP TABLE test ;
```

**실습 ❽**

❶ 다음 표를 참고해서 데이터를 조회한다.

| 테이블 | 조회 조건 |
|---|---|
| 고객 | 포인트가 100이상인 고객의 이름과 연락처, 포인트를 검색하고 연락처는 '휴대폰번호'로 보여준다. |
| 상품 | 재고량이 10보다 많고 190보다 적은 상품의 상품명과 재고량을 검색한다. |
| 주문 | 주문일이 19년 4월1일 이후이고 주문량이 2개 이상인 주문에 대해 고객ID, 주문일, 주문량을 검색하고 고객ID는 '고객번호'로 보여준다. |

**SQL의 종류**

SQL 명령문은 다음과 같이 분류한다.

| 분류 | 기능 | 해당하는 SQL문 |
|---|---|---|
| 데이터 정의 언어(DDL)<br>Data Definition Language | 데이터베이스 구조 정의 | CREATE, DROP, ALTER |
| 데이터 조작 언어(DML)<br>Data Manipulation Language | 데이터 검색, 등록, 삭제, 갱신 | INSERT, UPDATE, DELETE, SELECT |
| 데이터 제어 언어(DCL)<br>Data Control Language | 데이터에 대한 액세스를 제어 | GRANT, REVOKE |
| 트랜잭션 처리 언어(TCL)<br>Transaction Control Language | 트랜잭션처리 제어 | COMMIT, ROLLBACK |

CHAPTER 03

# 제약조건 다루기

## 3.1 PRIMARY KEY

테이블에는 일반적으로 테이블의 각 행을 유일하게 식별할 수 있도록 하는 값을 가진 열 또는 열 조합이 포함되어 있다.

이러한 열이나 열 조합을 테이블의 **Primary key**(기본 키)라고 한다.

테이블을 만들거나 수정할 때 PRIMARY KEY 제약조건을 정의하여 기본 키를 만들 수 있다.

테이블에는 하나의 PRIMARY KEY 제약조건만 있으며 PRIMARY KEY 제약조건에 포함되는 열에는 Null 값을 사용할 수 없다.

PRIMARY KEY 제약조건은 **데이터의 고유성**을 보장한다.

테이블에 대해 PRIMARY KEY 제약조건을 지정하면 데이터베이스 엔진은 기본 키 열에 대해 고유 인덱스를 만든다.

때문에, 검색에서 기본 키가 사용되는 경우에는 이 인덱스를 사용하여 데이터를 빠르게 찾을 수 있다.

PRIMARY KEY 제약조건이 두 개 이상의 열 조합으로 정의되는 경우에는 한 열에는, 중복된 값이 있을 수 있지만 PRIMARY KEY 제약조건 정의에 있는 모든 열의 값을 조합했을 때는 고유해야 한다.

다음 그림에서와 같이 〈공급〉 테이블에서 〈상품ID〉와 〈공급처ID〉열 그리고 〈납품일〉을 조합해서 PRIMARY KEY로 정의되어 있는 경우에는 세 가지 열의 값을 조합했을 때 그 값은 유일해야 한다.

```
('P1','V1','20/03/01') -> 1행 검색
('P1','V1','20/03/02') -> 1행 검색
```

| 상품ID | 공급처ID | 납품일 | 수량 | 단가 |
|---|---|---|---|---|
| P1 | V1 | 20/03/01 | 100 | 870 |
| P1 | V1 | 20/03/02 | 50 | 870 |
| P2 | V1 | 20/03/01 | 200 | 790 |
| P3 | V2 | 20/03/01 | 20 | 90 |

## ■ 테이블을 만들 때

테이블을 처음 생성할 때 PRIMARY KEY 제약조건을 만들 수 있다.

또한, 테이블이 이미 있고 다른 PRIMARY KEY 제약조건이 없으면 PRIMARY KEY 제약조건을 추가할 수 있다.

테이블 당 하나의 PRIMARY KEY 제약조건만 있을 수 있다.

## ■ 기존 열에 PRIMARY KEY 제약조건이 추가될 때

테이블의 기존 열에 PRIMARY KEY 제약조건이 추가되면 데이터베이스 엔진에서 기존 열 데이터를 검사하여 다음 기본 키 규칙을 지키는지 확인한다.

- 기존 데이터에 Null 값이 있는지 검사한다.

테이블을 만들 때 지정된 PRIMARY KEY 제약조건의 열은 암시적으로 NOT NULL로 변환된다.

- 기존 데이터에 중복된 값이 있는지 확인한다.

중복된 값이 있거나 Null 값이 있는 열에 PRIMARY KEY 제약조건이 추가되면 데이터베이스 엔진에서 오류를 반환한다.

## ■ PRIMARY KEY 제약조건을 삭제할 때

다음과 같은 경우에는 PRIMARY KEY 제약조건을 삭제할 수 없다.

- 다른 테이블의 FOREIGN KEY 제약조건에서 참조하는 경우. 먼저 FOREIGN KEY 제약조건을 삭제해야 한다.

## 3.1.1 테이블을 만들 때 PRIMARY KEY 제약조건 만들기

### ① 열 정의할 때 PRIMARY KEY 제약조건 지정하기

열이름 데이터형식 PRIMARY KEY

또는

열이름 데이터형식 CONSTRAINT 제약조건이름 PRIMARY KEY

**예제** PK-1 : 테이블 만들 때 열 정의하는 줄에서 PRIMARY KEY 제약조건 지정하기

```
CREATE TABLE test (a INT PRIMARY KEY, b CHAR(10) NULL) ;
EXEC sp_help test ;
```

| | index_name | index_description | index_keys |
|---|---|---|---|
| 1 | PK__test__3BD0198E52B92F6B | clustered, unique, primary key located on PRIMARY | a |

| | constraint_type | constraint_name | de... | up... | stat... | status... | constraint_keys |
|---|---|---|---|---|---|---|---|
| 1 | PRIMARY KEY (clustered) | PK__test__3BD0198E52B... | (n... | (n... | (n/a) | (n/a) | a |

```
DROP TABLE test ;
```

### ② 열 정의한다음 나중에 PRIMARY KEY 제약조건 지정하기

PRIMARY KEY(열이름)

또는

CONSTRAINT 제약조건이름 PRIMARY KEY(열이름)

**예제** PK-2 : 테이블 만들 때 열을 모두 정의한 다음, 마지막에 제약조건 지정하기

```
CREATE TABLE test (a INT, b CHAR(10) NULL, PRIMARY KEY(a)) ;
EXEC sp_help test ;
```

| | index_name | index_description | index_keys |
|---|---|---|---|
| 1 | PK__test__3BD0198E5689C04F | clustered, unique, primary key located on PRIMARY | a |

| | constraint_type | constraint_name | delete... | upda... | stat... | status_... | constraint_keys |
|---|---|---|---|---|---|---|---|
| 1 | PRIMARY KEY (clustered) | PK__test__3BD0198E5689C04F | (n/a) | (n/a) | (n/a) | (n/a) | a |

```
DROP TABLE test ;
```

### ③ 2개 이상의 열을 조합해서 PRIMARY KEY 제약조건 지정하기

```
PRIMARY KEY(열이름1,...,열이름n)
```

또는

```
CONSTRAINT 제약조건이름 PRIMARY KEY(열이름1,열이름2,...,열이름n)
```

**예제** PK-3 : 테이블 만들 때 열을 모두 정의한 다음, 마지막에 2개 이상의 열을 조합해서 PRIMARY KEY 제약조건 지정하기

```
CREATE TABLE test (a INT, b CHAR(10), PRIMARY KEY(a,b)) ;
EXEC sp_help test ;
```

| | index_name | index_description | index_keys |
|---|---|---|---|
| 1 | PK__test__D86D18165A5A5133 | clustered, unique, primary key located on PRIMARY | a, b |

| | constraint_type | constraint_name | del... | upd... | stat... | status_... | constraint_keys |
|---|---|---|---|---|---|---|---|
| 1 | PRIMARY KEY (clustered) | PK__test__D86D18165A5A5133 | (n/a) | (n/a) | (n/a) | (n/a) | a, b |

```
DROP TABLE test ;
```

## 3.1.2 기존 테이블에서 PRIMARY KEY 제약조건 추가하기

### ① 새로운 열을 추가하고 PRIMARY KEY 제약조건 만들기

```
ALTER TABLE 테이블이름 ADD 열이름 데이터형식 PRIMARY KEY;
또는
ALTER TABLE 테이블이름 ADD 열이름 데이터형식
      CONSTRAINT 제약조건이름 PRIMARY KEY;
```

**예제** PK-4 : 테이블을 만든 이후 새로운 열을 추가하면서 PRIMARY KEY 제약조건 지정하기

```
CREATE TABLE test (a INT) ;
ALTER TABLE  test ADD b INT PRIMARY KEY ;
EXEC sp_help test ;
```

| | index_name | index_description | index_keys |
|---|---|---|---|
| 1 | PK__test__3BD0198F5E2AE217 | clustered, unique, primary key located on PRIMARY | b |

| | constraint_type | constraint_name | de... | up... | stat... | stat... | constraint_keys |
|---|---|---|---|---|---|---|---|
| 1 | PRIMARY KEY (clustered) | PK__test__3BD0198F5E2AE217 | (n... | (n... | (n/a) | (n/a) | b |

```
DROP TABLE test ;
```

테이블에 데이터가 있는 상태에서는 새로운 열을 추가하면서 PRIMARY KEY를 지정하면, 다음과 같은 오류가 발생한다.

새로운 열(PRIMARY KEY로 지정된)이 만들어지면서 기존 데이터에 해당 열의 값으로 NULL이 들어가게 되는데, PRIMARY KEY 열에는 NULL값이 들어갈 수 없기 때문이다.

```
CREATE TABLE test (a INT);
INSERT INTO test VALUES(1),(2),(3);
ALTER TABLE test ADD b INT PRIMARY KEY;
```

```
메시지
메시지 4901, 수준 16, 상태 1, 줄 1
ALTER TABLE은 Null 값을 포함하거나 DEFAULT 정의가 지정된 열만 추가할 수 있습니다.
또는 추가되는 열이 ID 또는 타임스탬프 열이어야 합니다.
앞의 조건이 모두 만족되지 않을 경우 테이블이 비어 있어야 이 열을 추가할 수 있습니다.
 열 'b'은(는) 이러한 조건을 만족하지 않으므로 비어 있지 않은 테이블 'test'에 추가할 수 없습니다.
```

### ② NOT NULL이 지정된 기존의 열에 PRIMARY KEY 제약조건 만들기

```
ALTER TABLE 테이블이름 ADD PRIMARY KEY(열이름);
또는
ALTER TABLE 테이블이름 ADD CONSTRAINT 제약조건이름
    PRIMARY KEY(열이름);
```

**예제** PK-5 : 테이블을 만든 이후 NOT NULL로 지정된 열에 PRIMARY KEY 제약조건 지정하기

```
CREATE TABLE test (a INT NOT NULL) ;
ALTER TABLE  test ADD PRIMARY KEY (a) ; /*정상*/
EXEC sp_help test ;
```

| | index_name | index_description | index_keys |
|---|---|---|---|
| 1 | PK__test__3BD0198E61FB72FB | clustered, unique, primary key located on PRIMARY | a |

| | constraint_type | constraint_name | delet... | upd... | stat... | stat... | constraint_keys |
|---|---|---|---|---|---|---|---|
| 1 | PRIMARY KEY (clustered) | PK__test__3BD0198E61FB72FB | (n/a) | (n/a) | (n/a) | (n/a) | a |

```
DROP TABLE test ;
```

### ③ NULL이 허용된 기존의 열에 PRIMARY KEY 제약조건 만들기

먼저, NOT NULL 제약조건으로 수정한 다음 PRIMARY KEY 제약조건을 지정한다.

**예제** PK-6 : 테이블을 만든 이후 NULL을 허용한 열에 PRIMARY KEY 제약조건 지정하기

```
CREATE TABLE test (a INT) ;
ALTER TABLE  test ADD PRIMARY KEY (a) ; /*오류발생*/
```

```
메시지
메시지 8111, 수준 16, 상태 1, 줄 1
테이블 'test'의 Null 허용 열에 PRIMARY KEY 제약 조건을 정의할 수 없습니다.
메시지 1750, 수준 16, 상태 0, 줄 1
제약 조건을 만들 수 없습니다. 이전 오류를 참조하십시오.
```

```
ALTER TABLE  test ALTER COLUMN a INT NOT NULL ;
ALTER TABLE  test ADD PRIMARY KEY (a) ; /*정상*/
EXEC sp_help test ;
```

| | index_name | index_description | index_keys |
|---|---|---|---|
| 1 | PK__test__3BD0198E699C94C3 | clustered, unique, primary key located on PRIMARY | a |

| | constraint_type | constraint_name | del... | upda... | stat... | stat... | constraint_keys |
|---|---|---|---|---|---|---|---|
| 1 | PRIMARY KEY (clustered) | PK__test__3BD0198E699C94C3 | (n/a) | (n/a) | (n/a) | (n/a) | a |

```
DROP TABLE test ;
```

이 경우에 있어서 NOT NULL로 변경하기 전에 기존 데이터에 NULL값이 포함된 행이 있다면 다음과 같은 오류가 발생한다.

```
CREATE TABLE test (a INT);
INSERT INTO test VALUES(NULL),(2),(3);
ALTER TABLE test ALTER COLUMN a INT NOT NULL;
```

```
메시지
메시지 515, 수준 16, 상태 2, 줄 1
테이블 'TestData.dbo.test', 열 'a'에 NULL 값을 삽입할 수 없습니다.
열에는 NULL을 사용할 수 없습니다. UPDATE이(가) 실패했습니다.
문이 종료되었습니다.
```

### ④ 중복된 데이터가 있는 기존 열에 PRIMARY KEY 제약조건 만들기

기존 열에 중복된 데이터가 있는 경우에는 PRIMARY KEY 제약조건을 만들 수 없다.

**예제** PK-7 : 테이블을 만든 이후 중복된 데이터 값을 가지고 있는 열에 PRIMARY KEY 제약조건 지정하기

```
CREATE TABLE test (a INT NOT NULL) ;
INSERT INTO test(a) values(100) ;
INSERT INTO test(a) values(100) ;
ALTER TABLE  test ADD PRIMARY KEY (a) ; /*오류발생*/
```

```
메시지
메시지 1505, 수준 16, 상태 1, 줄 1
개체 이름 'dbo.test' 및 인덱스 이름 'PK__test__3BD0198E10AB74EC'에 키가 중복되므로
CREATE UNIQUE INDEX 문이 종료되었습니다. 중복 키 값은 (100)입니다.
메시지 1750, 수준 16, 상태 0, 줄 1
제약 조건을 만들 수 없습니다. 이전 오류를 참조하십시오.
문이 종료되었습니다.
```

```
DROP TABLE test ;
```

**키의 종류**

| 키 | 설명 |
|---|---|
| 후보키 (Candidate Key) | 행을 유일하게 식별할 수 있는 열(속성)들의 부분집합<br>유일성과 최소성을 만족<br>기본키가 될 수 있는 키들(사원번호, 학번, 주민번호등) |
| 슈퍼키 (Super Key) | 최소성은 요구되지 않으며 그 외는 후보키와 동일<br>(사원번호+이름+주소) 조합도 가능 |
| 기본키 (Primary Key) | 후보키 중에서 선택 |
| 대체키 (Alternate Key) | 기본키를 제외한 나머지 후보키 |

## 3.1.3 PRIMARY KEY 제약조건 제거하기

### ① 제약조건의 이름을 지정하는 이유

PRIMARY KEY 제약조건을 제거하려면 제약조건의 이름을 확인해야 한다.

```
ALTER TABLE 테이블이름 DROP CONSTRAINT 제약조건이름 ;
```

다음의 테이블에서 제약조건을 확인해보자.

```
CREATE TABLE test (a INT PRIMARY KEY) ;
EXEC sp_help test ;
```

결과 | 메시지

| | Name | Owner | Type | Created_datetime |
|---|---|---|---|---|
| 1 | test | dbo | user table | 2019-12-15 17:53:55.680 |

| | Column_name | Type | Computed | Length | Prec | Scale | Nullable | Trim... | Fix... | Collation |
|---|---|---|---|---|---|---|---|---|---|---|
| 1 | a | int | no | 4 | 10 | 0 | no | (n/a) | (n/a) | NULL |

| | Identity | Seed | Increment | Not For Replication |
|---|---|---|---|---|
| 1 | No identity column defined. | NULL | NULL | NULL |

| | RowGuidCol |
|---|---|
| 1 | No rowguidcol column defined. |

| | Data_located_on_filegroup |
|---|---|
| 1 | PRIMARY |

| | index_name | index_description | index_keys |
|---|---|---|---|
| 1 | PK__test__3BD0198E5EE9FC26 | clustered, unique, primary key located on PRIMARY | a |

| | constraint_type | constraint_name | dele... | up... | stat... | stat... | constraint_keys |
|---|---|---|---|---|---|---|---|
| 1 | PRIMARY KEY (clustered) | PK__test__3BD0198E5EE9FC26 | (n/a) | (n/a) | (n/a) | (n/a) | a |

결과에서 나오는 constraint_name(제약조건 이름)을 확인하고 다음과 같이 명령을 실행해야 한다.

```
ALTER TABLE  test DROP CONSTRAINT PK__test__3BD0198E5EE9FC26 ;
```

System에서 자동으로 지정되는 제약조건 이름이 너무 복잡하기 때문에, 제약조건을 쉽게 관리하기 위해서 제약조건을 지정할 때 제약조건 이름을 다음과 같이 명시한다.

### ② 테이블 정의할 때 CONSTRAINT 이름 지정하기

```
CREATE TABLE 테이블이름
        (열이름 데이터형식 CONSTRAINT 제약조건이름 PRIMARY KEY,...);
```

**예제** PK-8 : 테이블 정의할 때 제약조건 이름을 지정한 경우, 그 제약조건을 삭제하기

```
CREATE TABLE test (a INT CONSTRAINT test_pk_a PRIMARY KEY) ;
EXEC sp_help test ;
```

| | index_name | index_description | index_keys |
|---|---|---|---|
| 1 | test_pk_a | clustered, unique, primary key located on PRIMARY | a |

| | constraint_type | constraint_name | del... | upd... | stat... | stat... | constraint_keys |
|---|---|---|---|---|---|---|---|
| 1 | PRIMARY KEY (clustered) | test_pk_a | (n/a) | (n/a) | (n/a) | (n/a) | a |

```
ALTER TABLE  test DROP CONSTRAINT test_pk_a ;
EXEC sp_help test ;
```

결과 | 메시지

| | Name | Owner | Type | Created_datetime |
|---|---|---|---|---|
| 1 | test | dbo | user table | 2019-12-15 01:02:25.637 |

| | Column_name | Type | Computed | Length | Prec | Scale | Nullable | Trim... | Fixed... | Collation |
|---|---|---|---|---|---|---|---|---|---|---|
| 1 | a | int | no | 4 | 10 | 0 | no | (n/a) | (n/a) | NULL |

| | Identity | Seed | Increment | Not For Replication |
|---|---|---|---|---|
| 1 | No identity column defined. | NULL | NULL | NULL |

| | RowGuidCol |
|---|---|
| 1 | No rowguidcol column defined. |

| | Data_located_on_filegroup |
|---|---|
| 1 | PRIMARY |

```
DROP TABLE test ;
```

### ③ 기존 테이블에 CONSTRAINT 추가하면서 이름 지정하기

ALTER TABLE 테이블이름 ADD CONSTRAINT 제약조건이름 PRIMARY KEY(열이름);

**예제** PK-9 : 테이블 만든 이후에 제약조건을 추가할 때 제약조건 이름을 지정한 경우, 그 제약조건을 삭제하기

```
CREATE TABLE test (a INT NOT NULL) ;
ALTER TABLE  test ADD CONSTRAINT test_pk_a PRIMARY KEY (a) ;
EXEC sp_help test ;
```

| | index_name | index_description | index_keys |
|---|---|---|---|
| 1 | test_pk_a | clustered, unique, primary key located on PRIMARY | a |

| | constraint_type | constrain... | delet... | up... | stat... | statu... | constraint_keys |
|---|---|---|---|---|---|---|---|
| 1 | PRIMARY KEY (clustered) | test_pk_a | (n/a) | (n/a) | (n/a) | (n/a) | a |

```
ALTER TABLE  test DROP CONSTRAINT test_pk_a ;
EXEC sp_help test ;
```

결과 | 메시지

| | Name | Owner | Type | Created_datetime |
|---|---|---|---|---|
| 1 | test | dbo | user table | 2019-12-15 01:07:22.430 |

| | Column_name | Type | Co... | L... | P... | Scale | Nullable | TrimTra... | FixedLe... | Collation |
|---|---|---|---|---|---|---|---|---|---|---|
| 1 | a | int | no | 4 | 10 | 0 | no | (n/a) | (n/a) | NULL |

| | Identity | Seed | Increment | Not For Replication |
|---|---|---|---|---|
| 1 | No identity column defined. | NULL | NULL | NULL |

| | RowGuidCol |
|---|---|
| 1 | No rowguidcol column defined. |

| | Data_located_on_filegroup |
|---|---|
| 1 | PRIMARY |

```
DROP TABLE test ;
```

## 3.2 UNIQUE 제약조건

테이블을 만들 때 UNIQUE 제약조건을 만들 수 있다.

또한, 기존의 테이블에 UNIQUE 제약조건을 추가할 수 있다.

단, UNIQUE 제약조건을 구성하는 열이나 열 조합에 **유일한** 데이터 값만 있어야 한다.

한 테이블에 여러 개의 UNIQUE 제약조건이 있을 수 있다.

UNIQUE 제약조건을 수정하려면 먼저, 기존 UNIQUE 제약조건을 삭제하고 새로운 정의를 사용하여 다시 만들어야 한다.

### 3.2.1 테이블을 만들 때 UNIQUE 제약조건 만들기

#### ① 열 정의할 때 UNIQUE 지정하기

열이름 데이터형식 UNIQUE
또는
열이름 데이터형식 CONSTRAINT 제약조건이름 UNIQUE

**예제** UNIQUE-1 : 테이블 만들 때 열 정의하는 줄에서 UNIQUE 제약조건 지정하기

```
CREATE TABLE test (a INT UNIQUE) ;
EXEC sp_help test ;
```

| | index_name | index_description | index_keys |
|---|---|---|---|
| 1 | UQ__test__3BD0198F741A2336 | nonclustered, unique, unique key located on PRIMA... | a |

| | constraint_type | constraint_name | del... | upd... | stat... | stat... | constraint_keys |
|---|---|---|---|---|---|---|---|
| 1 | UNIQUE (non-clustered) | UQ__test__3BD0198F741A2336 | (n/a) | (n/a) | (n/a) | (n/a) | a |

```
DROP TABLE test ;
```

### ② 열 정의한다음 나중에 UNIQUE 지정하기

UNIQUE(열이름)

또는

CONSTRAINT 제약조건이름 UNIQUE(열이름)

**예제** UNIQUE-2 : 테이블 만들 때 열을 모두 정의한 다음, 마지막에 UNIQUE 제약조건 지정하기

```
CREATE TABLE test (a INT, b CHAR, UNIQUE(a)) ;
EXEC sp_help test ;
```

| | index_name | index_description | index_keys |
|---|---|---|---|
| 1 | UQ__test__3BD0198F77EAB41A | nonclustered, unique, unique key located on PRIMA... | a |

| | constraint_type | constraint_name | delet... | upda... | statu... | statu... | constraint_keys |
|---|---|---|---|---|---|---|---|
| 1 | UNIQUE (non-clustered) | UQ__test__3BD0198F77EAB41A | (n/a) | (n/a) | (n/a) | (n/a) | a |

```
DROP TABLE test ;
```

**PRIMARY KEY와 UNIQUE 비교**

| 비교 항목 | PRIMARY KEY | UNIQUE |
|---|---|---|
| 기본 기능 | 테이블에서 각 행의 식별자 역할 | 동일 |
| NULL 허용여부 | NULL 허용 안함 | NULL 허용함(1회만) |
| 한 테이블 당 정의가능 개수 | 1개 | 1개이상 |
| 인덱스(12단원 참고) | 클러스터형 인덱스 | 비 클러스터형 인덱스 |

## 3.2.2 기존 테이블에서 UNIQUE 제약조건 만들기

### ① 새로운 열을 추가하면서 UNIQUE 제약조건 지정하기

ALTER TABLE 테이블이름 ADD 열이름 데이터형식 UNIQUE;

또는

ALTER TABLE 테이블이름 ADD 열이름 데이터형식 CONSTRAINT 제약조건이름 UNIQUE;

**예제** UNIQUE-3 : 테이블을 만든 이후 새로운 열을 추가하면서 UNIQUE 제약조건 지정하기

```
CREATE TABLE test(a INT) ;
ALTER TABLE test ADD b VARCHAR(20) UNIQUE ;
EXEC sp_help test ;
```

| | index_name | index_description | index_keys |
|---|---|---|---|
| 1 | UQ__test__3BD0198E7BBB44FE | nonclustered, unique, unique key located on PRIMA... | b |

| | constraint_type | constraint_name | del... | upd... | stat... | stat... | constraint_keys |
|---|---|---|---|---|---|---|---|
| 1 | UNIQUE (non-clustered) | UQ__test__3BD0198E7BBB44FE | (n/a) | (n/a) | (n/a) | (n/a) | b |

```
DROP TABLE test ;
```

테이블에 데이터가 2건 이상 있는 상태에서는 새로운 열을 추가하면서 UNIQUE를 지정하면, 다음과 같은 오류가 발생한다.

새로운 열(UNIQUE로 지정된)이 만들어지면서 기존 데이터에 해당 열의 값으로 NULL이 들어가게 되는데, NULL값이 1개 이상 들어가게 되므로 NULL값이 중복되기 때문이다.

```
CREATE TABLE test(a INT)
INSERT INTO test values(1),(2),(3)
ALTER TABLE test ADD b VARCHAR(20) UNIQUE
```

메시지

```
메시지 1505, 수준 16, 상태 1, 줄 1
개체 이름 'dbo.test' 및 인덱스 이름 'UQ__test__3BD0198E7108AC61'에 키가 중복되므로
CREATE UNIQUE INDEX 문이 종료되었습니다. 중복 키 값은 (<NULL>)입니다.
메시지 1750, 수준 16, 상태 0, 줄 1
제약 조건을 만들 수 없습니다. 이전 오류를 참조하십시오.
문이 종료되었습니다.
```

### ② 기존 열에 UNIQUE 제약조건 추가하기

```
ALTER TABLE 테이블이름 ADD UNIQUE(열이름);
```

또는

```
ALTER TABLE 테이블이름 ADD CONSTRAINT 제약조건이름 UNIQUE(열이름);
```

## ■ 기존에 데이터가 없었던 경우(기존에 데이터가 있었더라도 위반되는 데이터가 없는 경우)

기존에 데이터가 없었던 경우와 기존에 데이터가 있었더라도 위반되는 데이터가 없는 경우에는 **UNIQUE** 제약조건을 추가할 수 있고 **UNIQUE** 제약조건을 만든 이후부터 중복 체크가 일어난다.

**예제** UNIQUE-4 : 테이블을 만든 이후 기존 열에 UNIQUE 제약조건 지정하기

```
CREATE TABLE test(a INT) ;
ALTER TABLE test ADD UNIQUE(a) ; /*정상처라*/
EXEC sp_help test ;
```

| | index_name | index_description | index_keys |
|---|---|---|---|
| 1 | UQ__test__3BD0198F7F8BD5E2 | nonclustered, unique, unique key located on PRIMA... | a |

| | constraint_type | constraint_name | dele... | upd... | status... | statu... | constraint_keys |
|---|---|---|---|---|---|---|---|
| 1 | UNIQUE (non-clustered) | UQ__test__3BD0198F7F8BD5E2 | (n/a) | (n/a) | (n/a) | (n/a) | a |

```
DROP TABLE test ;
```

## ■ 기존에 위반되는 데이터가 있는 경우

기존에 데이터가 UNIQUE 제약조건에 위반되는 값이 있는 경우에는 UNIQUE 제약조건을 만들 수 없다.

**예제** UNIQUE-5 : 테이블을 만든 이후 중복되는 값을 가지고 있는 열에 UNIQUE 제약조건 지정하기

```
CREATE TABLE test(a INT) ;
INSERT INTO test(a) values(100);
INSERT INTO test(a) values(100);
ALTER TABLE test ADD UNIQUE(a) ; /*오류발생*/
```

```
메시지
메시지 1505, 수준 16, 상태 1, 줄 1
개체 이름 'dbo.test' 및 인덱스 이름 'UQ__test__3BD0198F35A7EF71'에 키가 중복되므로
CREATE UNIQUE INDEX 문이 종료되었습니다. 중복 키 값은 (100)입니다.
메시지 1750, 수준 16, 상태 0, 줄 1
제약 조건을 만들 수 없습니다. 이전 오류를 참조하십시오.
문이 종료되었습니다.
```

```
DROP TABLE test ;
```

### 3.2.3 UNIQUE 제약조건 제거하기

```
ALTER TABLE 테이블이름 DROP CONSTRAINT 제약조건이름;
```

**예제** UNIQUE-6 : 테이블을 만든 이후 기존 열에 UNIQUE 제약조건을 지정할 때, 제약조건 이름을 지정하고 그 제약조건을 삭제하기

```
CREATE TABLE test(a INT) ;
ALTER TABLE test ADD CONSTRAINT test_uq_a UNIQUE(a) ;
EXEC sp_help test ;
```

| | index_name | index_description | index_keys |
|---|---|---|---|
| 1 | test_uq_a | nonclustered, unique, unique key located on PRIMA... | a |

| | constraint_type | constraint_name | del... | upd... | statu... | stat... | constraint_keys |
|---|---|---|---|---|---|---|---|
| 1 | UNIQUE (non-clustered) | test_uq_a | (n/a) | (n/a) | (n/a) | (n/a) | a |

```
ALTER TABLE  test DROP CONSTRAINT  test_uq_a;
EXEC sp_help test ;
```

결과 | 메시지

| | Name | Owner | Type | Created_datetime |
|---|---|---|---|---|
| 1 | test | dbo | user table | 2019-12-15 01:20:49.223 |

| | Column_name | Type | Co... | L.. | P... | S... | Nullable | TrimTrailingBlanks | Fixed... | Collation |
|---|---|---|---|---|---|---|---|---|---|---|
| 1 | a | int | no | 4 | 10 | 0 | yes | (n/a) | (n/a) | NULL |

| | Identity | Seed | Increment | Not For Replication |
|---|---|---|---|---|
| 1 | No identity column defined. | NULL | NULL | NULL |

| | RowGuidCol |
|---|---|
| 1 | No rowguidcol column defined. |

| | Data_located_on_filegroup |
|---|---|
| 1 | PRIMARY |

```
DROP TABLE test ;
```

## 3.3 FOREIGN KEY 제약조건

테이블을 만들 때 테이블 정의의 일부로 FOREIGN KEY 제약조건을 만들 수 있다.

또한, 테이블이 이미 있으면 FOREIGN KEY 제약조건을 추가할 수 있다.

단, 다른 테이블이나 같은 테이블의 기존 PRIMARY KEY 또는 UNIQUE 제약조건에 FOREIGN KEY 제약조건을 연결해야 한다.

한 테이블에 여러 개의 FOREIGN KEY 제약조건이 있을 수 있다.

FOREIGN KEY 제약조건이 이미 있으면 해당 제약조건을 수정하거나 삭제할 수 있는데, FOREIGN KEY 제약조건을 수정하려면 먼저 기존 FOREIGN KEY 제약조건을 삭제하고 새로운 정의를 사용하여 다시 만들어야 한다.

### 3.3.1 테이블을 만들 때 FOREIGN KEY 제약조건 만들기

#### ① 열 정의할 때 지정하는 방법

열이름 데이터형식 FOREIGN KEY REFERENCES 참조테이블(참조열)
또는
열이름 데이터형식 CONSTRAINT 제약조건이름 FOREIGN KEY REFERENCES 참조테이블(참조열)

**예제** FK-1 : 테이블 만들 때 열 정의하는 줄에서 FOREIGN KEY 제약조건 지정하기

```
CREATE TABLE test (a INT PRIMARY KEY,b CHAR) ;
CREATE TABLE test2 (a2 INT FOREIGN KEY REFERENCES test(a),b2 CHAR) ;
EXEC sp_help test2 ;
```

| | Data_located_on_filegroup |
|---|---|
| 1 | PRIMARY |

| | constraint_type | constraint_name | dele... | upd... | stat... | stat... | constraint_keys |
|---|---|---|---|---|---|---|---|
| 1 | FOREIGN KEY | FK__test2__a2__08211BE3 | No ... | No... | En... | Is_... | a2 |
| 2 | | | | | | | REFERENCES TestData.dbo.test (a) |

```
DROP TABLE test2,test ; /*반드시 test2부터 지정*/
```

### ② 열 정의한다음 나중에 지정하기

FOREIGN KEY (열이름) REFERENCES 참조_테이블(참조_열)

또는

CONSTRAINT 제약조건이름 FOREIGN KEY (열이름) REFERENCES 참조_테이블(참조_열)

**예제** FK-2 : 테이블 만들 때 열을 모두 정의한 다음, 마지막에 FOREIGN KEY 제약조건 지정하기

```
CREATE TABLE test (a INT PRIMARY KEY,b CHAR) ;
CREATE TABLE test2 (a2 INT,b2 CHAR, FOREIGN KEY (a2) REFERENCES test(a)) ;
EXEC sp_help test2 ;
```

| | Data_located_on_filegroup |
|---|---|
| 1 | PRIMARY |

| | constraint_type | constraint_name | dele... | upd... | stat... | statu... | constraint_keys |
|---|---|---|---|---|---|---|---|
| 1 | FOREIGN KEY | FK__test2__a2__0DD9F539 | No ... | No ... | En... | Is_F... | a2 |
| 2 | | | | | | | REFERENCES TestData.dbo.test (a) |

```
DROP TABLE test2,test ; /*반드시 test2부터 지정*/
```

**FOREIGN KEY 체크하기**

- ☑ 참조되는 테이블을 부모 테이블이라고 하고 FOREIGN KEY가 정의된 테이블을 자식 테이블이라고 한다.
- ☑ 부모 테이블은 미리 생성되어 있어야 한다.
- ☑ FOREIGN KEY열은 부모 테이블의 참조되는 열에 존재하는 값만을 입력 할 수 있다.
- ☑ 부모 테이블은 삭제가 불가능하다.
- ☑ 자식테이블에서 참조한 값을 부모 테이블에서 삭제하거나 변경할 수 없다.
- ☑ 참조되는 열과 데이터 유형이 반드시 일치해야 한다.
- ☑ 참조되는 열은 PRIMARY KEY이거나 UNIQUE만 가능하다.

## 3.3.2 기존 테이블에서 FOREIGN KEY 제약조건 만들기

### ① 새로운 열을 추가하고 FOREIGN KEY 제약조건 만들기

ALTER TABLE 테이블이름 ADD 열이름 데이터형식 FOREIGN KEY REFERENCES 참조_테이블(참조_열);

또는

ALTER TABLE 테이블이름 ADD 열이름 데이터형식 CONSTRAINT 제약조건이름 FOREIGN KEY REFERENCES 참조_테이블(참조_열)

**예제** FK-3 : 테이블을 만든 이후 새로운 열을 추가하면서 FOREIGN KEY 제약조건 지정하기

```
CREATE TABLE test (a INT PRIMARY KEY,b CHAR) ;
CREATE TABLE test2 (b2 CHAR) ;
ALTER TABLE test2 ADD a2 INT FOREIGN KEY REFERENCES test(a) ;
EXEC sp_help test2 ;
```

| | Data_located_on_filegroup |
|---|---|
| 1 | PRIMARY |

| | constraint_type | constraint_name | delet... | upd... | stat... | stat... | constraint_keys |
|---|---|---|---|---|---|---|---|
| 1 | FOREIGN KEY | FK__test2__a2__1392CE8F | No ... | No ... | En... | Is_... | a2 |
| 2 | | | | | | | REFERENCES TestData.dbo.test (a) |

```
DROP TABLE test2,test ; /*반드시 test2부터 지정*/
```

### ② 기존의 열에 FOREIGN KEY 제약조건 만들기

ALTER TABLE 테이블이름 ADD FOREIGN KEY (열이름) REFERENCES 참조_테이블 (참조열_이름);

또는

ALTER TABLE 테이블이름 ADD CONSTRAINT 제약조건이름 FOREIGN KEY (열이름) REFERENCES 참조_테이블(참조_열)

## ■ 기존에 데이터가 없었던 경우(기존에 데이터가 있었더라도 위반되는 데이터가 없는 경우)

기존에 데이터가 없었던 경우와 기존에 데이터가 있었더라도 위반되는 데이터가 없는 경우에는 FOREIGN KEY 제약조건을 만들 수 있다. FOREIGN KEY 제약조건을 만든 이후부터 **무결성 체크**가 일어난다.

**예제** FK-4 : 테이블을 만든 이후 기존 열에 FOREIGN KEY 제약조건 지정하기

```
CREATE TABLE test (a INT PRIMARY KEY,b CHAR) ;
CREATE TABLE test2 (a2 INT,b2 CHAR);
ALTER TABLE test2 ADD FOREIGN KEY (a2) REFERENCES test(a); /*정상처리*/
EXEC sp_help test2 ;
```

| | Data_located_on_filegroup |
|---|---|
| 1 | PRIMARY |

| | constraint_type | constraint_name | del... | upd... | stat... | stat... | constraint_keys |
|---|---|---|---|---|---|---|---|
| 1 | FOREIGN KEY | FK__test2__a2__194BA7E5 | No... | No ... | En... | Is_... | a2 |
| 2 | | | | | | | REFERENCES TestData.dbo.test (a) |

```
DROP TABLE test2,test ; /*반드시 test2부터 지정*/
```

## ■ 기존에 위반되는 데이터가 있는 경우

기존에 데이터가 FOREIGN KEY 제약조건에 위반되는 값이 있는 경우에는 기본적으로 FOREIGN KEY 제약조건을 지정할 수 없다.

**예제** FK-5 : 테이블을 만든 이후 기존 열에 FOREIGN KEY 제약조건 지정하기-기존 데이터 값 중에 FOREIGN KEY 제약조건을 위반하는 값을 가지고 있는 경우

```
CREATE TABLE test (a INT PRIMARY KEY,b CHAR) ;
INSERT INTO test(a,b) VALUES (100,'X') ;
CREATE TABLE test2 (a2 INT,b2 CHAR) ;
INSERT INTO test2(a2,b2) VALUES (200,'A') ;
ALTER TABLE test2 ADD FOREIGN KEY (a2) REFERENCES test(a) ;  /*오류발생*/
```

메시지

```
메시지 547, 수준 16, 상태 0, 줄 1
ALTER TABLE 문이 FOREIGN KEY 제약 조건 "FK__test2__a2__1AF3F935"과(와) 충돌했습니다.
데이터베이스 "master", 테이블 "dbo.test", column 'a'에서 충돌이 발생했습니다.
```

```
DROP TABLE test2,test ; /*반드시 test2부터 지정*/
```

**ON DELETE/UPDATE CASCADE**

기본적으로 FOREIGN KEY열에서 참조한 값을 부모 테이블에서 삭제하거나 변경할 수 없다. 그러나, FOREIGN KEY 제약조건을 만들 때 "ON DELETE/UPDATE CASCADE"를 지정하면 FOREIGN KEY열에서 참조한 값을 부모 테이블에서 삭제하거나 변경할 수 있고 자식 테이블에 해당하는 값도 같이 삭제되거나 변경된다.

```
CREATE TABLE test (a INT PRIMARY KEY,b CHAR);
INSERT INTO test(a,b) VALUES (100,'X'),(200,'Y');
CREATE TABLE test2
     (a2 INT FOREIGN KEY REFERENCES test(a) ON DELETE CASCADE,b2 CHAR);
INSERT INTO test2(a2,b2) VALUES (100,'A');
DELETE FROM test WHERE a=100; /*정상*/
SELECT * FROM test; /*부모 테이블에서 삭제되면*/
```

결과 | 메시지

| | a | b |
|---|---|---|
| 1 | 200 | Y |

```
SELECT * FROM test2; /*자식테이블에서도 같이 삭제된다.*/
```

결과 | 메시지

| a2 | b2 |
|---|---|

## ■ 기존에 위반되는 데이터가 있는 경우 해결하기: WITH NOCHECK

기존에 데이터가 FOREIGN KEY 제약조건에 위반되는 값이 있는 경우에는 기본적으로 FOREIGN KEY 제약조건을 지정할 수 없는데, **WITH NOCHECK** 옵션을 지정하면 FOREIGN KEY 제약조건을 지정할 수 있다.

지정한 이후부터는 FOREIGN KEY 제약조건에 위반되는 데이터 값은 오류가 발생한다.

**예제** FK-6 : 테이블을 만든 이후 기존 열에 FOREIGN KEY 제약조건 지정하기-기존 데이터 값 중에 FOREIGN KEY 제약조건을 위반하는 값을 가지고 있는 경우, 오류 해결하기

```
CREATE TABLE test (a INT PRIMARY KEY,b CHAR) ;
INSERT INTO test(a,b) VALUES (100,'X') ;
CREATE TABLE test2 (a2 INT,b2 CHAR) ;
INSERT INTO test2(a2,b2) VALUES (200,'A') ;
ALTER TABLE test2 WITH NOCHECK
    ADD FOREIGN KEY (a2) REFERENCES test(a) ; /*정상처리*/
INSERT INTO test2(a2,b2) VALUES (200,'B') ; /*이후부터 위배되는 데이
                                              터입력오류*/
```

```
메시지
메시지 547, 수준 16, 상태 0, 줄 1
INSERT 문이 FOREIGN KEY 제약 조건 "FK__test2__a2__20ACD28B"과(와) 충돌했습니다.
데이터베이스 "master", 테이블 "dbo.test", column 'a'에서 충돌이 발생했습니다.
문이 종료되었습니다.
```

```
DROP TABLE test2,test ; /*반드시 test2부터 지정*/
```

### 3.3.3 FOREIGN KEY 제약조건 제거하기

```
ALTER TABLE 테이블이름 DROP CONSTRAINT 제약조건이름;
```

**예제** FK-7 : FOREIGN KEY 제약조건 이름을 지정해준 경우, 그 FOREIGN KEY 제약조건을 삭제하기

```
CREATE TABLE test (a INT PRIMARY KEY,b CHAR) ;
CREATE TABLE test2(a2 INT  CONSTRAINT test2_fk_a2
             FOREIGN KEY REFERENCES test(a), b2 CHAR) ;
EXEC sp_help test2 ;
```

| | Data_located_on_filegroup |
|---|---|
| 1 | PRIMARY |

| | constraint_type | constraint_name | dele... | updat... | stat... | status... | constraint_keys |
|---|---|---|---|---|---|---|---|
| 1 | FOREIGN KEY | test2_fk_a2 | No ... | No A... | En... | Is_Fo... | a2 |
| 2 | | | | | | | REFERENCES TestData.dbo.test (a) |

```
ALTER TABLE test2 DROP CONSTRAINT test2_fk_a2 ;
EXEC sp_help test2 ;
```

결과 | 메시지

| | Name | Owner | Type | Created_datetime |
|---|---|---|---|---|
| 1 | test2 | dbo | user table | 2019-12-15 01:40:21.090 |

| | Column_name | Type | Co... | Le... | Pr... | S... | Nu... | Trim... | FixedLenNullInSource | Collation |
|---|---|---|---|---|---|---|---|---|---|---|
| 1 | a2 | int | no | 4 | 10 | 0 | yes | (n/a) | (n/a) | NULL |
| 2 | b2 | char | no | 1 | | | yes | no | yes | Korean_Wansung_CI_AS |

| | Identity | Seed | Increment | Not For Replication |
|---|---|---|---|---|
| 1 | No identity column defined. | NULL | NULL | NULL |

| | RowGuidCol |
|---|---|
| 1 | No rowguidcol column defined. |

| | Data_located_on_filegroup |
|---|---|
| 1 | PRIMARY |

```
DROP TABLE test2,test ; /*반드시 test2부터 지정*/
```

# 3.4 DEFAULT 제약조건

데이터 값이 입력되지 않을 경우에 기본적으로 입력될 값을 지정한다.

## 3.4.1 테이블을 만들 때 DEFAULT 제약조건 만들기

### ① 열 정의할 때 DEFAULT 지정하기

열이름 데이터형식 DEFAULT 값

또는

열이름 데이터형식 CONSTRAINT 제약조건이름 DEFAULT 값

**예제** DEFAULT-1 : 테이블 만들 때 열 정의하는 줄에서 DEFAULT 지정하기

```
CREATE TABLE test (a CHAR DEFAULT 'X', b INT NULL) ;
EXEC sp_help test ;
```

| | Data_located_on_filegroup |
|---|---|
| 1 | PRIMARY |

| | constraint_type | constraint_name | dele... | upd... | statu... | stat... | constraint_keys |
|---|---|---|---|---|---|---|---|
| 1 | DEFAULT on column a | DF__test__a__20ECC9AD | (n/a) | (n/a) | (n/a) | (n/a) | ('X') |

```
INSERT INTO test(b) values(100),(200);
SELECT * FROM test
```

결과 | 메시지

| | a | b |
|---|---|---|
| 1 | X | 100 |
| 2 | X | 200 |

```
DROP TABLE test ;
```

## 3.4.2 기존 테이블에서 DEFAULT 제약조건 만들기

### ① 기존의 열에 DEFAULT 제약조건 지정하기

```
ALTER TABLE 테이블이름 ADD DEFAULT 값 FOR 열이름;
또는
ALTER TABLE 테이블이름 ADD CONSTRAINT 제약조건이름 DEFAULT 값 FOR 열이름;
```

DEFAULT 값을 지정한 이후부터 값이 입력되지 않은 경우에는 DEFAULT로 지정된 값이 저장된다.

**예제** DEFAULT-2 : 테이블을 만든 이후 DEFAULT 제약조건 추가하기

```
CREATE TABLE test (a CHAR, b INT NULL) ;
INSERT INTO test(a) VALUES( 'Z' ) ;
ALTER TABLE test  ADD  DEFAULT 100 FOR b ;
EXEC sp_help test ;
```

| | Data_located_on_filegroup |
|---|---|
| 1 | PRIMARY |

| | constraint_type | constraint_name | del... | upd... | stat... | statu... | constraint_keys |
|---|---|---|---|---|---|---|---|
| 1 | DEFAULT on column b | DF__test__b__22D5121F | (n/a) | (n/a) | (n/a) | (n/a) | ((100)) |

```
INSERT INTO test(a) VALUES( 'X' ) ;
SELECT * FROM test ;
```

결과 | 메시지

| | a | b |
|---|---|---|
| 1 | Z | NULL |
| 2 | X | 100 |

```
DROP TABLE test ;
```

INSERT 문에서 DEFAULT가 지정된 열에 다음과 같이 값을 지정할 수 있다.

```
CREATE TABLE test (a CHAR, b INT DEFAULT 100) ;
INSERT INTO test VALUES( 'X', DEFAULT );
```

### 3.4.3 DEFAULT 제약조건 제거하기

ALTER TABLE 테이블이름 DROP CONSTRAINT 제약조건이름;

**예제** DEFAULT-3 : DEFAULT 제약조건 이름을 지정해준 경우, 그 DEFAULT 제약조건을 삭제하기

```
CREATE TABLE test (a CHAR, b INT NULL) ;
ALTER TABLE test  ADD  CONSTRAINT test_df_b DEFAULT 100 FOR b ;
EXEC sp_help test ;
```

| | Data_located_on_filegroup |
|---|---|
| 1 | PRIMARY |

| | constraint_type | constrain... | dele... | upda... | statu... | status... | constraint_keys |
|---|---|---|---|---|---|---|---|
| 1 | DEFAULT on column b | test_df_b | (n/a) | (n/a) | (n/a) | (n/a) | ((100)) |

```
INSERT INTO test(a) VALUES( 'X' ) ;
SELECT * FROM test ;
```

결과 | 메시지

| | a | b |
|---|---|---|
| 1 | X | 100 |

```
ALTER TABLE test  DROP  CONSTRAINT test_df_b ;
INSERT INTO test(a) VALUES( 'Z' ) ;
SELECT * FROM test ;
```

결과 | 메시지

| | a | b |
|---|---|---|
| 1 | X | 100 |
| 2 | Z | NULL |

```
DROP TABLE test ;
```

## 3.5 CHECK 제약조건

CHECK 제약조건은 열에서 허용되는 값을 제한한다.

열에 있는 값을 다룬다는 점에서는 FOREIGN KEY 제약조건과 비슷하지만, 어떤 값이 유효한지 결정하는 방법은 서로 다르다.

FOREIGN KEY 제약조건은 **다른 테이블로부터** 유효한 값을 가져오지만 CHECK 제약조건은 다른 열의 데이터 값과 관계없이 **논리식으로부터** 유효한 값을 결정한다.

예를 들어, 〈출생연도〉 열의 값을 1900부터 2020까지의 데이터만 허용하는 CHECK 제약조건을 만들어서 열의 값 범위를 제한할 수 있다. 이렇게 하면 범위를 벗어나는 〈출생연도〉 값은 입력되지 않는다.

논리 연산자에 따라 TRUE 또는 FALSE를 반환하는 논리(부울) 식을 사용하여 다음과 같이 CHECK 제약조건을 만들 수 있다.

```
출생연도 >= 1900 AND 출생연도 <= 2020
```

열 하나에 여러 개의 CHECK 제약조건을 적용할 수 있다.

CHECK 제약조건은 FALSE로 평가되는 데이터 값을 오류로 판단하고 받지 않는다.

Null 값은 UNKNOWN으로 평가되므로 데이터 값이 Null이면 제약조건이 무시된다. 즉, CHECK 제약조건에 의해 평가하지 않고 따라서 오류로 판단하지 않는다.

예를 들어, 〈출생연도〉열이 NULL을 허용할 경우에 NULL 값이 입력될 때, 데이터베이스 엔진에서는 오류를 반환하지 않는다.

테이블을 만들 때 테이블 정의의 일부로 CHECK 제약조건을 만들 수 있다.

또한, 이미 테이블이 있으면 CHECK 제약조건을 추가할 수 있으며 테이블 및 열에서 여러 개의 CHECK 제약조건을 사용할 수 있다.

그리고, CHECK 제약조건을 수정하거나 삭제할 수 있는데, 수정하려면 먼저 기존 CHECK 제약조건을 삭제하고 새로운 정의를 사용하여 다시 만들어야 한다.

## 3.5.1 테이블을 만들 때 CHECK 제약조건 만들기

### ① 열 정의할 때 CHECK 지정하기

열이름 데이터형식 CHECK (조건식)

또는

열이름 데이터형식 CONSTRAINT 제약조건이름 CHECK (조건식)

**예제** CHECK-1 : 테이블 만들 때 열 정의하는 줄에서 제약조건 지정하기

```
CREATE TABLE test (a INT CHECK (a>=1900 AND a<=2020),b CHAR) ;
EXEC sp_help test ;
```

| | Data_located_on_filegroup |
|---|---|
| 1 | PRIMARY |

| | constraint_type | constraint_name | delet... | upda... | status_... | stat... | constraint_keys |
|---|---|---|---|---|---|---|---|
| 1 | CHECK on column a | CK__test__a__2799C73C | (n/a) | (n/a) | Enabled | Is_... | ([a]>=(1900) AND [a]<=(2020)) |

```
INSERT INTO test(a,b) VALUES (2022,'X') ; /*CHECK조건에 의해 오류 발생*/
```

메시지

메시지 547, 수준 16, 상태 0, 줄 1
INSERT 문이 CHECK 제약 조건 "CK__test__a__267ABA7A"과(와) 충돌했습니다.
데이터베이스 "TestData", 테이블 "dbo.test", column 'a'에서 충돌이 발생했습니다.
문이 종료되었습니다.

```
INSERT INTO test(b) VALUES ('X')  ; /*정상*/
SELECT * FROM test ;
```

결과 | 메시지

| | a | b |
|---|---|---|
| 1 | NULL | X |

```
DROP TABLE test ;
```

## ② 열 정의 한 다음, 나중에 CHECK 지정하기

```
CHECK (조건식)
```

또는

```
CONSTRAINT 제약조건이름 CHECK (조건식)
```

**예제** CHECK-2 : 테이블 만들 때 열을 모두 정의한 다음, 마지막에 제약조건 지정하기

```
CREATE TABLE test (a INT ,b CHAR, CHECK (a>=1900 AND a<=2020)) ;
EXEC sp_help test ;
```

| | constraint_type | constraint_name | delete_action | update_action | status_enabled | status_for_replication | constraint_keys |
|---|---|---|---|---|---|---|---|
| 1 | CHECK on column a | CK__test__a__286302EC | (n/a) | (n/a) | Enabled | Is_For_Replication | ([a]>=(1900) AND [a]<=(2020)) |

```
DROP TABLE test ;
```

## ③ CHECK 제약조건 활용하기

### ■ 몇 가지 값 중에서만 입력 가능하도록 지정하기

```
CHECK (열이름 IN (값1,값2,...))
```

**예제** CHECK-3 : 제약조건에서 IN 사용하기

```
CREATE TABLE test (a CHAR(3) CHECK (a IN('010','011','019'))) ;
EXEC sp_help test ;
```

| | Data_located_on_filegroup |
|---|---|
| 1 | PRIMARY |

| | constraint_type | constraint_name | del... | up... | s.. | st... | constraint_keys |
|---|---|---|---|---|---|---|---|
| 1 | CHECK on column a | CK__test__a__2B6A5820 | (n/a) | (n... | E | Is... | ([a]='019' OR [a]='011' OR [a]='010') |

```
INSERT INTO test(a) values('100') ;/*오류 발생*/
```

메시지

```
메시지 547, 수준 16, 상태 0, 줄 1
INSERT 문이 CHECK 제약 조건 "CK__test__a__267ABA7A"과(와) 충돌했습니다.
데이터베이스 "TestData", 테이블 "dbo.test", column 'a'에서 충돌이 발생했습니다.
문이 종료되었습니다.
```

```
DROP TABLE test ;
```

## ■ 데이터 값의 각 자리에 입력할 수 있는 값 지정하기

주민등록번호 뒷자리 7자리에 대해서 반드시 7자리 숫자와 첫 번째 위치 값은 1이나 2만 올 수 있도록 다음과 같이 지정할 수 있다.

**예제** CHECK-4 : 데이터의 각 자리 입력 값에 대해 제약조건 주기

```
CREATE TABLE test (a CHAR(7) CHECK (a like '[1-2][0-9][0-9][0-9][0-9][0-9]
[0-9]'));
EXEC sp_help test ;
```

| | Data_located_on_filegroup |
|---|---|
| 1 | PRIMARY |

| | constraint_type | constraint_name | del... | up... | stat... | stat... | constraint_keys |
|---|---|---|---|---|---|---|---|
| 1 | CHECK on column a | CK__test__a... | (n/a) | (n/a) | En... | Is_... | ([a] like '[1-2][0-9][0-9][0-9][0-9][0-9][0-9]') |

```
INSERT INTO test(a) values('2456789') ;/*정상처리*/
INSERT INTO test(a) values('3456789') ;/*첫자리 오류 발생*/
```

```
메시지
메시지 547, 수준 16, 상태 0, 줄 1
INSERT 문이 CHECK 제약 조건 "CK__test__a__4119A21D"과(와) 충돌했습니다.
데이터베이스 "master", 테이블 "dbo.test", column 'a'에서 충돌이 발생했습니다.
문이 종료되었습니다.
```

```
INSERT INTO test(a) values('245678') ;/*자릿수 오류 발생*/
```

```
메시지
메시지 547, 수준 16, 상태 0, 줄 1
INSERT 문이 CHECK 제약 조건 "CK__test__a__4119A21D"과(와) 충돌했습니다.
데이터베이스 "master", 테이블 "dbo.test", column 'a'에서 충돌이 발생했습니다.
문이 종료되었습니다.
```

```
DROP TABLE test ;
```

### 3.5.2 기존 테이블에서 CHECK 제약조건 만들기

#### ① 새로운 열을 추가하면서 CHECK 제약조건 지정하기

```
ALTER TABLE 테이블이름 ADD CHECK (조건식);
또는
ALTER TABLE 테이블이름 ADD CONSTRAINT 제약조건이름 CHECK (조건식);
```

#### ■ 기존에 데이터가 없었던 경우(기존에 데이터가 있었더라도 위반되는 데이터가 없는 경우)

CHECK 제약조건을 추가할 때, 기존에 데이터가 없었거나 기존 값 중에 CHECK 제약조건에 위반되는 값이 없다면 CHECK 제약조건을 지정할 수 있으며 지정한 이후부터 CHECK제약조건에 위반되는 데이터는 입력할 수 없다.

예제 CHECK 5 : 테이블을 만든 이후 새로운 CHECK 제약조건 추가하기

```
CREATE TABLE test (a INT NULL) ;
ALTER TABLE test ADD CHECK (a> 1) ; /*정상처리*/
INSERT INTO test VALUES (-2) ; /*CHECK조건에 의해 오류 발생*/
```

```
메시지
메시지 547, 수준 16, 상태 0, 줄 1
INSERT 문이 CHECK 제약 조건 "test_ck_a"과(와) 충돌했습니다.
데이터베이스 "TestData", 테이블 "dbo.test", column 'a'에서 충돌이 발생했습니다.
문이 종료되었습니다.
```

```
DROP TABLE test ;
```

#### ■ 기존에 데이터(CHECK 제약조건에 위반되는)가 있었던 경우

CHECK 제약조건을 추가할 때, 기존 값 중에 CHECK 제약조건에 위반되는 값이 있다면 기본적으로 CHECK 제약조건을 지정할 수 없다.

예제 CHECK-6 : 테이블을 만든 이후 새로운 CHECK 제약조건 추가하기–기존 데이터 값 중에서 CHECK 제약조건에 위반되는 데이터가 있는 경우

```
CREATE TABLE test (a INT NULL) ;
INSERT INTO test VALUES (-1) ;
ALTER TABLE test ADD CHECK (a> 1) ; /*CHECK 만들기 실패 */
```

```
메시지
메시지 547, 수준 16, 상태 0, 줄 1
ALTER TABLE 문이 CHECK 제약 조건 "CK__test__a__2C3393D0"과(와) 충돌했습니다.
데이터베이스 "TestData", 테이블 "dbo.test", column 'a'에서 충돌이 발생했습니다.
```

```
DROP TABLE test ;
```

## ■ 기존에 데이터(CHECK 제약조건에 위반되는)가 있었던 경우 해결하기 : WITH NOCHECK

CHECK 제약조건을 추가할 때, 기존 값 중에 CHECK 제약조건에 위반되는 값이 있다면 기본적으로 CHECK 제약조건을 지정할 수 없지만, WITH NOCHECK 옵션을 사용하면 지정 할 수 있다.

지정한 이후부터 CHECK제약조건에 위반되는 데이터는 입력할 수 없다.

예제 CHECK-7 : 테이블을 만든 이후 새로운 CHECK 제약조건 추가하기–기존 데이터 값 중에서 CHECK 제약조건에 위반되는 데이터가 있는 경우 WITH NOCHECK 옵션 사용하기

```
CREATE TABLE test (a INT NULL) ;
INSERT INTO test VALUES (-1) ;
ALTER TABLE test WITH NOCHECK  ADD  CHECK (a> 1) ; /*정상*/
INSERT INTO test VALUES (-2) ; /*CHECK조건에 의해 오류 발생*/
```

```
메시지
메시지 547, 수준 16, 상태 0, 줄 1
INSERT 문이 CHECK 제약 조건 "test_ck_a"과(와) 충돌했습니다.
데이터베이스 "TestData", 테이블 "dbo.test", column 'a'에서 충돌이 발생했습니다.
문이 종료되었습니다.
```

```
DROP TABLE test ;
```

### 3.5.3 CHECK 제약조건 제거하기

CHECK 제약조건을 제거하기 위해서는 제약조건의 이름을 알아야 한다.

제약조건을 줄 때 이름을 지정하지 않았다면 시스템에서 자동으로 이름을 지정해준다. 이렇게 자동으로 만들어진 제약조건 이름은 sp_help()함수를 이용하여 확인하면 된다.

그러나 시스템에서 자동으로 지정해주는 이름은 복잡하고 또한 제약조건을 편하게 관리하기 위해 모든 제약조건을 만들 때 이름을 직접 지정하는 것이 좋다.

```
ALTER TABLE 테이블이름 DROP CONSTRAINT 제약조건이름;
```

**예제** CHECK-8 : CHECK 제약조건 이름을 지정해준 경우, 그 CHECK 제약조건을 삭제하기

```
CREATE TABLE test (a INT CONSTRAINT test_ck_a  CHECK (a>100))
EXEC sp_help test ;
```

| | Data_located_on_filegroup |
|---|---|
| 1 | PRIMARY |

| | constraint_type | constraint... | delete... | upd... | stat... | stat... | constraint_keys |
|---|---|---|---|---|---|---|---|
| 1 | CHECK on column a | test_ck_a | (n/a) | (n/a) | Ena... | Is_... | ([a]>(100)) |

```
INSERT INTO test(a) VALUES (-1) ; /*CHECK조건에 의해 오류 발생*/
```

메시지

메시지 547, 수준 16, 상태 0, 줄 1
INSERT 문이 CHECK 제약 조건 "test_ck_a"과(와) 충돌했습니다.
데이터베이스 "TestData", 테이블 "dbo.test", column 'a'에서 충돌이 발생했습니다.
문이 종료되었습니다.

```
ALTER TABLE test DROP CONSTRAINT test_ck_a  ;
INSERT INTO test VALUES (-1) ; /*정상*/
DROP TABLE test ;
```

**실습**

① 다음 표를 참고하여 3개 테이블을 만든다.

| 테이블이름 : 책 | | |
|---|---|---|
| 열이름(컬럼명) | 데이터형식 | 제약조건 |
| 책번호 | CHAR(5) | PRIMARY KEY |
| 제목 | NCHAR(10) | NOT NULL |
| 저자 | NCHAR(10) | |
| 출간일 | DATE | CHECK 현재일자 이후 불가(GETDATE() 이용) |
| 상태 | NCHAR(2) | DEFAULT '보관' |

| 테이블이름 : 회원 | | |
|---|---|---|
| 열이름(컬럼명) | 데이터형식 | 제약조건 |
| 회원번호 | CHAR(5) | PRIMARY KEY |
| 연락처 | CHAR(13) | |
| 이름 | NCHAR(5) | NOT NULL |

| 테이블이름 : 대여 | | |
|---|---|---|
| 열이름(컬럼명) | 데이터형식 | 제약조건 |
| 책번호 | CHAR(5) | FOREIGN KEY, 책(책번호) 참조 |
| 회원번호 | CHAR(5) | |
| 대여일 | DATE | NOT NULL |
| 반납일 | DATE | |

2 3개 테이블에 데이터를 추가한다.

| 책 | | | | |
|---|---|---|---|---|
| 책번호 | 제목 | 저자 | 출간일 | 상태 |
| B1001 | 오만과편견 | 제인오스틴 | 2001/01/01 | |
| B1002 | 봄 | 김유정 | 2012/05/01 | |
| B2001 | 추억 | | | |
| B2002 | 제인에어 | 샬롯브론테 | 2004/01/01 | 대여 |
| B3001 | 날개 | 이상 | | |

| 회원 | | |
|---|---|---|
| 회원번호 | 연락처 | 이름 |
| M1000 | 01012345678 | 김나미 |
| M1001 | 01022225678 | 박지웅 |
| M2001 | 01033334444 | 박정현 |
| M2002 | 01044445555 | 이진아 |
| M1010 | 01055554444 | 최훈 |

| 대여 | | | |
|---|---|---|---|
| 책번호 | 회원번호 | 대여일 | 반납일 |
| B1002 | M1001 | 19/03/03 | 19/03/07 |
| B2001 | M1001 | 19/08/03 | 19/08/30 |
| B1002 | M2001 | 19/05/23 | 19/05/30 |
| B2002 | M2002 | 19/09/08 | |
| B2001 | M2002 | 19/09/08 | 19/09/09 |

3 SP_HELP를 실행하고 각 테이블의 제약조건들을 확인한다.

4 SELECT 명령을 사용하여 3개 테이블의 데이터를 확인한다.

**5** 다음 표를 참고하여 제약조건을 추가한다.

| 테이블 | 제약조건 |
|---|---|
| 책 | 〈저자〉열에 DEFAULT '미상' |
| 회원 | 〈연락처〉열에 UNIQUE, 제약조건이름은 '회원_UQ_연락처' |
| 대여 | 〈회원번호〉열에 회원 테이블의 〈회원번호〉열을 참조하는 FOREIGN KEY |
| 대여 | 〈대여일〉에 현재 날짜 이후 불가, 제약조건이름은 '대여_CK_대여일' |

**6** SP_HELP를 실행시켜서 추가로 정의된 제약조건 내용을 확인한다.

**7** 다음 작업을 실행하고 오류가 발생한 경우, 그 이유를 설명한다.

| 테이블 | 작업 | 내용 |
|---|---|---|
| 책 | 추가 | 책번호, 제목, 출간일 ('B9001', '데이터베이스', '25/01/01') |
| 책 | 추가 | 책번호, 제목, 출간일 ('B9002', '데이터베이스', '19/01/01') |
| 회원 | 수정 | 〈회원번호〉가 'M1001'인 회원의 연락처를 '01012345678'로 변경 |
| 대여 | 수정 | 〈책번호〉가 'B2002'이고 〈회원번호〉가 'M2002'인 데이터의 〈대여일〉을 '25/09/07'로 변경 |
| 대여 | 추가 | 책번호, 회원번호, 대여일 ('B3001', 'M1003', '19/09/06') |

CHAPTER 04

# 함수

SQL Server는 특정 작업을 수행하는 데 사용할 수 있는 기본 함수를 제공한다.

함수는 다양한 방법으로 SQL명령문에서 사용하거나 포함될 수 있다.

## 4.1 SELECT 목록에서 함수 사용하기

SELECT문의 실행 결과로 반환되도록 함수를 반환 목록에서 사용할 수 있다.

```
DB_NAME()
```

DB_NAME()함수는 현재 데이터베이스 이름을 반환한다.

예제 함수-1 : DB_NAME()

```
USE TestData ;
SELECT DB_NAME() ;
```

결과 | 메시지

| | (열 이름 없음) |
|---|---|
| 1 | TestData |

```
SELECT DB_NAME() AS 현재데이터베이스이름 ;
```

결과 | 메시지

| | 현재데이터베이스이름 |
|---|---|
| 1 | TestData |

## 4.2 WHERE 검색 조건에서 함수 사용하기

SELECT 또는 데이터 수정(INSERT, DELETE 또는 UPDATE) 문의 WHERE 검색 조건에서 함수를 사용할 수 있다.

### ① SELECT문의 WHERE 검색 조건에서 사용하기

SELECT문의 WHERE 검색 조건식에서 함수를 사용할 수 있다.

```
GETDATE()
```

GETDATE()함수는 시스템의 현재 날짜를 반환하는 함수이다.

다음은, 〈반납일〉값이 현재 날짜보다 이전인 데이터(행)를 반환하는 예제이다.

**예제** 함수-2 : GETDATE()

```
SELECT  GETDATE(); /*현재 날짜를 반환*/
CREATE TABLE test (고객 CHAR,반납일 DATE) ;
INSERT INTO test VALUES('X','20/09/03'),('Y','21/03/21'),('Z','19/03/03');
SELECT 고객 AS 반납일지난고객 FROM test WHERE 반납일 < GETDATE();
```

```
DROP TABLE test ;
```

### ② UPDATE문의 WHERE 조건에서 함수 사용하기

WHERE 조건과 일치하는 데이터(행)를 찾아서 데이터 값을 수정할 때, WHERE 조건에서 함수를 사용하는 방법이다.

```
SUBSTRING(문자열, 시작위치, 문자갯수)
```

SUBSTRING()함수는 〈문자열〉에서 〈시작위치〉를 기준으로 〈문자갯수〉만큼 해당하는 문자를 반환한다.

문자열 데이터 값에서 첫 번째 자리의 값이 “1”인 경우와 “2”인 경우에 따라서 데이터를 일괄적으로 수정하는 예제이다.

**예제 함수-3 : SUBSTRING()**

```
CREATE TABLE test (a CHAR(7)) ;
INSERT INTO test VALUES('1234567'),('2345678'),('1987654') ;
ALTER TABLE test ADD b nchar ;
SELECT * FROM test ;
```

| | a | b |
|---|---|---|
| 1 | 1234567 | NULL |
| 2 | 2345678 | NULL |
| 3 | 1987654 | NULL |

```
UPDATE test SET  b='남' WHERE SUBSTRING(a,1,1) = '1' ;
SELECT * FROM test ;
```

| | a | b |
|---|---|---|
| 1 | 1234567 | 남 |
| 2 | 2345678 | NULL |
| 3 | 1987654 | 남 |

```
UPDATE test SET  b='여' WHERE SUBSTRING(a,1,1) = '2' ;
SELECT * FROM test ;
```

| | a | b |
|---|---|---|
| 1 | 1234567 | 남 |
| 2 | 2345678 | 여 |
| 3 | 1987654 | 남 |

```
DROP TABLE test ;
```

## 4.3 INSERT문에서 함수 사용하기

INSERT문으로 데이터 값을 입력할 때, VALUES절에서 열의 값을 직접 주지 않고 함수를 사용할 수 있다.

대여를 위한 테이블에서 〈반납일〉을 직접 입력하지 않고 현재 날짜를 기준으로 7일을 더해서 입력하는 예제이다.

**예제 함수-4 : INSERT문에서 함수 사용하기**

```
SELECT GETDATE() ;
```

```
CREATE TABLE test (책번호 CHAR,반납일 DATE) ;
INSERT INTO test VALUES('X',GETDATE()+7) ;
SELECT * FROM test ;
```

```
DROP TABLE test ;
```

## 4.4 제약조건에서 함수 사용하기

### ① CHECK 제약조건에서 함수 사용하기

CHECK 제약조건에서 함수를 사용하여 조건식을 지정할 수 있다.

〈생일〉을 입력할 때 시스템 현재 날짜보다 작거나 같은 값만 입력할 수 있도록 CHECK 조건식에 GETDATE()함수를 사용한 예제이다.

**예제 함수-5 : CHECK 제약조건에서 함수 사용하기**

```
CREATE TABLE test (이름 NCHAR,생일 DATE CHECK (생일<=GETDATE())) ;
EXEC sp_help test ;
```

| | Data_located_on_filegroup |
|---|---|
| 1 | PRIMARY |

| | constraint_type | constraint_name | del... | upd... | stat... | statu... | constraint_keys |
|---|---|---|---|---|---|---|---|
| 1 | CHECK on column 생일 | CK__test__생일__31233176 | (n/a) | (n/a) | En... | Is_F... | ([생일]<=getdate()) |

```
INSERT INTO test VALUES('강','2300/11/26') ;
```

메시지

```
메시지 547, 수준 16, 상태 0, 줄 1
INSERT 문이 CHECK 제약 조건 "CK__test__생일__4277DAAA"과(와) 충돌했습니다.
데이터베이스 "TestData", 테이블 "dbo.test", column '생일'에서 충돌이 발생했습니다.
문이 종료되었습니다.
```

```
DROP TABLE test ;
```

### ② DEFAULT 제약조건에서 함수 사용하기

DEFAULT 제약조건에서 함수를 사용해서 기본 값을 지정할 수 있다.

다음은, 〈판매일〉 데이터 값이 입력되지 않으면 현재 시스템 날짜가 기본적으로 입력되도록 한 예제이다.

**예제** 함수-6 : DEFAULT 제약조건에서 함수 사용하기

```
CREATE TABLE test (상품 NCHAR,판매일 DATE DEFAULT GETDATE()) ;
EXEC sp_help test ;
```

| | Data_located_on_filegroup |
|---|---|
| 1 | PRIMARY |

| | constraint_type | constraint_name | del... | up... | stat... | stat... | constraint_keys |
|---|---|---|---|---|---|---|---|
| 1 | DEFAULT on column 판매일 | DF__test__판매일__330B79E8 | (n/a) | (n/a) | (n/a) | (n/a) | (getdate()) |

```
INSERT INTO test VALUES('물','20/11/26') ;
INSERT INTO test(상품) VALUES('펜'),('옷') ;
SELECT * FROM test;
```

결과 | 메시지

| | 상품 | 판매일 |
|---|---|---|
| 1 | 물 | 2020-11-26 |
| 2 | 펜 | 2019-08-07 |
| 3 | 옷 | 2019-08-07 |

```
DROP TABLE test ;
```

## 4.5 시간과 날짜를 다루는 함수

SQL Server가 제공하는 함수중에서 시간과 날짜를 다루는 함수에 대해서 알아본다.

### ① DATENAME (날짜요소, 날짜_또는_시간)

〈날짜_또는_시간〉에서, 지정한 〈날짜요소〉에 해당하는 값을 반환한다.

반환하는 값은 NVARCHAR 유형이다.

〈날짜요소〉로 지정할 수 있는 값들은 다음과 같다.

〈날짜요소〉 대신, 지정가능한 문자를 사용해도 된다.

| 날짜요소 | 지정가능한 문자 | 반환값 |
|---|---|---|
| YEAR | YY, YYYY | 연도 |
| QUARTER | QQ, Q | 분기 |
| MONTH | MM, M | 월 |
| DAYOFYEAR | DY, Y | 올해 며칠 |
| DAY | DD, D | 일자 |
| WEEK | WK, WW | 올해 몇째주 |
| WEEKDAY | DW | 요일 |
| HOUR | HH | 시 |
| MINUTE | MI, N | 분 |
| SECOND | SS, S | 초 |
| MILLISECOND | MCS | 천분의1초단위 |
| MICROSECOND | NS | 백만분의1초단위 |

다음은, DATENAME() 함수를 이용하여 오늘(GETDATE())의 연도와 올해 몇째 주에 해당하는지를 구하고 테이블에 저장된 〈생일〉값으로부터 태어난 요일을 구하는 예제이다.

**예제** 함수-7 : DATENAME()

```
SELECT DATENAME(YEAR,GETDATE()) AS 오늘의연도 ;
```

결과 | 메시지

| | 오늘의연도 |
|---|---|
| 1 | 2019 |

```
SELECT DATENAME(WK,GETDATE()) AS 올해몇째주 ;
```

결과 | 메시지

| | 올해몇째주 |
|---|---|
| 1 | 32 |

```
CREATE TABLE test (생일 DATE);
INSERT INTO test VALUES('2000/09/03'),('1999/03/21'),('2001/11/20') ;
SELECT 생일, DATENAME(DW,생일) AS 태어난요일 FROM test ;
```

결과 | 메시지

| | 생일 | 태어난요일 |
|---|---|---|
| 1 | 2000-09-03 | 일요일 |
| 2 | 1999-03-21 | 일요일 |
| 3 | 2001-11-20 | 화요일 |

```
DROP TABLE test ;
```

> 날짜 값으로 시간만 주어진 경우, 기본적으로 일자는 〈1900-01-01〉 값으로 간주하며 날짜 값으로 일자에 대한 값만 주어진 경우에 시간은, 〈00:00:00〉값이 기본 값이 된다.

### ② DATEPART (날짜요소, 날짜_또는_시간)

〈날짜_또는_시간〉 값에서, 지정한 〈날짜요소〉에 해당하는 값을 반환한다.

DATENAME()함수와 유사하나 반환되는 값이 정수(INTEGER) 유형의 값이다.

요일을 반환하는 날짜요소(WEEKDAY 또는 DW)를 지정한 경우에 요일에 해당하는 정수 값을 반환한다. 일요일부터 토요일까지 1부터 7값을 반환한다.

다음은, DATEPART() 함수를 이용하여 오늘(GETDATE())의 연도와 올해 몇째 주에 해당하는지를 구하고 테이블에 저장된 〈생일〉값으로부터 태어난 요일을 구하는 예제이다.

앞 예제(함수–7)에서 사용한 DATENAME() 함수와는 다르게 요일에 해당하는 정수 값이 반환된다.

**예제** 함수–8 : DATEPART()

```
SELECT DATEPART(YEAR,GETDATE()) AS 오늘의연도 ;
```

결과 | 메시지

| | 오늘의연도 |
|---|---|
| 1 | 2019 |

```
SELECT DATEPART(WK,GETDATE()) AS 올해몇째주 ;
```

결과 | 메시지

| | 올해몇째주 |
|---|---|
| 1 | 32 |

```
CREATE TABLE test (생일 DATE);
INSERT INTO test VALUES('2000/09/03'),('1999/03/21'),('2001/11/20') ;
SELECT 생일, DATEPART(DW,생일) AS 태어난요일 FROM test ;
```

결과 | 메시지

| | 생일 | 태어난요일 |
|---|---|---|
| 1 | 2000-09-03 | 1 |
| 2 | 1999-03-21 | 1 |
| 3 | 2001-11-20 | 3 |

```
DROP TABLE test ;
```

### ③ DAY(날짜), MONTH(날짜), YEAR(날짜)

주어진 〈날짜〉에서 각각 일, 월, 연도를 정수형(INTEGER) 값으로 반환한다.

다음은, MONTH() 함수를 이용하여 이번 달 생일인 고객을 구하는 예제이다.

**예제** 함수-9 : MONTH()

```
CREATE TABLE test (이름 CHAR,생일 DATE) ;
INSERT INTO test VALUES('X','1999/08/03'),('Y','2000/03/21'),('Z','2000/08/03') ;
SELECT 이름 AS 이번달생일고객 FROM test
        WHERE MONTH(생일) = MONTH(GETDATE()) ;
```

결과 | 메시지

| | 이번달생일고객 |
|---|---|
| 1 | X |
| 2 | Z |

```
DROP TABLE test ;
```

### ④ DATEDIFF(날짜요소, 시작날짜, 마지막날짜)

〈시작날짜〉에서 〈마지막날짜〉까지의 차이를 주어진 〈날짜요소〉단위로 계산한 다음, 결과를 정수(INTEGER) 유형으로 반환한다.

다음은, DATEDIFF() 함수를 이용하여 〈입사일〉로부터 근무연수를 구하는 예제이다.

**예제** 함수-10 : DATEDIFF()

```
CREATE TABLE test (이름 CHAR,입사일 DATE);
INSERT INTO test VALUES('X','1999/08/03'),('Y','2000/03/21'),('Z','2000/08/03');
SELECT 이름,DATEDIFF(YY,입사일,GETDATE()) AS 근무연수 FROM test;
```

결과 | 메시지

| | 이름 | 근무연수 |
|---|---|---|
| 1 | X | 20 |
| 2 | Y | 19 |
| 3 | Z | 19 |

```
DROP TABLE test ;
```

### ⑤ DATEADD(단위, 더하는_값, 날짜_또는_시간)

주어진 〈날짜_또는_시간〉에서 지정한 〈단위〉로 〈더하는_값〉을 더한 결과를 반환한다.

다음은, DATEADD() 함수를 이용하여 오늘(GAETDATE())로부터 100일 되는 날짜를 구하고 〈대여일〉값을 기준으로 7일을 더해서 반납예정일을 계산하는 예제이다.

**예제 함수-11 : DATEADD()**

```
SELECT DATEADD(D,100,GETDATE()) AS '100일되는날' ;
```

결과 | 메시지

| | 100일되는날 |
|---|---|
| 1 | 2019-11-16 16:07:25.573 |

```
CREATE TABLE test (이름 CHAR,대여일 DATE) ;
INSERT INTO test VALUES('X','2020/08/03'),('Y','2020/08/21'),('Z','2020/08/13') ;
SELECT *, DATEADD(D,7,대여일) AS '반납예정일' FROM test ;
```

결과 | 메시지

| | 이름 | 대여일 | 반납예정일 |
|---|---|---|---|
| 1 | X | 2020-08-03 | 2020-08-10 |
| 2 | Y | 2020-08-21 | 2020-08-28 |
| 3 | Z | 2020-08-13 | 2020-08-20 |

```
DROP TABLE test ;
```

## 4.6 문자열함수

### ① LTRIM(문자열), RTRIM(문자열)

〈문자열〉에서 공백을 제거한 다음, 문자를 반환하는 함수이다.

LTRIM()은 〈문자열〉의 왼쪽 공백을, RTRIM()은 〈문자열〉에서 오른쪽 공백을 제거한다.

입력 문자열이 NULL인 경우 NULL을 반환한다.

**예제** 함수-12 : RTRIM()

```
CREATE TABLE test (시 NCHAR(6),구 NCHAR(6),동 NCHAR(6)) ;
INSERT INTO test VALUES('안산시','단원구','초지동') ;
INSERT INTO test VALUES('세종시','','종촌동'),('의정부시','','송산동') ;
SELECT *  FROM test;
```

결과 | 메시지

| | 시 | 구 | 동 |
|---|---|---|---|
| 1 | 안산시 | 단원구 | 초지동 |
| 2 | 세종시 | | 종촌동 |
| 3 | 의정부시 | | 송산동 |

```
SELECT 시+구+동 AS 주소 FROM test ;
```

결과 | 메시지

| | 주소 |
|---|---|
| 1 | 안산시   단원구   초지동 |
| 2 | 세종시         종촌동 |
| 3 | 의정부시         송산동 |

```
SELECT RTRIM(시)+RTRIM(구)+동 AS 주소 FROM test ;
```

결과 | 메시지

| | 주소 |
|---|---|
| 1 | 안산시단원구초지동 |
| 2 | 세종시종촌동 |
| 3 | 의정부시송산동 |

```
DROP TABLE test ;
```

### ② REPLACE(문자열, 찾을_문자열, 바꿀_문자열)

〈문자열〉에서 〈찾을_문자열〉을 찾아서 〈바꿀_문자열〉로 변경한다음, 이렇게 변경된 전체 문자열을 반환한다.

문자열이 Null이면 NULL을 반환한다.

다음은 테이블에서 〈과목명〉에 “실습”이라는 문자열을 찾아서 “실기”라는 문자로 변경하는 예제이다.

**예제** 함수-13 : REPLACE()

```
SELECT REPLACE('서울시서초구방배동','서울시','서울특별시') ; /*기본사용예*/
```

결과 | 메시지

| | (열 이름 없음) |
|---|---|
| 1 | 서울특별시 서초구 방배동 |

```
CREATE TABLE test (과목명 NCHAR(6));
INSERT INTO test VALUES('VB실기'),('JAVA실습'),('DB실기') ;
SELECT *  FROM test;
```

결과 | 메시지

| | 과목명 |
|---|---|
| 1 | VB실기 |
| 2 | JAVA실습 |
| 3 | DB실기 |

```
UPDATE test SET 과목명= REPLACE(과목명,'실기','실습') ;
SELECT *  FROM test;
```

결과 | 메시지

| | 과목명 |
|---|---|
| 1 | VB실습 |
| 2 | JAVA실습 |
| 3 | DB실습 |

```
DROP TABLE test ;
```

### ③ LEFT(문자열, 문자갯수), RIGHT(문자열, 문자갯수)

〈문자열〉에서 왼쪽(LEFT) 또는 오른쪽(RIGHT)에서부터 지정한 〈문자갯수〉만큼 문자열을 반환한다.

다음은, RIGHT() 함수를 이용하여 휴대폰(hp) 값에서 뒤 4자리 값을 검색하고, REPLACE() 함수를 같이 사용하여 휴대폰(hp) 값을 반환할 때 뒤 4자리를 별표(*)로 숨기도록 한 예제이다.

**예제** 함수-14 : RIGHT()

```
CREATE TABLE test (name NCHAR, hp CHAR(11)) ;
INSERT INTO test VALUES('김','01012345678'),('박','01123456789') ;
SELECT * FROM test WHERE RIGHT(hp,4)='6789' ;
```

결과 | 메시지

|  | name | hp |
|---|---|---|
| 1 | 박 | 01123456789 |

```
SELECT name,REPLACE(hp,RIGHT(hp,4),'****') FROM test ;
```

결과 | 메시지

|  | name | (열 이름 없음) |
|---|---|---|
| 1 | 김 | 0101234**** |
| 2 | 박 | 0112345**** |

```
DROP TABLE test ;
```

### ④ LEN(문자열), REPLICATE(반복할_문자열, 반복횟수)

LEN()함수는 주어진 〈문자열〉의 문자열 길이를 반환한다.

REPLICATE()함수는 〈반복할_문자열〉을 지정한 〈반복횟수〉만큼 반복한 문자열을 반환한다.

다음은 LEN()함수를 사용하여 이름의 길이 조건과 일치하는 데이터를 찾고, 이름의 길이만큼만 "*"를 추가해서 보여주도록 REPLICATE()함수를 사용한 예제이다.

**예제** 함수-15 : LEN(),REPLICATE()

```
CREATE TABLE test (name NCHAR(5)) ;
INSERT INTO test VALUES('김나미'),('박훈'),('남궁철수') ;
SELECT name AS '3자리이상이름'  FROM test WHERE LEN(name)>3 ;
```

```
SELECT LEFT(name,1)+'****' FROM test ;/*길이와 관계없이 *를 4번반복*/
```

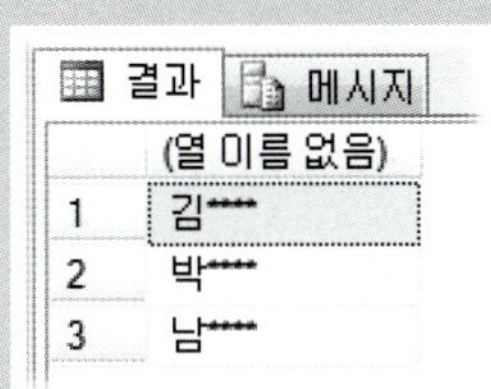


```
SELECT LEFT(name,1)+REPLICATE('*',LEN(name)-1) FROM test ;/*길이 고려*/
```

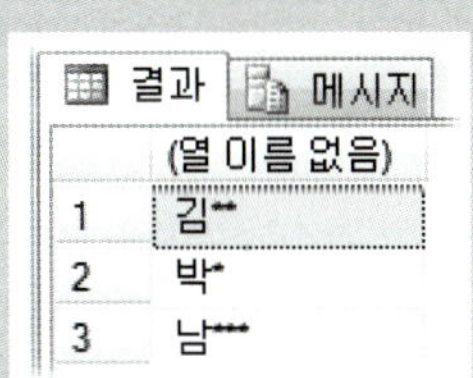


```
DROP TABLE test ;
```

### ⑤ UPPER(문자열), LOWER(문자열)

주어진 〈문자열〉을 대문자(UPPER), 또는 소문자(LOWER)로 변경한다.

다음은 저장된 기존 데이터 값에서 소문자이거나 소문자가 섞여있는 경우, 모두 대문자로 변경하는 예제이다.

**예제** 함수-16 : UPPER()

```
CREATE TABLE test (a CHAR(5)) ;
INSERT INTO test VALUES('aBC'),('ABC'),('abc') ;
SELECT *  FROM test ;
```

결과 | 메시지

| | a |
|---|---|
| 1 | aBC |
| 2 | ABC |
| 3 | abc |

```
UPDATE test SET a=UPPER(a) ;
SELECT *  FROM test ;
```

결과 | 메시지

| | a |
|---|---|
| 1 | ABC |
| 2 | ABC |
| 3 | ABC |

```
DROP TABLE test ;
```

### ⑥ STUFF(문자열, 삭제할_시작위치, 삭제할_문자수, 삭제한문자대신_끼워놓을문자열)

문자열에서 〈삭제할_시작위치〉에서부터 〈삭제할_문자수〉만큼 삭제한 다음, 〈삭제한문자대신_끼워넣을문자열〉에서 지정한 문자를 끼워넣고 그 결과를 문자열로 반환한다.

**예제** 함수-17 : STUFF()

```
CREATE TABLE test (pw CHAR(5)) ;
INSERT INTO test VALUES('abc'),('abcd'),('abcde') ;
SELECT STUFF(pw,2,3,'***') AS 비밀번호 FROM test ;
```

결과 | 메시지

| | 비밀번호 |
|---|---|
| 1 | a*** |
| 2 | a*** |
| 3 | a***e |

```
DROP TABLE test ;
```

## 4.7 형식변환 함수

데이터 값의 형식을 변경하는 함수이다.

### ① CAST(대상 AS 변경할_데이터형식)

지정한 〈대상〉의 데이터형식을 〈변경할_데이터형식〉으로 변경한다.

**예제** 함수-18 : CAST()

```
CREATE TABLE test(a INT,b INT) ;
INSERT INTO test VALUES(90,81),(80,71),(70,91) ;
SELECT *,(a+b)/2 AS 평균 FROM test ;/*정확한 값이 나오지 않음*/
```

결과 | 메시지

| | a | b | 평균 |
|---|---|---|---|
| 1 | 90 | 81 | 85 |
| 2 | 80 | 71 | 75 |
| 3 | 70 | 91 | 80 |

```
SELECT *,CAST((a+b)/2 AS FLOAT) AS 평균 FROM test ;/*정수값 반환*/
```

결과 | 메시지

| | a | b | 평균 |
|---|---|---|---|
| 1 | 90 | 81 | 85 |
| 2 | 80 | 71 | 75 |
| 3 | 70 | 91 | 80 |

```
SELECT *,CAST((a+b)/2 AS DECIMAL(5,2)) AS 평균 FROM test ;/*정확한 값 아님*/
```

결과 | 메시지

| | a | b | 평균 |
|---|---|---|---|
| 1 | 90 | 81 | 85.00 |
| 2 | 80 | 71 | 75.00 |
| 3 | 70 | 91 | 80.00 |

```
SELECT *,CAST((a+b) AS FLOAT)/2 AS 평균 FROM test ;/*정확한 결과*/
```

결과 | 메시지

| | a | b | 평균 |
|---|---|---|---|
| 1 | 90 | 81 | 85.5 |
| 2 | 80 | 71 | 75.5 |
| 3 | 70 | 91 | 80.5 |

```
DROP TABLE test ;
```

### ② CONVERT(변경할_데이터형식, 대상)

지정한 〈대상〉의 데이터형식을 〈변경할_데이터형식〉으로 변경한다.

**예제** 함수-19 : CONVERT()

```
CREATE TABLE test(생일 CHAR(6)) ;
INSERT INTO test VALUES('990101'),('010801'),('010101') ;
SELECT * FROM test WHERE 생일>'990101' ; /*문자로비교*/
```

결과 | 메시지

| | 생일 |
|---|---|

```
SELECT * FROM test WHERE CONVERT(DATE,생일)>'990101' ;/*날짜로비교*/
```

결과 | 메시지

| | 생일 |
|---|---|
| 1 | 010801 |
| 2 | 010101 |

```
DROP TABLE test ;
```

## 4.8 집계함수

### ① AVG(대상)

주어진 〈대상〉이 되는 값들에서 평균값을 계산하여 반환한다.

### ② SUM(대상)

주어진 〈대상〉이 되는 값들을 모두 더해서 계산한 다음, 반환한다.

### ③ MAX(대상)

주어진 〈대상〉중에서 최고 값을 반환한다.

### ④ MIN(대상)

주어진 〈대상〉중에서 최저 값을 반환한다.

**예제** 함수-20 : 집계함수

```
CREATE TABLE test(점수 INT) ;
INSERT INTO test VALUES(90),(80),(70),(60) ;
SELECT AVG(점수) AS 평균  FROM test ;
```

결과 | 메시지

| | 평균 |
|---|---|
| 1 | 75 |

```
SELECT SUM(점수) AS '70이상점수총합'  FROM test WHERE 점수>=70 ;
```

결과 | 메시지

| | 70이상점수총합 |
|---|---|
| 1 | 240 |

```
SELECT MAX(점수) AS 최고점수  FROM test ;
```

결과 | 메시지

| | 최고점수 |
|---|---|
| 1 | 90 |

```
SELECT MIN(점수) AS 최저점수  FROM test ;
```

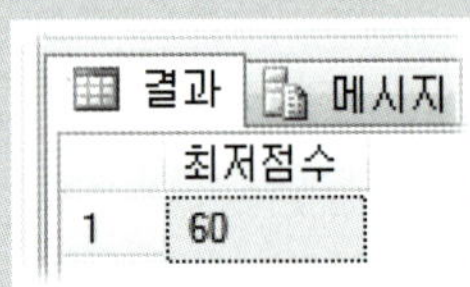


```
DROP TABLE test ;
```

### ⑤ COUNT(*), COUNT(개수를셀대상)

행의 개수를 반환하는데, "*"(별표)를 지정하면 NULL값이 들어가 있는 데이터도 개수에 포함되며, 〈개수를셀대상〉을 지정하면 NULL값이 들어가 있는 데이터는 개수에서 제외된다.

**예제** 함수-21 : COUNT()

```
CREATE TABLE test(id INT,등록일 DATE) ;
INSERT INTO test VALUES(11,'20/01/01'),(22,'20/03/03') ;
INSERT INTO test(id) VALUES(33),(44) ;
SELECT COUNT(*) AS 회원수 FROM test ;
```

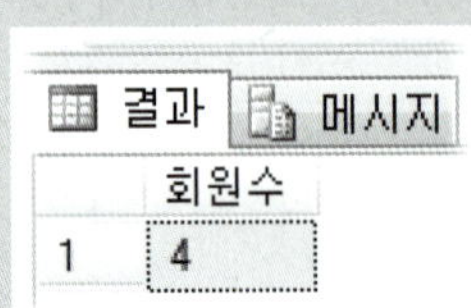


```
SELECT COUNT(등록일) AS 등록한회원수 FROM test ;/*NULL값은 제외*/
```

```
DROP TABLE test ;
```

```
COUNT(DISTINCT *), COUNT(DISTINCT 개수를 셀대상)
```

COUNT함수에서 **DISTINCT**를 지정하면 중복되는 데이터 값들은 한 개로 취급해서 계산한다.

**예제** 함수-22 : COUNT(DISTINCT)

```
CREATE TABLE test(id INT,학과 NCHAR(3)) ;
INSERT INTO test VALUES(1,'컴퓨터'),(2,'기계'),(3,'전기'),(4,'전기') ;
SELECT COUNT(학과) AS 참여한학과수 FROM test ; /*중복 포함*/
```

결과 | 메시지

| | 참여한학과수 |
|---|---|
| 1 | 4 |

```
SELECT COUNT(DISTINCT 학과) AS 참여한학과수 FROM test ;/*중복 고려*/
```

결과 | 메시지

| | 참여한학과수 |
|---|---|
| 1 | 3 |

```
DROP TABLE test ;
```

## 4.9 기타 함수

### ① @@ROWCOUNT

@@ROWCOUNT 함수를 실행하기 바로 직전의 SQL문의 결과에서 반환된 행 또는 실행된 행의 개수를 반환한다.

값을 반환해서 함수처럼 사용하지만 DB시스템이 사용하는 시스템변수이다.

**예제** 함수-23 : @@ROWCOUNT

```
CREATE TABLE test(id CHAR) ;
INSERT INTO test VALUES('A'),('B') ;
```

메시지

(2개 행이 영향을 받음)

```
SELECT @@ROWCOUNT AS 인서트된행의수 ;
```

```
INSERT INTO test VALUES('C') ;
```

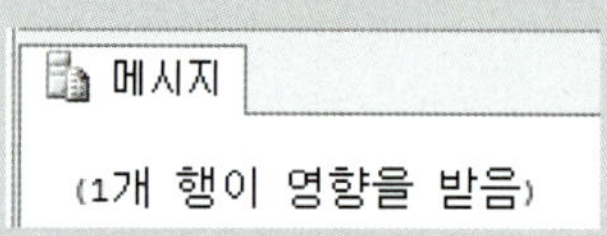


```
SELECT @@ROWCOUNT AS 인서트된행의수 ;
```

```
UPDATE test SET id='F' WHERE id <> 'B' ;
```

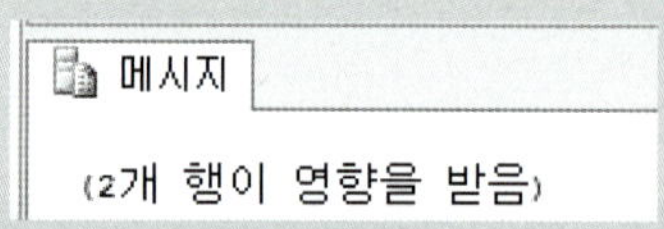


```
SELECT @@ROWCOUNT AS 수정된행의수 ;
```

```
SELECT * FROM test ;
```

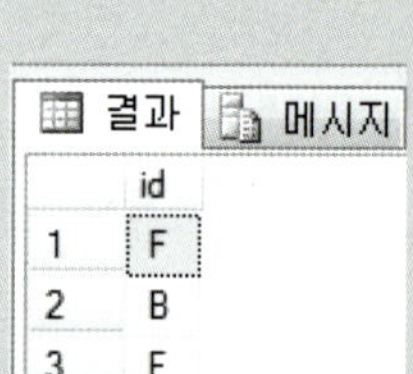


```
SELECT @@ROWCOUNT AS 조회된행의수 ;
```

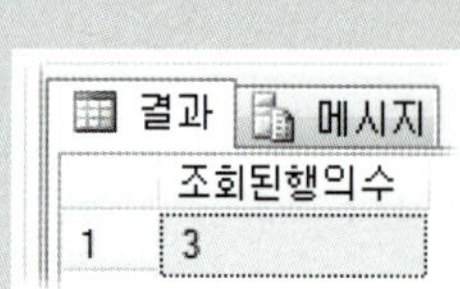


```
DROP TABLE test ;
```

### ② ISNULL(확인대상, 바꿀값)

<확인대상>으로 주어진 값이 NULL인지 확인하고 NULL이면 지정한 <바꿀값>으로 변경한다.

NULL이 아니면 확인대상 값이 그대로 반환된다.

반환 값의 데이터형식은 확인대상의 데이터형식과 동일하다.

> **IS NULL**
> 값이 NULL인지 확인하는 연산자이며 결과로 참(TRUE) 또는 거짓(FALSE)을 반환한다.

**예제** 함수-24 : ISNULL() 함수 사용해서 SELECT 결과 값 바꾸기

```
CREATE TABLE test(id CHAR,pass CHAR) ;
INSERT INTO test VALUES('A','P'),('B','P') ;
INSERT INTO test(id) VALUES('C'),('D') ;
SELECT * FROM test ;
```

결과 | 메시지

| | id | pass |
|---|---|---|
| 1 | A | P |
| 2 | B | P |
| 3 | C | NULL |
| 4 | D | NULL |

```
SELECT id,ISNULL(pass,'F') FROM test ; / * NULL값이면 F 출력 * /
```

결과 | 메시지

| | id | (열 이름 없음) |
|---|---|---|
| 1 | A | P |
| 2 | B | P |
| 3 | C | F |
| 4 | D | F |

```
UPDATE test SET pass='F' WHERE pass IS NULL; / * IS NULL 연산자 * /
SELECT * FROM test ;
```

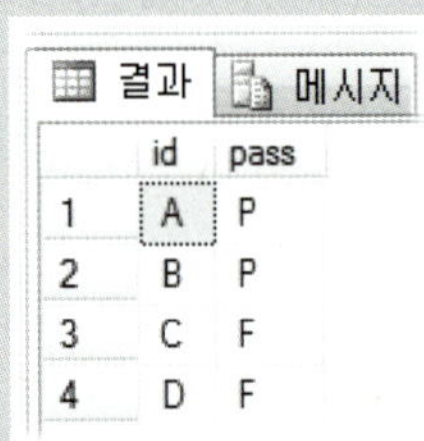


| | id | pass |
|---|---|---|
| 1 | A | P |
| 2 | B | P |
| 3 | C | F |
| 4 | D | F |

```
DROP TABLE test ;
```

**실습**

1. 다음 표를 참고하여 1개 테이블을 만든다.

| 테이블이름 : 예약정보 | | |
|---|---|---|
| 열이름(컬럼명) | 데이터형식 | 제약조건 |
| 고객번호 | CHAR(11) | NOT NULL |
| 객실번호 | NCHAR(3) | |
| 체크인 | DATE | DEFAULT 현재일 |
| 숙박일수 | INT | NOT NULL |

2. 테이블에 데이터를 추가한다.

| 고객번호 | 객실번호 | 체크인 | 숙박일수 |
|---|---|---|---|
| 01012345678 | 703 | 2019-03-01 | 5 |
| 01055556666 | 503 | 2019-11-01 | 5 |
| 01088889999 | 704 | | 4 |
| 01022223333 | NULL | 2021-05-01 | 4 |
| 01044445678 | 803 | 2021-05-29 | 7 |

**3** 고객번호 끝에서 4자리가 '5678'인 고객에 대한 예약정보를 검색한다. 다음 그림과 같이 고객번호, 체크인, 체크아웃 정보를 보여준다.

**Hint** DATEADD(단위, 더하는_값,날짜_또는_시간), SUBSTRING()

결과 | 메시지

| | 고객번호 | 체크인 | 체크아웃 |
|---|---|---|---|
| 1 | 01012345678 | 2019-03-01 | 2019-03-06 |
| 2 | 01044445678 | 2021-05-29 | 2021-06-05 |

**4** 2019년도 예약총건수를 다음과 같이 검색한다.

**Hint** DATEPART (날짜요소, 날짜_또는_시간)

결과 | 메시지

| | 2019년 예약건수 |
|---|---|
| 1 | 2 |

**5** 7층 객실에 예약한 정보를 다음 그림처럼 보여주도록 검색한다. 〈고객번호〉에서 마지막 4자만 보여준다. 〈객실번호〉 첫 문자가 층을 의미한다고 가정한다.

**Hint** REPLACE(), LEFT(), SUBSTRING()

결과 | 메시지

| | 고객번호 | 객실번호 |
|---|---|---|
| 1 | *******5678 | 703 |
| 2 | *******9999 | 704 |

**6** 2021년 5월에 예약된 정보를 다음과 같이 검색한다. 객실이 미배정된 예약에 대해서는 '미배정'으로 표시한다.

**Hint** ISNULL()

결과 | 메시지

| | 고객번호 | 객실번호 | 체크인 |
|---|---|---|---|
| 1 | 01022223333 | 미배정 | 2021-05-01 |
| 2 | 01044445678 | 803 | 2021-05-29 |

CHAPTER

# 05 SELECT 고급

## 5.1 특수 연산자

WHERE 조건식에서 한 개 이상의 조건을 주거나 다양한 연산자를 이용해서 복잡한 조건을 지정할 수 있다.

### ① BETWEEN 시작값 AND 마지막값 , IN(값1,...,값n)

BEETWEEN 연산자는 값의 포함 범위를 지정하는데, 지정한 〈시작값〉에서 〈마지막값〉 사이에 있는 값 조건을 지정한다.

IN연산자는 나열한 값 중에 하나라도 일치하면 참(TRUE)을 반환하고 일치하는 값이 없으면 거짓(FALSE)을 반환한다.

**예제** 연산자-1 : BETWEEN~AND 와 IN 사용하기

```
/*id가 100~300 사이 검색하기*/
CREATE TABLE test(id INT) ;
INSERT INTO test VALUES(110),(220),(330),(440) ;
SELECT * FROM test WHERE id BETWEEN 100 AND 300 ;
```

결과 | 메시지

| | id |
|---|---|
| 1 | 110 |
| 2 | 220 |

```
/*id가 100 또는 220 또는 440인 것만 검색하기*/
SELECT * FROM test WHERE id IN (100,220,440);
```

결과 | 메시지

| | id |
|---|---|
| 1 | 220 |
| 2 | 440 |

```
DROP TABLE test ;
```

### ② LIKE 문자열, LIKE 와일드카드문자를사용한문자열

문자열을 비교할 때 사용하는 연산자이다. 정확한 비교를 위해서 보통 와일드카드 문자를 같이 사용한다.

문자열을 CHAR(n) 또는 NCHAR(n)로 정의한 경우, 와일드 카드 문자를 사용하지 않고 LIKE 연산자를 사용하여 조건 검색을 하면 원하는 결과가 나오지 않는다.

CHAR(n) 또는 NCHAR(n)로 정의한 열에 값이 저장될 때, 최대 길이의 문자를 넣지 않으면 뒤에 공백이 들어가기 때문이다.

VARCHAR(n)이나 NVARCHAR(n)로 정의 한 경우에는 데이터 값이 저장될 때 뒤에 공백 없이 저장되므로 이런 오류는 피할 수 있다.

**예제** 연산자-2 : LIKE 사용하기-가변 데이터형식의 특징

```
CREATE TABLE test(a NVARCHAR(5),b NCHAR(5)) ;
INSERT INTO test VALUES('봄','봄'),('봄비','봄비') ;
SELECT * FROM test ;
```

결과 | 메시지

| | a | b |
|---|---|---|
| 1 | 봄 | 봄 |
| 2 | 봄비 | 봄비 |

```
SELECT * FROM test WHERE a = '봄' ;
```

결과 | 메시지

| | a | b |
|---|---|---|
| 1 | 봄 | 봄 |

```
SELECT * FROM test WHERE b = '봄' ;
```

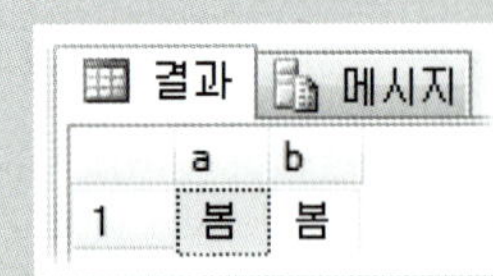


```
SELECT * FROM test WHERE a LIKE '봄' ;
```

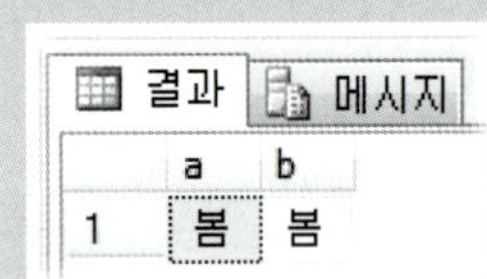


```
SELECT * FROM test WHERE b LIKE '봄' ;/*일치하는 데이터 없음*/
```

```
DROP TABLE test
```

문자열을 지정할 때 같이 사용할 수 있는 와일드카드 문자는 다음과 같다.

| 와일드카드 문자 | 설명 | 예 | 검색 |
|---|---|---|---|
| % | 문자길이 상관없음 | '%학%' | '학'이 포함된 문자열 |
| _(밑줄) | 단일문자길이 지정 | '_학_' | '학'앞 뒤로 한 개 문자가 있는 문자열 |
| [ ] | 괄호 안에 나열된 값 중 일치된 값, 단일문자로 가능 | '[김강]철_' | '김'또는 '강'으로 시작하고 다음 문자는 '철'이 오고 그다음 문자 1개가 있는 문자열 |
| [^] | 괄호 안에 나열된 값을 제외한 값, 단일문자만 가능 | '김[^철]%' | '김'으로 시작하고 그 다음 문자는 철이 아닌 다른 값이 오고 그리고 그 다음 문자는 아무거나 길이 관계없이 오는 문자열 |

**예제** 연산자-3 : LIKE 연산에서 와일드카드 문자 사용하기

```
CREATE TABLE test(a NCHAR(10)) ;
INSERT INTO test VALUES('늘봄'),('봄'),('봄비'),('초봄비'),('늦봄') ;
SELECT * FROM test WHERE a LIKE '봄%' ;
```

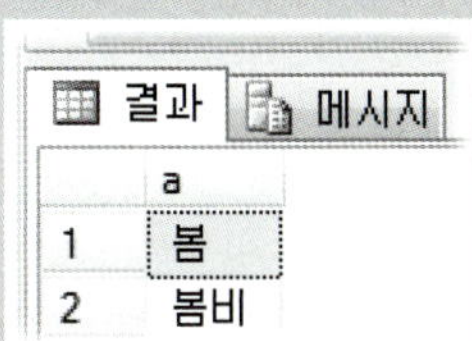


```
SELECT * FROM test WHERE a LIKE '_봄%' ;
```

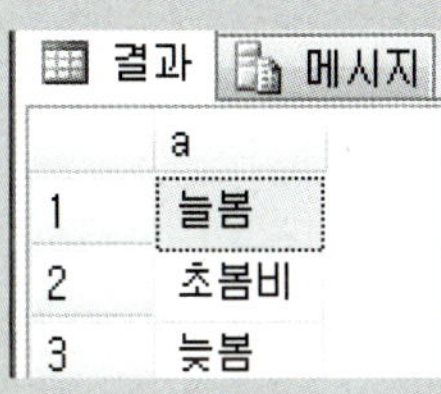


```
SELECT * FROM test WHERE a LIKE '[^늘]봄%' ;
```

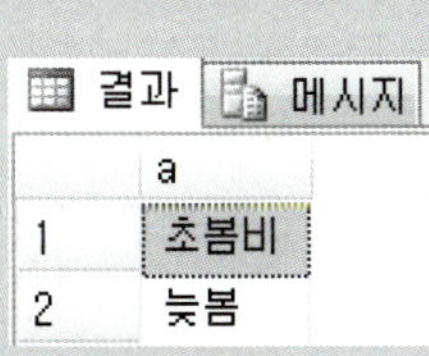


```
SELECT * FROM test WHERE a LIKE '[늘초]봄%' ;
```

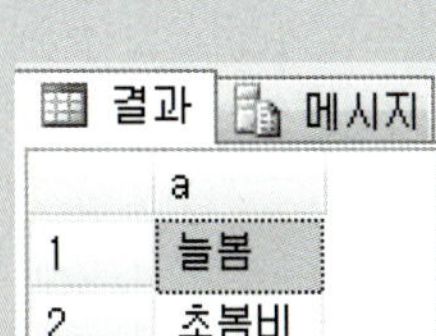


```
DROP TABLE test ;
```

## 5.2 ORDER BY

SELECT 검색 결과를 ORDER BY에서 지정한 기준 값의 순서로 나열한다.

SELECT문에서 가장 마지막에 위치한다.

```
ORDER BY 기준 DESC/ASC
```

어떤 순서로 정렬할지에 따라서 내림차순으로 할 경우에는 DESC를 오름차순으로 나열 할 경우에는 ASC를 지정한다. 기본 값은 ASC이다.

```
ORDER BY 기준1 DESC/ASC,...,기준n DESC/ASC
```

기준이 되는 데이터에서 동일한 값이 있는 경우, 그 동일한 값들에 대한 순서를 어떻게 정할 것인지를 그 다음에 지정된 기준에서 지정할 수 있다.

**예제** ORDER BY-1 : 특정 열을 기준으로 결과 순서 정하기

```
CREATE TABLE test(a INT,b CHAR, c NCHAR);
INSERT INTO test VALUES(1,'B','나'),(1,'A','가'),(2,'A','가');
SELECT * FROM test;
```

결과 | 메시지

| | a | b | c |
|---|---|---|---|
| 1 | 1 | B | 나 |
| 2 | 1 | A | 가 |
| 3 | 2 | A | 가 |

```
SELECT * FROM test ORDER BY b; /*b값의 오름차순 정렬*/
```

결과 | 메시지

| | a | b | c |
|---|---|---|---|
| 1 | 1 | A | 가 |
| 2 | 2 | A | 가 |
| 3 | 1 | B | 나 |

```
SELECT * FROM test ORDER BY b,a DESC; /*b값 오름차순 다음에 a 내림차순*/
```

결과 | 메시지

| | a | b | c |
|---|---|---|---|
| 1 | 2 | A | 가 |
| 2 | 1 | A | 가 |
| 3 | 1 | B | 나 |

```
/*c 내림차순 다음에 a 오름차순*/
SELECT * FROM test ORDER BY c DESC ,a ASC;
```

결과 | 메시지

| | a | b | c |
|---|---|---|---|
| 1 | 1 | B | 나 |
| 2 | 1 | A | 가 |
| 3 | 2 | A | 가 |

```
DROP TABLE test;
```

OREDER BY를 사용하면 TOP()함수를 사용할 수 있다.

정렬된 결과에서 상위 몇 위 또는 상위 몇 퍼센트에 해당하는 행을 검색한다.

```
TOP(n)
TOP(n) PERCENT
```

또한, 동점 값을 가지고 있는 경우에 모두 결과에 포함시키도록 하려면 `WITH TIES` 옵션을 지정한다.

```
TOP(n) WITH TIES
TOP(n) PERCENT WITH TIES
```

기준 값에, 다음 예제에서와 같이 계산식을 사용할 수도 있다.

**예제** ORDER BY-2 : 계산 결과를 기준으로 순서 정하기

```
CREATE TABLE test(a INT,b INT);
INSERT INTO test VALUES(90,90),(70,70),(100,80);
```

결과 | 메시지

| | a | b |
|---|---|---|
| 1 | 90 | 90 |
| 2 | 70 | 70 |
| 3 | 100 | 80 |

```
SELECT * FROM test ORDER BY a+b DESC;
```

결과 | 메시지

| | a | b |
|---|---|---|
| 1 | 90 | 90 |
| 2 | 100 | 80 |
| 3 | 70 | 70 |

```
SELECT TOP(1) * FROM test ORDER BY a+b DESC;
```

결과 | 메시지

| | a | b |
|---|---|---|
| 1 | 90 | 90 |

```
SELECT TOP(1) WITH TIES * FROM test ORDER BY a+b DESC
```

결과 | 메시지

| | a | b |
|---|---|---|
| 1 | 90 | 90 |
| 2 | 100 | 80 |

```
SELECT * FROM test ORDER BY a+b DESC, a DESC;
```

결과 | 메시지

| | a | b |
|---|---|---|
| 1 | 100 | 80 |
| 2 | 90 | 90 |
| 3 | 70 | 70 |

```
SELECT a,b,a+b AS 합 FROM test ORDER BY a+b, a;
```

결과 | 메시지

| | a | b | 합 |
|---|---|---|---|
| 1 | 70 | 70 | 140 |
| 2 | 90 | 90 | 180 |
| 3 | 100 | 80 | 180 |

```
DROP TABLE test;
```

**실습 ❶**

① 다음 표를 참고하여 1개 테이블을 만든다.

| 테이블이름 : 수강정보 | | |
|---|---|---|
| 열이름(컬럼명) | 데이터형식 | 제약조건 |
| 연락처 | CHAR(13) | NOT NULL |
| 이름 | NCHAR(10) | NOT NULL |
| 강좌명 | NCHAR(10) | NOT NULL |
| 주소 | NVARCHAR(20) | |

② 데이터를 추가한다.

| 수강정보 | | | |
|---|---|---|---|
| 연락처 | 이름 | 강좌명 | 주소 |
| 01012345678 | 김영희 | 초급 영어 회화1 | 서울특별시 중구 세종대로 110 |
| 01012345678 | 김영희 | 중급 일본어 문법 | 서울시 중구 세종대로 110 |
| 01098765432 | 최철수 | 중급 영어 작문 | 인천시 남동구 정각로 11 |
| 01055554444 | 민영수 | 초급 중국어 회화 | 인천시 남동구 소래로 633 |
| 01012121212 | 최진수 | 초급 중국어 회화 | 부산광역시 연제구 중앙대로 1001 |
| 01077767666 | 박영수 | 초급 영어 회화1 | 부산시 연제구 연제로 2 |
| 01076768989 | 최철희 | 중급 일본어 회화 | 서울시 용산구 녹사평대로 150 |

③ '서울' 또는 '부산'이 주소인 수강생의 이름과 연락처, 그리고 주소를 검색한다. 결과는 수강생의 이름 오름차순으로 보여준다.

결과 | 메시지

| | 이름 | 연락처 | 주소 |
|---|---|---|---|
| 1 | 김영희 | 01012345678 | 서울특별시 중구 세종대로 110 |
| 2 | 김영희 | 01012345678 | 서울시 중구 세종대로 110 |
| 3 | 박영수 | 01077767666 | 부산시 연제구 연제로 2 |
| 4 | 최진수 | 01012121212 | 부산광역시 연제구 중앙대로 1001 |
| 5 | 최철희 | 01076768989 | 서울시 용산구 녹사평대로 150 |

4. '영어'관련 강좌를 수강중인 수강생의 이름과 강좌명을 검색한다.
결과는 강좌명 내림차순으로 보여준다. 강좌명이 같은 경우, 이름 오름차순으로 보여준다.

| | 이름 | 강좌명 |
|---|---|---|
| 1 | 김영희 | 초급 영어 회화1 |
| 2 | 박영수 | 초급 영어 회화1 |
| 3 | 최철수 | 중급 영어 작문 |

5. 연락처에서 국번 다음에 4자리가 '7676'인 수강생의 이름과 주소, 연락처를 검색한다.

| | 이름 | 주소 | 연락처 |
|---|---|---|---|
| 1 | 최철희 | 서울시 용산구 녹사평대로 150 | 01076768989 |

6. 성이 '김'씨가 아닌 수강생의 이름과 강좌명을 검색한다.
결과는 강좌명 오름차순으로 보여준다. 강좌명이 같은 경우, 이름 내림차순으로 보여준다.

| | 이름 | 강좌명 |
|---|---|---|
| 1 | 최철수 | 중급 영어 작문 |
| 2 | 최철희 | 중급 일본어 회화 |
| 3 | 박영수 | 초급 영어 회화1 |
| 4 | 최진수 | 초급 중국어 회화 |
| 5 | 민영수 | 초급 중국어 회화 |

## 5.3 GROUP BY

데이터 값들을 그룹으로 나누고 그룹에 대한 통계 값을 구하려고 할 때 GROUP BY를 사용한다.

GROUP BY를 사용하면, SELECT에서 나열할 수 있는 항목이 제한적으로 결정되는데 GROUP BY에서 명시한 것과 집계함수만 나열할 수 있다.

만일 그룹을 나누는데 필요한 열은 아니지만 SELECT 결과에서 보여주기를 원하는 값이 있다면 반드시 GROUP BY에서 명시해야 한다.

**예제** GROUP BY : GROUP BY 사용해서 데이터를 그룹으로 나누기

```
CREATE TABLE test(학번 INT,과목 CHAR(2), 점수 INT, 등급 CHAR);
INSERT INTO test VALUES(1,'DB',90,'A'),(2,'DB',80,'B'),(3,'DB',80,'B');
INSERT INTO test VALUES(1,'AI',80,'B'),(2,'AI',80,'B'),(3,'AI',70,'C');
```

결과 | 메시지

| | 학번 | 과목 | 점수 | 등급 |
|---|---|---|---|---|
| 1 | 1 | DB | 90 | A |
| 2 | 2 | DB | 80 | B |
| 3 | 3 | DB | 80 | B |
| 4 | 1 | AI | 80 | B |
| 5 | 2 | AI | 80 | B |
| 6 | 3 | AI | 70 | C |

```
SELECT 학번,AVG(점수) AS 평균 FROM test GROUP BY 학번 ;/*학번별 평균점수*/
```

결과 | 메시지

| | 학번 | 평균 |
|---|---|---|
| 1 | 1 | 85 |
| 2 | 2 | 80 |
| 3 | 3 | 75 |

```
SELECT 과목,COUNT(점수) AS 과목별수강인원 FROM test GROUP BY 과목 ;
```

결과 | 메시지

| | 과목 | 과목별수강인원 |
|---|---|---|
| 1 | AI | 3 |
| 2 | DB | 3 |

```sql
SELECT 과목,등급,COUNT(*) AS 과목별등급수 FROM test GROUP BY 과목,등급;
```

결과 | 메시지

| | 과목 | 등급 | 과목별등급수 |
|---|---|---|---|
| 1 | DB | A | 1 |
| 2 | AI | B | 2 |
| 3 | DB | B | 2 |
| 4 | AI | C | 1 |

```sql
SELECT 과목,등급,COUNT(*) AS 과목별등급수 FROM test GROUP BY 과목,등급
ORDER BY 과목,등급 DESC ;
```

결과 | 메시지

| | 과목 | 등급 | 과목별등급수 |
|---|---|---|---|
| 1 | AI | C | 1 |
| 2 | AI | B | 2 |
| 3 | DB | B | 2 |
| 4 | DB | A | 1 |

## 5.4 HAVING

GROUP BY를 사용하여 그룹으로 나눈 다음, 나누어진 그룹에 대해 집계함수를 사용하여 조건을 주려면 HAVING을 사용한다.

FROM에 의해 가져온 데이터에 대한 조건을 줄 때는 WHERE를 사용하고, GROUP BY에 의해 데이터들을 그룹으로 나눈 다음, 그룹에 대하여 집계함수 조건을 주고자 할 때는 HAVING을 사용한다고 이해하면 복잡한 SELECT문장을 쉽게 만들 수 있다.

예를 들어, 모든 과목의 성적이 들어있는 테이블에서 과목별로 데이터를 나누고 과목별 평균을 구하는데, 이때 과목별 평균값이 70을 넘는 과목으로만 조건을 준다면 다음과 같이 HAVING을 사용할 수 있다.

```sql
SELECT 과목, AVG(점수) FROM 성적 GROUP BY 과목 HAVING AVG(점수)>70;
```

만일, 평균점수와 상관없이 "DB"라는 과목을 결과에서 무조건 제외하고자 한다면, 그룹으로 나누기 전에 먼저 범위에서 제외하기 위해 다음과 같은 SQL문을 만들 수 있다.

```
SELECT 과목, AVG(점수) FROM 성적 WHERE 과목<>'DB' GROUP BY 과목 HAVING
AVG(점수)>70;
```

**예제** HAVING : GROUP BY에 의해 데이터를 그룹으로 나눈 다음 그룹에 대한 조건을 HAVING을 이용해서 지정하기

```
/* 테이블은 앞의 GROUP BY 예제와 동일*/
CREATE TABLE test(학번 INT,과목 CHAR(2), 점수 INT, 등급 CHAR);
INSERT INTO test VALUES(1,'DB',90,'A'),(2,'DB',80,'B'),(3,'DB',80,'B');
INSERT INTO test VALUES(1,'AI',80,'B'),(2,'AI',80,'B'),(3,'AI',70,'C');

/*학번별 평균 점수를 구하는데 평균점수 75이상만*/
SELECT 학번,AVG(점수) AS 평균 FROM test GROUP BY 학번 HAVING AVG(점수)>75;
```

결과 | 메시지

| | 학번 | 평균 |
|---|---|---|
| 1 | 1 | 85 |
| 2 | 2 | 80 |

```
/*학번별 평균점수를 구하는데 평균점수 75이상만, 2번 학번은 제외*/
SELECT 학번,AVG(점수) AS 평균 FROM test WHERE 학번<>2 GROUP BY 학번
HAVING AVG(점수)>75;
```

결과 | 메시지

| | 학번 | 평균 |
|---|---|---|
| 1 | 1 | 85 |

```
/*과목별 등급수를 구하는데 등급별 개수가 2이상만 과목 순으로*/
SELECT 과목,등급,COUNT(*) AS 등급인원수 FROM test GROUP BY 과목,등급
HAVING COUNT(*)>=2 ORDER BY 과목;
```

결과 | 메시지

| | 과목 | 등급 | 등급인원수 |
|---|---|---|---|
| 1 | AI | B | 2 |
| 2 | DB | B | 2 |

```
DROP TABLE test;
```

**실습 ❷**

**1** 다음 표를 참고하여 1개 테이블을 만든다.

| 테이블이름 : 교과목성적 | | |
|---|---|---|
| 열이름(컬럼명) | 데이터형식 | 제약조건 |
| 학번 | INT | NOT NULL |
| 학과명 | NCHAR(5) | NOT NULL |
| 과목명 | NCHAR(10) | NOT NULL |
| 점수 | INT | NOT NULL |
| 수강연도 | INT | NOT NULL |

**2** 데이터를 추가한다.

| 교과목성적 | | | | |
|---|---|---|---|---|
| 학번 | 학과명 | 과목명 | 점수 | 수강연도 |
| 219112001 | 컴퓨터 | 영화제작 | 85 | 2019 |
| 219112001 | 컴퓨터 | 인문학 | 80 | 2018 |
| 219112019 | 컴퓨터 | 영화제작 | 75 | 2019 |
| 219112019 | 컴퓨터 | 고전문학 | 90 | 2018 |
| 219123010 | 기계 | 영화제작 | 90 | 2019 |
| 219123010 | 기계 | 인문학 | 85 | 2019 |
| 219123020 | 기계 | 고전문학 | 80 | 2018 |
| 219130001 | 전기 | 인문학 | 65 | 2018 |
| 219130020 | 전기 | 고전문학 | 95 | 2019 |
| 219130020 | 전기 | 인문학 | 80 | 2019 |

**3** 과목별 평균점수를 구해서 과목명과 평균점수를 보여준다.

결과 | 메시지

| | 과목명 | 평균점수 |
|---|---|---|
| 1 | 고전문학 | 88 |
| 2 | 영화제작 | 83 |
| 3 | 인문학 | 77 |

4 과목별 평균점수를 구해서 과목명과 평균점수를 보여준다.
이때, 평균점수가 80점 이상인 과목만 보여준다.

결과 | 메시지

| | 과목명 | 평균점수 |
|---|---|---|
| 1 | 고전문학 | 88 |
| 2 | 영화제작 | 83 |

5 과목별 최고점수를 구해서 과목명과 최고점수를 보여준다.
최고점수의 오름차순으로 보여준다.

결과 | 메시지

| | 과목명 | 최고점수 |
|---|---|---|
| 1 | 인문학 | 85 |
| 2 | 영화제작 | 90 |
| 3 | 고전문학 | 95 |

6 학번별 평균점수를 구해서 학번, 학과명, 평균점수를 보여준다.
'컴퓨터'과를 제외한 학생들에 대해서만 처리한다.
결과는 평균점수의 내림차순으로 하고, 평균점수가 같은 경우에는 학과명 오름차순으로 보여준다.

결과 | 메시지

| | 학번 | 학과명 | 평균점수 |
|---|---|---|---|
| 1 | 219123010 | 기계 | 87 |
| 2 | 219130020 | 전기 | 87 |
| 3 | 219123020 | 기계 | 80 |
| 4 | 219130001 | 전기 | 65 |

## 5.5 JOIN

SELECT문에서 두 개 이상의 대상(테이블 또는 뷰)으로부터 검색해야 하는 경우에는 대상 간에 연결고리를 지정하고 적절한 조인을 해야 한다.

어떤 조인을 할 것인지는 원하는 검색에 따라서 결정된다.

### 5.5.1 INNER JOIN

INNER JOIN(내부 조인)은 JOIN하고자 하는 대상들 간에 공통되는 부분만 가져온다.

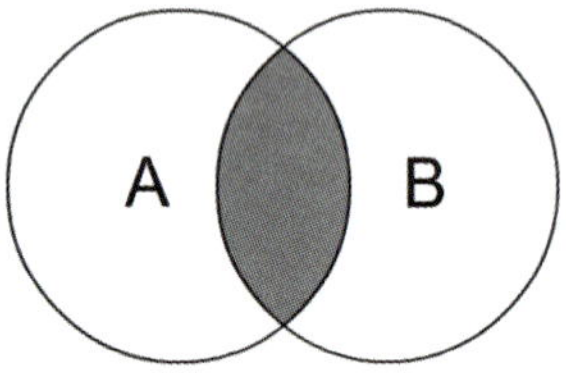


두 대상간의 연결은 ON 키워드를 사용한다.

```
FROM A테이블 INNER JOIN B테이블 ON A테이블.열이름a=B테이블.열이름b
```

다음 그림을 보면, A테이블에는 사원정보가, B테이블에는 프로젝트관련 정보가 들어있다.

A와 B 테이블 간에는 관계를 가지고 있는데, A테이블의 〈사원번호〉와 B테이블의 〈담당자〉가 연결되는 구조이다.

A INNER JOIN B  ON A.사원번호=B.담당자

A

| 사원번호 | 이름 |
|---|---|
| 101 | 김철수 |
| 202 | 이수철 |
| 203 | 박영희 |
| 301 | 안길동 |

B

| 프로젝트 | 종료일 | 담당자 |
|---|---|---|
| P1 | 21/01/01 | 101 |
| P2 | 20/12/31 | 301 |
| P3 | 21/12/31 | 203 |
| P4 | NULL | 999 |

두 개의 테이블을 INNER JOIN해서 원하는 검색을 하려면 다음과 같은 SELECT문을 사용한다.

```
SELECT ... FROM A INNER JOIN B ON A.사원번호=B.담당자
```

다음의 단계별 예제를 따라가면서 INNER JOIN을 이해해 보자.

예제 INNER JOIN-1단계 : 테이블 만들기

```
CREATE TABLE A(사원번호 INT PRIMARY KEY,이름 NCHAR(5));
INSERT INTO A VALUES(101,'김철수'),(203,'박영희'),(301,'안길동'),(202,'이수철');
SELECT * FROM A;
```

결과 | 메시지

| | 사원번호 | 이름 |
|---|---|---|
| 1 | 101 | 김철수 |
| 2 | 202 | 이수철 |
| 3 | 203 | 박영희 |
| 4 | 301 | 안길동 |

```
CREATE TABLE B(프로젝트 VARCHAR(10),종료일 DATE,담당자 INT);
INSERT INTO B VALUES('p1','21/01/01',101),('p2','20/12/31',301);
INSERT INTO B VALUES('p3','21/12/31',203),('p4',null,999);
SELECT * FROM B;
```

결과 | 메시지

| | 프로젝트 | 종료일 | 담당자 |
|---|---|---|---|
| 1 | p1 | 2021-01-01 | 101 |
| 2 | p2 | 2020-12-31 | 301 |
| 3 | p3 | 2021-12-31 | 203 |
| 4 | p4 | NULL | 999 |

다음은, 담당자가 배정된 프로젝트의 담당자 이름을 검색하는 예제이다.

먼저 B테이블에서 각 프로젝트의 담당자를 구하고, 구한 담당자 데이터를 가지고 A 테이블에서 일치하는 사원번호를 찾은 다음, 사원의 이름을 검색해야 한다.

A

| 사원번호 | 이름 |
|---|---|
| 101 | 김철수 |
| 202 | 이수철 |
| 203 | 박영희 |
| 301 | 안길동 |

B

| 프로젝트 | 종료일 | 담당자 |
|---|---|---|
| P1 | 21/01/01 | 101 |
| P2 | 20/12/31 | 301 |
| P3 | 21/12/31 | 203 |
| P4 | NULL | 999 |

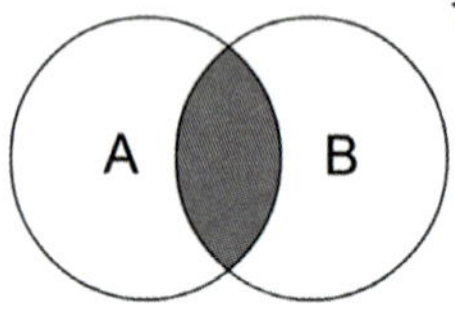


결과

| 프로젝트 | 이름 |
|---|---|
| P1 | 김철수 |
| P2 | 안길동 |
| P3 | 박영희 |

이 문제를 해결하기 위한 SELECT문은 다음과 같다.

```
SELECT 프로젝트,이름 FROM A INNER JOIN B ON A.사원번호=B.담당자
```

또는

```
SELECT 프로젝트,이름 FROM B INNER JOIN A ON B.담당자=A.사원번호
```

**INNER JOIN에서 테이블 순서는 무관하다.**

**예제** INNER JOIN-2단계 : 담당자가 있는 프로젝트와 담당자 이름 조회

```
SELECT 프로젝트,이름 FROM A INNER JOIN B ON A.사원번호=B.담당자;
```

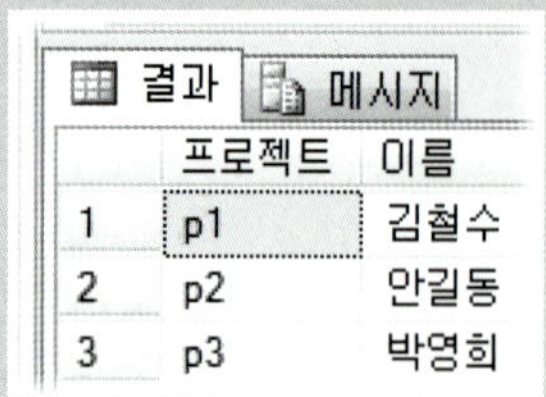
결과 | 메시지

| | 프로젝트 | 이름 |
|---|---|---|
| 1 | p1 | 김철수 |
| 2 | p2 | 안길동 |
| 3 | p3 | 박영희 |

```
/*테이블 순서 무관*/
SELECT 프로젝트,이름 FROM B INNER JOIN A ON B.담당자=A.사원번호;
```

결과 | 메시지

| | 프로젝트 | 이름 |
|---|---|---|
| 1 | p1 | 김철수 |
| 2 | p2 | 안길동 |
| 3 | p3 | 박영희 |

JOIN중에서 INNER JOIN만 유일하게 JOIN~ON키워드 대신에 일반적인 WHERE 조건을 사용하여 INNER JOIN 기능을 수행할 수 있다.

```
FROM A테이블 INNER JOIN B테이블 ON A테이블.열이름=B테이블.열이름
=
FROM A테이블,B테이블 WHERE A테이블.열이름=B테이블.열이름
```

**예제** INNER JOIN-3단계 : INNER JOIN을 FROM~WHERE로 변경하기

```
/*WHERE절 이용하여 INNER JOIN 구현 & 테이블 순서 무관*/
SELECT 프로젝트,이름  FROM A,B WHERE A.사원번호=B.담당자;
```

결과 | 메시지

| | 프로젝트 | 이름 |
|---|---|---|
| 1 | p1 | 김철수 |
| 2 | p2 | 안길동 |
| 3 | p3 | 박영희 |

```
/*WHERE절 이용하여 INNER JOIN 구현 & 테이블 순서 무관*/
SELECT 프로젝트,이름 FROM B,A WHERE B.담당자=A.사원번호;
```

결과 | 메시지

| | 프로젝트 | 이름 |
|---|---|---|
| 1 | p1 | 김철수 |
| 2 | p2 | 안길동 |
| 3 | p3 | 박영희 |

조인을 해야 하는 SELECT문에서 JOIN을 위한 조건이외에 다른 검색 조건이 있을 때, JOIN~ON을 사용하는 경우에는 일반적인 WHERE 조건을 추가하면 되고, WHERE절을 이용하여 조인 조건을 지정한 경우에는 다른 검색 조건과 AND로 연결하면 된다.

프로젝트 종료일이 “20/12/31”일 이후인 프로젝트에 대해서만 프로젝트 담당자를 검색하는 예제이다.

SQL문은 다음과 같다.

```
SELECT 프로젝트,이름 FROM A INNER JOIN B ON A.사원번호=B.담당자 WHERE 종료일 >'20/12/31';
또는
SELECT 프로젝트,이름 FROM A,B WHERE (A.사원번호=B.담당자) AND (종료일 >'20/12/31');
```

**예제** INNER JOIN-4단계 : JOIN문에서 검색조건이 추가로 있는 경우

```
/*INNER JOIN ON 사용한 경우, 뒤에 WHERE 조건  추가*/
SELECT 프로젝트,이름 FROM A INNER JOIN B ON A.사원번호=B.담당자 WHERE 종료일 >'20/12/31';
```

결과 | 메시지

| | 프로젝트 | 이름 |
|---|---|---|
| 1 | p1 | 김철수 |
| 2 | p3 | 박영희 |

```
/*WHERE 절 사용한 경우, 추가 조건을 AND로 연결*/
SELECT 프로젝트,이름  FROM A,B WHERE (A.사원번호=B.담당자) AND (종료일 >'20/12/31');
```

결과 | 메시지

| | 프로젝트 | 이름 |
|---|---|---|
| 1 | p1 | 김철수 |
| 2 | p3 | 박영희 |

SELECT 검색 결과로 반환될 열의 이름이 A와 B테이블에 같은 이름으로 있는 경우에는 반드시 어느 테이블에 속해 있는지 지정해주어야 한다.

〈고객정보〉, 〈주문정보〉 테이블에서 〈고객id〉가 동일한 이름으로 있다면 다음과 같이 〈고객id〉가 어느 테이블에 속해있는지 지정해야 한다.

```
SELECT 고객정보.고객id,이름 FROM 고객정보 INNER JOIN 주문정보 ON 고객정보.고객id=주문정보.고객id;
```

SELECT 문장에서 테이블 명을 여러 번 반복해서 지정해야 하는 경우에, 테이블명이 길 경우에는 문장 전체가 복잡하게 보일 수 있는데, 다음과 같이 테이블 이름을 간단하게 줄여서 사용할 수 있다.

```
SELECT c.고객id,이름 FROM 고객정보 c INNER JOIN 주문정보 o ON c.고객ID=o.고개id;
```

**예제** INNER JOIN-5단계 : 직급이 있는 사원의 급여 검색하기

```
CREATE TABLE 사원정보(번호 INT,이름 NCHAR(5),직급 INT);
INSERT INTO 사원정보 VALUES(101,'김철수',3),(203,'박영희',4),(301,'안길동',NULL);
SELECT * FROM 사원정보;
```

결과 | 메시지

| | 번호 | 이름 | 직급 |
|---|---|---|---|
| 1 | 101 | 김철수 | 3 |
| 2 | 203 | 박영희 | 4 |
| 3 | 301 | 안길동 | NULL |

```
CREATE TABLE 직급정보(직급 INT, 본봉 INT,수당 INT);
INSERT INTO 직급정보  VALUES(3,1000,100),(4,1500,200),(5,2000,300);
SELECT * FROM 직급정보;
```

결과 | 메시지

| | 직급 | 본봉 | 수당 |
|---|---|---|---|
| 1 | 3 | 1000 | 100 |
| 2 | 4 | 1500 | 200 |
| 3 | 5 | 2000 | 300 |

```
/*동일한 이름일 경우 테이블을 지정하지 않으면 오류 발생*/
SELECT 이름,직급,(본봉+수당) AS 급여  FROM 사원정보 INNER JOIN 직급정보 ON
사원정보.직급=직급정보.직급;
```

메시지

메시지 209, 수준 16, 상태 1, 줄 1
열 이름 '직급'이(가) 불확실합니다.

```
/*동일한 이름일 경우에는 반드시 테이블을 지정*/
SELECT 이름,직급정보.직급,(본봉+수당) AS 급여  FROM 사원정보 INNER JOIN
직급정보 ON 사원정보.직급=직급정보.직급;
```

결과 | 메시지

| | 이름 | 직급 | 급여 |
|---|---|---|---|
| 1 | 김철수 | 3 | 1100 |
| 2 | 박영희 | 4 | 1700 |

```
/*테이블이름 축약해서 사용하기*/
SELECT B.직급,번호,이름  FROM 사원정보 A INNER JOIN 직급정보 B ON A.직급=B.직급;
```

결과 | 메시지

| | 이름 | 직급 | 급여 |
|---|---|---|---|
| 1 | 김철수 | 3 | 1100 |
| 2 | 박영희 | 4 | 1700 |

## 5.5.2 OUTER JOIN-LEFT

JOIN하고자 하는 대상들 간에 공통되는 부분과 함께 한쪽에만 있는 데이터도 가져오는 방법을 OUTER JOIN(외부조인)이라고 한다.

OUTER JOIN 중에서 대상이 되는 두 테이블에서 왼쪽 테이블에만 있는 공통되지 않는 데이터도 가져오는 JOIN을 LEFT JOIN이라고 한다.

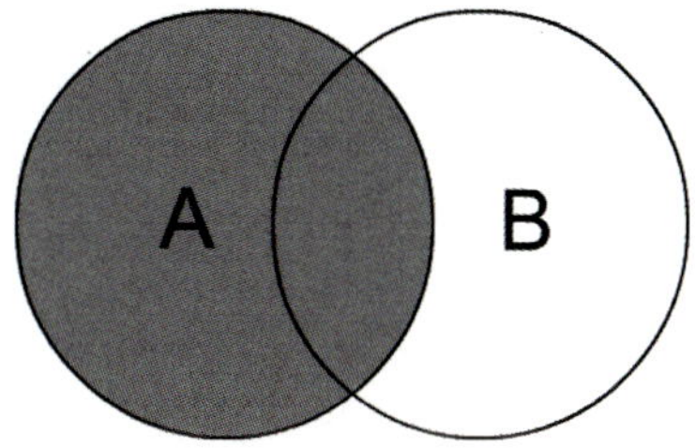


오른쪽 테이블에 왼쪽 테이블과 일치하는 행이 없으면 오른쪽 테이블에서 반환되는 열의 값은 Null이 된다.

```
FROM A테이블 LEFT JOIN B테이블 ON A테이블.열이름=B테이블.열이름
```

**모든 사원**에 대해 사원이름, 프로젝트, 종료일을 검색하는 예제이다. 즉, 프로젝트에 참여하지 않은 사원에 대해서도 검색 결과에 포함되어야 한다.

앞의 INNER JOIN에서 사용한 테이블 예제를 그대로 이용한다.

A테이블에서 사원번호를 구하고 사원번호 데이터를 가지고 B 테이블에서 일치하는 담당자 값을 찾은 다음, 해당하는 프로젝트와 종료일을 가지고 와야 한다. 이때, 일치하는 담당자가 없는 경우에는 검색 결과의 해당 열(프로젝트, 종료일)의 값은 NULL이 된다.

A

| 사원번호 | 이름 |
|---|---|
| 101 | 김철수 |
| 202 | 이수철 |
| 203 | 박영희 |
| 301 | 안길동 |

B

| 프로젝트 | 종료일 | 담당자 |
|---|---|---|
| P1 | 21/01/01 | 101 |
| P2 | 20/12/31 | 301 |
| P3 | 21/12/31 | 203 |
| P4 | NULL | 999 |

NULL

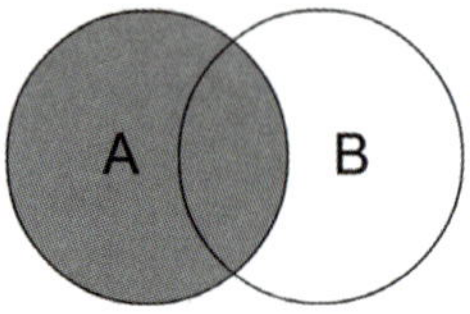


결과

| 이름 | 프로젝트 | 종료일 |
|---|---|---|
| 김철수 | P1 | 21/01/01 |
| 이수철 | NULL | NULL |
| 박영희 | P3 | 21/12/31 |
| 안길동 | P2 | 20/12/31 |

이 문제를 해결하기 위한 SELECT문은 다음과 같다.

```
SELECT 이름,프로젝트,종료일 FROM A LEFT JOIN B ON A.사원번호=B.담당자;
```

**LEFT JOIN에서 테이블 순서를 변경하면 다른 결과가 반환된다.**

추가적인 검색 조건이 있는 경우에는 JOIN뒤에 WHERE 조건을 추가하면 된다.

**예제** LEFT JOIN : 모든 사원에 대해 사원이름, 프로젝트, 종료일 검색하기

```
SELECT 이름,프로젝트,종료일  FROM A LEFT JOIN B ON A.사원번호=B.담당자;
```

결과 | 메시지

| | 이름 | 프로젝트 | 종료일 |
|---|---|---|---|
| 1 | 김철수 | p1 | 2021-01-01 |
| 2 | 이수철 | NULL | NULL |
| 3 | 박영희 | p3 | 2021-12-31 |
| 4 | 안길동 | p2 | 2020-12-31 |

```
/*LEFT JOIN에서 WHERE 조건을 추가한 경우*/
SELECT 이름,프로젝트,종료일  FROM A LEFT JOIN B ON A.사원번호=B.담당자 WHERE
종료일 >'20/12/31';
```

결과 | 메시지

| | 이름 | 프로젝트 | 종료일 |
|---|---|---|---|
| 1 | 김철수 | p1 | 2021-01-01 |
| 2 | 박영희 | p3 | 2021-12-31 |

### 5.5.3 OUTER JOIN-RIGHT

OUTER JOIN 중에서 JOIN 하고자 하는 대상들 간에 공통되는 부분과 함께 오른쪽 테이블에만 있는 데이터도 가져오는 방법을 RIGHT JOIN(오른쪽 외부조인)이라고 한다.

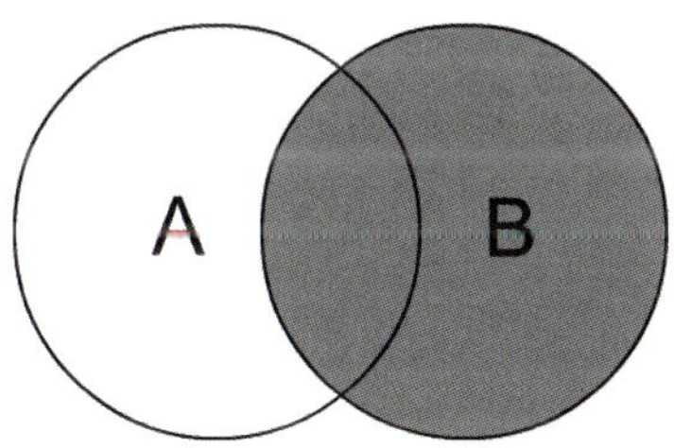


왼쪽 테이블에서 오른쪽 테이블의 값과 일치하는 행이 없으면 왼쪽 테이블에서 반환되는 열의 값은 Null이 된다.

```
FROM A테이블 RIGHT JOIN B테이블 ON A테이블.열이름a=B테이블.열이름b
```

**RIGHT JOIN에서 테이블의 위치만 바꾸면 LEFT JOIN을 사용하는 것과 동일하다.**

```
FROM A테이블 RIGHT JOIN B테이블 ON A테이블.열이름a=B테이블.열이름b
=
FROM B테이블 LEFT JOIN A테이블 ON A테이블.열이름a=B테이블.열이름b
```

**모든 프로젝트**에 대해 프로젝트, 종료일, 담당자이름을 검색하는 예제이다.

앞의 INNER JOIN에서 사용한 테이블 예제를 그대로 이용한다.

B 테이블에서 프로젝트의 담당자를 구하고 담당자 데이터 값을 가지고 A 테이블에서 일치하는 사원번호 값을 찾은 다음, 해당하는 사원의 이름을 가지고 와야 한다. 이때, 일치하는 사원번호가 없는 경우에는 검색 결과의 해당 열(담당자 이름)의 값은 NULL이 된다.

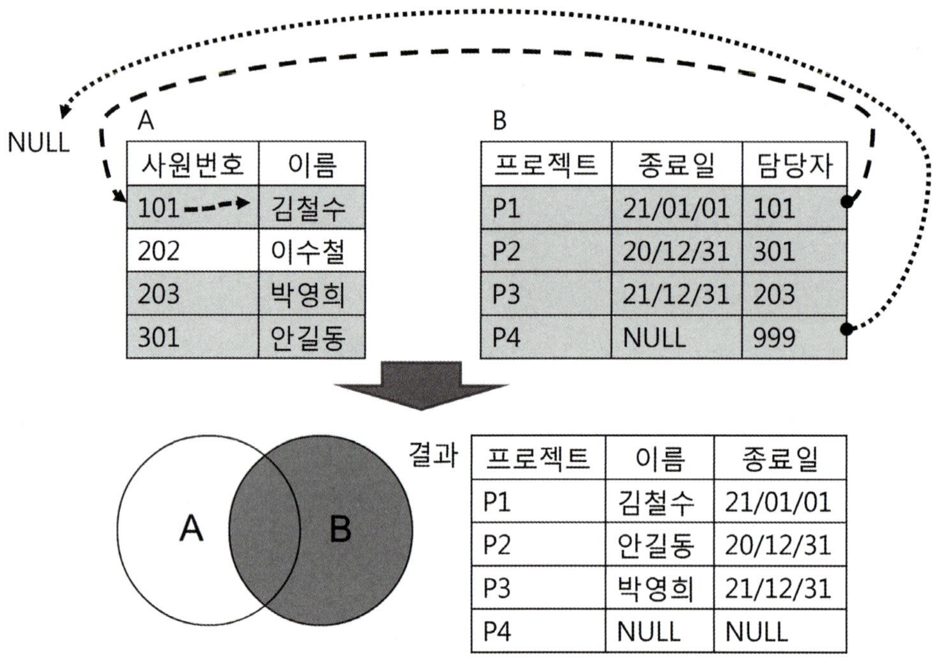


이 문제를 해결하기 위한 SELECT문은 다음과 같다.

```
SELECT 프로젝트,종료일,이름  FROM A RIGHT JOIN B ON A.사원번호=B.담당자;
```

**RIGHT JOIN에서 테이블 순서를 변경하면 다른 결과가 반환된다.**

**예제** RIGHT JOIN : 모든 프로젝트에 대해 프로젝트, 종료일, 담당 사원이름 검색하기

```
SELECT 프로젝트,종료일,이름  FROM A RIGHT JOIN B ON A.사원번호=B.담당자;
```

결과 | 메시지

| | 프로젝트 | 종료일 | 이름 |
|---|---|---|---|
| 1 | p1 | 2021-01-01 | 김철수 |
| 2 | p2 | 2020-12-31 | 안길동 |
| 3 | p3 | 2021-12-31 | 박영희 |
| 4 | p4 | NULL | NULL |

```
/*위 RIGHT JOIN에서 테이블 순서를 바꾸고 LEFT JOIN으로 변경*/
SELECT 프로젝트,종료일,이름  FROM B LEFT JOIN  A ON A.사원번호=B.담당자';
```

결과 | 메시지

| | 프로젝트 | 종료일 | 이름 |
|---|---|---|---|
| 1 | p1 | 2021-01-01 | 김철수 |
| 2 | p2 | 2020-12-31 | 안길동 |
| 3 | p3 | 2021-12-31 | 박영희 |
| 4 | p4 | NULL | NULL |

## 5.5.4 OUTER JOIN-FULL

OUTER JOIN 중에서 JOIN하고자 하는 대상들 간에 공통되는 부분과 함께 **양쪽 모두**에서 한쪽에만 더 있는 데이터를 모두 가져오는 방법이다.

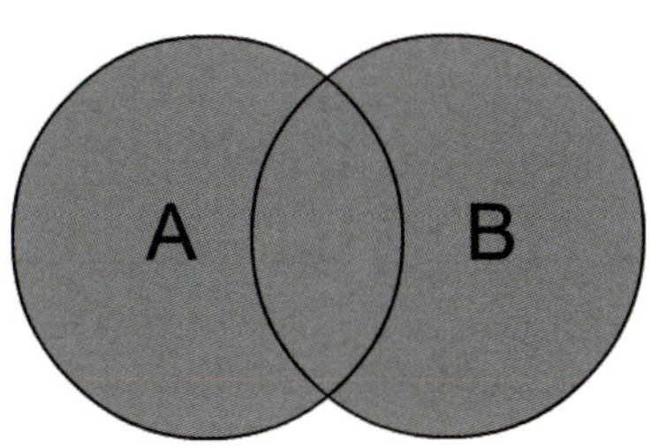


대상이 되는 두 테이블에서 왼쪽 테이블에 있는 공통되지 않는 데이터도 가져오고 오른쪽 테이블에 있는 공통되지 않는 데이터도 모두 가져온다. 상대 테이블과 일치하는 행이 없으면 반환되는 열의 값은 Null이 된다.

FULL JOIN에서의 **테이블 순서**는 결과 값에 크게 영향을 주지는 않지만 ORDER BY를 지정하지 않았을 경우에는 결과로 나오는 **데이터 순서**가 달라진다. 왼쪽에서 지정한 테이블의 데이터가 먼저 모두 나온 다음, 아직 결과로 나오지 않은 남아있는 B 테이블의 데이터가 출력된다.

```
FROM A테이블 FULL JOIN B테이블 ON A테이블.열이름a=B테이블.열이름b
또는
FROM B테이블 FULL JOIN A테이블 ON A테이블.열이름=B테이블a.열이름b
```

**모든 사원**과 **모든 프로젝트**에 대해 사원이름, 프로젝트, 종료일을 검색하는 예제이다.

앞의 INNER JOIN에서 사용한 테이블 예제를 그대로 이용한다.

A테이블에서 사원번호를 구하고 사원번호 데이터를 가지고 B 테이블에서 일치하는 담당자 값을 찾은 다음, 해당하는 프로젝트와 종료일을 가지고 와야 한다. 이때, 일치하는 담당자가 없는 경우에는 검색 결과의 해당 열(프로젝트, 종료일)의 값은 NULL이 된다.

A 테이블의 데이터가 모두 검색 결과로 반환된 다음, 아직 남아있는 B테이블의 데이터가 출력된다. B 테이블의 데이터가 출력될 때 해당하는 A테이블의 값은 NULL로 나타난다.

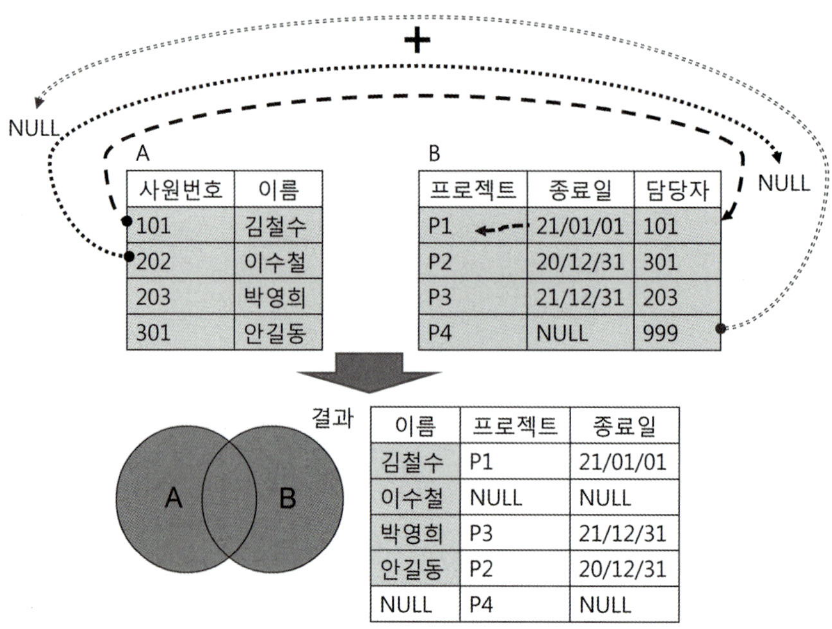


| 사원번호 | 이름 |
|---|---|
| 101 | 김철수 |
| 202 | 이수철 |
| 203 | 박영희 |
| 301 | 안길동 |

| 프로젝트 | 종료일 | 담당자 |
|---|---|---|
| P1 | 21/01/01 | 101 |
| P2 | 20/12/31 | 301 |
| P3 | 21/12/31 | 203 |
| P4 | NULL | 999 |

| 이름 | 프로젝트 | 종료일 |
|---|---|---|
| 김철수 | P1 | 21/01/01 |
| 이수철 | NULL | NULL |
| 박영희 | P3 | 21/12/31 |
| 안길동 | P2 | 20/12/31 |
| NULL | P4 | NULL |

이 문제를 해결하기 위한 SELECT문은 다음과 같다.

```
SELECT 이름,프로젝트,종료일 FROM A FULL JOIN B ON A.사원번호=B.담당자;
```

**FULL JOIN에서 테이블 순서를 변경하면 결과에서 데이터 행의 순서가 바뀐다.**

B 테이블의 데이터가 모두 검색 결과로 반환된 다음, 아직 남아있는 A테이블의 데이터가 출력된다. A 테이블의 데이터가 출력될 때 해당하는 B테이블의 값은 NULL로 나타난다.

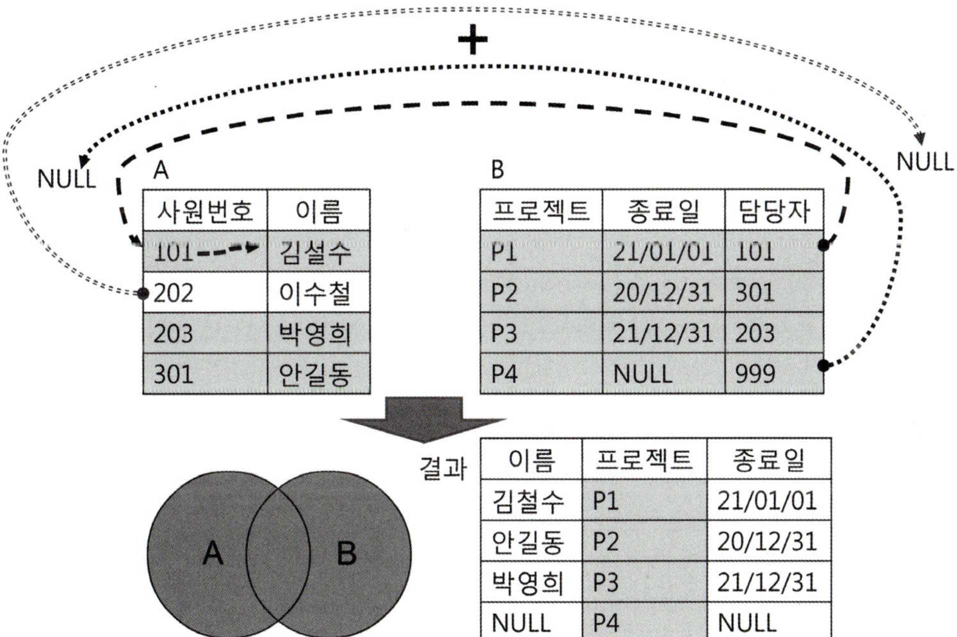


A

| 사원번호 | 이름 |
|---|---|
| 101 | 김설수 |
| 202 | 이수철 |
| 203 | 박영희 |
| 301 | 안길동 |

B

| 프로젝트 | 종료일 | 담당자 |
|---|---|---|
| P1 | 21/01/01 | 101 |
| P2 | 20/12/31 | 301 |
| P3 | 21/12/31 | 203 |
| P4 | NULL | 999 |

결과

| 이름 | 프로젝트 | 종료일 |
|---|---|---|
| 김철수 | P1 | 21/01/01 |
| 안길동 | P2 | 20/12/31 |
| 박영희 | P3 | 21/12/31 |
| NULL | P4 | NULL |
| 이수철 | NULL | NULL |

```
SELECT 이름,프로젝트,종료일 FROM B FULL JOIN A ON A.사원번호=B.담당자;
```

**예제** FULL JOIN : 모든 사원과 모든 프로젝트에 대해 사원이름 담당프로젝트 프로젝트종료일 검색하기

```
SELECT 이름,프로젝트,종료일  FROM A FULL JOIN B ON A.사원번호=B.담당자;
```

결과 | 메시지

| | 이름 | 프로젝트 | 종료일 |
|---|---|---|---|
| 1 | 김철수 | p1 | 2021-01-01 |
| 2 | 이수철 | NULL | NULL |
| 3 | 박영희 | p3 | 2021-12-31 |
| 4 | 안길동 | p2 | 2020-12-31 |
| 5 | NULL | p4 | NULL |

```
/*위 FULL JOIN에서 테이블 순서를 바꾸면 결과에서 데이터 순서가 바뀐다.*/
SELECT 이름,프로젝트,종료일  FROM B FULL JOIN A ON A.사원번호=B.담당자;
```

결과 | 메시지

| | 이름 | 프로젝트 | 종료일 |
|---|---|---|---|
| 1 | 김철수 | p1 | 2021-01-01 |
| 2 | 안길동 | p2 | 2020-12-31 |
| 3 | 박영희 | p3 | 2021-12-31 |
| 4 | NULL | p4 | NULL |
| 5 | 이수철 | NULL | NULL |

## 5.5.6 WHERE NULL-LEFT JOIN

OUTER JOIN에서 오직 한쪽 테이블에만 있는 데이터를 검색할 때 NULL조건을 사용할 수 있다.

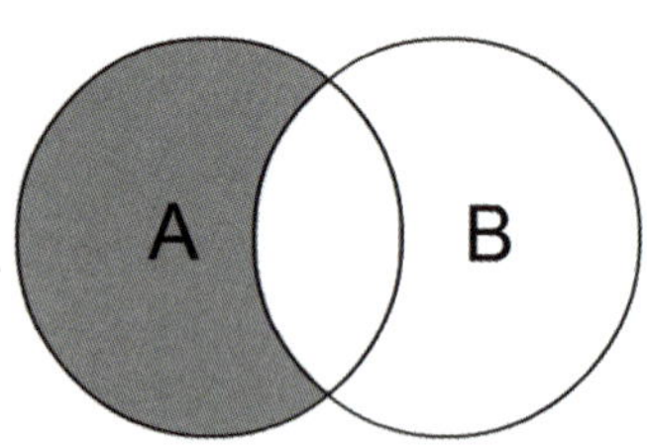


JOIN문 왼쪽에서 지정한 테이블에만 있는 데이터를 조회하려면 LEFT JOIN을 사용하고 JOIN문 오른쪽에서 지정한 테이블 데이터 값에 대한 NULL조건을 추가한다.

```
FROM A테이블 LEFT JOIN B테이블 ON A테이블.열이름=B테이블.열이름 WHERE null조건
```

앞의 INNER JOIN에서 사용한 테이블 예제를 그대로 이용한다.

**프로젝트를 담당하지 않은** 사원의 이름을 검색하는 예제이다.

일반적인 LEFT JOIN을 수행한 다음 그 결과에서 해당하는 B 테이블의 데이터 값이 NULL인 데이터만을 검색하면 된다.

A

| 사원번호 | 이름 |
|---|---|
| 101 | 김철수 |
| 202 | 이수철 |
| 203 | 박영희 |
| 301 | 안길동 |

B

| 프로젝트 | 종료일 | 담당자 |
|---|---|---|
| P1 | 21/01/01 | 101 |
| P2 | 20/12/31 | 301 |
| P3 | 21/12/31 | 203 |
| P4 | NULL | 999 |

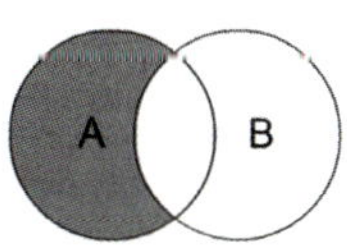


| 이름 | 프로젝트 | 종료일 |
|---|---|---|
| 김철수 | P1 | 21/01/01 |
| 이수철 | NULL | NULL |
| 박영희 | P3 | 21/12/31 |
| 안길동 | P2 | 20/12/31 |

결과

| 이름 |
|---|
| 이수철 |

이 문제를 해결하기 위한 SELECT문은 다음과 같다.

```
SELECT 이름 FROM A LEFT JOIN B ON A.사원번호=B.담당자 WHERE 프로젝트 IS NULL;
```

예제 WHERE NULL-LEFT JOIN : 프로젝트가 배정 안 된 사원이름 검색하기

```
SELECT 이름  FROM A LEFT JOIN B ON A.사원번호=B.담당자 WHERE 프로젝트 IS NULL;
```

```
/*위 WHERE조건에서 B테이블의 다른 열로 지정해도 결과는 동일하다.*/
SELECT 이름  FROM A LEFT JOIN B ON A.사원번호=B.담당자 WHERE 종료일 IS NULL;
```

결과 | 메시지

| | 이름 |
|---|---|
| 1 | 이수철 |

## 5.5.7 WHERE NULL-RIGHT JOIN

OUTER JOIN에서 오직 한쪽 테이블에만 있는 데이터를 조회할 때 NULL조건을 이용할 수 있다.

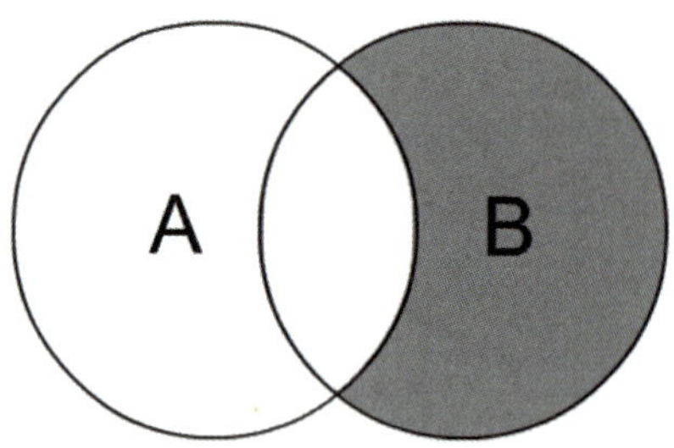


JOIN문 오른쪽에서 지정한 테이블에만 있는 데이터를 검색하려면 RIGHT JOIN을 사용하고 JOIN문 왼쪽에서 지정한 테이블의 데이터 값에 대한 NULL조건을 추가한다.

```
FROM A테이블 RIGHT JOIN B테이블 ON A테이블.열이름=B테이블.열이름 WHERE
null조건
```

**담당자가 없는** 프로젝트를 검색하는 예제이다.

앞의 INNER JOIN에서 사용한 테이블 예제를 그대로 이용한다.

일반적인 RIGHT JOIN을 수행한 다음 그 결과에서 해당하는 A 테이블의 데이터 값이 NULL인 데이터만을 검색하면 된다.

A

| 사원번호 | 이름 |
|---|---|
| 101 | 김철수 |
| 202 | 이수철 |
| 203 | 박영희 |
| 301 | 안길동 |

B

| 프로젝트 | 종료일 | 담당자 |
|---|---|---|
| P1 | 21/01/01 | 101 |
| P2 | 20/12/31 | 301 |
| P3 | 21/12/31 | 203 |
| P4 | NULL | 999 |

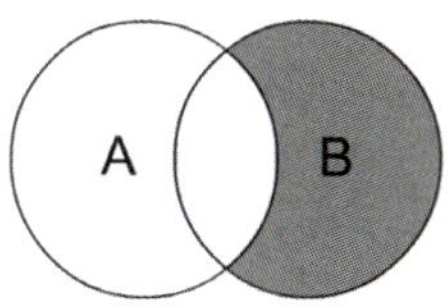


| 프로젝트 | 이름 | 종료일 |
|---|---|---|
| P1 | 김철수 | 21/01/01 |
| P2 | 안길동 | 20/12/31 |
| P3 | 박영희 | 21/12/31 |
| P4 | NULL | NULL |

결과

| 프로젝트 |
|---|
| P4 |

이 문제를 해결하기 위한 SELECT문은 다음과 같다.

```
SELECT 프로젝트 FROM A RIGHT JOIN B ON A.사원번호=B.담당자 WHERE 이름 IS
NULL;
```

**예제** WHERE NULL-RIGHT JOIN : 담당자가 아직 없는 프로젝트 검색하기

```
SELECT 프로젝트  FROM A RIGHT JOIN B ON A.사원번호=B.담당자 WHERE 이름 IS NULL;
```

```
/*위 RIGHT JOIN을 LEFT JOIN으로 변경하고 테이블순서를 바꾼 결과 동일*/
SELECT 프로젝트  FROM B LEFT JOIN A ON A.사원번호=B.담당자 WHERE 이름 IS
NULL;
```

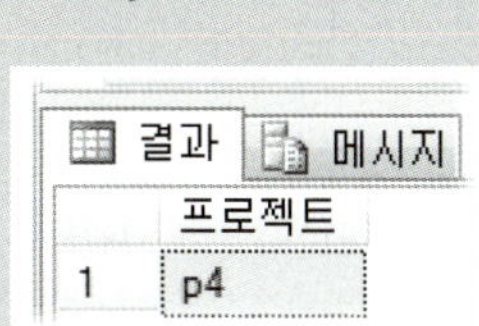

**실습 ❸**

① 다음 표를 참고하여 2개 테이블을 만든다.

| 테이블이름 : 책 | | |
|---|---|---|
| 열이름 | 데이터형식 | 제약조건 |
| 번호 | INT | PK |
| 제목 | NVARCAHR(20) | NOT NULL |
| 저자명 | NVARCHAR(10) | |
| 출간일 | DATE | |

| 테이블이름 : 판매현황 | | |
|---|---|---|
| 열이름 | 데이터형식 | 제약조건 |
| 번호 | INT | FK<br>책(번호) |
| 서점명 | NVARCAHR(20) | NOT NULL |
| 판매권수 | INT | NOT NULL |
| 집계날짜 | DATE | NOT NULL |

② 2개 테이블에 데이터를 추가한다.

| 책 | | | |
|---|---|---|---|
| 번호 | 제목 | 저자명 | 출간일 |
| 98721001 | 데이터베이스 | 김철수 | 2011/12/01 |
| 98721002 | 컴퓨터 네트워크 | 박영희 | 2009/08/01 |
| 98723001 | 컴퓨터그래픽스 | 안길동 | 2019/01/01 |
| 98723002 | 쇼핑몰 디자인 | 김영수 | 2015/05/31 |
| 98724001 | 자바 프로그래밍 | 고경은 | 2010/03/03 |
| 98724002 | 정보 보안 | 민철희 | 2017/11/25 |

| 판매현황 | | | |
|---|---|---|---|
| 번호 | 서점명 | 판매권수 | 집계날짜 |
| 98721001 | 교보문고 | 17 | 2019/01/31 |
| 98721001 | 반디앤루니스 | 20 | 2019/01/31 |
| 98723002 | 교보문고 | 19 | 2019/03/01 |
| 98723002 | 알라딘 | 7 | 2019/04/30 |
| 98724001 | YES24 | 21 | 2019/08/03 |
| 98724001 | 알라딘 | 11 | 2019/08/03 |

3. 판매된 책의 번호, 제목과 서점명, 그리고 판매권수, 집계날짜를 검색한다. 판매권수 내림차순으로 보여준다. (INNER JOIN~ON 사용)

결과 | 메시지

| | 번호 | 제목 | 서점명 | 판매권수 | 집계날짜 |
|---|---|---|---|---|---|
| 1 | 98724001 | 자바 프로그래밍 | YES24 | 21 | 2019-08-03 |
| 2 | 98721001 | 데이터베이스 | 반디앤루니스 | 20 | 2019-01-31 |
| 3 | 98723002 | 쇼핑몰 디자인 | 교보문고 | 19 | 2019-03-01 |
| 4 | 98721001 | 데이터베이스 | 교보문고 | 17 | 2019-01-31 |
| 5 | 98724001 | 자바 프로그래밍 | 알라딘 | 11 | 2019-08-03 |
| 6 | 98723002 | 쇼핑몰 디자인 | 알라딘 | 7 | 2019-04-30 |

4. 판매된 책의 번호, 제목과 서점명, 그리고 판매권수, 집계날짜를 검색한다. 단, 집계날짜가 '2019/07/01'이후 조건에 맞는 데이터만 검색한다. (INNER JOIN~ON 사용)

결과 | 메시지

| | 번호 | 제목 | 서점명 | 판매권수 | 집계날짜 |
|---|---|---|---|---|---|
| 1 | 98724001 | 자바 프로그래밍 | YES24 | 21 | 2019-08-03 |
| 2 | 98724001 | 자바 프로그래밍 | 알라딘 | 11 | 2019-08-03 |

5 판매된 책의 제목과 총판매권수를 구한다.
총판매권수의 내림차순으로 보여준다. (WHERE 사용)

결과 | 메시지

| | 제목 | 총판매권수 |
|---|---|---|
| 1 | 데이터베이스 | 37 |
| 2 | 자바 프로그래밍 | 32 |
| 3 | 쇼핑몰 디자인 | 26 |

6 모든 책에 대하여 제목, 판매된 서점명과 판매권수를 검색한다.

결과 | 메시지

| | 제목 | 서점명 | 판매권수 |
|---|---|---|---|
| 1 | 데이터베이스 | 교보문고 | 17 |
| 2 | 데이터베이스 | 반디앤루니스 | 20 |
| 3 | 컴퓨터 네트워크 | NULL | NULL |
| 4 | 컴퓨터그래픽스 | NULL | NULL |
| 5 | 쇼핑몰 디자인 | 교보문고 | 19 |
| 6 | 쇼핑몰 디자인 | 알라딘 | 7 |
| 7 | 자바 프로그래밍 | YES24 | 21 |
| 8 | 자바 프로그래밍 | 알라딘 | 11 |
| 9 | 정보 보안 | NULL | NULL |

7 한 번도 판매되지 않은 책의 번호, 제목을 검색한다.

결과 | 메시지

| | 번호 | 제목 |
|---|---|---|
| 1 | 98721002 | 컴퓨터 네트워크 |
| 2 | 98723001 | 컴퓨터 그래픽스 |
| 3 | 98724002 | 정보 보안 |

### 5.5.8 3개 이상의 테이블간의 JOIN

SELECT문에서 3개 이상의 대상으로부터 데이터 값을 가져와야 하는 경우에 JOIN 하는 방법을 알아본다.

#### ① 대상이 되는 테이블 간에 모두 연결되어 있는 경우

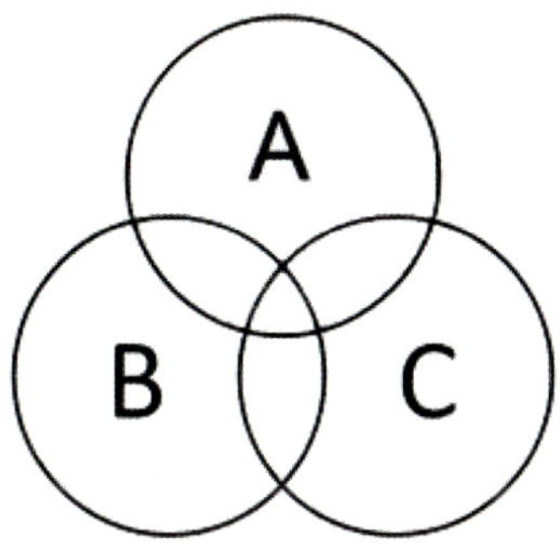


A테이블에는 사원정보가, B테이블에는 프로젝트관련 정보가 들어있고, C테이블에는 부서에 대한 정보가 들어있다. A와 B테이블, 그리고 C테이블 간에는 관계를 가지고 있는데, A테이블의 사원번호와 B테이블의 담당자가 연결되고 또한, C테이블의 부서장과 모두 연결된 구조이다.

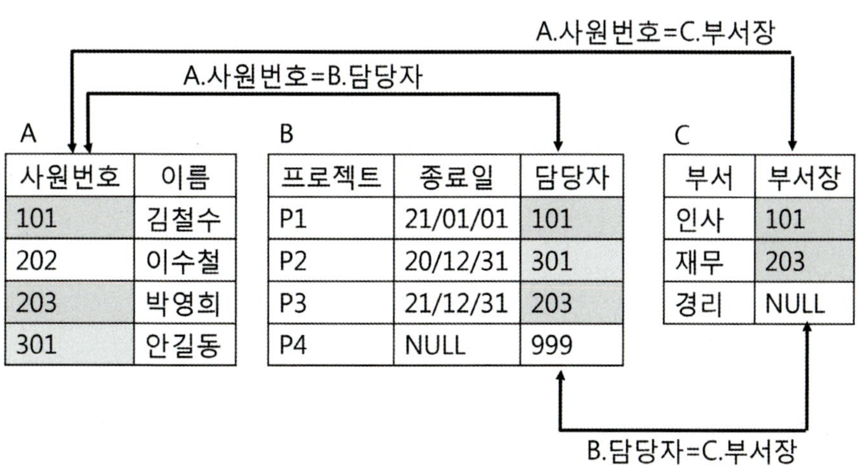


A

| 사원번호 | 이름 |
|---|---|
| 101 | 김철수 |
| 202 | 이수철 |
| 203 | 박영희 |
| 301 | 안길동 |

B

| 프로젝트 | 종료일 | 담당자 |
|---|---|---|
| P1 | 21/01/01 | 101 |
| P2 | 20/12/31 | 301 |
| P3 | 21/12/31 | 203 |
| P4 | NULL | 999 |

C

| 부서 | 부서장 |
|---|---|
| 인사 | 101 |
| 재무 | 203 |
| 경리 | NULL |

**예제** 3JOIN-1단계 : 예제 테이블 만들기

```
/*2개 테이블은 INNER JOIN 첫 단계 예제에서 만든 테이블과 동일하다*/

CREATE TABLE A(사원번호 INT PRIMARY KEY,이름 NCHAR(5));
INSERT INTO A VALUES(101,'김철수'),(202,'이수철'),(203,'박영희'),(301,'
안길동');
SELECT * FROM A;
```

결과 | 메시지

| | 사원번호 | 이름 |
|---|---|---|
| 1 | 101 | 김철수 |
| 2 | 202 | 이수철 |
| 3 | 203 | 박영희 |
| 4 | 301 | 안길동 |

```
CREATE TABLE B(프로젝트 VARCHAR(10),종료일 DATE,담당자 INT);
INSERT INTO B VALUES('p1','21/01/01',101),('p2','20/12/31',301);
INSERT INTO B VALUES,('p3','21/12/31',203),('p4',null,999);
SELECT * FROM B;
```

결과 | 메시지

| | 프로젝트 | 종료일 | 담당자 |
|---|---|---|---|
| 1 | p1 | 2021-01-01 | 101 |
| 2 | p2 | 2020-12-31 | 301 |
| 3 | p3 | 2021-12-31 | 203 |
| 4 | p4 | NULL | 999 |

```
CREATE TABLE C(부서 NCHAR(5),부서장 INT);
INSERT INTO C VALUES('인사',101),('재무',203),('경리'.NULL);
SELECT * FROM C;
```

결과 | 메시지

| | 부서 | 부서장 |
|---|---|---|
| 1 | 인사 | 101 |
| 2 | 재무 | 203 |
| 3 | 경리 | NULL |

**프로젝트를 담당하고 있는** 부서장의 이름, 프로젝트, 부서를 검색하는 예제이다.

A

| 사원번호 | 이름 |
|---|---|
| 101 | 김철수 |
| 202 | 이수철 |
| 203 | 박영희 |
| 301 | 안길동 |

B

| 프로젝트 | 종료일 | 담당자 |
|---|---|---|
| P1 | 21/01/01 | 101 |
| P2 | 20/12/31 | 301 |
| P3 | 21/12/31 | 203 |
| P4 | NULL | 999 |

C

| 부서 | 부서장 |
|---|---|
| 인사 | 101 |
| 재무 | 203 |
| 경리 | NULL |

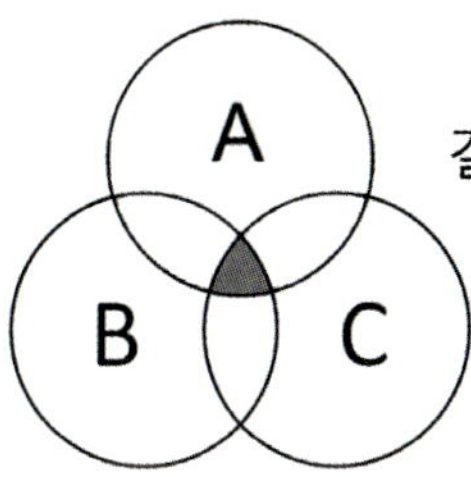


결과

| 이름 | 프로젝트 | 부서 |
|---|---|---|
| 김철수 | P1 | 인사 |
| 박영희 | P3 | 재무 |

문제를 해결하기 위한 SELECT문은 다음과 같다.

```
SELECT 이름,프로젝트,부서 FROM A INNER JOIN B ON A.사원번호=B.담당자
INNER JOIN C ON A.사원번호=C.부서장;
또는
SELECT 이름,프로젝트,부서 FROM B INNER JOIN C ON B.담당자=C.부서장 INNER
JOIN A ON A.사원번호=B.담당자;
또는
SELECT 이름,프로젝트,부서 FROM C INNER JOIN A ON C.부서장=A.사원번호
INNER JOIN B ON C.부서장=B.담당자
```

2개 테이블의 INNER JOIN에서 테이블 순서를 바꾸어도 결과는 동일했던 것처럼 3개 이상의 테이블에서 모두 INNER JOIN으로만 연결된 경우, 테이블 순서가 바뀌어도 결과는 동일하다.

**예제** 3JOIN-2단계 : 프로젝트를 담당하고 있는 부서장의 이름, 프로젝트, 부서를 검색하기

```
SELECT 이름,프로젝트,부서 FROM A INNER JOIN B ON A.사원번호=B.담당자
INNER JOIN C ON A.사원번호=C.부서장;
```

결과 | 메시지

| | 이름 | 프로젝트 | 부서 |
|---|---|---|---|
| 1 | 김철수 | p1 | 인사 |
| 2 | 박영희 | p3 | 재무 |

```
/* A B C 테이블 순서를 B C A 로 변경 결과동일*/
SELECT 이름,프로젝트,부서 FROM B INNER JOIN C ON B.담당자=C.부서장
INNER JOIN A ON A.사원번호=B.담당자;
```

결과 | 메시지

| | 이름 | 프로젝트 | 부서 |
|---|---|---|---|
| 1 | 김철수 | p1 | 인사 |
| 2 | 박영희 | p3 | 재무 |

```
/* 테이블 순서를 C A B로 변경 결과동일*/
SELECT 이름,프로젝트,부서 FROM C INNER JOIN A ON C.부서장=A.사원번호
INNER JOIN B ON C.부서장=B.담당자;
```

결과 | 메시지

| | 이름 | 프로젝트 | 부서 |
|---|---|---|---|
| 1 | 김철수 | p1 | 인사 |
| 2 | 박영희 | p3 | 재무 |

**모든 사원의** 프로젝트이름, 관리부서명을 검색하는 예제이다.

프로젝트를 하지 않고, 관리부서가 없는 사원에 대해서도 결과에 포함되어야 한다.

A

| 사원번호 | 이름 |
|---|---|
| 101 | 김철수 |
| 202 | 이수철 |
| 203 | 박영희 |
| 301 | 안길동 |

B

| 프로젝트 | 종료일 | 담당자 |
|---|---|---|
| P1 | 21/01/01 | 101 |
| P2 | 20/12/31 | 301 |
| P3 | 21/12/31 | 203 |
| P4 | NULL | 999 |

C

| 부서 | 부서장 |
|---|---|
| 인사 | 101 |
| 재무 | 203 |
| 경리 | NULL |

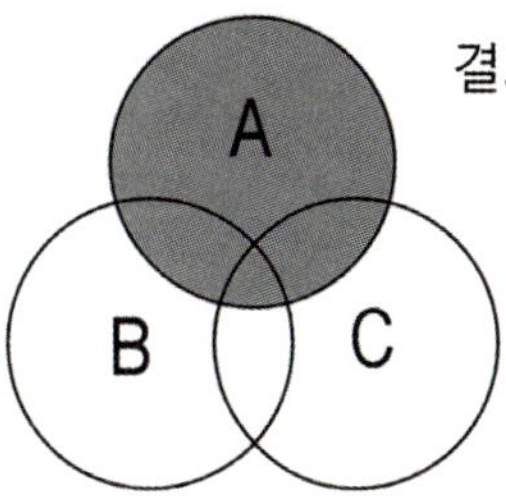


결과

| 이름 | 프로젝트 | 부서 |
|---|---|---|
| 김철수 | P1 | 인사 |
| 이수철 | NULL | NULL |
| 박영희 | P3 | 재무 |
| 안길동 | P2 | NULL |

3개 테이블 간에 공통으로 있는 데이터와 공통되지 않은(외부에 있는) A 테이블의 모든 데이터가 나와야 하므로 다음의 SQL문으로 작성 할 수 있다.

```
SELECT 이름,프로젝트,부서 FROM A LEFT JOIN B ON A.사원번호=B.담당자 LEFT
JOIN C ON A.사원번호=C.부서장;
```

**LEFT JOIN이므로 테이블의 순서는 매우 중요하다.**

**예제** 3JOIN-3단계 : 모든 사원에 대해 이름, 프로젝트명, 부서 검색하기

```
SELECT 이름,프로젝트,부서 FROM A LEFT JOIN B ON A.사원번호=B.담당자
LEFT JOIN C ON A.사원번호=C.부서장;
```

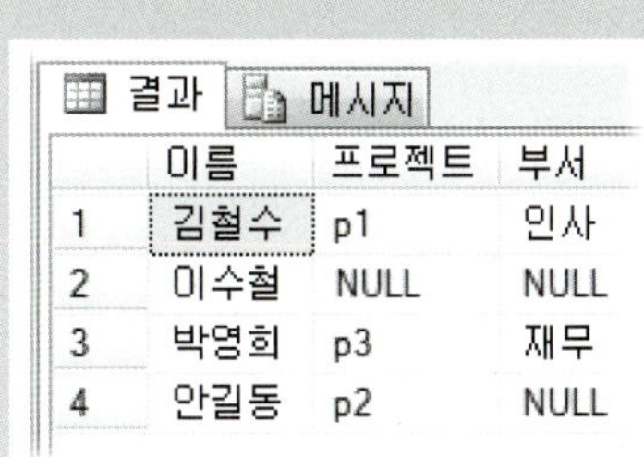

결과 | 메시지

| | 이름 | 프로젝트 | 부서 |
|---|---|---|---|
| 1 | 김철수 | p1 | 인사 |
| 2 | 이수철 | NULL | NULL |
| 3 | 박영희 | p3 | 재무 |
| 4 | 안길동 | p2 | NULL |

**담당 프로젝트도 없고 부서장이 아닌** 사원의 이름을 검색하는 예제이다.

A

| 사원번호 | 이름 |
|---|---|
| 101 | 김철수 |
| 202 | 이수철 |
| 203 | 박영희 |
| 301 | 안길동 |

B

| 프로젝트 | 종료일 | 담당자 |
|---|---|---|
| P1 | 21/01/01 | 101 |
| P2 | 20/12/31 | 301 |
| P3 | 21/12/31 | 203 |
| P4 | NULL | 999 |

C

| 부서 | 부서장 |
|---|---|
| 인사 | 101 |
| 재무 | 203 |
| 경리 | NULL |

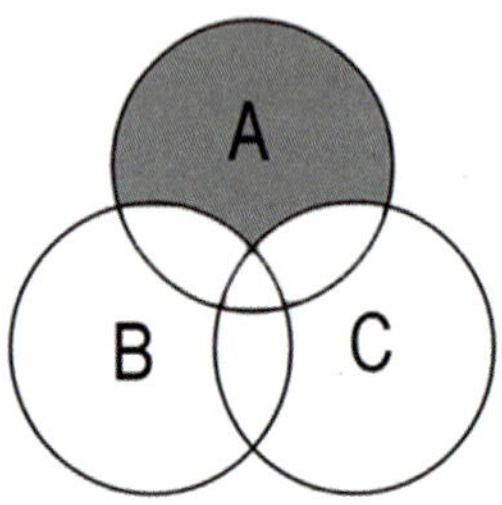


| 이름 | 프로젝트 | 부서 |
|---|---|---|
| 김철수 | P1 | 인사 |
| 이수철 | NULL | NULL |
| 박영희 | P3 | 재무 |
| 안길동 | P2 | NULL |

결과

| 이름 |
|---|
| 이수철 |

WHERE NULL 조건을 이용하여 다음과 같이 해결할 수 있다.

```
SELECT 이름 FROM A LEFT JOIN B ON A.사원번호=B.담당자 LEFT JOIN C ON A.
사원번호=C.부서장 WHERE 프로젝트 IS NULL AND 부서 IS NULL ;
```

**예제** 3JOIN-4단계 : 프로젝트를 맡지 않고 관리부서가 없는 사원이름 조회하기

```
SELECT 이름 FROM A LEFT JOIN B ON A.사원번호=B.담당자 LEFT JOIN C ON A.
사원번호=C.부서장 WHERE 프로젝트 IS NULL AND 부서 IS NULL;
```

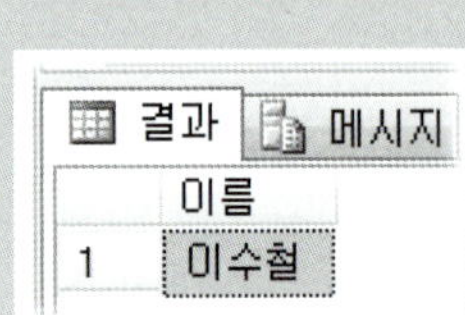

### ② 한 개의 테이블을 중심으로 다른 테이블들이 연결되어 있는 경우

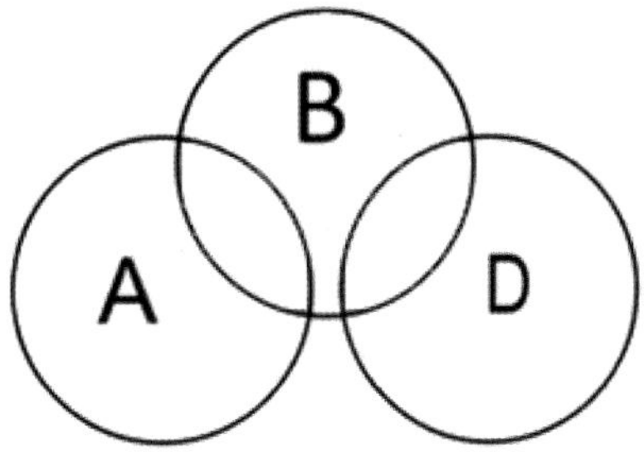


A 테이블에는 사원정보가, B 테이블에는 프로젝트관련 정보가 들어있고, D테이블에는 프로젝트 거래처 정보가 들어있다.

A와 B 테이블 간에는 관계를 가지고 있는데, A테이블의 사원번호와 B 테이블의 담당자가 연결된다. 또한 B 테이블과 D 테이블은 프로젝트로 서로 연결된 구조이다.

A.사원번호=B.담당자

A

| 사원번호 | 이름 |
|---|---|
| 101 | 김철수 |
| 202 | 이수철 |
| 203 | 박영희 |
| 301 | 안길동 |

B

| 프로젝트 | 종료일 | 담당자 |
|---|---|---|
| P1 | 21/01/01 | 101 |
| P2 | 20/12/31 | 301 |
| P3 | 21/12/31 | 203 |
| P4 | NULL | 999 |

D

| 프로젝트 | 거래처 |
|---|---|
| P2 | 우리 |
| P3 | 국민 |

B.프로젝트=D.프로젝트

**예제** 3JOIN-5단계 : 예제 테이블 만들기

```
/*2개 테이블은 INNER JOIN 첫 단계 예제, 앞 단계에서 사용한 테이블과 동일하다*/
CREATE TABLE A(사원번호 INT PRIMARY KEY,이름 NCHAR(5));
INSERT INTO A VALUES(101,'김철수'),(202,'이수철'),(203,'박영희'),(301,'
안길동');
SELECT * FROM A;
```

결과 | 메시지

| | 사원번호 | 이름 |
|---|---|---|
| 1 | 101 | 김철수 |
| 2 | 202 | 이수철 |
| 3 | 203 | 박영희 |
| 4 | 301 | 안길동 |

```
CREATE TABLE B(프로젝트 VARCHAR(10),종료일 DATE,담당자 INT);
INSERT INTO B VALUES('p1','21/01/01',101),('p2','20/12/31','301');
INSERT INTO B VALUES,('p3','21/12/31',203),('p4',null.999);
SELECT * FROM B;
```

결과 | 메시지

| | 프로젝트 | 종료일 | 담당자 |
|---|---|---|---|
| 1 | p1 | 2021-01-01 | 101 |
| 2 | p2 | 2020-12-31 | 301 |
| 3 | p3 | 2021-12-31 | 203 |
| 4 | p4 | NULL | 999 |

```
CREATE TABLE D(프로젝트 VARCHAR(10),거래처 NCHAR(5));
INSERT INTO D VALUES ('p2','우리'),('p3','국민');
SELECT * FROM D;
```

결과 | 메시지

| | 프로젝트 | 거래처 |
|---|---|---|
| 1 | p2 | 우리 |
| 2 | p3 | 국민 |

**담당자와 거래처가 있는 프로젝트**에 대해 프로젝트, 담당자이름, 거래처명을 검색하는 예제이다.

A

| 사원번호 | 이름 |
|---|---|
| 101 | 김철수 |
| 202 | 이수철 |
| 203 | 박영희 |
| 301 | 안길동 |

B

| 프로젝트 | 종료일 | 담당자 |
|---|---|---|
| P1 | 21/01/01 | 101 |
| P2 | 20/12/31 | 301 |
| P3 | 21/12/31 | 203 |
| P4 | NULL | 999 |

D

| 프로젝트 | 거래처 |
|---|---|
| P2 | 우리 |
| P3 | 국민 |

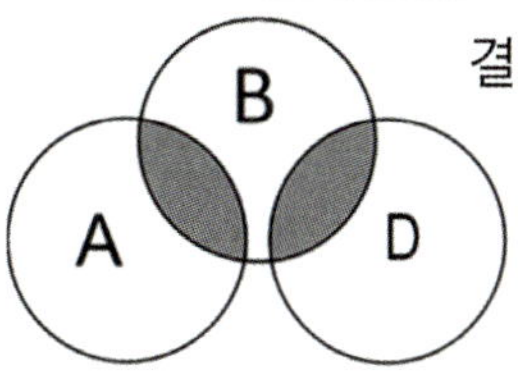


결과

| 프로젝트 | 이름 | 거래처 |
|---|---|---|
| P2 | 안길동 | 우리 |
| P3 | 박영희 | 국민 |

다음의 SQL문으로 해결할 수 있다.

```
SELECT B.프로젝트,이름,거래처 FROM B INNER JOIN A ON B.담당자=A.사원번호
INNER JOIN D ON B.프로젝트=D.프로젝트;
```

**예제** 3JOIN-6단계 : 담당자와 거래처가 있는 프로젝트의 프로젝트, 담당자이름, 거래처 검색하기

```
SELECT B.프로젝트,이름,거래처 FROM B INNER JOIN A ON B.담당자=A.사원번
호 INNER JOIN D ON B.프로젝트=D.프로젝트;
```

결과 | 메시지

| | 프로젝트 | 이름 | 거래처 |
|---|---|---|---|
| 1 | p2 | 안길동 | 우리 |
| 2 | p3 | 박영희 | 국민 |

```
/*B와 C테이블에 모두 있는 프로젝트에 대해 정확히 지정하지 않은 경우*/
SELECT 프로젝트,이름,거래처 FROM B INNER JOIN A ON B.담당자=A.사원번호
INNER JOIN D ON B.프로젝트=D.프로젝트;
```

메시지

메시지 209, 수준 16, 상태 1, 줄 1
열 이름 '프로젝트'이(가) 불확실합니다.

**모든 사원에 대해** 사원 이름과 담당하는 프로젝트 그리고 프로젝트의 거래처를 검색하는 문제는 다음의 SQL문으로 작성 할 수 있다.

A

| 사원번호 | 이름 |
|---|---|
| 101 | 김철수 |
| 202 | 이수철 |
| 203 | 박영희 |
| 301 | 안길동 |

B

| 프로젝트 | 종료일 | 담당자 |
|---|---|---|
| P1 | 21/01/01 | 101 |
| P2 | 20/12/31 | 301 |
| P3 | 21/12/31 | 203 |
| P4 | NULL | 999 |

D

| 프로젝트 | 거래처 |
|---|---|
| P2 | 우리 |
| P3 | 국민 |

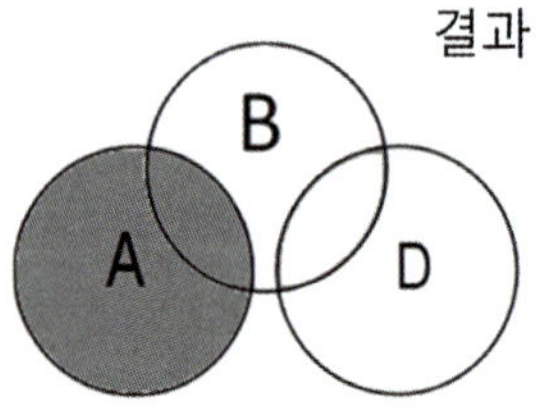


결과

| 이름 | 프로젝트 | 거래처 |
|---|---|---|
| 김철수 | P1 | NULL |
| 이수철 | NULL | NULL |
| 박영희 | P3 | 국민 |
| 안길동 | P2 | 우리 |

프로젝트를 담당하지 않은 사원(A테이블)도 결과에 포함되어야 하므로 RIGHT JOIN으로 연결하고, A 테이블에만 있는 데이터의 경우에는 B 테이블의 결과 값이 NULL이 되므로 이 값과 D테이블간의 JOIN에서 NULL값이 된 B 테이블 값도 반드시 나와야 하므로 LEFT JOIN으로 연결한다.

```
SELECT 이름,B.프로젝트,거래처 FROM B RIGHT JOIN A ON B.담당자=A.사원번호
LEFT JOIN D ON B.프로젝트=D.프로젝트;
```

**모든 프로젝트**의 담당자 이름, 거래처를 검색하는 문제는 다음의 SQL문으로 작성 할 수 있다.

담당자가 없는 프로젝트(B 테이블)도 결과에 포함되어야 하므로 A테이블과는 LEFT JOIN으로 연결하고, 거래처가 없는 프로젝트도 결과에 포함되어야 하므로 D테이블과 LEFT JOIN으로 연결한다.

A

| 사원번호 | 이름 |
|---|---|
| 101 | 김철수 |
| 202 | 이수철 |
| 203 | 박영희 |
| 301 | 안길동 |

B

| 프로젝트 | 종료일 | 담당자 |
|---|---|---|
| P1 | 21/01/01 | 101 |
| P2 | 20/12/31 | 301 |
| P3 | 21/12/31 | 203 |
| P4 | NULL | 999 |

D

| 프로젝트 | 거래처 |
|---|---|
| P2 | 우리 |
| P3 | 국민 |

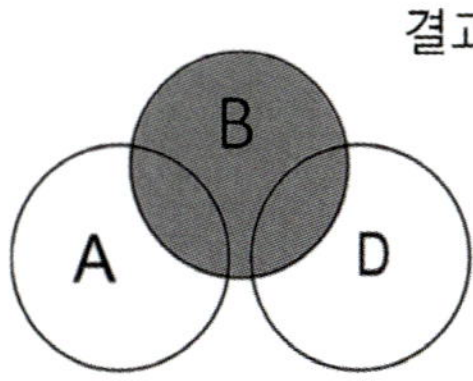


결과

| 프로젝트 | 이름 | 거래처 |
|---|---|---|
| P1 | 김철수 | NULL |
| P2 | 안길동 | 우리 |
| P3 | 박영희 | 국민 |
| P4 | NULL | NULL |

```
SELECT B.프로젝트,이름,거래처 FROM B LEFT JOIN A ON B.담당자=A.사원번호
LEFT JOIN D ON B.프로젝트=D.프로젝트;
```

**예제** 3JOIN-7단계 : 3개 테이블의 JOIN에서 LEFT JOIN과 RIGHT JOIN활용하기

```
/*모든 사원에 대해 이름, 담당프로젝트, 프로젝트의 거래처를 검색하기*/
SELECT 이름,B.프로젝트,거래처 FROM B RIGHT JOIN A ON B.담당자=A.사원번호
LEFT JOIN D ON B.프로젝트=D.프로젝트;
```

결과 | 메시지

| | 이름 | 프로젝트 | 거래처 |
|---|---|---|---|
| 1 | 김철수 | p1 | NULL |
| 2 | 이수철 | NULL | NULL |
| 3 | 박영희 | p3 | 국민 |
| 4 | 안길동 | p2 | 우리 |

```
/*모든 프로젝트의 담당자 이름, 거래처를 검색*/
SELECT B.프로젝트,이름,거래처 FROM B LEFT JOIN A ON B.담당자=A.사원번호
LEFT JOIN D ON B.프로젝트=D.프로젝트;
```

결과 | 메시지

| | 프로젝트 | 이름 | 거래처 |
|---|---|---|---|
| 1 | p1 | 김철수 | NULL |
| 2 | p2 | 안길동 | 우리 |
| 3 | p3 | 박영희 | 국민 |
| 4 | p4 | NULL | NULL |

### 5.5.9 SELF JOIN

조인할 대상이 자기 자신일 경우에 SELF JOIN이라고 한다.

자신의 복사본과 조인한다고 생각하면 된다.

다음 예제를 통해서 이해해 보자.

다음의 테이블은 〈직원〉정보를 포함하고 있다.

| 직원 | | | |
|---|---|---|---|
| 사번 | 이름 | 연락처 | 담당관리자 |
| 101 | 김철수 | 01012345678 | 202 |
| 202 | 이수철 | 01112345678 | 404 |
| 303 | 박영희 | 01612345678 | 202 |
| 404 | 안길동 | 01912345678 | NULL |

"김철수"의 관리자 이름과 연락처를 검색하려고 한다.

먼저 "김철수"의 〈담당관리자〉를 구한 다음, 구한 〈담당관리자〉 값을 검색 조건으로 지정해서 〈이름〉을 검색해야 한다.

```
SELECT 담당관리자 FROM 직원 WHERE 이름 LIKE '김철수%';
```

검색 결과 값을 확인하고, 다음 SQL문을 실행해서 결과를 구해야 한다.

```
SELECT 이름,연락처 FROM 직원 WHERE 사번 =202;
```

**예제** SELF JOIN-1 : '김철수'의 관리자 이름과 연락처 검색하기

```
CREATE TABLE 직원(사번 INT,이름 NCHAR(5),연락처 CHAR(13),담당관리자 INT);
INSERT INTO 직원 VALUES(101,'김철수','01012345678',202);
INSERT INTO 직원 VALUES(202,'이수철','01112345678',404);
INSERT INTO 직원 VALUES(303,'박영희','01612345678',202);
INSERT INTO 직원 VALUES(404,'안길동','01912345678',NULL);
SELECT * FROM 직원 ;
```

결과 | 메시지

| | 사번 | 이름 | 연락처 | 담당관리자 |
|---|---|---|---|---|
| 1 | 101 | 김철수 | 01012345678 | 202 |
| 2 | 202 | 이수철 | 01112345678 | 404 |
| 3 | 303 | 박영희 | 01612345678 | 202 |
| 4 | 404 | 안길동 | 01912345678 | NULL |

```
/*먼저 김철수의 담당관리자를 구한다.*/
SELECT 담당관리자 FROM 직원 WHERE 이름 LIKE '김철수%';
```

결과 | 메시지

| | 담당관리자 |
|---|---|
| 1 | 202 |

```
/*앞에서 구한 결과 값 202를 가지고 다시 검색한다.*/
SELECT 이름,연락처 FROM 직원 WHERE 사번 =202;
```

결과 | 메시지

| | 이름 | 연락처 |
|---|---|---|
| 1 | 이수철 | 01112345678 |

2개의 SELECT 문장을 사용하지 않고 SELF JOIN을 이용하여 해결하면 다음과 같다.

동일한 〈직원〉 테이블이 2개 있다고 생각한다.

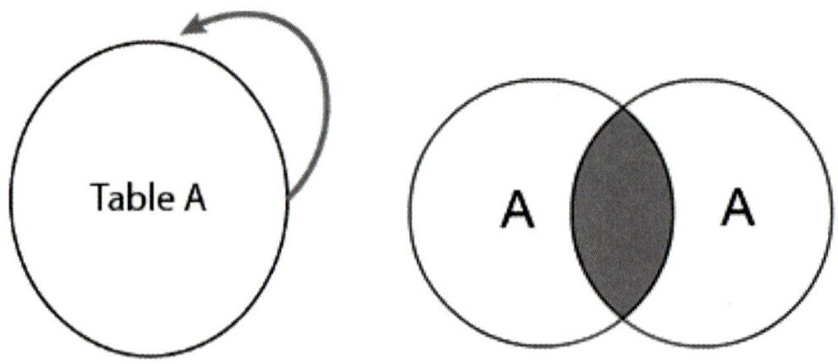


각각 이름을 다시 지정한 다음, 첫 번째 〈직원〉테이블(A)의 〈담당관리자〉와 두 번째 〈직원〉테이블(B)의 〈사번〉을 연결해서 JOIN한다.

그리고, 원하는 검색 결과는 〈담당관리자〉의 〈이름〉과 〈연락처〉이므로 두 번째 〈직원〉테이블(B)의 〈이름〉과 〈연락처〉를 결과로 검색한다.

A.담당관리자=B.사번

직원 ->A

| 사번 | 이름 | 연락처 | 담당관리자 |
|---|---|---|---|
| 101 | 김철수 | 01012345678 | 202 |
| 202 | 이수철 | 01112345678 | 404 |
| 303 | 박영희 | 01612345678 | 202 |
| 404 | 안길동 | 01912345678 | NULL |

직원 ->B

| 사번 | 이름 | 연락처 | 담당관리자 |
|---|---|---|---|
| 101 | 김철수 | 01012345678 | 202 |
| 202 | 이수철 | 01112345678 | 404 |
| 303 | 박영희 | 01612345678 | 202 |
| 404 | 안길동 | 01912345678 | NULL |

```
SELECT B.이름,B.연락처 FROM 직원 A INNER JOIN 직원 B ON A.담당관리자=B.사
번 WHERE A.이름 LIKE '김철수%'
```

**예제** SELF JOIN-2 : SELF JOIN이용해서 '김철수'의 관리자 이름과 연락처 검색하기

```
SELECT B.이름,B.연락처 FROM 직원 A INNER JOIN 직원 B ON A.담당관리자=B.
사번 WHERE A.이름 LIKE '김철수%' ;
```

```
/*위의 INNER JOIN ON 대신 WHERE 조건을 이용한 결과 동일*/
SELECT B.이름,B.연락처 FROM 직원 A,직원 B WHERE (A.담당관리자=B.사번) AND
(A.이름 LIKE '김철수%');
```

**실습 4**

① 다음 표를 참고하여 3개 테이블을 만든다.

| 테이블이름 : 지원자 | | |
|---|---|---|
| 열이름 | 데이터형식 | 제약조건 |
| 수험번호 | INT | PK |
| 이름 | NCHAR(5) | NOT NULL |
| 연락처 | CHAR(13) | UNIQUE |

| 테이블이름 : 필기성적 | | |
|---|---|---|
| 열이름 | 데이터형식 | 제약조건 |
| 수험번호 | INT | FK 지원자(번호) |
| 외국어 | INT | DEFAULT 0 |
| 언어 | INT | DEFAULT 0 |

| 테이블이름 : 실기성적 | | |
|---|---|---|
| 열이름 | 데이터형식 | 제약조건 |
| 수험번호 | INT | FK 지원자(번호) |
| 등급 | CHAR | NOT NULL |
| 심사위원 | NCHAR(5) | |

**2** 3개 테이블에 데이터를 추가한다.

| 지원자 | | |
|---|---|---|
| 수험번호 | 이름 | 연락처 |
| 210001 | 나영희 | 01012345678 |
| 210002 | 김철수 | 01012345555 |
| 210004 | 백영희 | 01012349999 |
| 210006 | 정영수 | 01012347777 |
| 210007 | 민경철 | 01012348888 |
| 210008 | 이미영 | 01012346666 |

| 필기성적 | | |
|---|---|---|
| 수험번호 | 외국어 | 언어 |
| 210001 | 87 | 70 |
| 210002 | 90 | 92 |
| 210006 | 85 | 73 |
| 210007 | 70 | 88 |
| 210008 | 90 | 92 |

| 실기성적 | | |
|---|---|---|
| 수험번호 | 등급 | 시험위원 |
| 210002 | B | 이길동 |
| 210006 | C | 장홍도 |
| 210007 | B | 이창호 |
| 210008 | A | 명유미 |

3 모든 지원자의 수험번호, 필기점수합계, 실기 등급을 검색한다.
결과는 수험번호 오름차순으로 보여준다.

결과 | 메시지

| | 수험번호 | 필기점수합계 | 등급 |
|---|---|---|---|
| 1 | 210001 | 157 | NULL |
| 2 | 210002 | 182 | B |
| 3 | 210004 | NULL | NULL |
| 4 | 210006 | 158 | C |
| 5 | 210007 | 158 | B |
| 6 | 210008 | 182 | A |

4 실기와 필기 모두 응시한 지원자의 번호, 필기점수합계, 실기 등급을 검색한다.
결과는 필기점수합계 내림차순으로 보여준다. 필기점수합계가 같으면 실기 등급 오름차순으로 나열한다.

결과 | 메시지

| | 수험번호 | 필기점수합계 | 등급 |
|---|---|---|---|
| 1 | 210008 | 182 | A |
| 2 | 210002 | 182 | B |
| 3 | 210007 | 158 | B |
| 4 | 210006 | 158 | C |

5 필기와 실기 모두 응시한 지원자 중에서 실기 등급이 B이상인 지원자의 번호, 이름, 필기점수 합계, 실기 등급을 검색한다.
결과는 필기점수합계 내림차순으로 보여준다. 필기점수합계가 같으면 실기 등급 오름차순으로 나열한다.

**Hint** IN 연산자 사용

결과 | 메시지

| | 수험번호 | 필기점수합계 | 등급 |
|---|---|---|---|
| 1 | 210008 | 182 | A |
| 2 | 210002 | 182 | B |
| 3 | 210007 | 158 | B |

❻ 필기만 응시하고 실기를 응시하지 않은 지원자의 수험번호, 연락처, 필기점수합계를 검색한다.

결과 | 메시지

| | 수험번호 | 연락처 | 필기점수합계 |
|---|---|---|---|
| 1 | 210001 | 01012345678 | 157 |

❼ 필기시험과 실기시험 모두 응시하지 않은 지원자의 수험번호와 이름, 연락처를 검색한다.

결과 | 메시지

| | 수험번호 | 이름 | 연락처 |
|---|---|---|---|
| 1 | 210004 | 백영희 | 01012349999 |

## 5.6 서브쿼리(SUBQUERY)

SELECT문을 실행한 결과 값을 받아서 그 값을 이용하여 새로운 SELECT문을 실행해야 하는 경우에, **먼저 실행**해야 하는 SELECT문을 **서브쿼리** 또는 **내부쿼리**, **하위쿼리**라고 한다.

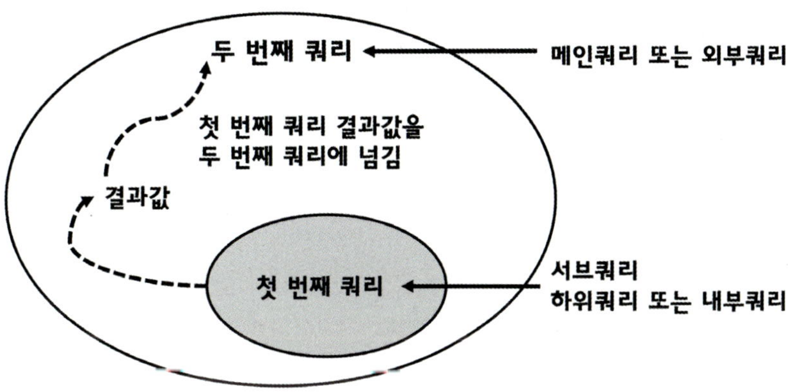


### 5.6.1 WHERE절에서의 서브쿼리

메인쿼리에서 조건을 지정하기 위해 다른 SELECT문을 먼저 실행해야 하는 경우이다.

다음의 〈성적〉 테이블에서 〈전체평균점수〉보다 높은 학생들을 검색해 보자.

| 학번 | 이름 | 학과 | 점수 |
|---|---|---|---|
| 101 | 김철수 | 컴퓨터 | 85 |
| 201 | 이수철 | 기계 | 80 |
| 301 | 박영희 | 전기 | 90 |
| 102 | 안길동 | 컴퓨터 | 75 |
| 202 | 김나미 | 전기 | 85 |
| 302 | 전영환 | 전기 | 65 |

전체평균 점수를 먼저 구해야하기 때문에 먼저 다음 SELECT 명령(서브쿼리)을 실행한다.

```
SELECT AVG(점수) FROM 성적;
```

결과 값이 80이므로 이 값을 이용하여 SELECT 명령(메인 쿼리)을 실행한다.

```
SELECT * FROM 성적 WHERE 점수 >80;
```

이렇게 두 번 SELECT 명령을 실행해야 하는 것을 서브쿼리를 이용하면 다음과 같이 한 개의 SQL문으로 해결할 수 있다.

결과 값 '80' 대신에 먼저 실행한 SELECT 문장(서브쿼리)을 적으면 된다.

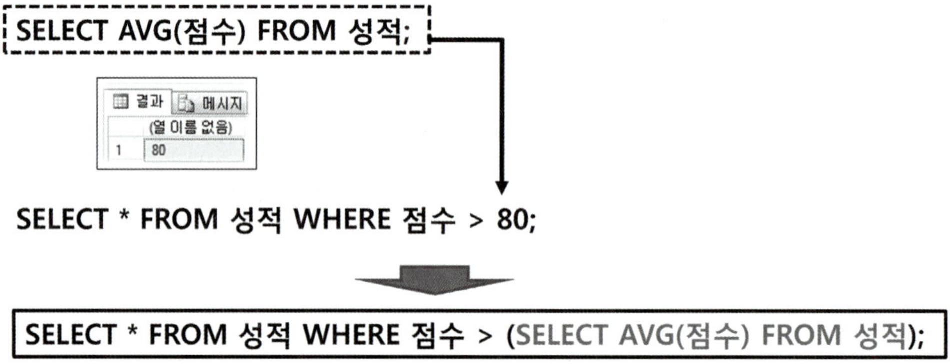


**WHERE 조건 식에서 서브쿼리를 사용한 SELECT문**

**예제** 서브쿼리-1 : 〈전체평균점수〉보다 높은 학생들 검색하기

```
CREATE TABLE 성적(학번 INT,이름 NCHAR(5),학과 NCHAR(5),점수 INT);
INSERT INTO 성적 VALUES(101,'김철수','컴퓨터',85),(201,'이수철','기계',80);
INSERT INTO 성적 VALUES(301,'박영희','전기',90),(102,'안길동','컴퓨터',75);
INSERT INTO 성적 VALUES(202,'김나미','전기',85),(302,'전영환','전기',65);
```

결과 | 메시지

| | 학번 | 이름 | 학과 | 점수 |
|---|---|---|---|---|
| 1 | 101 | 김철수 | 컴퓨터 | 85 |
| 2 | 201 | 이수철 | 기계 | 80 |
| 3 | 301 | 박영희 | 전기 | 90 |
| 4 | 102 | 안길동 | 컴퓨터 | 75 |
| 5 | 202 | 김나미 | 전기 | 85 |
| 6 | 302 | 전영환 | 전기 | 65 |

```
/*학생의 평균점수보다 높은 학생들을 검색하기 위해 먼저 평균을 구함*/
SELECT AVG(점수) FROM 성적;
```

결과 | 메시지

| | (열 이름 없음) |
|---|---|
| 1 | 80 |

```
/*앞의 결과로 나온 80을 조건으로 지정하여 검색*/
SELECT * FROM 성적 WHERE 점수 >80;
```

결과 | 메시지

| | 학번 | 이름 | 학과 | 점수 |
|---|---|---|---|---|
| 1 | 101 | 김철수 | 컴퓨터 | 85 |
| 2 | 301 | 박영희 | 전기 | 90 |
| 3 | 202 | 김나미 | 전기 | 85 |

```
/*앞의 2개 SQL문장을 서브쿼리를 이용한 한 개의 SQL문으로 해결*/
SELECT * FROM 성적 WHERE 점수 >(SELECT AVG(점수) FROM 성적);
```

결과 | 메시지

| | 학번 | 이름 | 학과 | 점수 |
|---|---|---|---|---|
| 1 | 101 | 김철수 | 컴퓨터 | 85 |
| 2 | 301 | 박영희 | 전기 | 90 |
| 3 | 202 | 김나미 | 전기 | 85 |

### 5.6.2 HAVING절에서의 서브쿼리

집계함수에 대한 조건을 설정하는 데 사용되는 HAVING절에서 어떤 방법으로 하위쿼리가 사용되는지 알아보자.

학과별 평균점수를 검색하는 예제이다.

'컴퓨터'과의 학생 수보다 학과 학생 수가 많은 학과에 대해서만 검색하는 조건이 주어졌을 때, 2개의 SQL문을 이용한다면 먼저 다음 명령으로 '컴퓨터'과의 학생 수를 구해야 한다.

| 학번 | 이름 | 학과 | 점수 |
|---|---|---|---:|
| 101 | 김철수 | 컴퓨터 | 85 |
| 201 | 이수철 | 기계 | 80 |
| 301 | 박영희 | 전기 | 90 |
| 102 | 안길동 | 컴퓨터 | 75 |
| 202 | 김나미 | 전기 | 85 |
| 302 | 전영환 | 전기 | 65 |

```
SELECT COUNT(*) FROM 성적 WHERE 학과='컴퓨터';
```

위, SELECT 명령의 결과 값 '2'를 다음의 SQL문에서 HAVING 조건으로 지정해야 한다.

```
SELECT 학과,AVG(점수) FROM 성적 GROUP BY 학과 HAVING COUNT(*)>2;
```

이렇게 두 번 SELECT 명령을 실행해야 하는 것을 서브쿼리를 이용하면 다음과 같이 한 개의 SQL문으로 해결할 수 있다.

결과 값 "2" 대신에 먼저 실행한 SELECT 문장(서브쿼리)을 적으면 된다.

SELECT COUNT(*) FROM 성적 WHERE 학과='컴퓨터';

SELECT 학과,AVG(점수) FROM 성적 GROUP BY 학과 HAVING COUNT(*)> 2 ;

SELECT 학과,AVG(점수) FROM 성적 GROUP BY 학과 HAVING
COUNT(*)> (SELECT COUNT(*) FROM 성적 WHERE 학과='컴퓨터' );

**HAVING 조건 식에서 서브쿼리를 사용한 SELECT문**

**예제** 서브쿼리-2 : '컴퓨터'과의 학생 수보다 학과 학생 수가 많은 학과에 대해서만 평균점수 검색하기

```
/*컴퓨터 학과의 학생 수를 먼저 구한다.*/
SELECT COUNT(*) FROM 성적 WHERE 학과='컴퓨터';
```

```
/*앞의 결과로 나온 2를 조건으로 지정하여 검색*/
SELECT 학과,AVG(점수) FROM 성적 GROUP BY 학과 HAVING COUNT(*)>2;
```

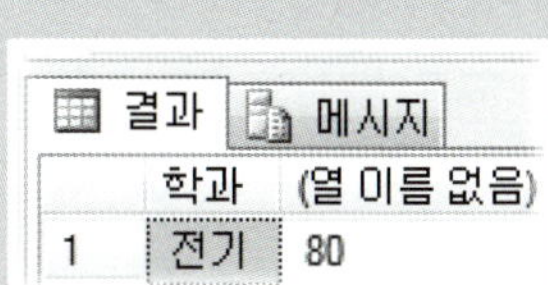


```
/*앞의 2개 SQL문장을 서브쿼리를 이용한 한 개의 SQL문으로 해결*/
SELECT 학과,AVG(점수) FROM 성적 GROUP BY 학과 HAVING COUNT(*)>(SELECT
COUNT(*) FROM 성적 WHERE 학과='컴퓨터');
```

### 5.6.3 FROM절에서의 서브쿼리

SELECT문에서 검색 대상이 되는 FROM절에도 하위쿼리를 사용할 수 있다.

학과별 인원수 중에 최대 인원수를 검색하는 예제이다.

2개의 SQL문을 이용한다면 먼저 다음 명령으로 학과별 인원수를 구해서 구한 결과를 검색 대상으로 제공해야 한다.

| 학번 | 이름 | 학과 | 점수 |
|---|---|---|---|
| 101 | 김철수 | 컴퓨터 | 85 |
| 201 | 이수철 | 기계 | 80 |
| 301 | 박영희 | 전기 | 90 |
| 102 | 안길동 | 컴퓨터 | 75 |
| 202 | 김나미 | 전기 | 85 |
| 302 | 전영환 | 전기 | 65 |

```
SELECT 학과, COUNT(*) AS 학생수 FROM 성적 GROUP BY 학과;
```

결과 메시지

| | 학과 | 학생수 |
|---|---|---|
| 1 | 기계 | 1 |
| 2 | 전기 | 3 |
| 3 | 컴퓨터 | 2 |

이 명령을 수행한 다음 결과로 나온 데이터들을 어딘가에 저장해 놔야 하는데, VIEW를 이용하는 방법이 있다. (VIEW는 기존 테이블을 이용해서 만드는 논리적인 테이블정도로 이해하고 VIEW에 대해서는 해당 단원을 참조한다.)

다음과 같은 SQL문으로 VIEW를 만들 수 있다.

```
CREATE VIEW 뷰이름 AS select문;
```

(SELECT 학과, COUNT(*) AS 학생수 FROM 성적 GROUP BY 학과)문의 결과 행을 포함하고 있을 뷰를 만드는 방법은 다음과 같다.

```
CREATE VIEW 과별인원 AS
SELECT 학과, COUNT(*) AS 학생수 FROM 성적 GROUP BY 학과;
```

만들어진 〈과별인원〉뷰의 전체 행을 검색하면 다음과 같다.

```
SELECT * FROM 과별인원;
```

이렇게 해서 결과를 〈과별인원〉에 저장해 놓았다면 이 〈과별인원〉 VIEW를 대상으로 해서 다음의 SELECT문으로 최대 학생수를 검색하면 된다.

```
SELECT MAX(학생수) FROM 과별인원;
```

이렇게 2개의 SQL 명령을 실행해야 하는 것을 서브쿼리를 이용하면 다음과 같이 한 개의 SQL문으로 해결할 수 있다.

새롭게 만든 VIEW 〈과별인원〉 대신에 먼저 실행한 SELECT 문장을 적으면 된다.

```
CREATE VIEW 과별인원 AS
SELECT 학과, COUNT(*) AS 학생수 FROM 성적 GROUP BY 학과;
```

결과 | 메시지

| | 학과 | 학생수 |
|---|---|---|
| 1 | 기계 | 1 |
| 2 | 전기 | 3 |
| 3 | 컴퓨터 | 2 |

```
SELECT MAX(학생수) FROM 과별인원;
```

```
SELECT MAX(학생수) FROM
(SELECT 학과, COUNT(*) AS 학생수 FROM 성적 GROUP BY 학과) AS 과별인원;
```

**FROM 에서 서브쿼리를 사용한 SELECT문**

### 예제 서브쿼리3 : 학과별 인원수 중에 최대 인원수를 검색하기

```
/*학과의 인원수를 구해서 VIEW에 저장해 놓는다.*/
CREATE VIEW 과별인원 AS SELECT 학과, COUNT(*) AS 학생수 FROM 성적 GROUP
BY 학과;
SELECT * FROM  과별인원;
```

결과 | 메시지

| | 학과 | 학생수 |
|---|---|---|
| 1 | 기계 | 1 |
| 2 | 전기 | 3 |
| 3 | 컴퓨터 | 2 |

```
/*앞의 결과로 만들어진 과별인원 VIEW에서 최대 값 검색*/
SELECT MAX(학생수) FROM  과별인원;
```

결과 | 메시지

| | (열 이름 없음) |
|---|---|
| 1 | 3 |

```
/*앞의 2개 SQL문장을 서브쿼리를 이용한 한 개의 SQL문으로 해결*/
SELECT MAX(학생수) FROM  (SELECT 학과, COUNT(*) AS 학생수 FROM 성적 GROUP BY
학과) AS 과별인원;
```

결과 | 메시지

| | (열 이름 없음) |
|---|---|
| 1 | 3 |

### 5.6.4 EXISTS, IN, ANY, ALL

서브쿼리를 WHERE 절에서 사용하고, 서브쿼리를 수행하고 반환된 행(ROW)이 두 개 이상일 때 반드시 사용해야 하는 연산자에 대해서 설명한다.

서브쿼리에서 반환된 2개 이상의 **행집합**(ROWSET)에서 조건을 지정하기 위한 기준을 설정해야 할 때, 사용되는 특별한 연산자들은 다음과 같다.

EXISTS 연산자는 서브쿼리 결과로 반환되는 데이터가 한 개라도 있으면 TRUE를 반환한다.

```
EXISTS (서브쿼리)
```

IN 연산자는 서브쿼리 결과로 반환되는 데이터 목록중에 〈비교대상〉으로 지정한 값과 일치하는 값이 한 개라도 있을 경우 TRUE를 반환한다.

=ANY는 IN과 동일하다.

```
비교대상 IN (서브쿼리)
또는
비교대상 =ANY (서브쿼리)
```

NOT IN을 사용하면 서브쿼리 결과로 반환되는 데이터 목록중에 〈비교대상〉으로 지정한 값과 일치하는 값이 한 개도 없을 경우 TRUE를 반환한다.

```
비교대상 NOT IN (서브쿼리)
```

ANY나 SOME은 〈비교대상〉으로 지정한 값을 서브쿼리 결과 데이터 값들과 비교한다. SOME과 ANY는 동일하게 사용된다.

비교논리연산자에 따라서 서브쿼리 결과 중 가장 높은(큰) 값을 비교 대상으로 할 것인지 아니면 가장 낮은(적은) 값을 비교 대상으로 할 것인지 결정된다.

```
비교대상  비교논리연산자  ANY (서브쿼리)
또는
```

```
비교대상  비교논리연산자  SOME (서브쿼리)

10>=ANY(9,11,12)
```

9,11,12중에 한 개라도 10과 비교해서 10이 더 크거나 같다면 TRUE를 반환하기 때문에 비교대상은 가장 작은 값인 9가 되어 TRUE를 반환한다.

```
10 < ANY(9,11,12)
```

9,11,12중에 한 개라도 10과 비교해서 10이 더 적다면 TRUE를 반환하기 때문에 비교대상은 가장 큰 값인 12가 되어 TRUE를 반환한다.

```
10 = ANY(9,11,12)
```

9,11,12중에 한 개라도 10과 비교해서 10과 같으면 TRUE를 반환한다. 따라서 이 경우라면 FALSE가 반환된다.

"=ANY"를 사용하는 경우에는 IN 연산자와 동일하다.

ALL은 지정한 값을 서브쿼리 결과 데이터 값들과 모두 비교한다. 모두 비교해서 조건을 모두 만족한 경우에만 TRUE를 반환한다.

```
비교대상  비교논리연산자  ALL (서브쿼리)

10>=ALL(9,11,12)
```

9,11,12 모두 10과 비교했을 때 10이 더 크거나 같아야지만 TRUE를 반환하므로 이 결과는 FALSE이다.

```
10<ALL(11,12,13)
```

11,12,13 모두 10과 비교했을 때 10이 더 작아야 TRUE를 반환하므로 이 결과는 TRUE이다.

**예제** 서브쿼리-4 : 서브쿼리 결과에 연산자 사용하기-IN, =ANY, EXISTS

```
CREATE TABLE 사원(번호 INT,이름 NCHAR);
CREATE TABLE 실적(번호 INT,매출 INT,연도 INT);
INSERT INTO 사원 VALUES(1,'가'),(2,'나'),(3,'다'),(4,'라');
INSERT INTO 실적 VALUES(1,10,2018),(1,15,2019),(2,7,2019),(3,28,2019);
```

결과 | 메시지

| | 번호 | 이름 |
|---|---|---|
| 1 | 1 | 가 |
| 2 | 2 | 나 |
| 3 | 3 | 다 |
| 4 | 4 | 라 |

결과 | 메시지

| | 번호 | 매출 | 연도 |
|---|---|---|---|
| 1 | 1 | 10 | 2018 |
| 2 | 1 | 15 | 2019 |
| 3 | 2 | 7 | 2019 |
| 4 | 3 | 28 | 2019 |

```
/*IN을 사용하여 실적이 12이상인 사원의 이름을 구하라 아래 명령과 동일 결과*/
SELECT 이름 FROM 사원 WHERE 번호 IN (SELECT 번호 FROM 실적 WHERE 매출>12);

/*=ANY를사용하여 실적이 12이상인 사원의 이름을 구하라 위, 다음 명령과 동일 결과*/
SELECT 이름 FROM 사원 WHERE 번호 = ANY (SELECT 번호 FROM 실적 WHERE 매출>12);

/*EXISTS를 사용하여 실적이 12이상인 사원의 이름을 구하라 위 명령과 동일 결과*/
SELECT 이름 FROM 사원 WHERE EXISTS (SELECT * FROM 실적 WHERE 매출>12
AND 실적.번호=사원.번호);
```

결과 | 메시지

| | 이름 |
|---|---|
| 1 | 가 |
| 2 | 다 |

```
/* NOT IN을 사용하여 실적이 없는 사원의 이름을 조회*/
SELECT 이름 FROM 사원 WHERE 번호 NOT IN (SELECT 번호 FROM 실적);
```

결과 | 메시지

| | 이름 |
|---|---|
| 1 | 라 |

**예제** 서브쿼리-5 : 서브쿼리 결과에 연산자 사용하기-ALL, ANY, SOME

```
/*사원1의 매출보다 높은 매출을 가진 사원을 검색-오류발생*/
SELECT 번호 FROM 실적 WHERE 매출 > (SELECT 매출 FROM 실적 WHERE 번호=1);
```

결과 | 메시지

메시지 512, 수준 16, 상태 1, 줄 1
하위 쿼리에서 값을 둘 이상 반환했습니다.
하위 쿼리 앞에 =, !=, <, <=, >, >= 등이 오거나 하위 쿼리가 하나의 식으로 사용된 경우에는 여러 값을 반환할 수 없습니다.

```
/*사원1의 모든(ALL) 매출보다 높은 매출을 가진 사원을 검색*/
SELECT 번호 FROM 실적 WHERE 매출 > ALL(SELECT 매출 FROM 실적 WHERE 번호=1);
```

결과 | 메시지

| | 번호 |
|---|---|
| 1 | 3 |

```
/*사원1의 아무 매출보다 높은 매출을 낸 사원을 검색-ANY사용*/
SELECT 번호 FROM 실적 WHERE 매출 > ANY(SELECT 매출 FROM 실적 WHERE 번호=1);
```

결과 | 메시지

| | 번호 |
|---|---|
| 1 | 1 |
| 2 | 3 |

```
/*사원1의 아무 매출보다 높은 매출을 낸 사원을 검색-SOME사용*/
SELECT 번호 FROM 실적 WHERE 매출 > SOME(SELECT 매출 FROM 실적 WHERE 번호=1);
```

결과 | 메시지

| | 번호 |
|---|---|
| 1 | 1 |
| 2 | 3 |

```
/*사원1의 모든(ALL) 매출보다 높은 매출을 가진 사원이름 검색-서브쿼리,ALL,조인적용*/
SELECT 이름 FROM 사원,실적 WHERE 매출 > ALL(SELECT 매출 FROM 실적 WHERE 번호=1) AND 사원.번호=실적.번호 ;
```

결과 | 메시지

| | 이름 |
|---|---|
| 1 | 다 |

## 5.7 WITH 공통_테이블_식(CTE)

SQL문의 결과로 반환된 행 집합(ROW SET)에 임시로 테이블(열 목록 포함)이름을 지정해 놓고, 이렇게 임시로 만들어 놓은 테이블을 그다음의 SQL문에서 사용할 수 있도록 하는 방법이다.

또한, 전체 SQL문이 너무 길어지고 복잡할 때 조금 단순화 시키는 방법으로도 WITH~CTE문을 사용한다.

```
WITH 공통테이블이름(열이름1,..,열이름n)  AS
(
    공용테이블에_저장할_행집합을_반환하는_sql문
)
 공용테이블에_대한_sql문;
```

CTE는 Common_Table_Expression을 줄인 단어로, **공통 테이블 식**이라고 할 수 있는데, SQL문의 결과로 반환된 행 집합(ROW SET)에 임시로 테이블(열목록 포함)이름을 지정하는 것을 의미한다.

CTE는 SELECT, INSERT, UPDATE, DELETE 또는 CREATE VIEW 문의 실행 범위 내에서 정의되는 임시 결과 집합이라고 볼 수 있다.

CTE는 개체로 저장되지 않고 **쿼리 지속 시간 동안만 존재**하며 자체 참조가 가능하고 동일 쿼리에서 여러 번 참조될 수 있다.

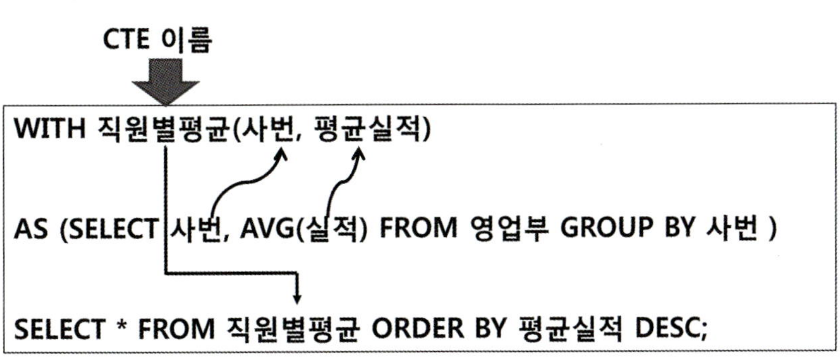

**예제** WITH-CTE

```
CREATE TABLE 영업부(사번 INT,연도 INT, 실적 INT);
INSERT INTO 영업부 VALUES(1,2018,100),(1,2019,100),(2,2019,60),(3,2019,70);

/*직원별 평균 실적을 반환해서 공용임시테이블에 저장하고 검색*/
WITH 직원별평균(사번, 평균실적)
AS (SELECT 사번, AVG(실적) FROM 영업부 GROUP BY 사번 )
SELECT * FROM 직원별평균 ORDER BY 평균실적 DESC;
```

결과 | 메시지

| | 사번 | 평균실적 |
|---|---|---|
| 1 | 1 | 100 |
| 2 | 3 | 70 |
| 3 | 2 | 60 |

```
/*직원별 평균실적을 반환해서 공용임시테이블에 저장하고 2019년도 전체 평균실적
보다많은 사원 검색*/
WITH 직원별평균(사번, 평균실적)
AS (SELECT 사번, AVG(실적) FROM 영업부 GROUP BY 사번 )
SELECT 사번 FROM 직원별평균
WHERE 평균실적>(SELECT AVG(실적) FROM 영업부 WHERE 연도=2019);
```

결과 | 메시지

| | 사번 |
|---|---|
| 1 | 1 |

```
/*2개의 임시 테이블을 만드는 방법으로 앞의 동일한 문제 해결*/
WITH 직원별평균(사번, 평균실적) AS
(SELECT 사번, AVG(실적) FROM 영업부 GROUP BY 사번 ),
기준연도평균(연평균실적) AS
(SELECT  AVG(실적) FROM 영업부 WHERE 연도=2019)
SELECT 사번 FROM 직원별평균 WHERE 평균실적>(SELECT * FROM 기준연도평균);
```

결과 | 메시지

| | 사번 |
|---|---|
| 1 | 1 |

**실습 ⑤**

테이블과 데이터는 (실습4)와 동일한 테이블과 데이터를 이용한다.

**1** 다음 표를 참고하여 3개 테이블을 만든다.

| 테이블이름 : 지원자 | | |
|---|---|---|
| 열이름 | 데이터형식 | 제약조건 |
| 수험번호 | INT | PK |
| 이름 | NCHAR(5) | NOT NULL |
| 연락처 | CHAR(13) | UNIQUE |

| 테이블이름 : 필기성적 | | |
|---|---|---|
| 열이름 | 데이터형식 | 제약조건 |
| 수험번호 | INT | FK 지원자(번호) |
| 외국어 | INT | DEFAULT 0 |
| 언어 | INT | DEFAULT 0 |

| 테이블이름 : 실기성적 | | |
|---|---|---|
| 열이름 | 데이터형식 | 제약조건 |
| 수험번호 | INT | FK 지원자(번호) |
| 등급 | CHAR | NOT NULL |
| 심사위원 | NCHAR(5) | |

**2** 3개 테이블에 데이터를 추가한다.

| 지원자 | | |
|---|---|---|
| 수험번호 | 이름 | 연락처 |
| 210001 | 나영희 | 01012345678 |
| 210002 | 김철수 | 01012345555 |
| 210004 | 백영희 | 01012349999 |
| 210006 | 정영수 | 01012347777 |
| 210007 | 민경철 | 01012348888 |
| 210008 | 이미영 | 01012346666 |

| 필기성적 | | |
|---|---|---|
| 수험번호 | 외국어 | 언어 |
| 210001 | 87 | 70 |
| 210002 | 90 | 92 |
| 210006 | 85 | 73 |
| 210007 | 70 | 88 |
| 210008 | 90 | 92 |

| 실기성적 | | |
|---|---|---|
| 수험번호 | 등급 | 시험위원 |
| 210002 | B | 이길동 |
| 210006 | C | 장홍도 |
| 210007 | B | 이창호 |
| 210008 | A | 명유미 |

**3** 외국어 전체 평균 성적보다 높은 외국어 성적을 받은 수험생의 이름과 외국어 성적을 검색한다.

결과는 외국어 성적이 높은 순으로 보여준다.

| | 이름 | 외국어 |
|---|---|---|
| 1 | 김철수 | 90 |
| 2 | 이미영 | 90 |
| 3 | 나영희 | 87 |
| 4 | 정영수 | 85 |

**4** 정영수의 필기 총점보다 높은 점수를 받은 수험생의 이름과 필기 총점을 검색한다.

| | 이름 | 필기총점 |
|---|---|---|
| 1 | 김철수 | 182 |
| 2 | 이미영 | 182 |

**5** 서브쿼리를 이용하여 필기시험은 응시했지만 실기시험은 안 본 지원자의 이름, 연락처를 검색한다.

**Hint** IN, NOT IN

| | 이름 | 연락처 |
|---|---|---|
| 1 | 나영희 | 01012345678 |

6 실기등급이 'B'인 지원자 중에 외국어 성적이 90이상인 지원자의 수험번호와 연락처를 검색한다.

결과 | 메시지

| | 수험번호 | 외국어 |
|---|---|---|
| 1 | 210002 | 90 |

7 실기등급이 'B'인 지원자의 모든 외국어 성적보다 같거나 높은 외국어 점수를 받은 지원자의 이름과 외국어 점수를 검색한다.

결과 | 메시지

| | 이름 | 외국어 |
|---|---|---|
| 1 | 김철수 | 90 |
| 2 | 이미영 | 90 |

# CHAPTER 06 INSERT문에서 SELECT 사용하기

테이블에 데이터를 추가할 때, 데이터 값을 직접 기술하지 않고 다른 테이블의 데이터를 가져와서 데이터를 추가하는 방법에 대해서 알아본다.

다른 테이블로부터 데이터를 가져와서 추가하는 방법이기 때문에 INSERT하려는 테이블에 기존 데이터가 있다면 그 데이터는 그대로 있는 상태에서 단순히 SELECT해서 가져오는 데이터가 추가되는 개념이다.

## 6.1 한 테이블로부터 가져오기

한 테이블로부터 데이터 값을 가져와서 데이터를 추가하는 방법이다.

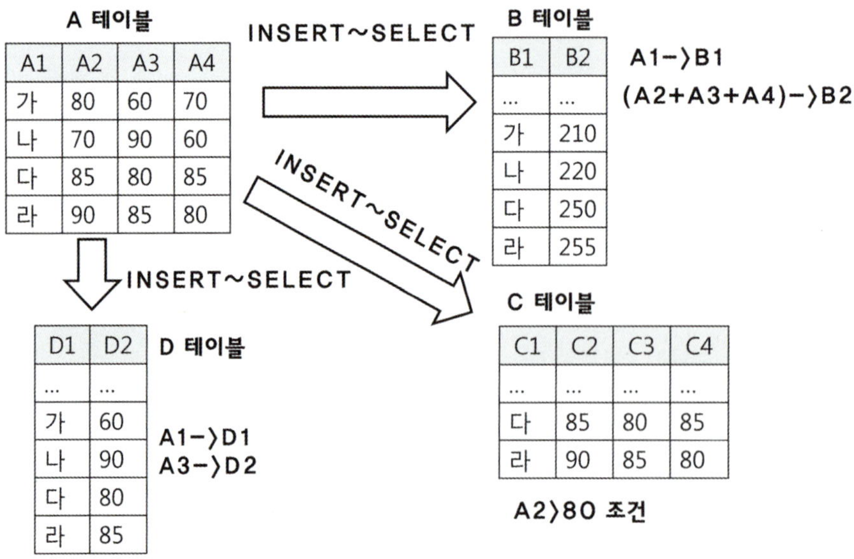


기본적인 SELECT문외에 서브쿼리 등 어떤 형태도 가능하다.

```
INSERT INTO 테이블이름  select문;
```

또는

```
INSERT INTO 테이블이름(열이름1,...,열이름n)  select문;
```

**예제** INSERT~SELECT-1 : 한 테이블에서 데이터 가져오기

```
CREATE TABLE test(번호 INT, 이름 CHAR);
CREATE TABLE test2(id CHAR, pw INT, grade INT);
INSERT INTO test2 VALUES('X',1,10),('Y',2,20),('Z',3,30);
SELECT * FROM test2;
```

결과 | 메시지

| | ID | PW | GRADE |
|---|---|---|---|
| 1 | X | 1 | 10 |
| 2 | Y | 2 | 20 |
| 3 | Z | 3 | 30 |

```
/*test2 테이블의 모든 grade,id값을 test테이블의 번호와 이름값으로 추가하기*/
INSERT INTO test SELECT grade,id FROM test2;
SELECT * FROM test;
```

결과 | 메시지

| | 번호 | 이름 |
|---|---|---|
| 1 | 10 | X |
| 2 | 20 | Y |
| 3 | 30 | Z |

```
/*test2 테이블에서 조건에 맞는 데이터만 test테이블에 추가하기*/
INSERT INTO test SELECT grade,id FROM test2 WHERE grade=30;
SELECT * FROM test;
```

결과 | 메시지

| | 번호 | 이름 |
|---|---|---|
| 1 | 10 | X |
| 2 | 20 | Y |
| 3 | 30 | Z |
| 4 | 30 | Z |

```
/*test2 테이블에서 조건에 맞는 데이터 중 pw값만 test테이블 번호 값으로 추가하기*/
INSERT INTO test(번호) SELECT PW FROM test2 WHERE GRADE=3;
```

```
SELECT * FROM test;
```

결과 | 메시지

| | 번호 | 이름 |
|---|---|---|
| 1 | 10 | X |
| 2 | 20 | Y |
| 3 | 30 | Z |
| 4 | 30 | Z |
| 5 | 3 | NULL |

## 6.2 여러 테이블로부터 가져오기

다른 여러 테이블로부터 데이터 값을 가져와서 데이터를 추가하는 방법이다.

여러 테이블을 조인하는 SELECT문을 사용한다.

```
INSERT INTO 테이블이름  select조인문;
또는
INSERT INTO 테이블이름(열이름1,...,열이름n)  select조인문;
```

**상품**

| 번호 | 가격 | 상품명 |
|---|---|---|
| 1 | 100 | 라면 |
| 2 | 400 | 커피 |
| 3 | 200 | 우유 |
| 4 | 500 | 식빵 |

**주문**

| 번호 | 주문수 | 판매일 |
|---|---|---|
| 2 | 20 | 19/01/03 |
| 1 | 50 | 19/02/03 |
| 4 | 10 | 19/08/03 |
| 1 | 10 | 19/09/10 |

**INSERT INTO** 상품별매출 **SELECT** 상품명,SUM(주문수), SUM(주문수)*가격 FROM 상품 **INNER JOIN** 주문 ON 상품.번호=주문.번호 GROUP BY 상품.번호,상품명,가격

**상품별매출**

| 상품명 | 주문수 | 매출액 |
|---|---|---|
| ... | ... | ... |
| 라면 | 60 | 6000 |
| 커피 | 20 | 8000 |
| 식빵 | 10 | 5000 |

**INSERT 하기 전에 있었던 데이터** (... 행)

**예제** INSERT~SELECT-2 : 여러 테이블에서 데이터 가져오기

```
/*과목과 학점 테이블을 조인하고 과목코드로 그룹핑한다음 과목별 평균 점수를 구
해서 과목평균 테이블의 데이터로 추가*/

CREATE TABLE 과목평균(과목명 CHAR(5),평균점수 INT);
CREATE TABLE 과목(번호 INT, 과목명 CHAR(5));
CREATE TABLE 학점(학번 INT, 코드 INT, 점수 INT);
INSERT INTO 과목 VALUES (1,'DB'),(2,'JAVA'),(3,'JSP');
INSERT INTO 학점 VALUES(99,1,90),(98,1,80),(99,2,100),(97,2,90);
SELECT * FROM 과목;
```

결과 | 메시지

| | 과목 | 과목명 |
|---|---|---|
| 1 | 1 | DB |
| 2 | 2 | JAVA |
| 3 | 3 | JSP |

```
SELECT * FROM 학점;
```

결과 | 메시지

| | 학번 | 코드 | 점수 |
|---|---|---|---|
| 1 | 99 | 1 | 90 |
| 2 | 98 | 1 | 80 |
| 3 | 99 | 2 | 100 |
| 4 | 97 | 2 | 90 |

```
/*2개의 테이블을 조인하고 그룹핑해서 다른 테이블의 데이터로 추가하기*/
INSERT INTO 과목평균 SELECT 과목명,AVG(점수) FROM 과목,학점 WHERE 번호=코드
GROUP BY 코드,과목명;
SELECT * FROM 과목평균;
```

결과 | 메시지

| | 과목명 | 평균점수 |
|---|---|---|
| 1 | DB | 85 |
| 2 | JAVA | 95 |

# 6.3 집합 연산자

## 6.3.1 UNION, UNION ALL

두개의 SELECT 결과를 하나의 결과 집합으로 결합한다.

UNION 연산은 두 테이블의 열을 결합하는 조인을 사용하는 것과는 다르다.

**입금**

| 번호 | 금액 | 날짜 |
|---|---|---|
| 1 | 80 | 19/01/01 |
| 2 | 70 | 19/02/01 |
| 2 | 85 | 19/08/01 |
| 3 | 90 | 19/09/01 |

**출금**

| 번호 | 금액 | 날짜 |
|---|---|---|
| 2 | 150 | 19/01/03 |
| 1 | 50 | 19/02/03 |
| 4 | 100 | 19/08/03 |
| 1 | 100 | 19/09/10 |

**INSERT INTO** 입출금 **SELECT** 번호,금액, Null, 날짜 FROM 입금
**UNION ALL** SELECT 번호, Null, 금액,날짜 FROM 출금

**입출금**

| 번호 | 입금 | 출금 | 날짜 |
|---|---|---|---|
| ... | ... | ... | ... |
| 1 | 80 | Null | 19/01/01 |
| 1 | Null | 50 | 19/02/03 |
| 1 | Null | 100 | 19/09/10 |
| 2 | Null | 150 | 19/01/03 |
| 2 | 70 | Null | 19/02/01 |
| 2 | 85 | Null | 19/08/01 |
| 3 | 90 | Null | 19/09/01 |
| 4 | Null | 100 | 19/08/03 |

**INSERT 하기 전에 있었던 데이터**

UNION을 사용하기 위한 기본 규칙은 다음과 같다.

- 열의 개수와 순서가 모든 SELECT문에서 동일해야 한다.
- 데이터 형식이 호환되어야 한다.

```
select문1  UNION select문2;
또는
select문1  UNION ALL select문2;
```

ALL을 사용하면 결과를 합할 때 중복되는 데이터를 반복해서 포함한다.

또한, UNION 또는 UNION ALL 결과에서의 열 이름은 첫 번째 SELECT문에 의해 결정된다.

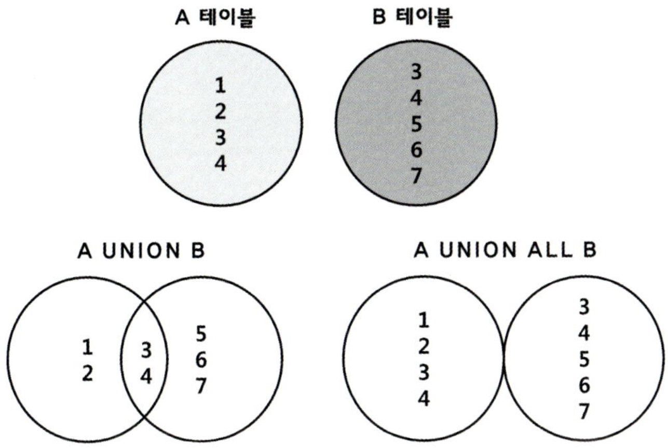


**예제 INSERT~SELECT-3 : UNION, UNION ALL 사용해서 테이블 합치기**

```
CREATE TABLE 서울(이름 NCHAR,지원부서 NCHAR(5));
CREATE TABLE 부산(성명 NCHAR,희망부서 NCHAR(5));
INSERT INTO 서울 VALUES('가','총무'),('나','기획');
INSERT INTO 부산 VALUES('다','총무'),('나','기획');

/*열이름은 첫 번째 SELECT에의해 결정되고 중복데이터는 한 개만 반환*/
SELECT * FROM 서울 UNION SELECT  * FROM 부산;
```

결과 | 메시지

| | 이름 | 지원부서 |
|---|---|---|
| 1 | 가 | 총무 |
| 2 | 나 | 기획 |
| 3 | 다 | 총무 |

```
SELECT * FROM 서울 UNION  ALL SELECT * FROM 부산 ;/*중복데이터 모두반환*/
```

결과 | 메시지

| | 이름 | 지원부서 |
|---|---|---|
| 1 | 가 | 총무 |
| 2 | 나 | 기획 |
| 3 | 다 | 총무 |
| 4 | 나 | 기획 |

```
/*INSERT~SELECT에서 UNION  활용*/
CREATE TABLE 서울부산(성명 NCHAR,희망부서 NCHAR(5));
INSERT INTO 서울부산 SELECT * FROM 서울 UNION SELECT * FROM 부산 ;
SELECT * FROM 서울부산;
```

결과 | 메시지

| | 성명 | 희망부서 |
|---|---|---|
| 1 | 가 | 총무 |
| 2 | 나 | 기획 |
| 3 | 다 | 총무 |

```
/*INSERT~SELECT에서 UNION  활용하고 새로운 열 추가*/
CREATE TABLE 전체(도시 NCHAR(2),지원성명 NCHAR,희망부서 NCHAR(5));
INSERT INTO 전체
SELECT '서울', * FROM 서울 UNION ALL SELECT '부산',* FROM 부산;
SELECT * FROM 전체;
```

결과 | 메시지

| | 도시 | 지원성명 | 희망부서 |
|---|---|---|---|
| 1 | 서울 | 가 | 총무 |
| 2 | 서울 | 나 | 기획 |
| 3 | 부산 | 다 | 총무 |
| 4 | 부산 | 나 | 기획 |

### 6.3.2 INTERSECT, EXCEPT

INTERSECT와 EXCEPT는 두 개의 SELECT 결과를 비교하여 고유한 값을 반환한다.

INTERSECT는 두 개의 쿼리에 의해 반환된 값 중에서 양쪽에 모두 있는 결과 값만을 반환하고 EXCEPT는 첫 번째 쿼리 결과에서 두 번째 쿼리 결과에 없는 값만을 반환한다.

```
select문1  INTERSECT select문2;
select문1  EXCEPT select문2;
```

EXCEPT 또는 INTERSECT를 사용하기 위해서 필요한 규칙은 다음과 같다.

- 열의 개수와 순서가 모든 쿼리에서 동일해야 한다.
- 데이터 형식이 호환되어야 한다.

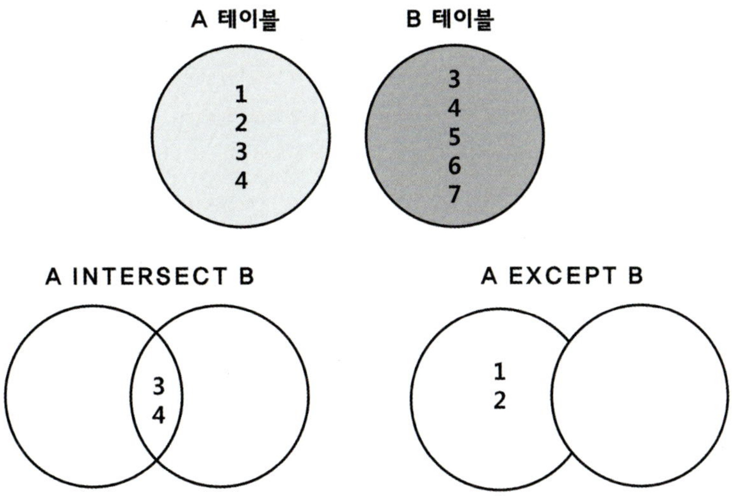


**예제** INSERT~SELECT-4 : INTERSECT, EXCEPTION 사용하기

```
CREATE TABLE 필기(수험번호 INT,이름 NCHAR);
CREATE TABLE 실기(수험번호 INT,이름 NCHAR);
INSERT INTO 필기 VALUES(1,'가'),(2,'나'),(3,'다');
INSERT INTO 실기 VALUES(1,'가'),(3,'다');

/*INTERSECT 사용하여 필기와 실기 모두 합격한 수험번호 검색 */
SELECT 수험번호 AS 합격자 FROM 필기 INTERSECT SELECT 수험번호 FROM 실기;
```

결과 | 메시지

| | 합격자 |
|---|---|
| 1 | 1 |
| 2 | 3 |

```
/*EXCEPT 사용하여 필기만 합격한 수험번호 검색 */
SELECT 수험번호 AS 필기만합격  FROM 필기 EXCEPT SELECT 수험번호 FROM 실기;
```

결과 | 메시지

| | 필기만합격 |
|---|---|
| 1 | 2 |

```
/*INSERT~SELECT에서 INTERSECT 사용하가*/
CREATE TABLE 합격명단(수험번호 INT,이름 NCHAR);
INSERT INTO 합격명단 SELECT * FROM 필기 INTERSECT SELECT * FROM 실기;
SELECT * FROM 합격명단;
```

결과 | 메시지

| | 수험번호 | 이름 |
|---|---|---|
| 1 | 1 | 가 |
| 2 | 3 | 다 |

```
/*INSERT~SELECT에서 EXCEPT사용하기*/
CREATE TABLE 실기재시험(수험번호 INT,이름 NCHAR);
INSERT INTO 실기재시험 SELECT * FROM 필기 EXCEPT SELECT * FROM 실기;
SELECT * FROM 실기재시험;
```

결과 | 메시지

| | 수험번호 | 이름 |
|---|---|---|
| 1 | 2 | 나 |

## 6.3.3 집합연산에서 ORDER BY 사용하기

UNION, INTERSECTION, 그리고 EXCEPT 연산을 이용하여 쿼리를 실행한 결과로 반환되는 데이터 집합에서, 순서를 정하기 위해 ORDER BY를 사용할 수 있다.

ORDER BY를 사용하려면 다음과 같은 규칙을 고려해야 한다.

- ORDER BY는 **두 번째** SELECT문에서만 사용할 수 있다.
- ORDER BY에서 지정한 열이름과 다른 열이름을 반환하는 SELECT문에서, ORDER BY에서 지정한 열이름과 **동일하도록 변경**해야 한다.

**예제** INSERT~SELECT-5 : 집합연산에서 ORDER BY 사용하기-열이름 동일한 경우

```
CREATE TABLE 수리1(번호 INT,성적 INT);
CREATE TABLE 수리2(번호 INT,성적 INT);
INSERT INTO 수리1 VALUES(1,70),(2,85);
INSERT INTO 수리2 VALUES(2,80),(3,85);

/*2개 테이블을 UNION하고 결과는 번호 순. 앞 SELECT에서 사용불가*/
SELECT * FROM 수리1 ORDER BY 번호 UNION ALL SELECT * FROM 수리2;
```

메시지

```
메시지 156, 수준 15, 상태 1, 줄 1
키워드 'UNION' 근처의 구문이 잘못되었습니다.
```

```
/*정상 처리*/
SELECT * FROM 수리1  UNION ALL SELECT * FROM 수리2 ORDER BY 번호;
```

결과 | 메시지

| | 번호 | 성적 |
|---|---|---|
| 1 | 1 | 70 |
| 2 | 2 | 85 |
| 3 | 2 | 80 |
| 4 | 3 | 85 |

```
/*INSERT~SELECT에서 응용하기*/
CREATE TABLE 수리(과목 NCHAR(3),학번 INT,점수 INT);
INSERT INTO 수리 SELECT '수리1',* FROM 수리1
UNION ALL SELECT '수리2', * FROM 수리2 ORDER BY 번호;
SELECT * FROM 수리;
```

결과 | 메시지

| | 과목 | 학번 | 점수 |
|---|---|---|---|
| 1 | 수리1 | 1 | 70 |
| 2 | 수리1 | 2 | 85 |
| 3 | 수리2 | 2 | 80 |
| 4 | 수리2 | 3 | 85 |

**예제** INSERT~SELECT-6 : 집합연산에서 ORDER BY 사용하기-열이름 다른 경우

```
CREATE TABLE 외국어(학번 INT,점수 INT);
CREATE TABLE 언어(번호 INT,성적 INT);
INSERT INTO 외국어 VALUES(1,80),(2,90),(3,90);
INSERT INTO 언어 VALUES(1,70),(2,90);

/*두개의 SELECT 결과에서 열이름이 다른 경우 ORDER BY 사용*/
SELECT * FROM 외국어  UNION ALL SELECT * FROM 언어 ORDER BY 번호;
```

메시지

```
메시지 207, 수준 16, 상태 1, 줄 1
열 이름 '번호'이(가) 잘못되었습니다.
메시지 104, 수준 16, 상태 1, 줄 1
문에 UNION, INTERSECT 또는 EXCEPT 연산자가 포함된 경우에는
ORDER BY 항목이 SELECT 목록에 나타나야 합니다.
```

```
/*AS사용하여  열이름을 ORDER BY에서 지정한 이름으로 변경 후 정상 처리*/
SELECT 학번 AS 번호, 점수 FROM 외국어  UNION ALL SELECT * FROM 언어 ORDER BY
번호;
```

결과 | 메시지

| | 번호 | 점수 |
|---|---|---|
| 1 | 1 | 80 |
| 2 | 1 | 70 |
| 3 | 2 | 90 |
| 4 | 2 | 90 |
| 5 | 3 | 90 |

```
/*INSERT~SELECT에서 응용하기*/
CREATE TABLE 외국어언어(학번 INT);
INSERT INTO 외국어언어 SELECT 학번 AS 번호 FROM 외국어 INTERSECT SELECT  번호
FROM 언어 ORDER BY 번호;
SELECT 학번 AS 외국어영어중복수강자 FROM 외국어언어;
```

결과 | 메시지

| | 외국어영어중복수강자 |
|---|---|
| 1 | 1 |
| 2 | 2 |

## 6.4 SELECT~INTO

SELECT문에서 INTO를 사용하면 SELECT문을 실행해서 반환되는 결과를 담을 **새로운 테이블**을 만들 수 있다.

기존의 데이터는 그대로 있고 SELECT문을 실행해서 반환되는 결과가 추가되는 개념의 **INSERT~SELECT 와는 차이가 있다.**

```
SELECT * INTO 새_테이블이름 FROM ...;
SELECT 열이름1,...,열이름n INTO 새_테이블이름 FROM ...;
```

**예제** SELECT~INTO : SELECT~INTO이용하여 새 테이블 만들기

```
CREATE TABLE 성적(학번 INT,과목 CHAR(5),점수 INT);
INSERT INTO 성적 VALUES(1,'JSP',70),(1,'DB',90),(2,'JSP',85),(2,'DB',80);

/*DB성적만을 포함할 (DB성적)이라는 새로운 테이블 만들기*/
SELECT * INTO DB성적 FROM 성적 WHERE 과목 LIKE 'DB%';
SELECT * FROM  DB성적;
```

결과 | 메시지

| | 학번 | 과목 | 점수 |
|---|---|---|---|
| 1 | 1 | DB | 90 |
| 2 | 2 | DB | 80 |

```
/*학생 성적 평균이 80넘는 학생의 학번을 포함하는 새로운 테이블 만들기*/
SELECT 학번 INTO  우수학생 FROM 성적 GROUP BY 학번 HAVING AVG(점수)>80;
SELECT * FROM 우수학생;
```

결과 | 메시지

| | 학번 |
|---|---|
| 1 | 2 |

실습

① 다음 표를 참고하여 4개 테이블을 만든다.

| 테이블이름 : 메뉴 | | |
|---|---|---|
| 열이름(컬럼명) | 데이터형식 | 제약조건 |
| 메뉴번호 | CHAR(2) | PRIMARY KEY |
| 메뉴명 | NCHAR(10) | UNIQUE |
| 가격 | INT | NOT NULL |

| 테이블이름 : 매출 | | |
|---|---|---|
| 열이름(컬럼명) | 데이터형식 | 제약조건 |
| 주문번호 | CHAR(3) | NOT NULL |
| 메뉴번호 | CHAR(2) | FOREIGN KEY, 메뉴(메뉴번호) 참조 |
| 수량 | INT | NOT NULL |
| 주문일 | DATE | NOT NULL |

| 테이블이름 : 일자별매출 | | |
|---|---|---|
| 열이름(컬럼명) | 데이터형식 | 제약조건 |
| 주문일 | DATE | PRIMARY KEY |
| 매출금액 | INT | |

| 테이블이름 : 일자별메뉴주문수 | | |
|---|---|---|
| 열이름(컬럼명) | 데이터형식 | 제약조건 |
| 주문일 | DATE | |
| 메뉴 | NCHAR(10) | |
| 일별합계 | INT | |

**2** 2개 테이블에 데이터를 추가한다.

| 메뉴 | | |
|---|---|---|
| 메뉴번호 | 메뉴명 | 가격 |
| M1 | 불고기 | 30000 |
| M2 | 갈비 | 50000 |
| M3 | 곱창 | 40000 |
| M4 | 해물 | 45000 |
| M5 | 만두 | 13000 |
| M6 | 비빔밥 | 10000 |
| M7 | 라면 | 5000 |

| 매출 | | | |
|---|---|---|---|
| 주문번호 | 메뉴번호 | 수량 | 주문일 |
| 9-1 | M1 | 2 | 19/09/01 |
| 9-2 | M1 | 3 | 19/09/01 |
| 9-1 | M7 | 1 | 19/09/01 |
| 9-3 | M4 | 2 | 19/09/01 |
| 9-4 | M1 | 3 | 19/09/02 |
| 9-4 | M5 | 1 | 19/09/02 |
| 9-5 | M3 | 2 | 19/09/02 |

**3** INSERT~SELECT문을 사용하여 주문일별 매출합계를 구해서 〈일자별매출〉테이블에 데이터를 추가한다.

**4** 〈일자별매출〉테이블에 추가된 데이터를 확인한다.

결과 | 메시지

| | 주문일 | 매출금액 |
|---|---|---|
| 1 | 2019-09-01 | 245000 |
| 2 | 2019-09-02 | 183000 |

5. INSERT~SELECT문을 사용하여 일자별 각 메뉴의 주문수량을 구해서 〈일자별메뉴주문수〉테이블에 데이터를 추가한다.

6. 〈일자별메뉴주문수〉테이블에 추가된 데이터를 확인한다.

결과 | 메시지

| | 일자 | 메뉴명 | 일별합계 |
|---|---|---|---|
| 1 | 2019-09-01 | 라면 | 1 |
| 2 | 2019-09-01 | 불고기 | 5 |
| 3 | 2019-09-01 | 해물 | 2 |
| 4 | 2019-09-02 | 곱창 | 2 |
| 5 | 2019-09-02 | 만두 | 1 |
| 6 | 2019-09-02 | 불고기 | 3 |

7. 한 번도 매출이 일어나지 않은 메뉴를 검색한다.(집합 연산자 사용)

– 메뉴번호를 검색하는 경우

– 메뉴명을 검색하는 경우

CHAPTER 07

# IDENTITY

시스템이 알아서 데이터 값을 입력해주고 관리하는 특별한 데이터 유형이다.

데이터 값에 특별한 의미가 없고 순차적인 번호로만 의미가 있는 경우, IDENTITY로 지정하면 관리하기 편하다.

데이터가 처음 추가될 때, 〈시작값〉부터 입력되고 그 다음 데이터가 입력될 때는 이전 값에서 〈증가값〉만큼 더해진 값이 자동으로 입력된다.

```
IDENTITY(시작값, 증가값)
```

〈시작값〉을 지정하지 않으면 1부터 시작하고 〈증가값〉을 지정하지 않으면 1씩 증가한다.

이 두 가지 값은 모두 지정되거나 **모두 생략가능**하나 한 가지만 생략할 수는 없다.

## 7.1 테이블 정의할 때 IDENTITY 지정하기

테이블을 만들 때 특정 열에 IDENTITY를 지정하면, 데이터를 추가할 때 IDENTITY를 지정한 열에 대한 데이터 값은 사용자가 직접 줄 수 없다.

예제 IDENTITY-1 : IDENTITY 지정하기

```
/*id 열을 identity로 지정하고 insert 문에서 id 열에 대한 데이터 값은 주지 않는다.*/
CREATE TABLE 학생(id INT IDENTITY,이름 NCHAR(5));
INSERT INTO 학생 VALUES('김철수'),('박영희'),('최길동');
SELECT * FROM 학생;
```

결과 | 메시지

| | id | 이름 |
|---|---|---|
| 1 | 1 | 김철수 |
| 2 | 2 | 박영희 |
| 3 | 3 | 최길동 |

```
/*id 열을 identity로 지정할 때 시작값과 증가값 지정한 경우*/
CREATE TABLE 학생2(id INT IDENTITY(100,10),이름 NCHAR(5));
INSERT INTO 학생2 VALUES('김철수'),('박영희'),('최길동');
SELECT * FROM 학생2;
```

결과 | 메시지

| | id | 이름 |
|---|---|---|
| 1 | 100 | 김철수 |
| 2 | 110 | 박영희 |
| 3 | 120 | 최길동 |

## 7.2 IDENTITY 열에 값을 직접 지정하기

기본적으로 IDENTITY로 지정된 열은 시스템이 관리하기 때문에 사용자가 임의로 값을 줄 수 없다.

그러나 IDENTITY로 지정된 열에 사용자가 값을 지정해야 할 특별한 경우가 있다면 다음 2가지 조건이 충족되어야 한다.

- INSERT문에서 반드시 열 이름이 나열되어야 한다.
- IDNETITY열에 INSERT가 가능하도록 테이블 환경을 만들어야 하는데 다음과 같이 테이블 옵션을 설정하면 된다.

```
SET IDENTITY_INSERT 테이블이름 ON
```

**예제** IDENTITY-2 : IDENTITY 지정한 열에 직접 값 주기

```
/*id 열을 identity로 지정하고 insert 문에서 id 열에 대한 데이터 값은 주지 않는다.*/
CREATE TABLE 학생3(id INT IDENTITY(100,1),이름 NCHAR(5));
INSERT INTO 학생3 VALUES('김철수'),('박영희'),('최길동');
SELECT * FROM 학생3;
```

결과 | 메시지

| | id | 이름 |
|---|---|---|
| 1 | 100 | 김철수 |
| 2 | 101 | 박영희 |
| 3 | 102 | 최길동 |

```
/*id열에 직접 값을 주면 오류발생*/
INSERT INTO 학생3 VALUES(1,'김철수');
```

메시지

메시지 8101, 수준 16, 상태 1, 줄 1
테이블 '학생3'에 있는 ID 열의 명시적 값은 열 목록이 사용되고
IDENTITY_INSERT가 ON일 때만 지정할 수 있습니다.

```
/*열이름을 나열해도 오류발생*/
INSERT INTO 학생3(id,이름) VALUES(1,'김철수');
```

메시지

메시지 544, 수준 16, 상태 1, 줄 1
IDENTITY_INSERT가 OFF로 설정되면
테이블 '학생3'의 ID 열에 명시적 값을 삽입할 수 없습니다.

```
/*테이블 옵션 설정 후 insert하면 정상처리*/
SET IDENTITY_INSERT 학생3 ON;
INSERT INTO 학생3(id,이름) VALUES(1,'김철수');
SELECT * FROM 학생3;
```

결과 | 메시지

| | id | 이름 |
|---|---|---|
| 1 | 100 | 김철수 |
| 2 | 101 | 박영희 |
| 3 | 102 | 최길동 |
| 4 | 1 | 김철수 |

> 한 세션에서 한 개 테이블에만 IDENTITY_INSERT 속성을 ON으로 설정할 수 있다. 한 테이블에 이 속성이 ON으로 설정되어 있는 상태에서 다른 테이블에 대해 SET IDENTITY_INSERT ON 문을 실행하면 오류 메시지를 반환한다.
> 또한, 사용자가 현재 IDENTITY값보다 큰 값을 데이터 값으로 주었다면 그다음부터 시스템은 가장 큰 값을 기준으로 〈증가값〉을 더해서 INSERT때 지정하게 된다.

## 7.3 현재 IDENTITY값 구하기

IDENTITY로 지정된 열의 현재값을 확인할 수 있다.

### 7.3.1 @@IDENTITY 시스템 변수

시스템 변수 @@IDENTITY는 IDENTITY로 지정된 열에 INSERT 또는 SELECT INTO 문이 실행된 후에 가장 마지막으로 들어간 값을 포함한다.

**예제** IDENTITY-3 : @@IDENTITY 사용해서 IDENTITY 현재 값 구하기

```
CREATE TABLE 학생4(id INT IDENTITY(100,1),이름 NCHAR(5));
INSERT INTO 학생4 VALUES('김철수');
SELECT @@IDENTITY;
```

결과 | 메시지

| | (열 이름 없음) |
|---|---|
| 1 | 100 |

```
INSERT INTO 학생4 VALUES('박영희');
SELECT @@IDENTITY;
```

결과 | 메시지

| | (열 이름 없음) |
|---|---|
| 1 | 101 |

## 7.3.2 IDENT_CURRENT() 함수

IDENT_CURRENT() 함수를 사용하여 IDENTITY로 지정된 열의 현재 값을 확인할 수 있다.

IDENT_CURRENT() 함수는 다음과 같이 특정 테이블을 지정하여 해당 테이블의 IDENTITY 열의 마지막 값을 반환한다.

```
IDENT_CURRENT('테이블이름');
```

@@IDENTITY 시스템변수와 차이점은 IDENT_CURRENT() 함수는 **지정한 테이블**에서의 마지막 IDENTITY 값을 반환하고 @@IDENTITY 시스템변수는 **현재 세션**에서 어떤 테이블이건 관계없이 최종적으로 추가된 IDENTITY 값을 반환한다.

**예제** IDENTITY-4 : @@IDENTITY와 DENT_CURRENT() 함수 비교하기

```
CREATE TABLE 학생5(id INT IDENTITY(10,1),이름 NCHAR(5));
CREATE TABLE 학생6(id INT IDENTITY(100,1),이름 NCHAR(5));

/*학생5테이블에 (10,김철수)추가*/
INSERT INTO 학생5 VALUES('김철수');

/*학생6테이블에 (100,박영희)추가*/
INSERT INTO 학생6 VALUES('박영희');

/*학생5 테이블에서 마지막으로 추가된 IDENTITY 값을 반환*/
SELECT IDENT_CURRENT('학생5');
```

```
/*현재 세션에서 마지막으로 추가된 IDENTITY 값을 반환*/
SELECT @@IDENTITY;
```

**실습**

**1** 다음 표를 참고하여 1개 테이블을 만든다.

| 테이블이름 : 물품관리 | | |
|---|---|---|
| 열이름(컬럼명) | 데이터형식 | 제약조건 |
| 일련번호 | INT | IDENTITY(100, 10) |
| 제품모델 | VARCHAR(10) | PK |
| 재고량 | INT | NOT NULL |

**2** 테이블에 데이터를 추가한다.

| 일련번호 | 제품모델 | 재고량 |
|---|---|---|
| | SN123-456 | 120 |
| | SN123-457 | 200 |
| | SN126-456 | 110 |
| | PN789-123 | 130 |
| | PN789-456 | 100 |

**3** 〈물품관리〉테이블에서 일련번호 최고 값을 가진 행을 삭제한다.

한 개의 DELETE FROM 명령을 사용한다.

**Hint** DELETE FROM의 WHERE 조건에서 IDENT_CURRENT('테이블이름') 함수 사용

**4** 다음 1개의 행을 추가한다.

| 일련번호 | 제품모델 | 재고량 |
|---|---|---|
| | PN777-789 | 300 |

다음 명령을 실행해서 결과를 확인한다.

```
SELECT * FROM 물품관리
```

결과 | 메시지

| | 일련번호 | 제품모델 | 재고량 |
|---|---|---|---|
| 1 | 150 | PN777-789 | 300 |
| 2 | 110 | PN789-123 | 130 |
| 3 | 100 | SN123-456 | 120 |
| 4 | 120 | SN123-457 | 200 |
| 5 | 130 | SN126-456 | 110 |

**5** 다음 1개의 행을 추가한다. 일련번호 값을 140으로 입력한다.

**Hint** IDENTITY_INSERT 옵션과 INSERT 명령에서 반드시 지정해야하는 값

| 일련번호 | 제품모델 | 재고량 |
|---|---|---|
| 140 | PN777-123 | 111 |

다음 명령을 실행해서 결과를 확인한다.

```
SELECT * FROM 물품관리
```

결과 | 메시지

| | 일련번호 | 제품모델 | 재고량 |
|---|---|---|---|
| 1 | 140 | PN777-123 | 111 |
| 2 | 150 | PN777-789 | 300 |
| 3 | 110 | PN789-123 | 130 |
| 4 | 100 | SN123-456 | 120 |
| 5 | 120 | SN123-457 | 200 |
| 6 | 130 | SN126-456 | 110 |

CHAPTER

# 08 VIEW

VIEW는 실제 테이블, 또는 다른 뷰로부터 정의되는 **가상 테이블**이다.

한 테이블로부터 몇 개의 열만 가져와서 만들 수도 있고 하나 이상의 테이블로부터 만들 수도 있다.

또한, 현재 데이터베이스에서만 뷰를 만들 수 있다.

```
CREATE VIEW 뷰이름 AS select문;
```

뷰를 수정하거나 삭제하려면 다음의 SQL문을 사용한다.

```
ALTER VIEW 뷰이름 AS select문;
DROP VIEW 뷰이름;
```

뷰는 일반적으로, 테이블을 다루는 응용 프로그램에서 편하고 쉽게 테이블에 접근할 수 있도록 응용프로그램에서 원하는 데이터만을 제공할 때 보편적으로 이용된다.

또한, 보안을 위해 테이블의 일부분만을 제공하기 위해서 사용되기도 한다.

VIEW를 정리하면 다음과 같다.

- 각 사용자가 데이터베이스를 보는 시각에 초점을 맞추고 데이터를 편하게 조작할 수 있도록 **사용자에 맞게** 정의 할 수 있다.
- 뷰는 원본이 되는 기본 테이블에 직접 접근할 수 있는 권한을 부여하지 않고 뷰를 통해서만 데이터에 접근하기 때문에 **데이터 보안 방법**으로 사용할 수 있다.

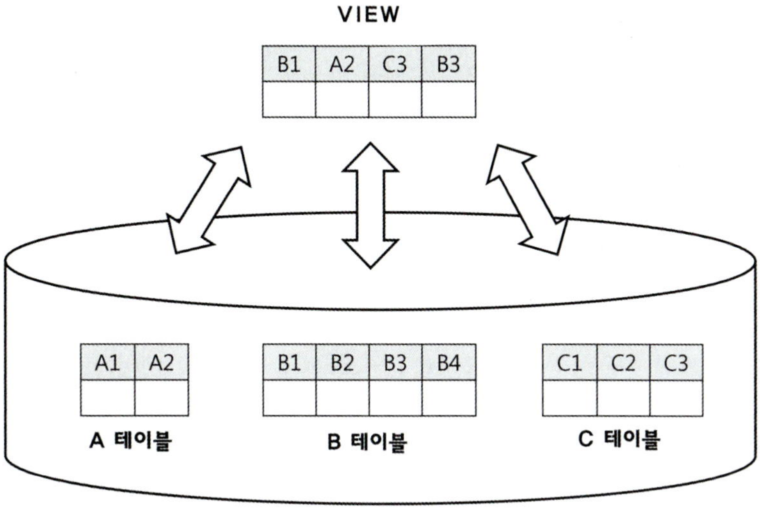


## 8.1 한 테이블로부터 VIEW 만들기

한 테이블에서 필요한 데이터만 가져와서 뷰를 만들 수 있다.

테이블에 없는 데이터인 경우, 예를 들어서 함수나 계산식을 사용하는 경우에는 새로운 열 이름을 반드시 명시해야 한다.

뷰를 만들기 위해 사용된 테이블에서 데이터 값이 변경되면 자동으로 뷰의 데이터 값도 변경된다.

**예제** VIEW-1 : 한 테이블에서 VIEW를 만드는 경우

```
CREATE TABLE 성적(학번 INT,과목 CHAR,점수 INT);
INSERT INTO 성적 VALUES(1,'X',90),(1,'Y',80),(2,'Z',70),(2,'X',80);

/*함수값을 가져오는 경우에는 새로운 열이름을 지정해야 한다.*/
CREATE VIEW 평균성적 AS SELECT 학번,AVG(점수) FROM 성적 GROUP BY 학번;
```

```
메시지
메시지 4511, 수준 16, 상태 1, 프로시저 평균성적, 줄 1
열 2에 대해 열 이름이 지정되지 않았으므로 뷰 또는 함수를 만들지 못했습니다.
```

```
CREATE VIEW 평균성적 AS SELECT 학번,AVG(점수) AS 평균 FROM 성적 GROUP BY 학번;
SELECT * FROM 평균성적 ORDER BY 평균 DESC;
```

결과 | 메시지

| | 학번 | 평균 |
|---|---|---|
| 1 | 1 | 85 |
| 2 | 2 | 75 |

```
UPDATE 성적 SET 점수=90 WHERE 학번=1 AND  과목='Y';  /*원본데이터변경*/
SELECT * FROM 평균성적 ORDER BY 평균 DESC;  /*뷰의 데이터도 변경됨*/
```

결과 | 메시지

| | 학번 | 평균 |
|---|---|---|
| 1 | 1 | 90 |
| 2 | 2 | 75 |

만들어진 뷰를 통해서 실제 테이블의 데이터를 입력, 수정 및 삭제가 가능한데 다음과 같은 조건이 충족되어야 한다.

- 뷰가 한 테이블로부터 만들어져야 한다.
- VIEW를 만들 때 집계함수나 계산식이 지정된 열이 없어야 한다.

**예제** VIEW-2 : VIEW에서 UPDATE 오류가 발생되는 경우

```
CREATE TABLE 판매(고객 INT,상품 CHAR,갯수 INT);
INSERT INTO  판매 VALUES(1,'X',10),(1,'Y',20),(2,'X',5),(2,'Z',15);

CREATE VIEW 상품판매수 AS SELECT 상품,SUM(갯수) AS 판매수 FROM 판매 GROUP
BY 상품 ;
SELECT * FROM 상품판매수;
```

결과 | 메시지

| | 상품 | 판매수 |
|---|---|---|
| 1 | X | 15 |
| 2 | Y | 20 |
| 3 | Z | 15 |

```
UPDATE 상품판매수 SET 상품='XX' WHERE 상품='X';  /*UPDATE오류*/
```

```
메시지 4403, 수준 16, 상태 1, 줄 1
뷰 또는 함수 '상품판매수'에 집계, DISTINCT 또는 GROUP BY 절, PIVOT 또는 UNPIVOT 연산자 중
하나가 포함되어 있으므로 업데이트할 수 없습니다.
```

뷰를 통해서 실제 테이블의 데이터를 입력, 수정 및 삭제가 가능하기 위한 조건이 충족된 경우에는, 뷰를 이용해서 UPDATE한 모든 결과는 뷰를 만들기 위해 제공된 테이블의 데이터에도 같이 적용된다.

**예제** VIEW-3 : VIEW에서 UPDATE가 정상 처리되는 경우

```
CREATE TABLE 지점(번호 INT,지점장 NCHAR,매출액 INT);
INSERT INTO  지점 VALUES(1,'가',100),(2,'나',150),(3,'다',200);
SELECT * FROM 지점 ;
```

| | 번호 | 지점장 | 매출액 |
|---|---|---|---|
| 1 | 1 | 가 | 100 |
| 2 | 2 | 나 | 150 |
| 3 | 3 | 다 | 200 |

```
CREATE VIEW 지점정보 AS SELECT 번호,지점장 FROM 지점 ;
SELECT * FROM 지점정보;
```

| | 번호 | 지점장 |
|---|---|---|
| 1 | 1 | 가 |
| 2 | 2 | 나 |
| 3 | 3 | 다 |

```
UPDATE 지점정보 SET 지점장='마' WHERE 번호=1;   /*UPDATE정상*/
SELECT * FROM 지점정보; /*뷰에서 수정된 결과*/
```

| | 번호 | 지점장 |
|---|---|---|
| 1 | 1 | 마 |
| 2 | 2 | 나 |
| 3 | 3 | 다 |

```
SELECT * FROM 지점; /*원래 테이블의 데이터 값도 변경됨*/
```

결과 | 메시지

| | 번호 | 지점장 | 매출액 |
|---|---|---|---|
| 1 | 1 | 마 | 100 |
| 2 | 2 | 나 | 150 |
| 3 | 3 | 다 | 200 |

뷰에 대한 쿼리문이 실행될 때 데이터베이스 엔진은 쿼리 문에서 참조된 모든 데이터베이스 개체가 존재하는지, 데이터를 변경하는 SQL 문이 데이터 무결성 규칙을 위반하지 않는지 확인한다.

확인이 실패하면 오류 메시지가 반환되고 성공적으로 확인한 경우, 작업이 기본 테이블에 대한 동작으로 변환된다.

또한, 뷰를 만들기 위해 제공되었던 테이블이나 뷰 중에 삭제된 것이 있는 경우, 이 뷰를 사용하려고 할 때 데이터베이스 엔진에서 오류 메시지를 표시한다.

## 8.2 여러 테이블로부터 VIEW 만들기

여러 개의 테이블로부터 원하는 데이터만 가져오거나 아니면, 여러 개의 테이블을 모두 통합하여 모든 데이터를 한 개의 VIEW로 가져올 수 있다.

예제 VIEW-4 : 여러 테이블로부터 VIEW를 만드는 경우

```
CREATE TABLE 카드(번호 INT, 소유주 NCHAR);
CREATE TABLE 매장정보(매장 INT,매장명 CHAR,주소 NCHAR(2));
CREATE TABLE 매출(번호 INT,사용액 INT,날짜 DATE,매장 INT);

INSERT INTO 카드 VALUES(1,'가'),(2,'나'),(3,'다');
INSERT INTO 매장정보 VALUES(9,'A','서울'),(8,'B','수원');
INSERT INTO 매출 VALUES(1,100,'19/01/01',9),(2,300,'19/12/01',8);

CREATE VIEW 결제정보 AS
SELECT 카드.번호,소유주,사용액,날짜,매장명 FROM 카드 INNER JOIN 매출 ON
카드.번호=매출.번호 INNER JOIN 매장정보 ON 매출.매장=매장정보.매장;

SELECT * FROM 결제정보;
```

결과 | 메시지

| | 번호 | 소유주 | 사용액 | 날짜 | 매장명 |
|---|---|---|---|---|---|
| 1 | 1 | 가 | 100 | 2019-01-01 | A |
| 2 | 2 | 나 | 300 | 2019-12-01 | B |

동일한 테이블 구조를 가진 여러 개의 테이블을 하나의 VIEW로 합치기 위해서도 사용되기도 한다.

**예제** VIEW-5 : 동일한 테이블 구조를 가진 여러 테이블을 하나로 합치는 VIEW

```
CREATE TABLE 서울(공급처 INT, 상품 NCHAR);
CREATE TABLE 부산(공급처 INT, 상품 NCHAR);
CREATE TABLE 경기(공급처 INT, 상품 NCHAR);

INSERT INTO 서울 VALUES(1,'가'),(2,'나'),(3,'다');
INSERT INTO 부산 VALUES(5,'가'),(6,'나'),(7,'나');
INSERT INTO 경기 VALUES(9,'가'),(9,'나'),(9,'라');

CREATE VIEW 거래처 AS SELECT * FROM 서울;
UNION ALL  SELECT * FROM 부산 UNION ALL  SELECT * FROM 경기;

SELECT * FROM 거래처;
```

결과 | 메시지

| | 공급처 | 상품 |
|---|---|---|
| 1 | 1 | 가 |
| 2 | 2 | 나 |
| 3 | 3 | 다 |
| 4 | 5 | 가 |
| 5 | 6 | 나 |
| 6 | 7 | 나 |
| 7 | 9 | 가 |
| 8 | 9 | 나 |
| 9 | 9 | 라 |

실습

**1** 다음 표를 참고하여 3개 테이블을 만든다.

| 테이블이름 : 직원 | |
|---|---|
| 열이름(컬럼명) | 데이터형식 |
| 번호 | INT |
| 이름 | NCHAR(5) |
| 입사일 | DATE |
| 호봉 | INT |

| 테이블이름 : 급여체계 | |
|---|---|
| 열이름(컬럼명) | 데이터형식 |
| 호봉 | INT |
| 본봉 | INT |
| 수당 | INT |

| 테이블이름 : 특별수당 | |
|---|---|
| 열이름(컬럼명) | 데이터형식 |
| 번호 | INT |
| 금액 | INT |

**2** 3개 테이블에 데이터를 추가한다.

| 직원 | | | |
|---|---|---|---|
| 번호 | 이름 | 입사일 | 호봉 |
| 100 | 박미영 | 16/03/01 | 13 |
| 110 | 김철수 | 17/11/01 | 10 |
| 111 | 최대한 | 18/11/01 | 15 |
| 200 | 정은미 | 16/05/01 | 11 |
| 210 | 이영호 | 17/01/01 | 8 |
| 211 | 고민국 | 18/03/01 | 13 |

| 급여체계 | | |
|---|---|---|
| 호봉 | 본봉 | 수당 |
| 8 | 400 | 150 |
| 10 | 500 | 200 |
| 11 | 600 | 250 |
| 13 | 700 | 300 |
| 15 | 800 | 500 |
| 17 | 900 | 600 |

| 특별수당 | |
|---|---|
| 번호 | 금액 |
| 100 | 50 |
| 110 | 100 |
| 210 | 150 |

**3** 입사연도별 호봉평균 값을 포함하는 VIEW를 만든다.

> TIP DATENAME()함수 사용

다음과 같은 데이터를 포함하도록 하고 VIEW이름은 〈입사연도별호봉평균〉으로 한다.

결과 | 메시지

| | 입사연도 | 평균호봉 |
|---|---|---|
| 1 | 2016 | 12 |
| 2 | 2017 | 9 |
| 3 | 2018 | 14 |

**4** 직원별 총급여액을 포함하는 VIEW를 만든다.

> TIP ISNULL()함수 사용

다음 그림을 참고하여 결과가 같도록 만든다.
VIEW 이름은 〈직원별급여액〉으로 한다.

ISNULL()함수를 사용하지 않았을 때 결과와도 비교한다.

결과 | 메시지

| | 번호 | 이름 | 급여 |
|---|---|---|---|
| 1 | 100 | 박미영 | 1050 |
| 2 | 110 | 김철수 | 800 |
| 3 | 111 | 최대한 | 1300 |
| 4 | 200 | 정은미 | 850 |
| 5 | 210 | 이영호 | 700 |
| 6 | 211 | 고민국 | 1000 |

CHAPTER 09

# 사용자 정의 함수와 프로시저

DB 시스템에 내장된 함수이외에 사용자 임의로 함수를 만들어서 사용할 수도 있다.

또한 함수와 유사하지만 사용에 있어서 차이가 있는 프로그램 형태의 프로시저를 작성할 수도 있다.

함수나 프로시저 모두, 다른 일반적인 프로그래밍 언어로 프로그래밍하는 방법과 유사하게 작성하기 때문에 프로그램 작성을 위해 기본적으로 필요한 구문들을 먼저 설명한다.

## 9.1 SQL 프로그래밍

### 9.1.1 변수 사용하기

변수를 정의하려면 **DECLARE**문을 사용하고 변수이름 앞에 "@"을 붙인다.

하나의 DECLARE문에서 여러개의 변수를 정의 할 수 있다.

```
DECLARE @변수이름 데이터형식;
DECLARE @변수이름1 데이터형식, . . . ,@변수이름n 데이터형식;
```

변수에 값을 지정하려면 **SET** 문을 이용해서 다음과 같이 값을 준다.

```
SET @변수이름=값;
```

변수에 포함되어 있는 값을 조회하려면 SELECT문을 이용한다.

```
SELECT @변수이름;
```

SELECT의 실행결과로 행이 1개라면, 결과를 출력하지 않고 변수에 저장할 수 있다.

```
SELECT @변수이름=열이름 FROM 테이블이름 WHERE 조건식;
SELECT @변수이름1=열이름1,...,@변수이름n=열이름n FROM 테이블이름 WHERE 조
건식;
```

**예제** 변수 : 변수 사용하기

```
/*다음 3문장을 한 번에 실행한다.*/
DECLARE @오늘환율 FLOAT;
SET @오늘환율=1194.50;
SELECT 100*@오늘환율 AS '오늘100달러원화는';
```

결과 | 메시지

| | 오늘100달러 원화는 |
|---|---|
| 1 | 119450 |

```
CREATE TABLE 변수예제(번호 INT, 이름 NCHAR);
INSERT INTO 변수예제 VALUES(1,'가'),(2,'나');

/*다음 3문장을 한 번에 실행한다.*/
DECLARE @이름 NCHAR;
SELECT @이름=이름 FROM 변수예제 WHERE 번호=2;
PRINT '번호 2의 이름은'+ @이름 +'입니다';
```

메시지

번호 2의 이름은 나입니다

## 9.1.2 조건문

SQL 프로그래밍에서 조건문은 IF문과 CASE문을 이용한다.

IF문은 논리연산식의 결과 값이 참인 경우, 다음에 나오는 문장 또는 문장들을 실행한다. 실행할 문장이 2개 문장 이상인 경우에는 BEGIN~END로 묶어서 **블록구조**를 표시한다.

단일 SQL문을 실행하는 경우,

```
IF 논리연산식
   sql문;
```

여러 SQL문을 실행하는 경우,

```
IF 논리연산식
BEGIN
     sql문1
     ...
     sql문n
END;
```

논리연산식의 결과 값이 거짓일 경우에도 실행할 SQL문이 있다면 다음과 같이 ELSE문을 추가한다.

단일 SQL문을 실행하는 경우,

```
IF 논리연산식
   ...
ELSE
   sql문;
```

여러 SQL문을 실행하는 경우,

```
IF 논리연산식
   ...
ELSE
BEGIN
     sql문1
     ...
     sql문n
END;
```

**예제** IF : IF문 사용하기

```
CREATE TABLE 로그인(id CHAR,pw CHAR(3));
INSERT INTO 로그인 VALUES('1','123'),('2','234'),('3','345');

/*단순 IF-다음 문들을 한 번에 실행한다.*/
DECLARE @id CHAR;
SET @id='3';
IF EXISTS(SELECT * FROM 로그인 WHERE id LIKE @id)
PRINT @id +'님 로그인 되었습니다.' ;
```

```
메시지
3님 로그인 되었습니다.
```

```
/*블록구조-다음 문들을 한 번에 실행한다.*/
DECLARE @id CHAR;
SET @id='3';
IF EXISTS(SELECT * FROM 로그인 WHERE id LIKE @id)
BEGIN
PRINT @id +'님 로그인 되었습니다.'
PRINT '비밀번호를 갱신해주세요'
END;
```

```
메시지
3님 로그인 되었습니다.
비밀번호를 갱신해주세요
```

```
/*IF~ELSE-다음 문들을 한 번에 실행한다.*/
DECLARE @id CHAR;
SET @id='5';
IF EXISTS(SELECT * FROM 로그인 WHERE id LIKE @id)
PRINT @id +'님 로그인되었습니다.'
ELSE
PRINT @id +'는 등록되지 않은 ID입니다.';
```

```
메시지
5는 등록되지 않은 ID입니다.
```

CASE문도 조건문 기능을 수행하며 주어진 조건에 해당하는 경우, 특정 결과 값을 반환한다.

IF문과 비교해보면, IF문에서는 주어진 조건에 따라 실행하는 작업을 기술하고 CASE에서는 주어진 조건에 따라 반환하는 결과 값을 지정한다.

따라서, CASE는 함수를 호출하는 것처럼 실행하고 CASE 실행 결과로 반환되는 값을 처리할 내용과 함께 사용된다.

CASE 다음에 〈평가대상〉을 지정한 경우에는 WHEN 다음에 지정한 값과 (=)등위조건으로만 비교된다.

〈평가대상〉이 값1이면 결과1을 반환하고 〈평가대상〉이 값2이면 결과2를, 〈평가대상〉이 값n이면 결과n을 반환하며 모든 WHEN조건과 일치하지 않으면 ELSE 다음에 기술한 결과를 반환한다.

만일 ELSE문을 지정하지 않은 상태에서 일치하는 WHEN조건이 하나도 없을 때는 NULL을 반환한다.

〈평가대상〉에 대한 등위조건이 아닌 경우에는 CASE 다음에 〈평가대상〉을 지정하지 않고 WHEN에서 각각 평가대상에 대한 논리식을 적는다.

```
CASE 평가대상
        WHEN 값1 THEN 결과1
        ...
        WHEN 값n THEN 결과n
        ELSE 결과
END
또는
CASE
        WHEN 논리연산식 THEN 결과1
        ...
        WHEN 논리연산식n THEN 결과n
        ELSE 결과
END
```

예제 CASE : CASE 조건 사용하기

```
CREATE TABLE 학생정보(학번 INT,학과 INT,성적 INT);
INSERT INTO 학생정보 VALUES(1,100,80),(2,200,90),(3,300,60);

/*학과 코드번호를 판단해서 학과명을 반환*/
SELECT 학번,학과명=CASE 학과
                WHEN 100 THEN '기계'
                WHEN 200 THEN '컴퓨터'
                ELSE '전기'
                END,성적 FROM 학생정보;
```

결과 | 메시지

|  | 학번 | 학과명 | 성적 |
|---|---|---|---|
| 1 | 1 | 기계 | 80 |
| 2 | 2 | 컴퓨터 | 90 |
| 3 | 3 | 전기 | 60 |

```
/*점수에 따라서 학업상태를 반환*/
SELECT 학번,학업상태=CASE
                 WHEN 성적>=90 THEN '우수'
                 WHEN 성적>=80 THEN '양호'
                 ELSE '부족'
                 END FROM 학생정보;
```

결과 | 메시지

|  | 학번 | 학업상태 |
|---|---|---|
| 1 | 1 | 양호 |
| 2 | 2 | 우수 |
| 3 | 3 | 부족 |

## 9.1.3 반복문

지정한 조건이 TRUE인 동안 한 개의 SQL문 또는 블록구조안의 여러 SQL문을 반복해서 실행하기 위해 다음과 같은 WHILE 구문을 이용한다.

조건이 FALSE이면 더 이상 반복문을 실행하지 않고 WHILE구문 다음 명령으로 넘어간다.

단일 SQL문을 실행하는 경우,

```
WHILE 조건식
      sql문;
```

여러 SQL문을 실행하는 경우,

```
WHILE 조건식
     BEGIN
     sql문1
     ...
     sql문n
     END;
```

WHILE 구문에서 설정된 조건과 관계없이 특별한 경우가 되었을 때 반복을 중단하고 WHILE 구문을 빠져나가게 하려면 BREAK를 사용한다.

또한, 반복구조문 안에서 나머지 SQL문을 실행하지 않고 다시 WHILE 조건을 확인하는 곳으로 올라가도록 하려면 CONTINUE를 사용한다.

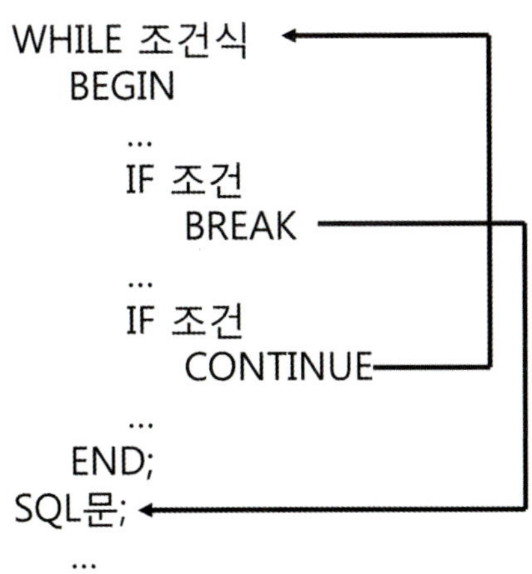

**예제** WHILE : WHILE 반복문 사용하기

```
CREATE TABLE 중간시험(학번 INT,성적 INT);
INSERT INTO 중간시험 VALUES(1,70),(2,75),(3,60),(4,55);
SELECT AVG(성적) FROM 중간시험;
```

결과 | 메시지

| | (열 이름 없음) |
|---|---|
| 1 | 65 |

```
/*전체 평균성적이 75보다 작은 상태에서 계속 10%씩 성적을 높혀준다.*/
WHILE (SELECT AVG(성적) FROM 중간시험) <75
        UPDATE 중간시험 SET 성적=성적+(성적*0.1);
SELECT * FROM 중간시험;
```

결과 | 메시지

| | 학번 | 성적 |
|---|---|---|
| 1 | 1 | 84 |
| 2 | 2 | 90 |
| 3 | 3 | 72 |
| 4 | 4 | 66 |

```
SELECT AVG(성적) FROM 중간시험;
```

결과 | 메시지

| | (열 이름 없음) |
|---|---|
| 1 | 78 |

```
CREATE TABLE 기말시험(학번 INT,성적 INT);
INSERT INTO 기말시험 VALUES(1,70),(2,75),(3,60),(4,55);

/*앞 예제와 동일, 그러나 최대성적이 80보다 크면 반복문을 빠져 나온다.*/
WHILE (SELECT AVG(성적) FROM 기말시험) <75
BEGIN
    UPDATE 기말시험 SET 성적=성적+(성적*0.1)
    IF (SELECT MAX(성적) FROM 기말시험) > 80
    BREAK
END;
SELECT AVG(성적) FROM 기말시험;
```

결과 | 메시지

| | (열 이름 없음) |
|---|---|
| 1 | 71 |

## 9.1.4 GOTO

GOTO를 사용해서 실행 흐름을 제어할 수 있다.

실행 중에 GOTO를 만나면 GOTO 다음에 있는 SQL 문들을 건너뛰고 지정한 곳으로 이동한다.

GOTO를 이용해서 특정 지점으로 이동하기 위해서는 먼저, 이동하는 지점에 레이블이 정의 되어 있어야 한다.

레이블은 다음과 같이 정의한다.

```
레이블이름:
```

레이블이름이 있는 지점으로 건너뛰려면 다음과 같이 GOTO 문을 지정한다.

```
GOTO 레이블이름;
```

GOTO문에 의해 지정한 레이블로 이동할 때 레이블의 위치는 GOTO문 이전이나 이후 모두 가능하다.

또한, GOTO문은 중첩이 가능하다.

**예제** GOTO : 전체직원의 평균 월급에 따라서 월급인상율 결정하기

```
CREATE TABLE 월급(이름 NCHAR,금액 INT);
INSERT INTO 월급 VALUES('가',300),('나',250),('다',320);
SELECT * FROM 월급;
```

결과 | 메시지

| | 이름 | 금액 |
|---|---|---|
| 1 | 가 | 300 |
| 2 | 나 | 250 |
| 3 | 다 | 320 |

```
/* 다음 SQL문은 한 번에 실행한다.*/
DECLARE @평균금액 int, @내용 NVARCHAR(50);
```

```
SELECT @평균금액=AVG(금액) FROM 월급
IF @평균금액<250 GOTO One
IF @평균금액<300 GOTO Two
ELSE GOTO Three
One:
    SET @내용='모든 직원 월급 15%인상'
    UPDATE 월급 SET 금액=금액+금액*0.15
    GOTO Ten
Two:
    SET @내용='모든 직원 월급 10%인상'
    UPDATE 월급 SET 금액=금액+금액*0.1
    GOTO Ten
Three:
    SET @내용= '300이하인 직원만 월급 10% 인상'
    UPDATE 월급 SET 금액=금액+금액*0.1 WHERE 금액<300
   GOTO Ten
TEN:
    SELECT @내용
    SELECT * FROM 월급
```

결과 | 메시지

| | (열 이름 없음) |
|---|---|
| 1 | 모든 직원 월급 10%인상 |

| | 이름 | 금액 |
|---|---|---|
| 1 | 가 | 330 |
| 2 | 나 | 275 |
| 3 | 다 | 352 |

## 9.2 사용자 정의 프로시저

프로시저는 일련의 SQL문을 마치 하나의 함수처럼 실행하기 위한 SQL문 집합이다.

하나의 SQL문으로 작업을 할 수 없는 경우에는 여러 SQL문장으로 원하는 작업을 수행해야 하는데, 여러 SQL문장들을 SQL서버에 한 단위로 저장해서 편리하게 호출할 수 있게 만든 것이 **저장 프로시저**(Stored Procedure) 개념이다.

저장 프로시저에는 DB시스템을 사용하는 사용자에게 편의를 제공하기 위해 DB시스템에 이미 저장되어 있는 프로시저와 사용자가 필요에 의해서 작성한 사용자 정의 프로시저가 포함된다.

DB시스템에서 제공하는 프로시저처럼 사용자가 프로시저를 만들어서 저장해 놓고 필요할 때마다 호출해서 실행할 수 있다.

사용자 정의 저장 프로시저는 현재 데이터베이스에서만 만들 수 있다.

### 9.2.1 매개변수 없는 프로시저

매개변수 없이 실행되는 프로시저는 다음과 같이 작성한다.

PROCEDURE 대신에 줄여서 PROC이라고 해도 된다.

또한, 프로시저이름을 지정할 때 스키마 이름을 지정하지 않으면 프로시저를 만드는 사용자의 기본 스키마가 사용된다.

단일 SQL문을 실행하는 프로시저인 경우,

```
CREATE  PROCEDURE  프로시저이름
AS
sql문;
```

여러 SQL문(SQL블록문)을 실행하는 프로시저인 경우,

```
CREATE  PROCEDURE  프로시저이름
AS
BEGIN
sql1
...
sqln
END;
```

작성한 프로시저를 실행하는 구문은 다음과 같다.

```
EXECUTE 프로시저이름;
또는
EXEC 프로시저이름;
```

작성한 프로시저를 삭제하는 구문은 다음과 같다.

```
DROP PROCEDURE 프로시저이름;
```

**예제** 프로시저-1 : 매개변수없는 프로시저

```
/*테이블 조회하는 단순 프로시저*/
CREATE TABLE 선수(번호 INT,담당 NCHAR(4));
INSERT INTO 선수 VALUES(1,'공격'),(2,'수비'),(3,'공격'),(4,'수비');

/*단일 SQL문 프로시저*/
CREATE PROCEDURE 선수조회
AS
SELECT * FROM 선수;

EXEC 선수조회;
```

결과 | 메시지

| | 번호 | 담당 |
|---|---|---|
| 1 | 1 | 공격 |
| 2 | 2 | 수비 |
| 3 | 3 | 공격 |
| 4 | 4 | 수비 |

```
/*선수의 포지션별로 인원수를 조회하는 블록 SQL문을 포함하는 프로시저*/
CREATE PROCEDURE 인원수조회
AS
BEGIN
   DECLARE @수비 INT, @공격 INT;
   SELECT @수비=COUNT(*) FROM 선수 WHERE 담당 LIKE '수비%'
   SELECT @공격=COUNT(*) FROM 선수 WHERE 담당 LIKE '공격%‘
   SELECT @공격 AS '공격수', @수비 AS '수비수'
END;

EXEC 인원수조회;
```

결과 | 메시지

| | 공격수 | 수비수 |
|---|---|---|
| 1 | 2 | 2 |

## 9.2.2 매개변수 있는 프로시저

값을 받아서 실행되는 프로시저는 다음과 같이 작성한다.

프로시저를 정의할 때, 프로시저가 호출될 때 넘겨받을 값을 저장할 변수를 정의해야하며 이런 변수를 **매개변수**라고 한다.

변수명 앞에 "@"를 붙이고 데이터형식을 정의한다.

```
CREATE  PROCEDURE  프로시저이름(@변수명1 데이터형식,...,@변수명n 데이터형식)
AS
sql문/sql블록문;
```

매개변수를 정의한 프로시저를 실행하는 구문은 다음과 같다.

```
EXECUTE/EXEC  프로시저이름 값1,...,값n;
```

**예제** 프로시저-2 : 매개변수있는 프로시저

```
/*2개 값을 받아서 선수테이블에 추가하고 모든 데이터를 검색하는 프로시저*/
CREATE PROCEDURE 선수추가(@선수번호 INT,@포지션 NCHAR(4))
AS
BEGIN
INSERT INTO 선수 VALUES(@선수번호,@포지션)
SELECT * FROM 선수
END;

EXEC 선수추가 5,'골기퍼';
```

결과 | 메시지

| | 번호 | 담당 |
|---|---|---|
| 1 | 1 | 공격 |
| 2 | 2 | 수비 |
| 3 | 3 | 공격 |
| 4 | 4 | 수비 |
| 5 | 5 | 골기퍼 |

```
/*입력한 선수번호가 기존에 있으면 추가하지 않고 메시지를 보여주는  프로시저*/
CREATE PROCEDURE 선수추가2(@선수번호 INT,@포지션 NCHAR(4))
AS
BEGIN
   IF EXISTS(SELECT * FROM 선수 WHERE 번호=@선수번호)
     PRINT '입력한 선수 번호는 이미 있습니다.'
   ELSE
     BEGIN
     INSERT INTO 선수 VALUES(@선수번호,@포지션)
     SELECT * FROM 선수
     END
END;

EXEC 선수추가2 5,'골기퍼' ;
```

메시지

입력한 선수 번호는 이미 있습니다.

프로시저를 실행할 때 매개변수로 넘겨줄 값을 지정하지 않아도 되도록 하려면 프로시저를 정의할 때 기본적으로 적용될 값을 지정해야 한다.

```
CREATE PROCEDURE 프로시저이름(@변수명1 데이터형식=기본값1,..,@변수명n 데
이터형식)
AS
sql문/sql블록문;
```

다음과 같이 프로시저의 매개변수를 지정하면서 기본값을 각각 지정했다고 하면,

```
CREATE PROCEDURE 더하기(@A1 INT=5, @A2 INT=10)
AS
PRINT @A1+@A2
```

앞의 프로시저를 실행하는 방법은 다음과 같다.

```
EXEC 더하기 1,2;
```

```
EXEC 더하기 @A2=2;
```

```
EXEC 더하기 ;
```

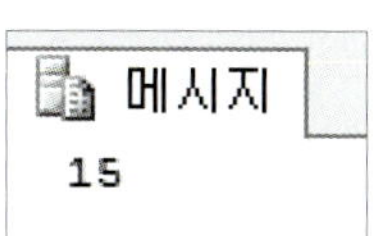


```
EXEC 더하기 1;
```

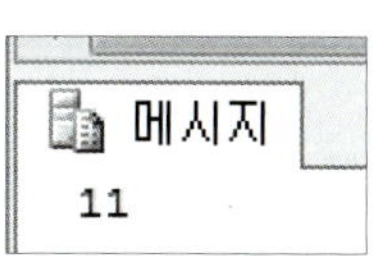

### 9.2.3 값을 반환하는 프로시저

기본적으로 함수(다음 단원 참조)와 프로시저를 구분하는 기준은 호출하는 곳으로 **값을 반환**할 의무가 있는 가인데, 함수는 반드시 반환해야 하지만 프로시저는 반환하지 않아도 되고 반환할 수도 있다.

또한, 함수는 한 개의 값 또는 테이블을 반환하지만 프로시저는 여러 값을 반환할 수 있다.

프로시저에서 값을 반환하려면 반환할 값을 저장할 변수를 매개변수 위치에서 정의하는데 OUTPUT 또는 OUT 키워드를 매개변수의 데이터형식 뒤에서 지정한다.

반환할 값이 1개인 경우,

```
CREATE  PROCEDURE  프로시저이름(@출력변수명 데이터형식 OUTPUT)
AS
SQL문/SQL블록문;
```

넘겨받을 값이 있고 반환할 값이 1개인 경우,

```
CREATE  PROCEDURE  프로시저이름(@변수명1 데이터형식,...,@변수명n 데이터형식,
@출력변수명 데이터형식 OUTPUT)
AS
SQL문/SQL블록문;
```

넘겨받을 값이 있고 반환할 값이 n개인 경우,

```
CREATE  PROCEDURE  프로시저이름(@변수명1 데이터형식,...,@출력변수명1 데이
터형식 OUTPUT,...,@출력변수명n 데이터형식 OUTPUT)
AS
SQL문/SQL블록문;
```

값을 반환하는 프로시저를 실행하는 구문은 다음과 같다.

프로시저를 정의할 때와 마찬가지로 실행하는 EXEC문에서도 OUTPUT/OUT키워드를 지정해서 결과 값을 받아올 변수를 표현해야 한다.

반환할 값이 1개인 경우,

```
DECLARE @프로시저결과반환값_저장할변수 데이터형식;

EXEC 프로시저이름 @프로시저결과반환값_저장할변수 OUTPUT;
또는
EXEC 프로시저이름 @출력변수명=@프로시저결과반환값_저장할변수 OUTPUT;
```

넘겨줄 매개변수가 있고 반환할 값이 1개인 경우,

```
EXEC 프로시저이름 값1,...,값n,@프로시저결과반환값_저장할변수 OUTPUT;
또는
EXEC 프로시저이름 값1,...,값n,@출력변수명=@프로시저결과반환값_저장할변수 OUTPUT;
```

넘겨줄 매개변수가 있고 반환할 값이 n개인 경우,

```
DECLARE @프로시저결과반환값_저장할변수1 데이터형식,...,@프로시저결과반환값_
저장할변수n 데이터형식;
EXEC 프로시저이름 값1,...,값n,@프로시저결과반환값_저장할변수1 OUTPUT,...,@
출력변수명n=@프로시저결과반환값_저장할변수n OUTPUT;
또는
EXEC 프로시저이름 값1,...,값n,@출력변수명1=@프로시저결과반환값_저장할변수1
OUTPUT,...,@출력변수명n=@프로시저결과반환값_저장할변수n OUTPUT;
```

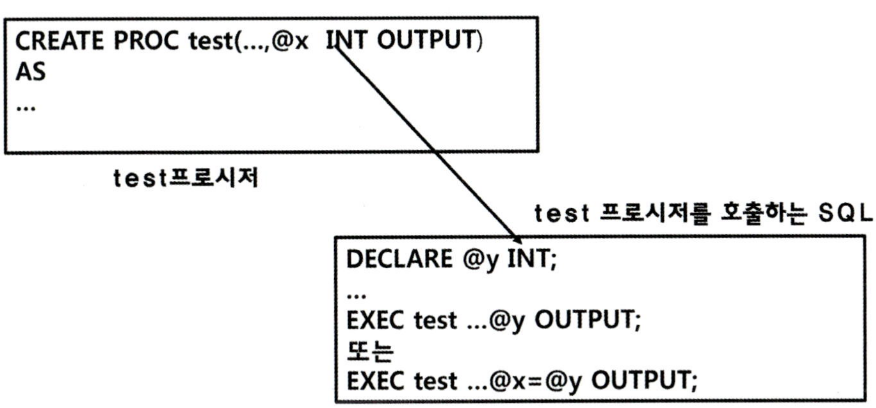

**예제 프로시저-3 : 값을 반환하는 프로시저**

```
/*입력한 선수번호가 기존에 없으면 추가하고 입력한 선수번호가 기존에 있으면 추
가하지 않는다. 중복 여부에 대해 판단하고 결과를 호출한 곳에 넘기는 프로시저*/

CREATE PROCEDURE 선수추가3(@선수번호 INT,@포지션 NCHAR(4),@중복 INT OUT)
AS
BEGIN
IF EXISTS(SELECT * FROM 선수 WHERE 번호=@선수번호)
  SET @중복=1
ELSE
  BEGIN
  SET @중복=2
  INSERT INTO 선수 VALUES(@선수번호,@포지션)
  END
END;

/*다음 문장들을 한번에 실행한다.*/
DECLARE @결과 INT;
EXEC 선수추가3 5,'골기퍼',@결과 OUTPUT ;
IF @결과=1
PRINT '입력한 선수번호는 이미 있습니다.' ;
```

메시지

입력한 선수 번호는 이미 있습니다.

실습

1 다음 표를 참고하여 3개 테이블을 만든다.

| 테이블이름 : 영화 | |
|---|---|
| 열이름 | 데이터형식 |
| 번호 | INT |
| 제목 | NVARCHAR(20) |
| 등급 | INT |

| 테이블이름 : 영화관 | |
|---|---|
| 열이름 | 데이터형식 |
| 이름 | NVARCHAR(10) |
| 영화번호 | INT |
| 좌석수 | INT |

| 테이블이름 : 현황 | |
|---|---|
| 열이름 | 데이터형식 |
| 영화관 | NVARCHAR(10) |
| 관객수 | INT |
| 날짜 | DATE |

2 3개 테이블에 데이터를 추가한다.

| 영화 | | |
|---|---|---|
| 번호 | 제목 | 등급 |
| 1 | 겨울왕국 | 0 |
| 2 | 광해 | 15 |
| 3 | 007 | 12 |

| 영화관 | | |
|---|---|---|
| 이름 | 영화번호 | 좌석수 |
| 4DX | 1 | 144 |
| CINE | 2 | 64 |
| 2D-14 | 3 | 170 |

| 현황 | | |
|---|---|---|
| 영화관 | 관객수 | 날짜 |
| 4DX | 100 | 19/09/01 |
| 4DX | 90 | 19/09/02 |
| CINE | 30 | 19/09/01 |
| CINE | 45 | 19/09/02 |
| 2D-14 | 110 | 19/09/01 |
| 2D-14 | 90 | 19/09/02 |

**3** 다음과 같은 결과가 출력되도록 영화별 누적 관객수를 구하는 프로시저를 작성하고 작성한 프로시저를 실행한다.

결과 | 메시지

| | 제목 | 누적관객수 |
|---|---|---|
| 1 | 007 | 200 |
| 2 | 겨울왕국 | 190 |
| 3 | 광해 | 75 |

**4** 다음과 같이 프로시저를 실행할 때 원하는 영화제목을 지정하면 해당 영화에 대해서만 누적 관객수를 출력하는 프로시저를 작성하고 작성한 프로시저를 실행한다.

```
EXEC 특정영화관객현황 '겨울왕국';
```

결과 | 메시지

| | 제목 | 누적관객수 |
|---|---|---|
| 1 | 겨울왕국 | 190 |

```
EXEC 특정영화관객현황 '광해';
```

결과 | 메시지

| | 제목 | 누적관객수 |
|---|---|---|
| 1 | 광해 | 75 |

**5** 문제 ④번과 동일한 내용이지만 누적 값을 구한 다음 호출한 곳으로 반환하는 프로시저를 작성하고 작성한 프로시저를 실행한다.

프로시저를 실행하는 다음 문장들을 참고한다.

```
DECLARE @누적수 INT;
EXEC 특정영화별관객누적수반환 '겨울왕국',@누적수 OUTPUT ;
SELECT '겨울왕국' AS '제목', @누적수 AS '누적관객수';
```

결과 | 메시지

| | 제목 | 누적관객수 |
|---|---|---|
| 1 | 겨울왕국 | 190 |

**6** 3개 값을 받아서 〈현황〉테이블에 데이터를 추가하는 프로시저를 작성한다. 받은 3개 값 중에서 〈관객수〉열에 해당하는 값이 해당 영화관의 〈좌석수〉보다 큰 경우 오류메시지를 출력하고, 해당 영화관의 〈좌석수〉보다 작거나 같은 경우에만 〈현황〉테이블에 데이터를 추가한다.

그다음 모든 데이터를 검색하는 SELECT문이 샐행되도록 한다.

```
EXEC 현황추가 'CINE',90,'19/09/03' ;
```

메시지

입력한 인원수가 해당 영화관의 좌석수보다 많은 오류입니다.

```
EXEC 현황추가 'CINE',40,'19/09/03' ;
```

결과 | 메시지

| | 영화관 | 관객수 | 날짜 |
|---|---|---|---|
| 1 | 4DX | 100 | 2019-09-01 |
| 2 | 4DX | 90 | 2019-09-02 |
| 3 | CINE | 30 | 2019-09-01 |
| 4 | CINE | 45 | 2019-09-02 |
| 5 | 2D-14 | 110 | 2019-09-01 |
| 6 | 2D-14 | 90 | 2019-09-02 |
| 7 | CINE | 40 | 2019-09-03 |

## 9.3 커서(CURSOR)

SELECT문에 의해 반환되는 결과의 형태는 행의 집합이다. 그래서 로우셋(ROW SET) 또는 레코드셋(RECORD SET)이라고 한다.

SELECT문을 실행하면 그 결과는 집합으로만 반환되므로 개별 행에 대해 접근할 수 없다. 따라서, 개별 행에 대한 어떤 작업도 수행할 수 없다.

SELECT문의 결과 집합에서 행 단위로 작업을 해야 할 때, 커서 기능을 이용한다.

**커서**는 다음과 같이 SELECT문에 위해 반환된 결과를 커서로 정의하면서 시작된다.

```
DECLARE 커서명 CURSOR FOR select문;
```

변수 정의하는 방법과 동일하게 DECLARE를 사용한다. 즉 커서도 변수와 마찬가지로 실행 중에만 만들어지고 해당 작업(또는 세션)이 끝나면 없어진다는 의미이다.

### 9.3.1 단순 커서

DECLARE문에 의해 선언된 커서를 단순하게 사용하는 작업 단계는 다음과 같다.

1. `OPEN` 커서명 : 커서를 연다.
2. `FETCH NEXT FROM` 커서명 : 커서에서 처음 행을 가져온다.
3. `CLOSE` 커서명 : 커서를 닫는다.
4. `DECALLOCATE` 커서명 : 커서에 할당된 메모리 영역을 시스템에 반환한다.

**예제** 커서-1 : 단순커서

```
CREATE TABLE test(번호 INT, 점수 INT);
INSERT INTO test VALUES(1,1),(2,2),(3,3);

DECLARE 테스트커서 CURSOR FOR SELECT * FROM test WHERE 번호=1
OPEN 테스트커서;
FETCH NEXT FROM 테스트커서 ;
```

결과 | 메시지

| | 번호 | 점수 |
|---|---|---|
| 1 | 1 | 1 |

```
CLOSE 테스트커서;

/*커서를 CLOSE했다고 삭제되지 않음, 동일한 커서이름 정의하면 오류발생*/
DECLARE 테스트커서 CURSOR FOR SELECT * FROM test WHERE 번호=2
```

메시지

메시지 16915, 수준 16, 상태 1, 줄 1
이름이 '테스트커서'인 커서가 이미 있습니다.

```
DEALLOCATE 테스트커서;

/*DEALLOCATE에의해 메모리에서 없어짐, 동일한 커서 이름을 정의할수 있음*/
DECLARE 테스트커서 CURSOR FOR SELECT * FROM test WHERE 번호=2;
```

메시지

명령이 완료되었습니다.

```
DEALLOCATE 테스트커서;
```

## 9.3.2 @@FETCH_STATUS

커서를 이용하여 수행하는 작업을 하나의 프로시저로 정의해 놓고 필요할 때마다 호출해서 실행할 수 있다.

일반적으로 프로시저 내에서 커서를 사용할 때, 커서로부터 정상적으로 FETCH했는지 여부를 확인해야 하는데, 이때 사용되는 시스템변수가 @@FETCH_STATUS이다.

@@FETCH_STATUS는 바로 직전 수행한 FETCH 명령에 대한 결과를 포함한다.

| 값 | 설명 |
|---|---|
| 0 | FETCH문이 성공적으로 수행되었음. |
| -1 | FETCH 문이 실패했거나 행이 결과 집합의 범위를 벗어남. |
| -2 | FETCH된 행이 없음. |

FETCH문을 사용하여 행을 가져온 다음, 가져온 행 데이터 값에 대해 어떤 작업을 수행하기 위해서는 FETCH할 때 행의 데이터 값을 변수에 저장해야 한다.

FETCH문에서 사용할 변수들은 먼저 DECLARE문에서 선언되어 있어야 한다.

```
DECLARE @변수명1 데이터형식,...,@변수명n 데이터형식;
FETCH NEXT FROM 커서명 INTO @변수명1,...,@변수명n;
```

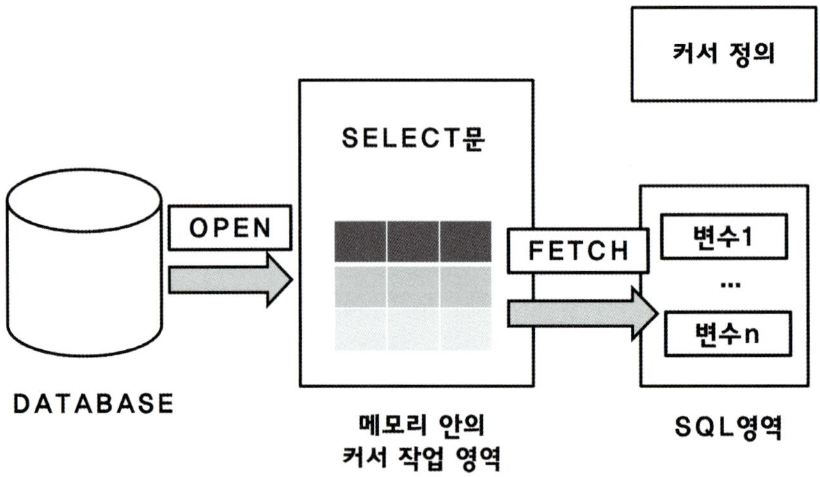


**예제** 커서-2 : 프로시저에서 커서사용하기

```
/*번호를 받아서 중복체크를 하는 프로시저*/
CREATE PROCEDURE 중복확인(@찾는번호 INT)
AS
BEGIN
DECLARE @번호 INT
DECLARE 번호찾기 CURSOR FOR SELECT 번호 FROM test WHERE 번호=@찾는번호
```

```
OPEN 번호찾기
FETCH NEXT FROM 번호찾기 INTO @번호
IF @@FETCH_STATUS =0
        PRINT '중복된 번호가 있습니다.'
ELSE
        PRINT '중복된 번호가 없습니다.'
CLOSE 번호찾기
DEALLOCATE 번호찾기
END

EXEC 중복확인 3;

메시지
중복된 번호가 있습니다.

EXEC 중복확인 5;

메시지
중복된 번호가 없습니다.
```

### 9.3.3 커서에서 여러 행 처리하기

일반적으로 커서는 SELECT문의 결과로 반환된 모든 행에 대해서 행 하나 하나마다 특정 작업을 반복적으로 수행하기 위해 주로 사용된다.

그 작업 단계는 다음과 같다.

1. OPEN 커서명 : 커서를 연다.

2. FETCH NEXT FROM 커서명 INTO @변수명1,...,@변수명n : 커서에서 처음 행을 가져온다. 가져온 행의 데이터 값을 저장할 변수들을 지정한다.

3. @@FETCH_STATUS 값 확인 : FETCH한 결과로 정상적인 행이 반환되었는지 확인한다. 비정상이면 ⑦로 간다.

4. FETCH한 행에 대한 작업을 수행한다.

5. `FETCH NEXT FROM` 커서명 `INTO` @변수명1,...,@변수명n : 커서에서 다음 행을 가져온다.

6. ③으로 돌아간다.

7. `CLOSE` 커서명 : 커서를 닫는다.

8. `DEALLOCATE` 커서명 : 커서에 할당된 메모리 영역을 시스템에 반환한다.

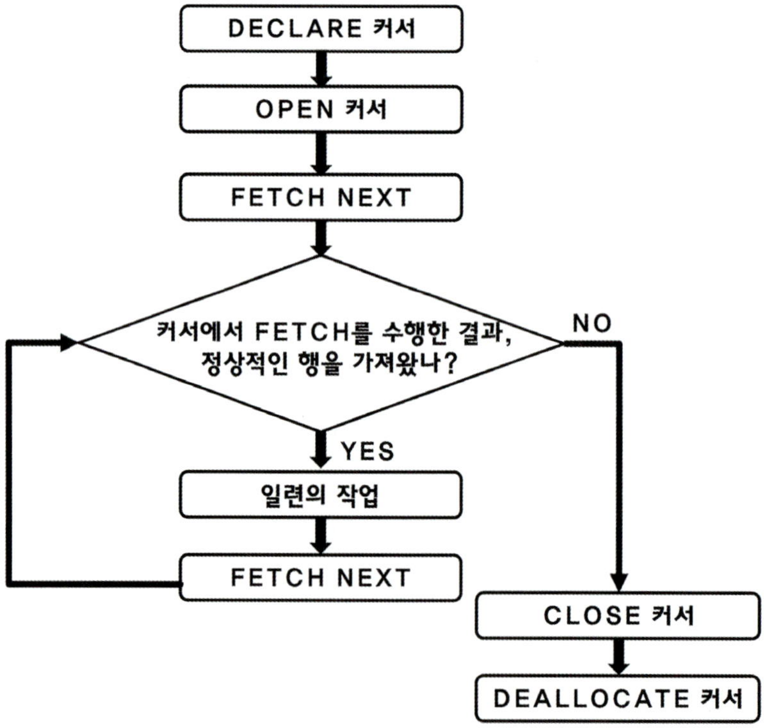

**예제** 커서-3 : 커서에서 여러 행 처리하기

```
CREATE TABLE 적성(번호 INT, 점수 INT);
CREATE TABLE 면접(번호 INT, 점수 INT);
INSERT INTO  적성 VALUES(1,60),(2,80),(3,50);
INSERT INTO 면접 VALUES(1,60),(2,70),(3,80);

CREATE TABLE 결과표(번호 INT, 총점 INT,결과 NCHAR(3) );

/*적성점수 테이블과 면접점수 테이블의 데이터를 가지고 결과표 테이블에 데이터를
추가하는 프로시저이다. 두 점수 합계가 130 이상이고 각 점수가 60이 넘는 경우에
만 합격, 아니면 불합격으로 한다. */
CREATE PROCEDURE 시험결과
AS
BEGIN
DECLARE @번호 INT, @적성 INT, @면접 INT
DECLARE 결과만들기 CURSOR FOR SELECT 적성.번호,적성.점수,면접.점수 FROM
적성,면접 WHERE 적성.번호=면접.번호
OPEN 결과만들기
FETCH NEXT FROM 결과만들기 INTO @번호,@적성,@면접
WHILE (@@FETCH_STATUS=0)
   BEGIN
   IF (@적성+@면접) >=130 AND @적성>60 AND @면접>60
        INSERT INTO 결과표 VALUES(@번호,@적성+@면접,'합격')
   ELSE
        INSERT INTO 결과표 VALUES(@번호,@적성+@면접,'불합격')
   FETCH NEXT FROM 결과만들기 INTO @번호,@적성,@면접
   END
CLOSE 결과만들기
DEALLOCATE 결과만들기
END

/*프로시저실행*/
EXEC 시험결과 ;
SELECT * FROM 결과표 ;
```

결과 | 메시지

| | 번호 | 총점 | 결과 |
|---|---|---|---|
| 1 | 1 | 120 | 불합격 |
| 2 | 2 | 150 | 합격 |
| 3 | 3 | 130 | 불합격 |

**실습**

❶ 다음 표를 참고하여 2개 테이블을 만든다.

| 테이블이름 : 회원 | |
|---|---|
| 열이름 | 데이터형식 |
| 번호 | INT |
| 이름 | NCHAR(5) |
| 등급 | NCHAR(5) |

| 테이블이름 : 기부현황 | |
|---|---|
| 열이름 | 데이터형식 |
| 번호 | INT |
| 기부금 | INT |
| 날짜 | DATE |

❷ 2개 테이블에 데이터를 추가한다.

| 회원 | | |
|---|---|---|
| 번호 | 이름 | 등급 |
| 1 | 김나미 | 클래식 |
| 2 | 최준영 | 베스트 |
| 3 | 박단비 | 에이스 |
| 4 | 이민호 | 프리미엄 |
| 5 | 서지민 | 베스트 |

| 기부현황 | | |
|---|---|---|
| 번호 | 기부금 | 날짜 |
| 1 | 100 | 18/09/01 |
| 1 | 200 | 19/09/02 |
| 2 | 100 | 19/01/01 |
| 3 | 200 | 18/07/02 |
| 3 | 30 | 19/05/01 |
| 3 | 50 | 19/05/31 |
| 4 | 200 | 19/06/01 |
| 4 | 50 | 19/07/02 |
| 5 | 100 | 19/04/01 |
| 5 | 50 | 19/04/30 |

❸ 19년도에 기부한 총 금액에 따라서 전체 회원의 등급을 변경하는 프로시저를 작성한다. 회원 등급은 다음 표 기준으로 한다.

**Hint** CASE문 사용

| 기부금액 | 등급 |
|---|---|
| 100미만 | 클래식 |
| 100이상 150 미만 | 베스트 |
| 150이상 200 미만 | 에이스 |
| 200이상 | 프리미엄 |

④ 문제 ③에서 작성한 프로시저를 실행한다.

⑤ 회원 테이블의 전체 회원을 검색하여 등급이 변경된 내용을 확인한다.

결과 | 메시지

| | 번호 | 이름 | 등급 |
|---|---|---|---|
| 1 | 1 | 김나미 | 프리미엄 |
| 2 | 2 | 최준영 | 베스트 |
| 3 | 3 | 박단비 | 클래식 |
| 4 | 4 | 이민호 | 프리미엄 |
| 5 | 5 | 서지민 | 에이스 |

## 9.4 사용자 정의 함수

DB 시스템에 내장된 함수이외에 사용자 임의로 함수를 만들어서 사용할 수 있다.

또한, 사용자 정의 함수는 시스템 함수처럼 SQL문에서 호출할 수 있다.

사용자 정의 함수는 반드시 호출한 곳으로 결과 값을 반환해야 하는데, 한개 값(스칼라 값)만을 반환하거나, 테이블을 반환한다.

### 9.4.1 스칼라 함수

한개 값을 반환하는 함수를 스칼라 함수라고 하며 스칼라 함수는 저장 프로시저처럼 EXECUTE 문을 사용하여 실행할 수도 있다.

사용자 정의 함수를 만들기 위해서는 CREATE FUNCTION을 사용한다.
CREATE FUNCTION 뒤에 함수 명을 지정하고, AS 뒤에 함수 내용을 적는다.

함수명과 AS 사이에는 **RETURNS**절을 사용하여 어떤 데이터형식의 값을 반환할 것인지를 표시하며, 함수 안에서 **RETURN**문을 사용하여 **RETURNS**에서 지정한 데이터형식과 동일한 변수를 반환한다.

매개변수를 사용하지 않더라도 함수명 다음에 반드시 빈 괄호를 붙여야 한다.

매개변수 없는 경우,

```
CREATE FUNCTION 함수명() RETURNS 반환할값의데이터형식
AS
BEGIN
  ...
  RETURN @반환값이저장된변수명
  ...
END
```

매개변수가 없는 사용자 함수를 실행하려면 함수가 저장된 스키마 이름과 함께 함수이름을 지정한다.

```
스키마이름.함수명()
```

함수는 값을 반환해야 하고 함수를 호출한 곳에서는 함수 결과, 즉 반환된 값을 받아야 한다.

따라서 함수는 프로시저와는 다르게 단독으로 호출되지 않고 다음과 같이 결과 값을 처리하는 문장 내에서 함수가 호출된다.

예를 들어서

```
SELECT 스키마이름.함수명()
또는
SET @변수명=스키마이름.함수명()
```

매개변수 있는 경우,

```
CREATE FUNCTION 함수명(@변수명1 데이터형식,...,@변수명n 데이터형식)
RETURNS 반환할값의데이터형식
AS
BEGIN
```

```
    ...
    RETURN @반환값이저장된변수명
    ...
END
```

매개변수가 있는 사용자 함수를 실행하려면 괄호 안에서 매개변수에 넘겨 줄 값을 순서대로 지정하면 된다.

```
스키마이름.함수명(값1,...,값n)
```

저장한 사용자 함수를 삭제하려면 DROP 문을 사용한다.

```
DROP FUNCTION 스키마이름.함수명;
```

예제 사용자정의함수-1 : 스칼라 함수 만들기

```
/*오늘 요일을 반환하는 스칼라함수*/
CREATE FUNCTION 오늘요일() RETURNS NVARCHAR(5)
 AS
 BEGIN
 DECLARE @요일 NVARCHAR(5)
 SET @요일 =DATENAME(WEEKDAY,getdate())
 RETURN(@요일)
 END

PRINT dbo.오늘요일(); /*함수 호출*/
```

| 메시지 |
|---|
| 일요일 |

```
/*태어난 연도를 받아서 나이를 반환하는 스칼라 함수*/
CREATE FUNCTION 나이(@태어난해 INT) RETURNS INT
 AS
 BEGIN
 DECLARE @나이 int
 SET @나이 =YEAR(GETDATE())-@태어난해
 RETURN(@나이)
```

```
 END

SELECT dbo.나이(1991) as 현재나이; /*함수 호출*/
```

```
CREATE TABLE 개인정보(이름 NCHAR,생일 DATE);
INSERT INTO 개인정보 VALUES('가','91/03/03'),('나','94/05/14');

/*Select문에서 사용자함수 사용하기*/
SELECT 이름,dbo.나이(YEAR(생일)) AS 나이 FROM 개인정보;
```

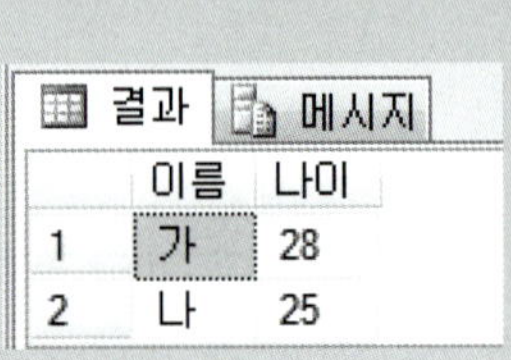


사용자정의 함수는 DB시스템에서 제공하는 시스템 함수처럼 사용자정의 프로시저 안에서도 호출할 수 있다.

또한, 커서를 사용할 때도 사용자정의 함수를 호출할 수 있는데 다음 예제를 통해 어떤 방법으로 사용되는지 이해한다.

예제 사용자정의함수-2 : 사용자 정의 프로시저에서 사용자 정의 함수 호출해서 사용하기

```
/*신청자 테이블에서 한 건씩 읽어서 나이를 판단한 다음 각각 청년 또는 청소년 테
이블에 행을 추가하는 프로시저, 프로시저에서 나이를 판단할 때 이전 예제에서 정
의한 사용자 정의 함수 (나이)를 호출한다. */

CREATE TABLE 신청자(이름 NCHAR,생일 DATE);
INSERT INTO 신청자 VALUES('가','91/01/01'),('나','94/05/05'),('다','2001/03/03');

CREATE TABLE 청년(이름 NCHAR,생일연도 INT);
CREATE TABLE 청소년(이름 NCHAR,생일연도 INT);

/*프로시저에서 사용자정의 함수를 호출*/
CREATE PROC 그룹나누기
AS
BEGIN
DECLARE @이름 NCHAR, @생일 INT
DECLARE  신청자_커서 CURSOR FOR SELECT 이름, YEAR(생일) FROM 신청자
OPEN 신청자_커서
FETCH NEXT FROM 신청자_커서 INTO @이름, @생일
WHILE (@@FETCH_STATUS =0)
   BEGIN
   IF dbo.나이(@생일)>20
      INSERT INTO 청년 VALUES(@이름,@생일)
   ELSE
      INSERT INTO 청소년 VALUES(@이름,@생일)
   FETCH NEXT FROM 신청자_커서 INTO @이름, @생일
   END
CLOSE 신청자_커서
DEALLOCATE 신청자_커서
SELECT '청년부',* FROM 청년 UNION ALL SELECT '청소년부',* FROM 청소년
END

/*프로시저 실행*/
EXEC 그룹나누기;
```

결과 | 메시지

| | (열 이름 없음) | 이름 | 생일연도 |
|---|---|---|---|
| 1 | 청년부 | 가 | 1991 |
| 2 | 청년부 | 나 | 1994 |
| 3 | 청소년부 | 다 | 2001 |

실습

① 다음 표를 참고하여 1개 테이블을 만든다.

| 테이블이름 : 대여 | |
|---|---|
| 열이름 | 데이터형식 |
| 고객번호 | CHAR(11) |
| 책제목 | NCHAR(10) |
| 대여일 | DATE |
| 반납일 | DATE |

② 데이터를 추가한다.

| 대여 | | | |
|---|---|---|---|
| 고객번호 | 책제목 | 대여일 | 반납일 |
| 01012345678 | 오만과 편견 | 19/10/01 | NULL |
| 01012345678 | 퍼즐 | 19/10/02 | 19/10/10 |
| 01012345677 | 거기 있나요 | 19/10/11 | NULL |
| 01012345677 | 오후의 문장 | 19/10/12 | NULL |
| 01012345676 | 죽은 시인의 사회 | 19/10/11 | 19/10/13 |
| 01012345675 | 죽은 시인의 사회 | 19/10/13 | NULL |
| 01012345674 | 퍼즐 | 19/10/11 | NULL |
| 01012345674 | 만들어진 전통 | 19/10/02 | NULL |
| 01012345673 | 거기 있나요 | 19/10/07 | 19/10/11 |
| 01012345673 | 생물심리학 | 19/10/03 | NULL |

③ 특정 날짜를 매개변수로 받아서 7일을 더해 반납 일을 반환하는 함수를 작성한다.

Hint DATEADD(dd,더하는값,날짜)함수 사용

SELECT 명령에서 함수(함수이름:반납일)를 실행하면 결과는 다음과 같이 나온다.

```
SELECT dbo.반납일('2019/10/12')
```

| | (열 이름 없음) |
|---|---|
| 1 | 2019-10-19 |

4 아직 반납하지 않은 책 중에서 반납 일을 넘긴 책들을 검색하는 SELECT 명령을 작성한다.

문제 ③에서 작성한 반납 일을 구하는 함수를 사용하여 작성한다.

**Hint** `IS NULL` 연산자 사용

반납 일을 넘겼는지에 대한 기준일은 시스템의 현재날짜(GETDATE() 함수 사용)를 기준으로 해도 되고 기준 일을 직접 지정해도 된다.

반납 일을 넘겼는지에 대한 기준 일을 '19/10/15'일로 한 경우 결과는 다음과 같다.

| | 고객번호 | 책제목 | 대여일 | 반납일 |
|---|---|---|---|---|
| 1 | 01012345678 | 오만과편견 | 2019-10-01 | NULL |
| 2 | 01012345674 | 만들어진 전통 | 2019-10-02 | NULL |
| 3 | 01012345673 | 생물 심리학 | 2019-10-03 | NULL |

반납 일을 넘겼는지에 대한 기준 일을 '19/10/20'일로 한 경우 결과는 다음과 같다.

| | 고객번호 | 책제목 | 대여일 | 반납일 |
|---|---|---|---|---|
| 1 | 01012345678 | 오만과편견 | 2019-10-01 | NULL |
| 2 | 01012345677 | 거기있나요 | 2019-10-11 | NULL |
| 3 | 01012345677 | 오후의 문장 | 2019-10-12 | NULL |
| 4 | 01012345674 | 퍼즐 | 2019-10-11 | NULL |
| 5 | 01012345674 | 만들어진 전통 | 2019-10-02 | NULL |
| 6 | 01012345673 | 생물 심리학 | 2019-10-03 | NULL |

**5** 결과가 다음가 같이 나오도록 문제 ④에서 작성한 SELECT문을 수정하여 작성한다. 연체료는 경과일수 *1000으로 계산한다.

**Hint** DATEDIFF(dd,시작날짜,마지막날짜)함수 사용

기준 일을 '19/10/15'일로 한 경우 결과는 다음과 같다.

| | 고객번호 | 책제목 | 대여일 | 반납예정일 | 경과일수 | 연체료 |
|---|---|---|---|---|---|---|
| 1 | 01012345678 | 오만과편견 | 2019-10-01 | 2019-10-08 | 7 | 7000 |
| 2 | 01012345674 | 만들어진 전통 | 2019-10-02 | 2019-10-09 | 6 | 6000 |
| 3 | 01012345673 | 생물 심리학 | 2019-10-03 | 2019-10-10 | 5 | 5000 |

기준 일을 '19/10/20'일로 한 경우, 결과는 다음과 같다.

| | 고객번호 | 책제목 | 대여일 | 반납예정일 | 경과일수 | 연체료 |
|---|---|---|---|---|---|---|
| 1 | 01012345678 | 오만과편견 | 2019-10-01 | 2019-10-08 | 12 | 12000 |
| 2 | 01012345677 | 거기있나요 | 2019-10-11 | 2019-10-18 | 2 | 2000 |
| 3 | 01012345677 | 오후의 문장 | 2019-10-12 | 2019-10-19 | 1 | 1000 |
| 4 | 01012345674 | 퍼즐 | 2019-10-11 | 2019-10-18 | 2 | 2000 |
| 5 | 01012345674 | 만들어진 전통 | 2019-10-02 | 2019-10-09 | 11 | 11000 |
| 6 | 01012345673 | 생물 심리학 | 2019-10-03 | 2019-10-10 | 10 | 10000 |

### 9.4.2 인라인 테이블 반환 함수

SQL에서 함수는 호출하는 곳으로 한 개 값을 반환(스칼라 함수)하거나 테이블을 반환할 수 있는데, **1개의 SELECT 명령**만을 포함하여 테이블을 반환하는 함수를 **인라인 테이블 반환 함수**라고 한다.

인라인 테이블 반환함수를 정의하는 방법은 다음과 같다.

매개변수 없는 경우,

```
CREATE FUNCTION 함수명() RETURNS TABLE
AS
RETURN(select문)
```

매개변수 있는 경우,

```
CREATE FUNCTION 함수명(@변수명1 데이터형식,...,@변수명n 데이터형식)
RETURNS TABLE
AS
RETURN(select문)
```

인라인 테이블 반환 함수를 실행하면 그 결과로 테이블을 반환하기 때문에, SELECT문의 FROM절에서 함수를 호출하는 것이 일반적이다.

```
SELECT * FROM 스키마이름.인라인테이블반환함수명();
```

**예제** 테이블반환함수-1 : 인라인 테이블 반환 함수 작성하고 사용하기

```
CREATE TABLE 카페(카페명 CHAR, 회원id TNT, 가입일 DATE);
CREATE TABLE 회원정보(회원id INT, 회원명 NCHAR, 생일 DATE);
INSERT INTO 카페 VALUES('A',1,'17/03/03'),('B',1,'19/02/02'),('B',2,'19/03/02');
INSERT INTO 회원정보 VALUES(1,'김','99/01/01'),(2,'박','98/03/03');

/*매개변수 받아서 카페 테이블 조회하는 인라인 테이블 반환 함수 정의*/
CREATE FUNCTION 멤버조회(@카페명 CHAR) RETURNS TABLE
AS RETURN(SELECT * FROM 카페 WHERE 카페명=@카페명 )

/* 매개변수와 함께 FROM절에서 함수호출*/
SELECT * FROM dbo.멤버조회('A');
```

결과 | 메시지

| | 카페명 | 회원ID | 가입일 |
|---|---|---|---|
| 1 | A | 1 | 2017-03-03 |

```
SELECT * FROM dbo.멤버조회('B');
```

결과 | 메시지

| | 카페명 | 회원id | 가입일 |
|---|---|---|---|
| 1 | B | 1 | 2019-02-02 |
| 2 | B | 2 | 2019-03-02 |

```
/*조인한 결과를 반환하는 테이블 반환함수 정의*/
CREATE FUNCTION 멤버상세조회() RETURNS TABLE
AS
RETURN(SELECT 카페명,회원명,생일 FROM 카페,회원정보 WHERE 카페.회원id=회
원정보.회원id);

/* 함수호출*/
SELECT * FROM dbo.멤버상세조회();
```

결과 | 메시지

| | 카페명 | 회원명 | 생일 |
|---|---|---|---|
| 1 | A | 김 | 1999-01-01 |
| 2 | B | 김 | 1999-01-01 |
| 3 | B | 박 | 1998-03-03 |

### 9.4.3 다중 문 테이블 반환 함수

테이블을 반환하는 함수에서 SELECT 한 개 명령으로 구성되지 않고 **여러 명령문**으로 작성되는 함수를 **다중 문 테이블 반환 함수**라고 한다.

다중 문 테이블 반환 함수를 정의하는 방법은 다음과 같다.

매개변수 없는 경우,

```
CREATE FUNCTION 함수명()
RETURNS @테이블변수 TABLE(반환되는 테이블 구조정의)
AS
BEGIN
   ...
   INSERT INTO @테이블변수...
   ...
   RETURN
END
```

매개변수 있는 경우,

```
CREATE FUNCTION 함수명(@변수명1 데이터형식,...,@변수명n 데이터형식)
RETURNS @테이블변수 TABLE(반환되는 테이블 구조정의)
AS
BEGIN
    ...
    INSERT INTO @테이블변수...
    ...
    RETURN
END
```

인라인 테이블 반환 함수와 마찬가지로 다중 문 테이블 반환 함수도 실행한 다음의 결과로 테이블을 반환하기 때문에 SELECT문의 FROM절에서 함수를 호출하는 것이 일반적이다.

```
SELECT * FROM 스키마이름.다중문테이블반환함수명();
```

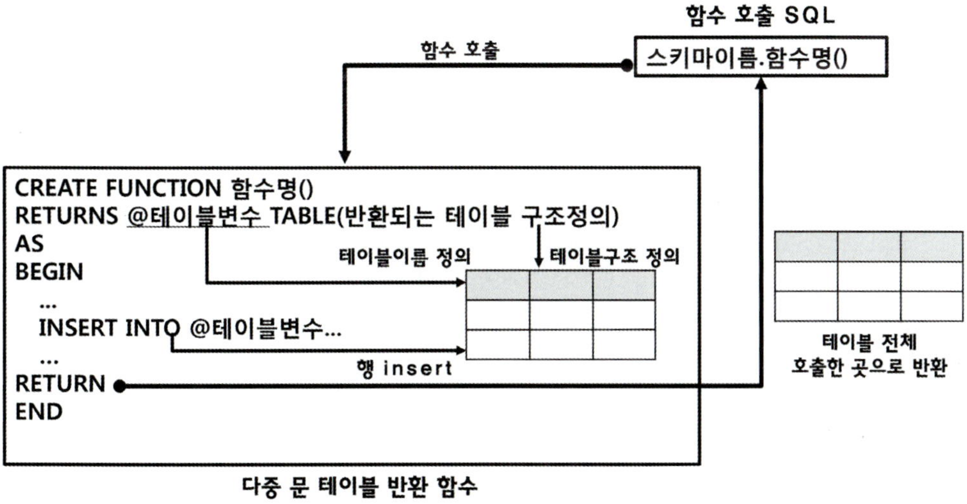

**예제** 테이블반환함수-2 : 다중 문 테이블 반환 함수 작성하고 호출하기

```
/*예제 테이블반환함수-1과 동일한 테이블과 데이터 사용*/
/*특정 카페의 회원정보를 반환하는 인라인 테이블 반환 함수 정의*/
CREATE FUNCTION 카페회원정보(@카페명 CHAR)
RETURNS  TABLE
AS
RETURN(SELECT 회원명,생일  FROM 카페,회원정보 WHERE 카페.회원id=회원정보.
회원id AND 카페명=@카페명)

/* 매개변수와함께 FROM절에서 함수 호출*/
SELECT * FROM dbo.카페회원정보('A');
```

결과 | 메시지

| | 회원명 | 생일 |
|---|---|---|
| 1 | 김 | 1999-01-01 |

```
SELECT * FROM dbo.카페회원정보('C');
```

결과 | 메시지

| 회원명 | 생일 |
|---|---|

```
/*카페의 회원이 없는 경우 처리방법 추가해야 한다면? 다중문 테이블 반환함수로
정의*/
CREATE FUNCTION 카페회원정보2(@카페명 CHAR)
RETURNS @카페회원 TABLE(회원명 NCHAR, 생일 DATE)
AS
BEGIN
IF EXISTS(SELECT * FROM 카페 WHERE 카페명=@카페명)
  INSERT INTO @카페회원 SELECT 회원명,생일  FROM 카페,회원정보
  WHERE 카페.회원id=회원정보.회원id AND 카페명=@카페명
ELSE
  INSERT INTO @카페회원 VALUES('N',NULL);
RETURN
END

SELECT * FROM dbo.카페회원정보2('C');
```

결과 | 메시지

| | 회원명 | 생일 |
|---|---|---|
| 1 | N | NULL |

함수를 사용자정의 프로시저와 비교해보면, 함수 안에서 사용자 정의 프로시저를 호출할 수 없지만 사용자 정의 프로시저 안에서는 함수를 호출할 수 있다.

또한 함수는 한 개 값만을 반환하거나 테이블을 반환해야 하지만 사용자 정의 프로시저는 반환하지 않아도 되며 반환할 경우 개수에 대한 제한은 없다.

**실습**

① 다음 표를 참고하여 2개 테이블을 만든다.

| 테이블이름 : 책 | | |
|---|---|---|
| 열이름 | 데이터형식 | 제약조건 |
| 번호 | INT | PK |
| 제목 | NVARCHAR(20) | NOT NULL |
| 출간일 | DATE | |
| 가격 | INT | NOT NULL |

| 테이블이름 : 책매출정보 | | |
|---|---|---|
| 열이름 | 데이터형식 | 제약조건 |
| 번호 | INT | FK 책(번호)참조 |
| 서점명 | NCHAR(10) | NOT NULL |
| 판매권수 | INT | NOT NULL |
| 판매일 | DATE | NOT NULL |

② 2개 테이블에 데이터를 추가한다.

| 책 | | | |
|---|---|---|---|
| 번호 | 제목 | 출간일 | 가격 |
| 1 | DATABASE | 02/01/01 | 18000 |
| 2 | JAVA | 11/01/01 | 16000 |
| 3 | VISUAL BASIC | 09/12/01 | 15000 |
| 4 | 네트워크 | 11/03/01 | 13000 |
| 5 | 멀티미디어 | 12/08/01 | 20000 |

| 책매출정보 | | | |
|---|---|---|---|
| 번호 | 서점명 | 판매권수 | 판매일 |
| 3 | 교보 | 5 | 19/02/15 |
| 3 | YES24 | 15 | 19/03/15 |
| 2 | 교보 | 8 | 19/08/20 |
| 2 | 반디앤루니스 | 5 | 19/01/10 |
| 4 | 반디앤루니스 | 15 | 19/09/10 |
| 5 | 인터파크 | 10 | 19/01/15 |

**3** 모든 책의 책번호, 제목, 책별 총판매권수가 출력되도록 SELECT문을 작성한다. 총판매권수가 많은 순서로 검색한다.

**Hint** `ISNULL()`함수 사용

다음은 ISNULL()함수를 사용안한 SELECT문을 실행한 결과(왼쪽 그림)와 ISNULL()함수를 사용하여 작성한 SELECT문의 결과(오른쪽 그림)이다.

결과 | 메시지

| | 번호 | 제목 | 총판매권수 |
|---|---|---|---|
| 1 | 3 | VISUAL BASIC | 20 |
| 2 | 4 | 네트워크 | 15 |
| 3 | 2 | JAVA | 13 |
| 4 | 5 | 멀티미디어 | 10 |
| 5 | 1 | DATABASE | NULL |

결과 | 메시지

| | 번호 | 제목 | 총판매권수 |
|---|---|---|---|
| 1 | 3 | VISUAL BASIC | 20 |
| 2 | 4 | 네트워크 | 15 |
| 3 | 2 | JAVA | 13 |
| 4 | 5 | 멀티미디어 | 10 |
| 5 | 1 | DATABASE | 0 |

**4** 책별 총판매권수에 따라서 판매현황을 포함하도록 문제 ③에서 작성한 SELECT문을 수정한다.

**Hint** `CASE~WHEN~END` 와 `IS NULL`연산자

| 조건 | 상태 |
|---|---|
| 총판매권수〉15 | 베스트 |
| 총판매권수〉10 | 양호 |
| 0〈총판매권수〈=10 | 부진 |
| 한권도 판매되지 않은 경우 | 퇴출 |

결과 | 메시지

| | 번호 | 제목 | 총판매권수 | 상태 |
|---|---|---|---|---|
| 1 | 3 | VISUAL BASIC | 20 | 베스트 |
| 2 | 4 | 네트워크 | 15 | 양호 |
| 3 | 2 | JAVA | 13 | 양호 |
| 4 | 5 | 멀티미디어 | 10 | 판매부진 |
| 5 | 1 | DATABASE | 0 | 퇴출 |

5 문제 ④에서 작성한 SELECT문을 실행한 결과와 동일한 결과가 나올 수 있도록 인라인 테이블 반환 함수를 만든다. (ORDER BY 절은 사용하지 않고 만든다.)

다음은 작성한 함수(책판매현황())를 호출하는 문장과 그 결과이다.

```
SELECT * FROM dbo.책판매현황();
```

결과 | 메시지

| | 번호 | 제목 | 총판매권수 | 상태 |
|---|---|---|---|---|
| 1 | 4 | 네트워크 | 15 | 양호 |
| 2 | 5 | 멀티미디어 | 10 | 판매부진 |
| 3 | 1 | DATABASE | 0 | 퇴출 |
| 4 | 2 | JAVA | 13 | 양호 |
| 5 | 3 | VISUAL BASIC | 20 | 베스트 |

문제 ⑤에서 만든 인라인 테이블 반환함수 안에서 ORDER BY 절을 사용하면 오류가 발생한다. 인라인 테이블 반환함수에서는 ORDER BY 절을 사용할 수 없기 때문이다.

메시지

메시지 1033, 수준 15, 상태 1, 프로시저 책판매현황, 줄 13
TOP 또는 FOR XML을 함께 지정하지 않는 한 뷰, 인라인 함수, 파생 테이블, 하위 쿼리 및 공통 테이블 식에서 ORDER BY 절을 사용할 수 없습니다.

**6** 특정일 이후에 출간된 책에 대해서만 결과가 나올 수 있도록 문제⑥에서 작성한 함수를 특정일을 매개변수로 받아서 그 값을 이용하여 조건 검색을 하도록 수정한다.

다음은 작성한 함수(책판매현황3())를 호출하는 문장과 그 결과이다.

```
SELECT * FROM dbo.책판매현황3('11/01/01');
```

결과 | 메시지

| | 번호 | 제목 | 총판매권수 | 판매상태 |
|---|---|---|---|---|
| 1 | 4 | 네트워크 | 15 | 양호 |
| 2 | 5 | 멀티미디어 | 10 | 판매부진 |

```
SELECT * FROM dbo.책판매현황3('13/01/01');
```

결과 | 메시지

| 번호 | 제목 | 총판매권수 | 판매상태 |
|---|---|---|---|

**7** 문제 ⑥에서 작성한 함수에서는 조건에 해당하는 데이터가 없는 경우 열 이름표만 나오고 데이터가 출력되지 않는다.

조건에 해당하는 데이터가 없는 경우, 다음과 같이 출력되도록 ⑦에서 작성한 함수를 수정한다.

```
SELECT * FROM dbo.책판매현황4('13/01/01');
```

결과 | 메시지

| | 번호 | 제목 | 총판매권수 | 판매상태 |
|---|---|---|---|---|
| 1 | 0 | NULL | 0 | NULL |

# CHAPTER 10 트랜잭션(Transaction)

## 10.1 자동 커밋 트랜잭션

SQL문중에서 INSERT나 UPDATE, 그리고 DELETE명령이 실행될 때 데이터베이스에 있는 **데이터**에 실질적으로 **적용**되는 시점은 COMMIT이 요청되는 순간이다.

COMMIT은 한 작업 단위를 의미하는 **트랜잭션**의 마지막에 실행되는데, DBMS는 INSERT나 UPDATE, 그리고 DELETE 명령 1개를 한 트랜잭션으로 간주해서 명령 전에 트랜잭션을 시작하고 해당 명령이 실행된 다음에 바로 자동으로 COMMIT을 요청한다.

DBMS가 자동으로 실행하기 때문에 **자동 커밋 트랜잭션**이라고 한다.

즉, 다음과 같이 자동으로 한 SQL 명령 앞에서 트랜잭션이 시작되고 한 SQL 명령 다음에 COMMIT이 실행된다.

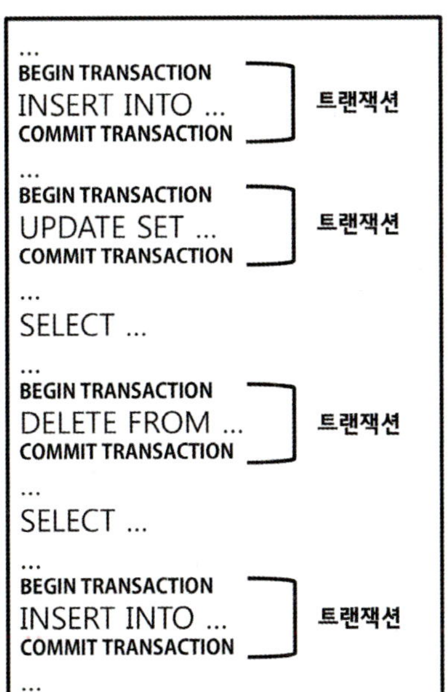

데이터베이스를 만들면 2개의 물리적인 파일이 만들어진다.

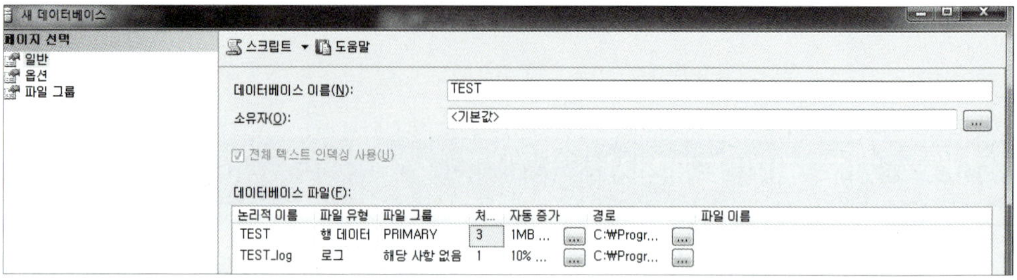

테이블과 인덱스 파일 등의 데이터가 저장되는 **데이터 파일**(*.mdf)과 데이터 변경에 대한 내용을 기록하는 **트랜잭션 로그파일**(*.ldf)이다.

로그 파일은 DBMS에서 데이터 무결성을 지원하기 위한 파일이라고 할 수 있다.

DBMS는 트랜잭션이 시작(BEGIN TRANSACTION)되면 해당 SQL 작업 내용을 로그파일에 기록한다.

데이터 갱신을 하는 INSERT나 UPDATE, 그리고 DELETE 명령은 데이터 검색을 하는 SELECT문과는 다른 절차로 명령이 실행된다.

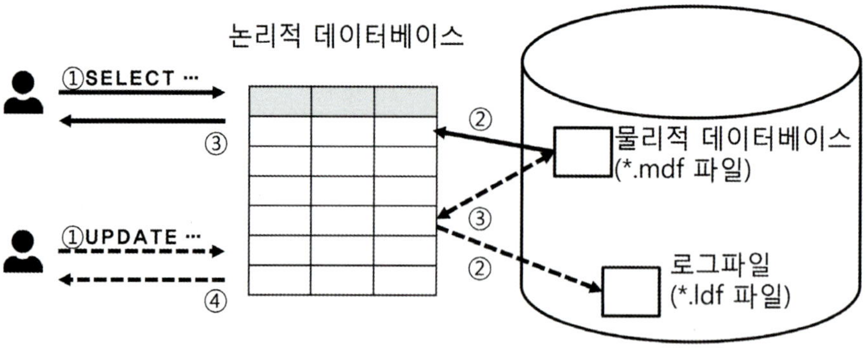


트랜잭션이 정상으로 종료(COMMIT TRANSACTION)되면 데이터베이스에 실질적으로 데이터 갱신(INSERT/UPDATE/DELETE)을 적용한다.

하지만, 트랜잭션이 정상으로 종료(COMMIT TRANSACTION)되지 못하고 그 전에 시스템이 다운되거나 문제가 발생하면, 즉 COMMIT을 만나지 못한 트랜잭션이면 데이터베이스에는 실질적인 갱신이 일어나지 않는다.

## 10.2 사용자 지정 트랜잭션

기본적으로 SQL사용자가 고려하지 않아도 DBMS가 알아서 자동으로 트랜잭션을 관리하지만 다음과 같은 작업일 경우에는 SQL 사용자가 직접 트랜잭션을 관리해야 한다.

계좌 이체가 실행될 경우, 2개의 UPDATE명령을 실행해야 한다.

2개의 UPDATE명령을 실행하면 DBMS는 자동 커밋 트랜잭션을 위해 각 명령 앞 뒤로 BEGIN TRANSACTION과 COMMIT TRANSACTION을 붙여서 각 명령을 각각 별개의 트랜잭션으로 처리한다.

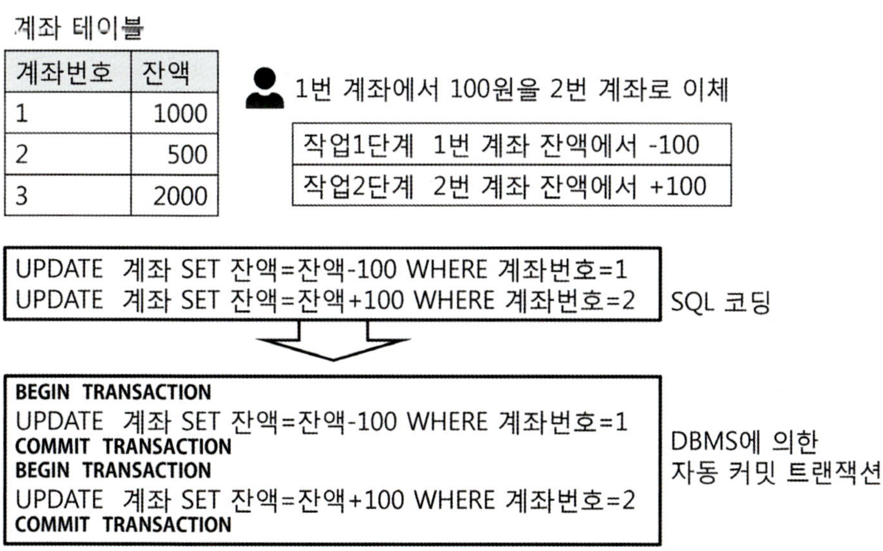


이때, 만일 2번째 UPDATE문 수행 중에 COMMIT을 만나지 못한 채 시스템이 정전되었다고 하자. 그러면 1번 계좌는 100원이 차감된 900원이 된 상태이지만 2번 계좌는 그대로 500원인 상태가 되어 버린다.

즉 데이터는 문제가 있는 이상한 상태(무결성이 아닌 상태)가 된다.

```
BEGIN  TRANSACTION
UPDATE  계좌 SET 잔액=잔액-100 WHERE 계좌번호=1
COMMIT  TRANSACTION
BEGIN  TRANSACTION
UPDATE  계좌 SET 잔액=잔액+100 WHERE 계좌번호=2
COMMIT  TRANSACTION
```

COMMIT 만남
UPDATE 정상처리

시스템 정전으로
COMMIT 만나지 못해서
UPDATE 처리 안됨

| 계좌번호 | 잔액 |
|---|---|
| 1 | 1000 |
| 2 | 500 |
| 3 | 2000 |

1000->900

500 변경 없음

| 계좌번호 | 잔액 |
|---|---|
| 1 | 900 |
| 2 | 500 |
| 3 | 2000 |

이렇게 업무의 논리적인 내용에 의해 한 트랜잭션으로 묶어져야 하는 작업들이 있다.

즉, 작업 모두가 수행되거나 작업 중 한 개라도 문제가 발생한다면 모두 수행되지 않아야 하는 경우(All OR Nothing)이다.

이런 경우에는 다음과 같이 SQL 사용자가 직접 트랜잭션을 지정해야 한다.

BEGIN TRANSACTION은 줄여서 BEGIN TRAN으로 COMMIT TRANSACTION은 줄여서 COMMIT TRAN으로 사용할 수 있다.

SQL 코딩

```
BEGIN  TRANSACTION
UPDATE  계좌 SET 잔액=잔액-100 WHERE 계좌번호=1
UPDATE  계좌 SET 잔액=잔액+100 WHERE 계좌번호=2
COMMIT  TRANSACTION
```

COMMIT 만나지 못하면
2개 UPDATE
모두 처리 안됨

현재 진행 중인 트랜잭션 개수를 구하려면 시스템 변수 @@TRANCOUNT를 조회하면 알 수 있다.

```
BEGIN TRANSACTION
...
SELECT @@TRANCOUNT /*1*/
...
BEGIN TRANSACTION
...
SELECT @@TRANCOUNT /*2*/
...
BEGIN TRANSACTION
...
SELECT @@TRANCOUNT /*3*/
...
COMMIT TRANSACTION
COMMIT TRANSACTION
...
SELECT @@TRANCOUNT /*1*/
```

트랜잭션이 진행 중인 테이블에 대해서 잠금이 발생하면 검색이 안 될 수 있다.

이런 경우에 강제로 검색되도록 하려면 다음과 같이 데이터베이스에 대한 검색 옵션을 설정하면 된다.

```
ALTER DATABASE 데이터베이스이름
SET ALLOW_SNAPSHOT_ISOLATION ON
SET TRANSACTION ISOLATION LEVEL SNAPSHOT;
```

**예제** 트랜잭션-1 : 사용자가 직접 트랜잭션을 지정하고 COMMIT TRAN을 수행하기 전에 DBMS를 다운시켰을 때 결과가 어떻게 되는 지 확인한다.

```
CREATE TABLE 명단(번호 INT, 이름 NCHAR);
INSERT INTO 명단 VALUES(1,'가'),(2,'나'),(3,'다');

BEGIN TRANSACTION
```

메시지

명령이 완료되었습니다.

```
SELECT @@TRANCOUNT ;
```

결과 | 메시지

| | (열 이름 없음) |
|---|---|
| 1 | 1 |

```
UPDATE 명단 SET 이름='A' WHERE 번호=1;
SELECT * FROM 명단; /*메모리에서만 UPDATE적용*/
```

결과 | 메시지

| | 번호 | 이름 |
|---|---|---|
| 1 | 1 | A |
| 2 | 2 | 나 |
| 3 | 3 | 다 |

```
/*PC 작업관리자를 열고 프로세스에서 sqlservr.exe를 선택하고 <프로세스끝내기>*/
/*강제로 DBMS 종료시킴*/
/*SQL 서버에서 연결시켜서 다시 시작*/
/*SQL 서버에서 연결이 안되면 SQL서버를 종료한 다음 다시 실행한다*/
```

```
/*COMMIT TRANSACTION을 만나지 못했기 때문에 실제 데이터 변경 안됨*/
SELECT * FROM 명단;
```

결과 | 메시지

| | 번호 | 이름 |
|---|---|---|
| 1 | 1 | 가 |
| 2 | 2 | 나 |
| 3 | 3 | 다 |

## 10.3 롤백 트랜잭션

한 트랜잭션이 COMMIT TRANSACTION으로 종료하지 못하게 되면 데이터베이스는 이전의 **체크포인트** 지점까지 **롤백**하게 된다.

DBMS에 의해서 자동으로 롤백되는 과정은 다음과 같다.

■ **CASE 1** BEGIN TRANSACTION 문이 정상적으로 실행

BEGIN TRANSACTION이 로그 파일에 기록된다.

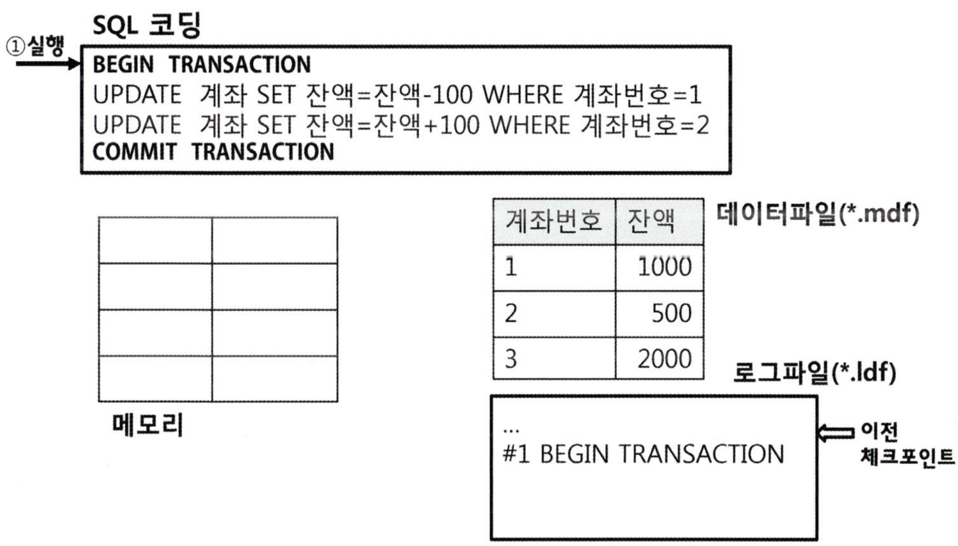

■ **CASE 2** BEGIN TRANSACTION 문이 정상으로 실행된 후 정전 발생

BEGIN TRANSACTION 문이 정상으로 실행 된 다음 정전 또는 다른 요인에 의해 시스템이 다운되면 로그 파일에 기록된 내용이 삭제되고 이전의 체크포인트 위치로 롤백된다.

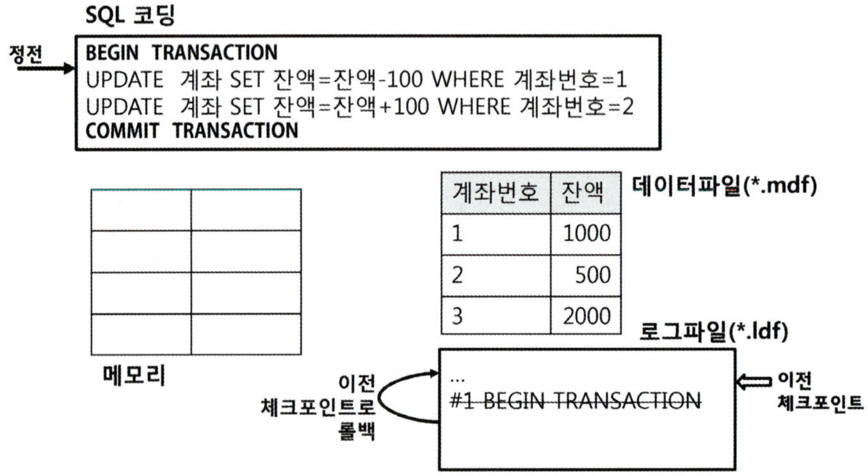


■ **CASE 3** BEGIN TRANSACTION 문과 첫번째 UPDATE 문이 정상적으로 실행

실제 데이터 파일에서 해당 데이터가 메모리로 로드된다. 그리고 메모리에서 UPDATE가 수행된 다음 UPDATE문이 로그파일에 기록된다.

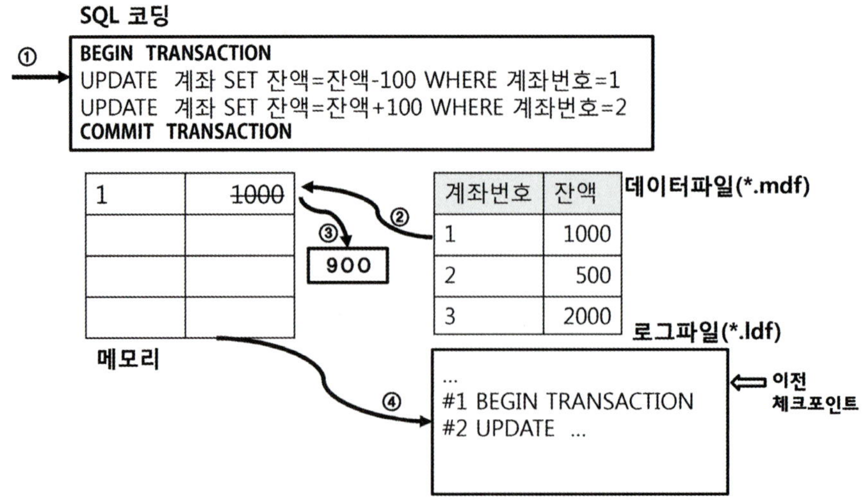

**CASE 4** BEGIN TRANSACTION 문과 첫 번째 UPDATE 문이 실행된 다음 정전 발생

메모리의 내용은 없어지고 로그 파일에 기록된 내용이 삭제되며 이전의 체크포인트 위치로 롤백된다.

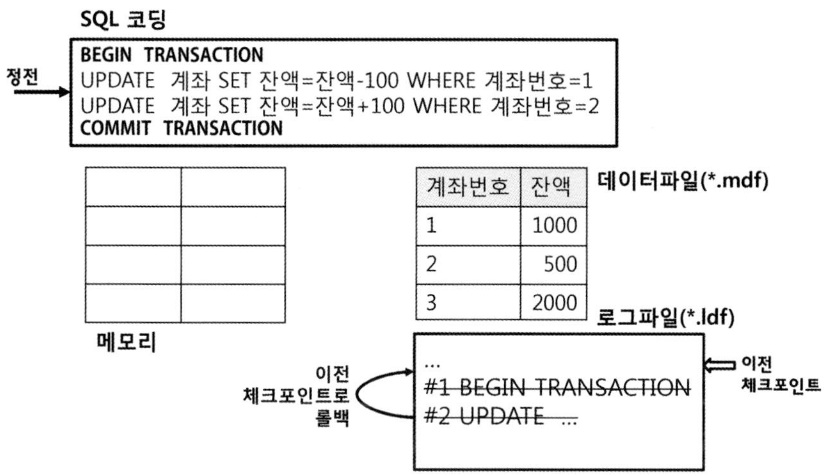


**CASE 5** BEGIN TRANSACTION 문과 두 개의 UPDATE 문이 정상적으로 실행

2개의 UPDATE가 차례대로 다음 순서로 처리된다.
실제 데이터 파일에서 해당 데이터가 메모리로 로드된다. 그리고 메모리에서 UPDATE가 수행된 다음 UPDATE문이 로그파일에 기록된다.

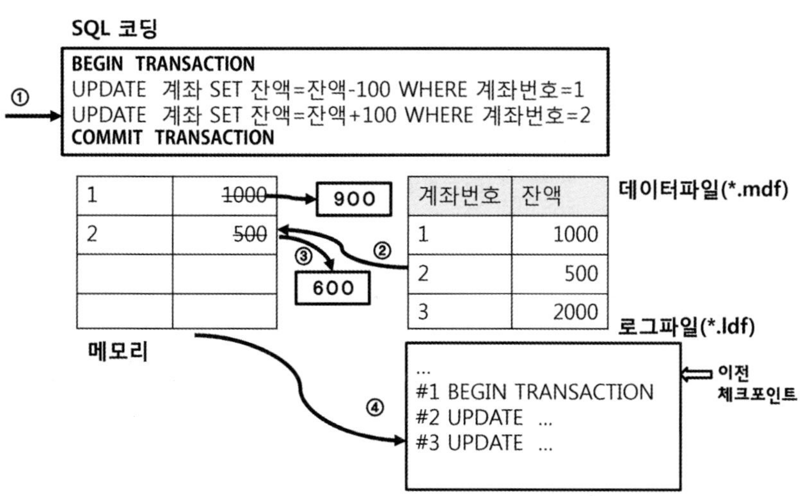

■ **CASE 6** BEGIN TRANSACTION 문과 2개의 UPDATE 문이 실행된 다음 정전 발생

메모리의 내용은 없어지고 로그 파일에 기록된 내용이 삭제되며 이전의 체크포인트 위치로 롤백된다.

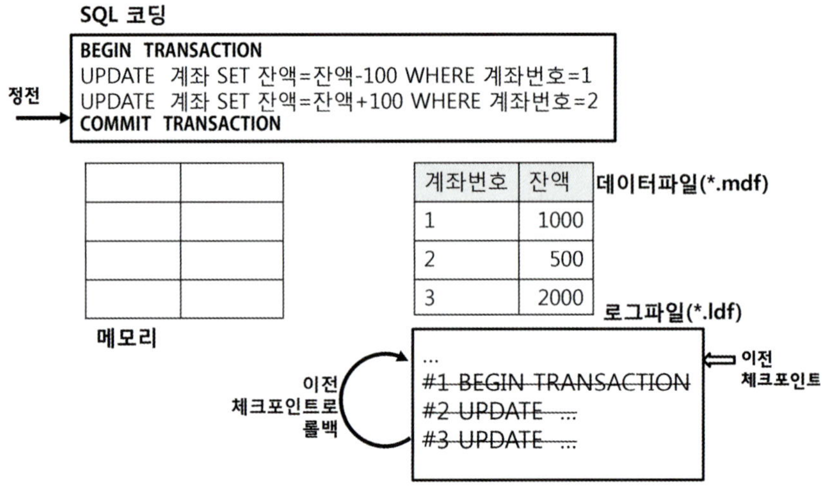


■ **CASE 7** BEGIN TRANSACTION부터 COMMIT TRANSACTION까지 정상적으로 실행

메모리에서 UPDATE가 수행된 내용이 실제 데이터 파일에도 적용되고 로그파일에는 이후 롤백 포인트가 될 수 있는 체크포인트 지점을 표시한다.

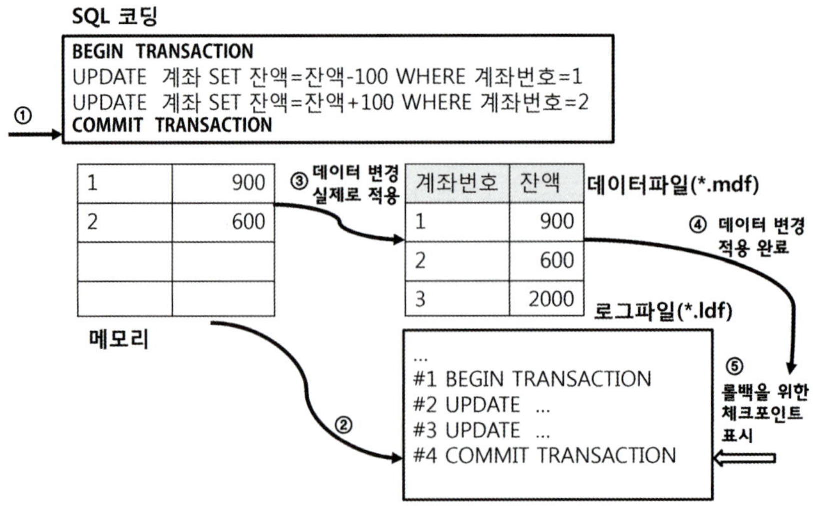

트랜잭션을 SQL사용자가 직접 지정하는 경우에는 트랜잭션 롤백도 사용자가 원하는 곳에서 지정할 수 있다.

```
BEGIN TRANSACTION
...
IF ...
   ROLLBACK TRANSACTION
...
COMMIT TRANSACTION
```

**예제** 트랜잭션-2 : A팀 선수와 B팀 선수를 트레이드하는데, 상대편 팀에 동일한 번호가 있다면 트레이드가 불가능하고 동일한 번호가 없는 경우에만 트레이드할 수 있다.

```
CREATE TABLE A팀(번호 INT,이름 NCHAR);
CREATE TABLE B팀(번호 INT,이름 NCHAR);
INSERT INTO A팀 VALUES(1,'가'),(3,'나'),(5,'다');
INSERT INTO B팀 VALUES(3,'마'),(4,'바'),(6,'사');

CREATE PROCEDURE 트레이드(@A번호 INT,@B번호 INT)
AS
BEGIN
BEGIN TRAN
IF EXISTS(SELECT * FROM B팀 WHERE 번호=@A번호) OR
   EXISTS(SELECT * FROM A팀 WHERE 번호=@B번호)
  BEGIN
  ROLLBACK TRAN
  PRINT '트레이드불가'
  END
ELSE
  BEGIN
  INSERT INTO B팀 SELECT * FROM A팀 WHERE 번호=@A번호
  INSERT INTO A팀 SELECT * FROM B팀 WHERE 번호=@B번호
  DELETE FROM B팀 WHERE 번호=@B번호
  DELETE FROM A팀 WHERE 번호=@A번호
  COMMIT TRAN
  END
END
```

```
EXEC 트레이드 3,4 ;
```

메시지

트레이드 불가

```
EXEC 트레이드 1,4 ;
SELECT * FROM A팀;
SELECT * FROM B팀;
```

결과 | 메시지

| | 번호 | 이름 |
|---|---|---|
| 1 | 2 | 나 |
| 2 | 3 | 다 |
| 3 | 4 | 바 |

결과 | 메시지

| | 번호 | 이름 |
|---|---|---|
| 1 | 3 | 마 |
| 2 | 5 | 사 |
| 3 | 1 | 가 |

**실습**

① 다음 표를 참고하여 4개 테이블을 만든다.

| 테이블이름 : 상품 | | |
|---|---|---|
| 열이름 | 데이터형식 | 제약조건 |
| 번호 | CHAR(5) | PK |
| 재고량 | INT | NOT NULL |

| 테이블이름 : 등급별주문량 | | |
|---|---|---|
| 열이름 | 데이터형식 | 제약조건 |
| 등급 | INT | PK |
| 최대주문량 | INT | NOT NULL |

| 테이블이름 : 거래처 | | |
|---|---|---|
| 열이름 | 데이터형식 | 제약조건 |
| 거래처ID | CHAR(5) | PK |
| 거래처명 | NVARCHAR(10) | NOT NULL |
| 등급 | INT | FK<br>등급별주문량(등급) |

| 테이블이름 : 주문 | | |
|---|---|---|
| 열이름 | 데이터형식 | 제약조건 |
| 주문번호 | INT | IDENTITY |
| 상품번호 | CHAR(5) | FK 상품(번호) |
| 거래처 | CHAR(5) | FK<br>거래처(거래처ID) |
| 주문수량 | INT | NOT NULL |
| 주문일 | DATE | NOT NULL |

2 4개 테이블에 데이터를 추가한다.

| 상품 | |
|---|---|
| 번호 | 재고량 |
| UN32N | 25 |
| UN41N | 15 |
| UN48N | 20 |

| 등급별주문량 | |
|---|---|
| 등급 | 최대주문량 |
| 1 | 20 |
| 2 | 10 |
| 3 | 5 |

| 거래처 | | |
|---|---|---|
| 거래처ID | 거래처명 | 등급 |
| V0011 | 대경물산 | 1 |
| V0022 | 벽산몰 | 2 |
| V0033 | 나진물산 | 3 |

| 주문 | | | |
|---|---|---|---|
| 상품번호 | 거래처 | 주문량 | 주문일 |
| UN32N | V0011 | 15 | 19/01/01 |
| UN41N | V0011 | 20 | 19/03/01 |
| UN32N | V0022 | 10 | 19/07/01 |

**3** 다음과 같은 작업을 처리하는 프로시저(주문처리)를 작성한다.

- 기본적으로 주문이 발생했을 때 4개 값(상품번호,거래처,주문량,주문일)을 매개변수로 받아서 〈주문〉테이블에 1 행을 추가하는 프로시저이다.
- 거래처 등급에 따라서 주문할 수 있는 〈주문최대량〉과 매개변수로 받은 값 중에 〈주문량〉과 비교해서 〈주문량〉이 〈최대주문량〉보다 큰 경우, 트랜잭션을 ROLLBACK하고 '거래처의 최대주문량을 넘었습니다.'라는 메시지를 출력한다.
- 매개변수로 받은 값 중에 〈주문량〉과 해당 상품의 〈재고량〉과 비교해서 〈주문량〉이 〈재고량〉보다 많은 경우, 트랜잭션을 ROLLBACK하고 '상품 재고량이 부족합니다.'라는 메시지를 출력한다.
- 2가지 확인 조건이 모두 정상이면 〈주문〉테이블에 1 행을 추가하고 〈상품〉테이블의 〈재고량〉을 〈주문량〉만큼 뺀 값으로 변경한 다음 트랜잭션을 COMMIT 한다.

다음은 작성한 프로시저를 실행했을 때의 결과이다.

```
EXEC 주문처리 'UN32N','v0022',15,'19/10/01' ;
```

```
메시지
거래처의 최대 주문량을 넘었습니다.
```

```
EXEC 주문처리 'UN41N','v0011',20,'19/10/01';
```

```
메시지
상품 재고량이 부족합니다.
```

```
EXEC 주문처리 'UN41N','v0033',5,'19/10/01' ;
```

```
메시지

(1개 행이 영향을 받음)

(1개 행이 영향을 받음)
```

**4** ③에서 작성한 프로시저를 실행한 다음, 〈상품〉테이블의 〈재고량〉이 변경되었는지, 그리고 〈주문〉테이블의 데이터가 추가되었는지 확인한다.

```
SELECT * FROM 상품;
```

| 상품 | |
|---|---|
| 번호 | 재고량 |
| UN32N | 25 |
| UN41N | 15 |
| UN48N | 20 |

➡

결과 | 메시지

| | 번호 | 재고량 |
|---|---|---|
| 1 | UN32N | 25 |
| 2 | UN41N | 10 |
| 3 | UN48N | 20 |

```
SELECT * FROM 주문;
```

결과 | 메시지

| | 주문번호 | 상품번호 | 거래처 | 주문수량 | 주문일 |
|---|---|---|---|---|---|
| 1 | 1 | UN32N | v0011 | 15 | 2019-01-01 |
| 2 | 2 | UN41N | v0011 | 20 | 2019-03-01 |
| 3 | 3 | UN32N | v0022 | 10 | 2019-07-01 |
| 4 | 4 | UN41N | v0033 | 5 | 2019-10-01 |

CHAPTER

# 11 트리거(Trigger)

트리거(Trigger)란 사전적 의미로는 방아쇠라는 뜻인데, 데이터베이스에서의 트리거도 비슷한 의미로 사용된다.

어떤 사건이 발생하는 가를 계속 감시하고 있다가 해당하는 사건이 발생하려고 하거나 해당하는 사건이 발생한 후에 자동으로 실행되는 작업을 의미한다.

따라서, DBMS에서의 트리거는 **데이터 상태의 관리**를 **자동화**하는 데 사용된다.

데이터에 대한 상태를 계속 관리하면서, 작업이 일어날 것을 감시하고 있다가 데이터에 대한 변경, 추가, 삭제가 실행되려고 할 때, 그 작업의 타당성을 확인해서 실행 못하게 할 수도 있으며 다른 일련의 명령을 먼저 수행할 수도 있다. 또한, 탐지한 작업 대신 다른 내용으로 변경해서 실행할 수도 있다.

그리고, 데이터에 대한 변경, 추가, 삭제가 실행되고 난 다음에, 추가로 더 해야 할 작업을 자동으로 실행할 수 도 있다.

트리거는 기본적으로 다음의 3 가지 SQL명령에 반응한다.

```
INSERT
UPDATE
DELETE
```

## 11.1 AFTER Trigger

지정한 테이블에서 INSERT, UPDATE, DELETE 명령이 실행된 다음에 자동으로 동작하는 트리거이다.

다음과 같이 작성한다.

```
CREATE TRIGGER 트리거이름 ON 테이블이름
AFTER 트리거가_동작할_SQL명령
AS
...
또는
CREATE TRIGGER 트리거이름 ON 테이블이름
AFTER 트리거가_동작할_SQL명령
AS
BEGIN
...
END
```

트리거가 동작할 SQL명령을 지정할 때 INSERT, UPDATE, DELETE 명령 한 종류를 지정할 수도 있고, OR의 의미로 INSERT, UPDATE, DELETE 명령을 쉼표(,)로 연결해서 지정할 수 있다.

〈회원정보〉테이블에서 UPDATE가 일어날 때마다, UPDATE가 실행된 다음 자동으로 동작하는 트리거(데이터변경알림)를 작성하려면 다음과 같다.

```
CREATE TRIGGER 데이터변경알림 ON 회원정보
AFTER UPDATE
AS
PRINT '회원정보 테이블에 UPDATE가 발생함'
```

실행된 UPDATE 또는 INSERT 동작에 대해 수정/추가된 열이 있는지 확인하기 위해 다음 2가지 함수를 사용할 수 있다.

```
COLUMNS_UPDATED()
UPDATE(열이름)
```

**COLUMNS_UPDATED()**는 UPDATE 또는 INSERT가 실행된 다음, 어떤 열이 UPDATE 되었는지에 대한 정보를 포함하는 바이트를 반환한다.

COLUMNS_UPDATED()를 사용하여 특정 열에 대한 UPDATE 또는 INSERT 여부를 테스트하려면 해당하는 열의 **정수 비트 마스크**를 사용한다.

예를 들어, 〈회원정보〉테이블에 〈회원ID〉,〈이름〉,〈연락처〉,〈주소〉 및 〈등급〉열이 있을 경우 UPDATE가 발생했을 때 〈이름〉열만이 UPDATE 되었다면 오른쪽에서 두 번째 비트에 해당하므로 "0000 0010"을 반환한다. 따라서 정수 "2"와 비교해서 확인하면 된다.

또한 〈이름〉, 〈연락처〉,〈주소〉열이 모두 모두 업데이트되었다면 "0000 1110'을 반환하므로 정수 "14"와 비교하면 된다.

INSERT가 발생하면 모든 비트가 1로 설정된다. UPDATE에서 모든 열이 변경된 경우에도 모든 비트가 1로 설정되므로 INSERT결과와 동일하게 된다.

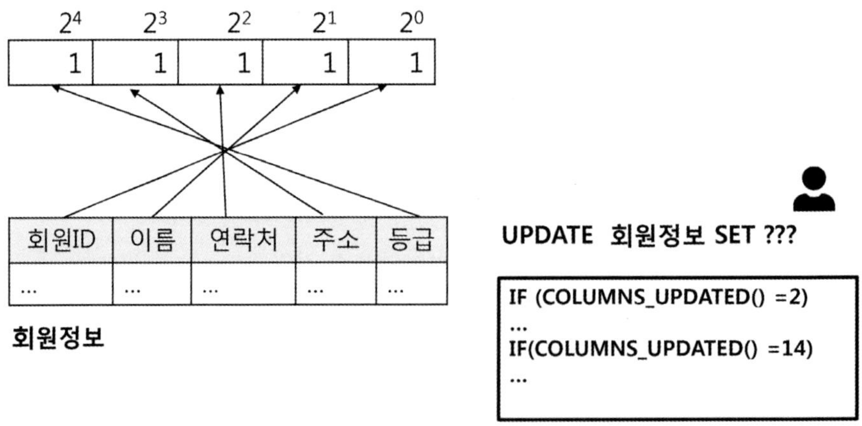


**UPDATE(열이름)**를 사용하면 지정한 열에 INSERT 또는 UPDATE 동작이 발생했는지 확인할 수 있다. 지정한 열에 INSERT 또는 UPDATE가 발생했다면 성공 여부와 관계없이 TRUE를 반환한다.

**예제** 트리거-1 : UPDATE, DELETE, INSERT 동작을 구별하기

```
CREATE TABLE 제품정보(id INT PRIMARY KEY,제품명 NCHAR(10),재고량 INT);
INSERT INTO 제품정보 VALUES(1,'가습기',60),(2,'냉장고',60),(3,'노트북',54);

CREATE TRIGGER 제품변경알림 ON 제품정보 AFTER UPDATE,DELETE,INSERT
AS PRINT '제품정보 테이블 변경 발생'

/*다음 3개 SQL명령은 모두 동일한 결과 나옴*/
INSERT INTO 제품정보 VALUES(4,'전화기',40);
UPDATE 제품정보 SET 제품명='COMPUTER' WHERE id=4;
DELETE FROM 제품정보 WHERE id=4;
```

```
메시지
제품정보 테이블 변경 발생

(1개 행이 영향을 받음)
```

```
ALTER TRIGGER 제품변경알림 ON 제품정보  AFTER UPDATE,DELETE,INSERT
AS BEGIN
DECLARE @종류 NCHAR(10)
SET @종류=CASE
         WHEN (COLUMNS_UPDATED()<1) THEN 'DELETE'
         WHEN (COLUMNS_UPDATED()<7) THEN 'UPDATE'
         ELSE '수정또는추가'
         END
PRINT '제품정보테이블' + @종류 +' 발생'
END

INSERT INTO 제품정보 VALUES(4,'전화기',40);
```

```
메시지
제품정보 테이블 수정또는추가      발생

(1개 행이 영향을 받음)
```

```
UPDATE 제품정보 SET 제품명='에어컨' WHERE id=4;
```

```
메시지
제품정보 테이블 UPDATE 발생

(1개 행이 영향을 받음)
```

```
DELETE FROM 제품정보 WHERE id=4;
```

```
메시지
제품정보 테이블 DELETE 발생

(1개 행이 영향을 받음)
```

INSERT, UPDATE, DELETE 명령이 실행될 때, SQL문이 실행되기 이전의 데이터(행) 값과 실행된 이후의 데이터(행) 값을 보관하고 있는 2개의 임시 테이블이 만들어진다.

■ **DELETED 테이블**

DELETED 테이블은 UPDATE 및 DELETE 문이 **수행되기 전의 행의 값**이 저장되는 임시 테이블이다.

INSERT문이 실행된 경우에는 DELETED 테이블에 값이 저장되지 않는다.

■ **INSERTED 테이블**

INSERTED 테이블은 INSERT 및 UPDATE 문이 **실행된 이후 행의 값**이 저장되는 임시테이블이다.

DELETE문이 실행된 경우에는 INSERTED 테이블에 값이 저장되지 않는다.

**회원정보**

| 회원ID | 이름 | 연락처 | 주소 | 등급 |
|---|---|---|---|---|
| 1 | 김철수 | 01012345678 | 서울시 중구 남대문로 1가 | VIP |

**UPDATE 회원정보 SET 등급='VVIP' WHERE 회원ID=1**

DELETED 테이블

| 회원ID | 이름 | 연락처 | 주소 | 등급 |
|---|---|---|---|---|
| 1 | 김철수 | 01012345678 | 서울시 중구 남대문로 1가 | VIP |

INSERTED 테이블

| 회원ID | 이름 | 연락처 | 주소 | 등급 |
|---|---|---|---|---|
| 1 | 김철수 | 01012345678 | 서울시 중구 남대문로 1가 | VVIP |

**INSERT INTO 회원정보 VALUES(2,'박영희','인천 남동구 정각로 29','GOLD')**

DELETED 테이블

| 회원ID | 이름 | 연락처 | 주소 | 등급 |
|---|---|---|---|---|

INSERTED 테이블

| 회원ID | 이름 | 연락처 | 주소 | 등급 |
|---|---|---|---|---|
| 2 | 박영희 | 01012345677 | 인천시 남동구 정각로 29 | GOLD |

**DELETE  FROM 회원정보 WHERE 회원ID=1**

DELETED 테이블

| 회원ID | 이름 | 연락처 | 주소 | 등급 |
|---|---|---|---|---|
| 1 | 김철수 | 01012345678 | 서울시 중구 남대문로 1가 | VVIP |

INSERTED 테이블

| 회원ID | 이름 | 연락처 | 주소 | 등급 |
|---|---|---|---|---|

트리거는 UPDATE, DELETE, INSERT 동작에 대한 기록을 위해서도 사용된다.

DBMS가 제공하는 로그파일과는 다르게 사용자가 원하는 정보를 포함하는 로그파일을 생성할 수 있다.

**예제** 트리거-2 : UPDATE, DELETE가 발생할 때 이전 데이터 값과 추가 정보를 사용자 로그 테이블에 기록하기

```
CREATE TABLE 제품변경LOG(id INT,제품명 NCHAR(10),재고량 INT,날짜 DATE, 종류
CHAR(6));

ALTER TRIGGER 제품변경알림 ON 제품정보  AFTER UPDATE,DELETE
AS
BEGIN
DECLARE @종류 CHAR(6)
IF (COLUMNS_UPDATED()>0)
    SET @종류='UPDATE'
ELSE
    SET @종류='DELETE'
INSERT INTO 제품변경LOG SELECT *,GETDATE(),@종류 FROM DELETED
END

SELECT * FROM 제품정보; /*(예제 트리거-1)테이블 그대로 사용*/
```

결과 | 메시지

| | id | 제품명 | 재고량 |
|---|---|---|---|
| 1 | 1 | 가습기 | 60 |
| 2 | 2 | 냉장고 | 60 |
| 3 | 3 | 노트북 | 54 |

```
UPDATE 제품정보 SET 제품명='COMPUTER' WHERE id=1 ;
DELETE FROM 제품정보 WHERE id=2;
SELECT * FROM 제품정보;
```

결과 | 메시지

| | id | 제품명 | 재고량 |
|---|---|---|---|
| 1 | 1 | COMPUTER | 60 |
| 2 | 3 | 노트북 | 54 |

```
SELECT * FROM 제품변경LOG;
```

결과 | 메시지

| | id | 제품명 | 재고량 | 날짜 | 종류 |
|---|---|---|---|---|---|
| 1 | 1 | 가습기 | 60 | 2019-11-03 | UPDATE |
| 2 | 2 | 냉장고 | 60 | 2019-11-03 | DELETE |

한 테이블에서 UPDATE, DELETE, INSERT가 발생하면 다른 테이블의 데이터 값을 변경해야 하는 경우가 있다.

〈상품〉에 대한 〈주문〉이 발생하면 상품의 〈재고량〉에서 상품 〈주문량〉만큼 빼야하고 상품에 대한 〈입고〉가 발생하면 상품의 〈재고량〉에서 상품 〈입고량〉만큼 더해야 한다.

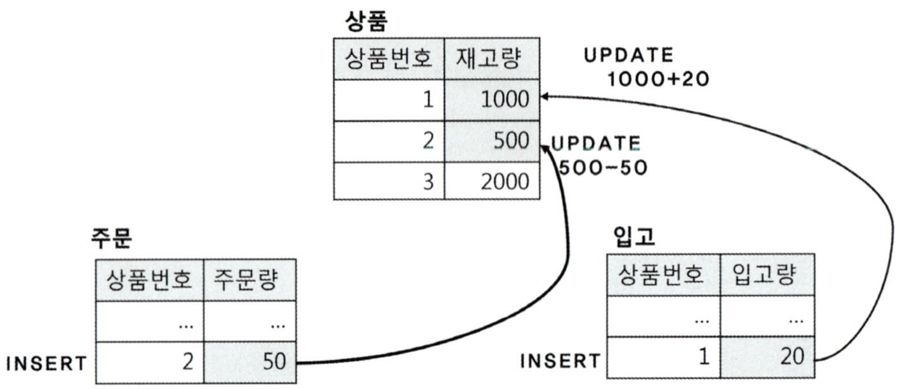


**예제** 트리거-3 : INSERT가 발생할 때 다른 테이블 UPDATE하기

```
CREATE TABLE 제품주문(id INT, 주문량 INT,주문일 DATE );

CREATE TRIGGER 재고량변경 ON 제품주문 AFTER INSERT
AS
BEGIN
DECLARE @주문량 INT,@id INT
SELECT @주문량=주문량, @id=id FROM INSERTED
UPDATE 제품정보 SET 재고량=재고량-@주문량 WHERE  id=@id
END

SELECT * FROM 제품정보; /*(예제 트리거-2) 테이블 그대로 사용*/
```

결과 | 메시지

| | id | 제품명 | 재고량 |
|---|---|---|---|
| 1 | 1 | COMPUTER | 60 |
| 2 | 3 | 노트북 | 54 |

```
INSERT INTO 제품주문 VALUES(1,10,GETDATE());
SELECT * FROM 제품정보; /*재고량 변경됨*/
```

결과 | 메시지

| | id | 제품명 | 재고량 |
|---|---|---|---|
| 1 | 1 | COMPUTER | 50 |
| 2 | 3 | 노트북 | 54 |

**실습**

① 다음 표를 참고하여 3개 테이블을 만든다.

| 테이블이름 : 고객정보 | | |
|---|---|---|
| 열이름 | 데이터형식 | 제약조건 |
| 고객번호 | CHAR(13) | PK |
| 포인트 | INT | DEFAULT 0 |

| 테이블이름 : 메뉴정보 | | |
|---|---|---|
| 열이름 | 데이터형식 | 제약조건 |
| 메뉴 | NVARCHAR(10) | PK |
| 가격 | INT | NOT NULL |
| 재고량 | INT | NOT NULL |

| 테이블이름 : 주문정보 | | |
|---|---|---|
| 열이름 | 데이터형식 | 제약조건 |
| 주문번호 | INT | PK |
| 고객번호 | CHAR(13) | NOT NULL |
| 메뉴 | NVARCHAR(10) | FK 메뉴정보(메뉴) |
| 주문수 | INT | NOT NULL |

**②** 2개 테이블에 데이터를 추가한다.

| 고객정보 | |
|---|---|
| 고객번호 | 포인트 |
| 01012345678 | 999 |
| 01012345679 | 888 |
| 01012345677 | 777 |

| 메뉴정보 | | |
|---|---|---|
| 메뉴 | 가격 | 재고량 |
| 크림 치킨 피자 | 10000 | 10 |
| 불갈비 피자 | 20000 | 10 |
| 쉬림프 피자 | 15000 | 10 |

**③** 다음과 같은 작업을 처리하는 트리거를 작성한다.

- 주문이 발생된 다음(주문정보 테이블에서 INSERT가 실행된 후) 동작한다.
- 주문이 발생하면 〈메뉴정보〉테이블의 〈재고량〉을 주문한 수량만큼 뺀 값으로 UPDATE한다.
- 그리고, UPDATE된 현재 재고량을 보여준다.

다음의 INSERT명령을 실행시키면 결과는 다음과 같다.

```
INSERT INTO 주문정보 VALUES(111,'01012345678','쉬림프 피자',2);
```

**④** 문제 ③에서 작성한 트리거를 다음 내용을 추가해서 수정한다.

- 주문이 발생하면 〈고객정보〉테이블의 〈포인트〉값을 메뉴의 주문수와 메뉴의 가격을 곱한 총 금액의 10%만큼 더한 값으로 UPDATE한다.
- 그리고, UPDATE된 현재 포인트 값을 보여준다.

다음의 INSERT명령을 실행시키면 결과는 다음과 같다.

```
INSERT INTO 주문정보 VALUES(112,'01012345678','쉬림프 피자',2);
```

결과 | 메시지

| | 메뉴 | 현재재고 |
|---|---|---|
| 1 | 쉬림프 피자 | 6 |

| | 고객번호 | 현재포인트 |
|---|---|---|
| 1 | 01012345678 | 3999 |

**5** 문제 ④에서 작성한 트리거를 다음 내용을 추가해서 수정한다.

**Hint** `COLUMNS_UPDATED()`

- 주문이 취소된 다음(주문정보 테이블에서 DELETE가 실행된 후) 동작하는 내용을 추가한다.
- 주문이 취소되면 〈메뉴정보〉테이블의 〈재고량〉을 취소한 수량만큼 더한 값으로 UPDATE한다.
- 그리고, UPDATE된 현재 재고량을 보여준다.
- 주문이 취소되면 〈고객정보〉테이블의 〈포인트〉값을 메뉴의 취소 주문 수와 메뉴의 가격을 곱한 총 금액의 10%만큼 뺀 값으로 UPDATE한다.
- 그리고, UPDATE된 현재 포인트 값을 보여준다.

다음의 DELETE명령을 실행시키면 결과는 다음과 같다.

```
DELETE FROM 주문정보 WHERE 주문번호=112;
```

결과 | 메시지

| | 메뉴 | 현재재고 |
|---|---|---|
| 1 | 쉬림프 피자 | 8 |

| | 고객번호 | 현재포인트 |
|---|---|---|
| 1 | 01012345678 | 999 |

다음의 INSERT명령을 실행시키면 결과는 다음과 같다.

```
INSERT INTO 주문정보 VALUES(113,'01012345677','불갈비 피자',3);
```

결과 | 메시지

| | 메뉴 | 현재재고 |
|---|---|---|
| 1 | 불갈비 피자 | 7 |

| | 고객번호 | 현재포인트 |
|---|---|---|
| 1 | 01012345677 | 6777 |

**6** 문제 ⑤에서 작성한 트리거를 다음 내용을 추가해서 수정한다.

- 주문이 발생된 다음(주문정보 테이블에서 INSERT가 실행된 후) 만일, 〈고객정보〉테이블에 등록되지 않은 고객의 주문이 들어온 경우에는, 〈고객정보〉테이블에 한 행을 추가한다(INSERT).

**Hint** NOT EXISTS()

다음의 INSERT명령을 실행시키면 결과는 다음과 같다.

```
INSERT INTO 주문정보 VALUES(115,'01011112222','불갈비 피자',3);
```

결과 | 메시지

| | 메뉴 | 현재재고 |
|---|---|---|
| 1 | 불갈비 피자 | 4 |

| | 고객번호 | 현재포인트 |
|---|---|---|
| 1 | 01011112222 | 6000 |

## 11.2 INSTEAD OF Trigger

지정한 테이블에서 INSERT, UPDATE, DELETE 명령이 실행될 때 이 명령들 대신에 자동으로 동작하는 트리거이다.

INSERT, UPDATE, DELETE 명령을 중간에서 다른 작업으로 변경시키거나 추가 작업을 수행 할 수도 있고 INSERT, UPDATE, DELETE를 실행 못하게 할 수 있다.

INSERT, UPDATE, DELETE 명령을 중간에서 가로채는 트리거라고 이해할 수 있다.

### ■ INSTEAD OF INSERT

지정한 테이블에서 INSERT가 발생할 때 INSERT 명령 대신 동작하는 트리거이다.

예제 트리거-4 : INSERT명령 대신 동작하는 트리거

```
CREATE TABLE 지점관리(지점번호 INT, 지점명 NCHAR(10), 지점장 NCHAR);

/*지역명칭이 변경된 경우, 이전 값으로 입력된 값을 변경해서 INSERT*/
CREATE TRIGGER 지점명변경 ON 지점관리 INSTEAD OF INSERT
AS
INSERT INTO 지점관리
SELECT 지점번호,REPLACE(지점명,'영종도','영종국제도시'),지점장 FROM INSERTED

INSERT INTO 지점관리 VALUES(1,'영종도1지점','고');

SELECT * FROM 지점관리;
```

결과 | 메시지

| | 지점번호 | 지점명 | 지점장 |
|---|---|---|---|
| 1 | 1 | 영종국제도시1지점 | 고 |

## ■ INSTEAD OF UPDATE

지정한 테이블에서 UPDATE가 발생할 때 UPDATE명령 대신 동작하는 트리거이다.

**예제 트리거-5 : UPDATE 명령 대신으로 동작하는 트리거**

```
CREATE TABLE 성적관리(번호 INT, 과목 NCHAR(6), 성적 CHAR);
INSERT INTO 성적관리 VALUES(1,'데이터베이스','F');

/*F학점인 경우 A학점으로는 변경되지 못하도록 하는 트리거*/'
CREATE TRIGGER 점수변경확인 ON 성적관리 INSTEAD OF UPDATE
AS
BEGIN
DECLARE @이전성적 CHAR, @변경성적 CHAR, @번호 INT
SELECT @이전성적=성적 FROM DELETED
SELECT @번호=번호, @변경성적=성적 FROM INSERTED
IF ((@이전성적='F') AND (@변경성적='A'))
   PRINT 'F학점 과목은 A학점으로 변경 불가'
ELSE
  UPDATE 성적관리 SET 성적=@변경성적 WHERE 번호=@번호
END

UPDATE 성적관리 SET 성적='A' WHERE 번호=1;
```

메시지

F학점 과목은 A학점으로 변경불가

(1개 행이 영향을 받음)

```
SELECT * FROM 성적관리;
```

결과 | 메시지

| | 번호 | 과목 | 성적 |
|---|---|---|---|
| 1 | 1 | 데이터베이스 | F |

```
UPDATE 성적관리 SET 성적='B' WHERE 번호=1;
SELECT * FROM 성적관리;
```

결과 | 메시지

| | 번호 | 과목 | 성적 |
|---|---|---|---|
| 1 | 1 | 데이터베이스 | B |

## ■ INSTEAD OF DELETE

지정한 테이블에서 DELETE가 발생할 때 DELETE명령 대신 동작하는 트리거이다.

**예제** 트리거-6 : DELETE 명령 대신 동작하는 트리거

```
CREATE TABLE 멤버관리(번호 INT, 이름 NCHAR, 미납액 INT);
INSERT INTO 멤버관리 VALUES(1,'가',0),(2,'나',100);

/*미납액이 남아있지 않은 경우에만 DELETE할 수 있도록 하는 트리거*/
CREATE TRIGGER 탈퇴승인 ON 멤버관리 INSTEAD OF DELETE
AS
BEGIN
DECLARE @미납액 INT, @번호 INT
SELECT @미납액=미납액,@번호=번호 FROM DELETED
IF (@미납액>0)
   PRINT '미납액이 있어서 DELETE불가합니다.'
ELSE
   DELETE FROM 멤버관리 WHERE 번호=@번호
END

DELETE FROM 멤버관리 WHERE 번호=2;
```

메시지

미납액이 있어서 DELETE불가합니다.

(1개 행이 영향을 받음)

```
SELECT * FROM 멤버관리;
```

결과 | 메시지

| | 번호 | 이름 | 미납액 |
|---|---|---|---|
| 1 | 1 | 가 | 0 |
| 2 | 2 | 나 | 100 |

```
DELETE FROM 멤버관리 WHERE 번호=1;
SELECT * FROM 멤버관리;
```

결과 | 메시지

| | 번호 | 이름 | 미납액 |
|---|---|---|---|
| 1 | 2 | 나 | 100 |

**실습**

① 다음 표를 참고하여 2개 테이블을 만든다.

| 테이블이름 : 메뉴관리 | | |
|---|---|---|
| 열이름 | 데이터형식 | 제약조건 |
| 메뉴 | NVARCHAR(10) | PK |
| 재고량 | INT | NOT NULL |

| 테이블이름 : 주문관리 | | |
|---|---|---|
| 열이름 | 데이터형식 | 제약조건 |
| 주문번호 | INT | PK |
| 메뉴 | NVARCHAR(10) | FK 상품정보(메뉴) |
| 주문수 | INT | NOT NULL |
| 배송상태 | NCHAR(4) | |

② 2개 테이블에 데이터를 추가한다.

| 메뉴관리 | | |
|---|---|---|
| 메뉴 | 가격 | 재고량 |
| 크림 치킨 피자 | 10000 | 10 |
| 불갈비 피자 | 20000 | 10 |
| 쉬림프 피지 | 15000 | 10 |

| 주문관리 | | | |
|---|---|---|---|
| 주문번호 | 메뉴 | 주문수 | 배송상태 |
| 111 | 쉬림프 피자 | 1 | 배송출발 |
| 113 | 불갈비 피자 | 1 | 준비중 |
| 115 | 불갈비 피자 | 1 | 배송대기 |

**3** 다음과 같은 작업을 처리하는 트리거를 작성한다.

- 주문이 취소될 때(주문관리 테이블에서 DELETE가 실행될 때) 동작한다.
- 주문이 취소될 때, 〈주문관리〉테이블의 〈배송상태〉가 '배송출발'인 경우에는 주문 취소를 못하도록 한다.
- 〈주문관리〉테이블의 〈배송상태〉가 '배송출발'이 아니면 주문 취소를 수행한다.

다음의 DELETE명령을 실행시키면 결과는 다음과 같다.

```
DELETE FROM 주문관리 WHERE 주문번호=111;
```

메시지

배송이 시작되어 주문 취소 불가

(1개 행이 영향을 받음)

```
SELECT * FROM 주문관리;
```

결과 | 메시지

| | 주문번호 | 메뉴 | 주문수 | 배송상태 |
|---|---|---|---|---|
| 1 | 111 | 쉬림프 피자 | 1 | 배송출발 |
| 2 | 113 | 불갈비 피자 | 1 | 준비중 |
| 3 | 115 | 불갈비 피자 | 1 | 배송대기 |

다음의 DELETE명령을 실행시키면 결과는 다음과 같다.

```
DELETE FROM 주문관리 WHERE 주문번호=113;
```

```
SELECT * FROM 주문관리;
```

결과 | 메시지

| | 주문번호 | 메뉴 | 주문수 | 배송상태 |
|---|---|---|---|---|
| 1 | 111 | 쉬림프 피자 | 1 | 배송출발 |
| 2 | 115 | 불갈비 피자 | 1 | 배송대기 |

**4** 다음과 같은 작업을 처리하는 트리거를 작성한다.

- 주문이 발생할 때(주문관리 테이블에서 INSERT가 실행될 때) 동작한다.
- 주문이 발생할 때, 〈메뉴관리〉테이블의 〈재고량〉이 〈주문수〉보다 적은 경우에는 '재고 부족으로 주문접수를 할 수 없다'는 메시지를 출력하고 주문을 추가하지 않는다.
- 〈메뉴관리〉테이블의 〈재고량〉이 〈주문수〉보다 많거나 같은 경우에는 주문을 추가한다.

다음의 INSERT명령을 실행시키면 결과는 다음과 같다.

```
INSERT INTO 주문관리 VALUES(117,'쉬림프피자',11,NULL);
```

메시지

재고량 부족으로 주문 접수 불가

(1개 행이 영향을 받음)

```
SELECT * FROM 주문관리;
```

결과 | 메시지

| | 주문번호 | 메뉴 | 주문수 | 배송상태 |
|---|---|---|---|---|
| 1 | 111 | 쉬림프 피자 | 1 | 배송출발 |
| 2 | 115 | 불갈비 피자 | 1 | 배송대기 |

다음의 INSERT명령을 실행시키면 결과는 다음과 같다.

```
INSERT INTO 주문관리 VALUES(117,'쉬림프피자',5,NULL);

SELECT * FROM 주문관리;
```

결과 | 메시지

| | 주문번호 | 메뉴 | 주문수 | 배송상태 |
|---|---|---|---|---|
| 1 | 111 | 쉬림프 피자 | 1 | 배송출발 |
| 2 | 115 | 불갈비 피자 | 1 | 배송대기 |
| 3 | 117 | 쉬림프 피자 | 5 | NULL |

CHAPTER

# 12 인덱스

두꺼운 책에서 특정 항목을 찾아야 할 때, 첫 장부터 한 장 씩 넘겨가면서 찾는 것보다 책 뒤에 있는 〈찾아보기〉나 〈인덱스〉를 이용하면 쉽고 빠르게 원하는 항목을 찾을 수 있다.

데이터베이스에서의 인덱스도 동일한 기능을 지원한다.

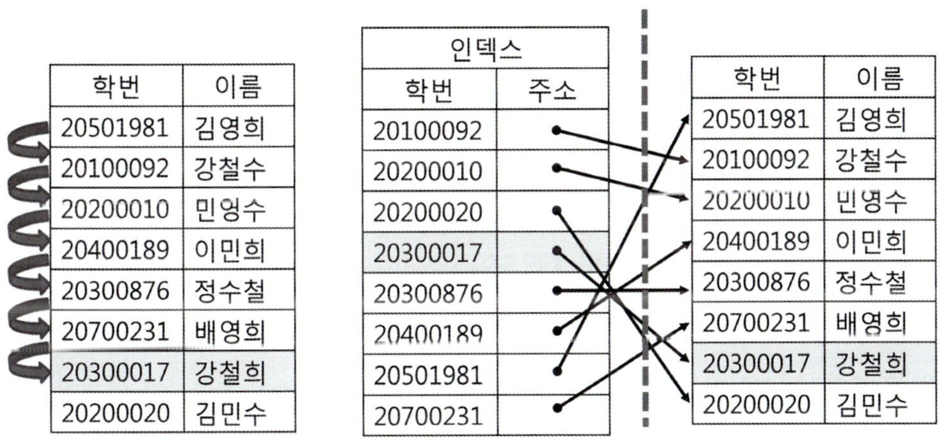


인덱스 없는 테이블 검색　　인덱스가 정의된 테이블은 인덱스를 통해서 검색

수많은 데이터에서 원하는 데이터를 검색할 때 인덱스를 이용하는 것과 인덱스 없이 찾는 것과는 **검색속도**에서 상당히 차이가 있다.

그러나, 인덱스는 데이터와는 별도로 또 다른 파일로 존재하기 때문에 **공간**이 필요하다는 단점이 있다.

또한, 데이터 용량과 그 외 경우에 따라서 처음 인덱스를 생성할 때 많은 시간이 필요할 수도 있고, 데이터에 대한 변경 작업이 수시로 일어나는 경우에는 인덱스 파일에 대해서도 추가적으로 변경이 일어나야 하므로 오히려 시스템 성능이 떨어질 수도 있다.

따라서 데이터베이스를 디자인할 때 이런 모든 것들을 고려해서 설계해야 한다.

## 12.1 인덱스 종류

인덱스는 다음 2가지 유형이 있다.

- 클러스터형 인덱스(CLUSTERD INDEX)
- 비클러스터형 인덱스(NONCLUSTERD INDEX)

### 12.1.1 클러스터형 인덱스

**클러스터형 인덱스**는 데이터 자체가 인덱스에서 지정된 키값에 의해 실제로 정렬되어 있는 형태이다. 데이터 자체가 정렬되어 있으므로 책자체가 **사전형식**으로 정렬되어 있는 방식과 같다고 볼 수 있다.

**클러스터형 인덱스**는 테이블 당 **1개만** 정의 가능하며 다음과 같은 방법으로 만들 수 있다.

#### ■ PRIMARY KEY 및 UNIQUE 제약조건

PRIMARY KEY 제약조건을 만들 때 테이블에 클러스터형 인덱스가 별도로 정의되어 있지 않고 비클러스터형이라고 지정하지 않으면 클러스터형 인덱스가 자동으로 만들어진다.

UNIQUE 제약조건을 만들면 기본적으로 비클러스터형 인덱스가 생성되지만, 테이블에 클러스터형 인덱스가 정의되어 있지 않은 경우에는 클러스터형 인덱스를 지정할 수 있다.

인덱스 이름은 PRIMARY KEY 또는 UNIQUE 제약조건 이름과 같은 이름이 자동으로 지정된다.

#### ■ 제약조건의 영향을 받지 않는 인덱스

PRIMARY KEY 제약조건을 만들지 않았거나 PRIMARY KEY 제약조건이 있지만 비클러스터형으로 만들어진 경우에는 클러스터형 인덱스를 별도로 만들 수 있다.

```
CREATE CLUSTERED INDEX 인덱스이름 ON 테이블이름(열이름);
```

## ■ 인덱싱된 뷰

뷰에 클러스터형 인덱스를 정의하면 정렬된 뷰를 만들 수 있다.

```
CREATE CLUSTERED INDEX 인덱스이름  ON 뷰이름(열이름);
```

다음과 같은 테이블을 만들고 행을 추가했을 때 클러스터형 인덱스는 어떻게 검색하는지 알아보자.

인덱스를 만들기전에는 데이터는 입력한 순서 그대로 저장되고 SELECT로 검색하면 결과는 저장된 순서대로 그대로 보여준다.

```
CREATE TABLE 프로젝트 (프로젝트 CHAR(5) NOT NULL , 팀장 NCHAR(5))

INSERT INTO 프로젝트 VALUES
('P04','고철희'),
('P08','민동수'),
('P05','최영수'),
('P07','홍길동'),
('P11','정길수'),
('P15','박길동'),
('P17','배영호'),
('P10','이영호'),
('P19','심정희'),
('P22','안길호'),
('P13','김영철'),
('P20','명유미'),
('P01','김영희'),
('P03','박철수'),
('P18','민동수')
```

```
SELECT * FROM 프로젝트
```

결과 | 메시지

| | 프로젝트 | 팀장 |
|---|---|---|
| 1 | P04 | 고철희 |
| 2 | P08 | 민동수 |
| 3 | P05 | 최영수 |
| 4 | P07 | 홍길동 |
| 5 | P11 | 정길수 |
| 6 | P15 | 박길동 |
| 7 | P17 | 배영호 |
| 8 | P10 | 이영호 |
| 9 | P19 | 심정희 |
| 10 | P22 | 안길호 |
| 11 | P13 | 김영철 |
| 12 | P20 | 명유미 |
| 13 | P01 | 김영희 |
| 14 | P03 | 박철수 |
| 15 | P18 | 민동수 |

클러스터형 인덱스를 자동으로 만들기 위해 다음과 같이 PRIMARY KEY 제약조건을 추가한다.

```
ALTER TABLE 프로젝트 ADD CONSTRAINT 프로젝트_PK_IDX PRIMARY KEY(프로젝트) ;
```

SP_HELP를 실행시켜서 만든 인덱스를 확인한다.

```
EXEC SP_HELP 프로젝트;
```

다음 그림에서 보는 것처럼 만들어진 인덱스를 확인할 수 있다. 인덱스 이름은 PRIMARY KEY 제약조건 이름과 동일하고 'clustered'유형으로 만들어진 것을 볼 수 있다.

| | index_name | index_description | index_keys |
|---|---|---|---|
| 1 | 프로젝트_PK_IDX | clustered, unique, primary key located on PRIMARY | 프로젝트 |

| | constraint_type | constraint_name | delete_action | update_action | status_enabled | status_for_replication | constraint_keys |
|---|---|---|---|---|---|---|---|
| 1 | PRIMARY KEY (clustered) | 프로젝트_PK_IDX | (n/a) | (n/a) | (n/a) | (n/a) | 프로젝트 |

클러스터형 인덱스가 정의되면 실제 데이터들도 인덱스에서 지정된 열의 값에 의해 정렬된다.

따라서 다음과 같은 SELECT 명령을 수행하면 인덱스를 지정하기 전의 결과와 달리 **데이터** 자체도 **정렬**된 것을 확인할 수 있다.

```
SELECT * FROM 프로젝트;
```

결과 | 메시지

| | 프로젝트 | 팀장 |
|---|---|---|
| 1 | P04 | 고철희 |
| 2 | P08 | 민동수 |
| 3 | P05 | 최영수 |
| 4 | P07 | 홍길동 |
| 5 | P11 | 정길수 |
| 6 | P15 | 박길동 |
| 7 | P17 | 배영호 |
| 8 | P10 | 이영호 |
| 9 | P19 | 심정희 |
| 10 | P22 | 안길호 |
| 11 | P13 | 김영철 |
| 12 | P20 | 명유미 |
| 13 | P01 | 김영희 |
| 14 | P03 | 박철수 |
| 15 | P18 | 민동수 |

결과 | 메시지

| | 프로젝트 | 팀장 |
|---|---|---|
| 1 | P01 | 김영희 |
| 2 | P03 | 박철수 |
| 3 | P04 | 고철희 |
| 4 | P05 | 최영수 |
| 5 | P07 | 홍길동 |
| 6 | P08 | 민동수 |
| 7 | P10 | 이영호 |
| 8 | P11 | 정길수 |
| 9 | P13 | 김영철 |
| 10 | P15 | 박길동 |
| 11 | P17 | 배영호 |
| 12 | P18 | 민동수 |
| 13 | P19 | 심정희 |
| 14 | P20 | 명유미 |
| 15 | P22 | 안길호 |

PRIMARY KEY에 의해 자동으로 클러스터형 인덱스를 만들지 않고 별도로 클러스터형 인덱스를 만들어 보기 위해 다음과 같이 PRIMARY KEY 제약조건을 삭제하고 SP_HELP를 실행해서 인덱스가 삭제된 결과를 확인한다.

```
ALTER TABLE 프로젝트 DROP CONSTRAINT 프로젝트_PK_IDX;
EXEC SP_HELP 프로젝트;
```

다음은, PRIMARY KEY를 지정하지 않고 별도로 클러스터형 인덱스를 정의하는 명령이다.

```
CREATE CLUSTERED INDEX 프로젝트_IDX ON 프로젝트(프로젝트);
```

SP_HELP를 실행시켜서 만든 인덱스를 확인한다.

```
EXEC SP_HELP 프로젝트;
```

| | index_name | index_description | index_keys |
|---|---|---|---|
| 1 | 프로젝트_IDX | clustered located on PRIMARY | 프로젝트 |

만들어진 클러스터형 인덱스를 이용해서 실제로 어떻게 검색이 일어나는지 알아보자.

테이블의 데이터는 실질적으로 한곳에 모두 저장되지 않고 나누어서 저장되는데, 저장되는 단위가 **페이지**이다.

**인덱스**도 **페이지 단위**로 저장된다.

〈프로젝트〉가 'P10'인 행을 검색하면 다음과 같이 인덱스를 통해서 원하는 행이 있는 위치로 찾아간다.

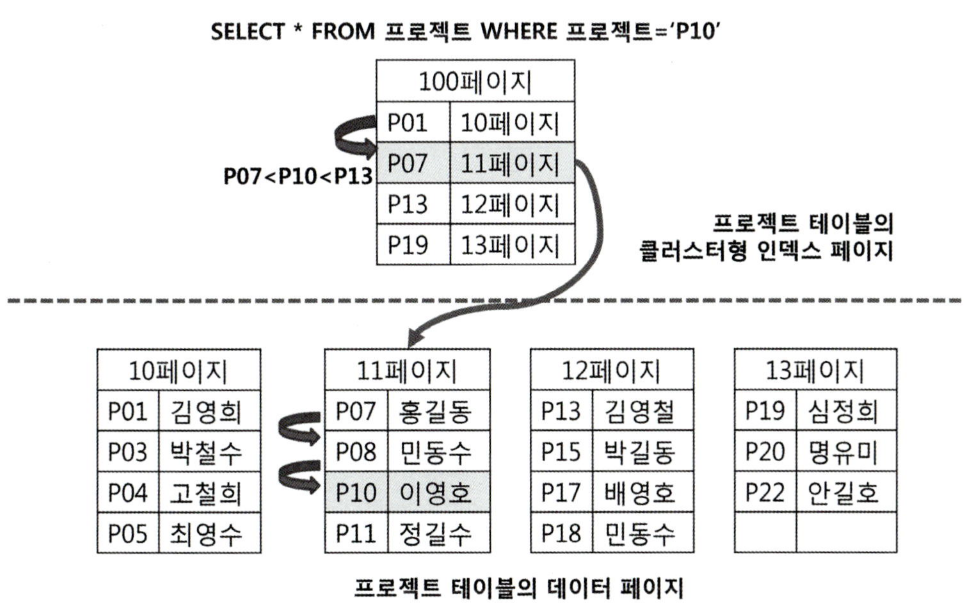

### 12.1.2 비클러스터형 인덱스

**비클러스터형 인덱스**는 데이터는 정렬되지 않고 인덱스만 지정된 키값에 의해 정렬되어 있는 형태이다.

데이터는 정렬되어 있지 않고 인덱스만 정렬되어 있으므로 책 뒤에 〈찾아보기〉나 〈인덱스〉가 있는 **일반적인 책의 방식**과 같다고 보면 된다.

**비클러스터형 인덱스**는 테이블 당 여러 개(최대 249개)를 정의할 수 있으며 다음과 같은 방법으로 만들 수 있다.

#### ■ PRIMARY KEY 및 UNIQUE 제약조건

PRIMARY KEY 제약조건을 만들 때 **NONCLUSTERED**라고 지정하면 비클러스터형 인덱스가 자동으로 만들어진다.

UNIQUE 제약조건을 만들면 **기본적으로** 비클러스터형 인덱스가 생성된다.

인덱스 이름은 PRIMARY KEY 또는 UNIQUE 제약조건 이름과 같은 이름이 자동으로 지정된다.

#### ■ 제약조건의 영향을 받지 않는 인덱스

인덱스를 별도로 만들 때 유형을 지정하지 않으면 기본적으로 비클러스터형의 인덱스가 만들어진다.

'NONCLUSTERED'를 지정해도 된다.

```
CREATE INDEX 인덱스이름 ON 테이블이름(열이름);
또는
CREATE NONCLUSTERED INDEX 인덱스이름 ON 테이블이름(열이름);
```

## ■ 인덱싱된 뷰

뷰에 **클러스터형 인덱스를 만든 다음**, 비클러스터형 인덱스를 만들 수 있다.

```
CREATE NONCLUSTERED INDEX 인덱스이름  ON 뷰이름(열이름);
```

앞 단원에서 만든 테이블을 그대로 이용해서 두 번째 테이블(프로젝트2)을 만들고 행을 추가한다.

인덱스를 만들기 전에 SELECT명령의 결과는 입력된 데이터 순서대로 나온다.

```
CREATE TABLE 프로젝트2 (프로젝트 CHAR(5) NOT NULL , 팀장 NCHAR(5))

INSERT INTO 프로젝트2 VALUES
('P04','고철희'),
('P08','민동수'),
('P05','최영수'),
('P07','홍길동'),
('P11','정길수'),
('P15','박길동'),
('P17','배영호'),
('P10','이영호'),
('P19','심정희'),
('P22','안길호'),
('P13','김영철'),
('P20','명유미'),
('P01','김영희'),
('P03','박철수'),
('P18','민동수')

SELECT * FROM 프로젝트2
```

결과 | 메시지

| | 프로젝트 | 팀장 |
|---|---|---|
| 1 | P04 | 고철희 |
| 2 | P08 | 민동수 |
| 3 | P05 | 최영수 |
| 4 | P07 | 홍길동 |
| 5 | P11 | 정길수 |
| 6 | P15 | 박길동 |
| 7 | P17 | 배영호 |
| 8 | P10 | 이영호 |
| 9 | P19 | 심정희 |
| 10 | P22 | 안길호 |
| 11 | P13 | 김영철 |
| 12 | P20 | 명유미 |
| 13 | P01 | 김영희 |
| 14 | P03 | 박철수 |
| 15 | P18 | 민동수 |

비클러스터형 인덱스를 자동으로 만들기 위해 다음과 같이 PRIMARY KEY 제약조건을 추가한다.

```
ALTER TABLE 프로젝트2 ADD CONSTRAINT 프로젝트2_PK_IDX PRIMARY KEY
NONCLUSTERED (프로젝트);
```

SP_HELP를 실행시켜서 만든 인덱스를 확인한다.

```
EXEC SP_HELP 프로젝트2;
```

다음 그림에서 보는 것처럼 만들어진 인덱스를 확인할 수 있다. 인덱스 이름은 PRIMARY KEY 제약조건 이름과 동일하고 'nonclustered'유형으로 만들어진 것을 볼 수 있다.

| | index_name | index_description | index_keys |
|---|---|---|---|
| 1 | 프로젝트2_PK_IDX | nonclustered, unique, primary key located on PRI... | 프로젝트 |

| | constraint_type | constraint_name | dele... | upd... | stat... | statu... | constraint_keys |
|---|---|---|---|---|---|---|---|
| 1 | PRIMARY KEY (non-clustered) | 프로젝트2_PK_IDX | (n/a) | (n/a) | (n/a) | (n/a) | 프로젝트 |

비클러스터형 인덱스를 정의해도 실제 데이터들은 정렬되지 않는다.

따라서 다음과 같은 명령을 수행하면 **인덱스를 지정하기 전의 결과와 동일**한데, 데이터 자체도 정렬되지 않은 것을 확인할 수 있다.

```
SELECT * FROM 프로젝트2;
```

결과 | 메시지

| | 프로젝트 | 팀장 |
|---|---|---|
| 1 | P04 | 고철희 |
| 2 | P08 | 민동수 |
| 3 | P05 | 최영수 |
| 4 | P07 | 홍길동 |
| 5 | P11 | 정길수 |
| 6 | P15 | 박길동 |
| 7 | P17 | 배영호 |
| 8 | P10 | 이영호 |
| 9 | P19 | 심정희 |
| 10 | P22 | 안길호 |
| 11 | P13 | 김영철 |
| 12 | P20 | 명유미 |
| 13 | P01 | 김영희 |
| 14 | P03 | 박철수 |
| 15 | P18 | 민동수 |

결과 | 메시지

| | 프로젝트 | 팀장 |
|---|---|---|
| 1 | P04 | 고철희 |
| 2 | P08 | 민동수 |
| 3 | P05 | 최영수 |
| 4 | P07 | 홍길동 |
| 5 | P11 | 정길수 |
| 6 | P15 | 박길동 |
| 7 | P17 | 배영호 |
| 8 | P10 | 이영호 |
| 9 | P19 | 심정희 |
| 10 | P22 | 안길호 |
| 11 | P13 | 김영철 |
| 12 | P20 | 명유미 |
| 13 | P01 | 김영희 |
| 14 | P03 | 박철수 |
| 15 | P18 | 민동수 |

다음은, 별도로 비클러스터형 인덱스를 정의하는 명령이다.

비클러스터형 인덱스는 **여러 개를 정의 할 수 있으므로** 앞에서 PRIMARY KEY에 의해 자동으로 만들어진 인덱스를 삭제할 필요가 없다.

```
CREATE NONCLUSTERED INDEX 프로젝트2_팀장_IDX ON 프로젝트2(팀장);
```

SP_HELP를 실행시켜서 만든 인덱스를 확인한다.

```
EXEC SP_HELP 프로젝트2;
```

| | index_name | index_description | index_keys |
|---|---|---|---|
| 1 | 프로젝트2_팀장_IDX | nonclustered located on PRIMARY | 팀장 |
| 2 | 프로젝트2_PK_IDX | nonclustered, unique, primary key located on PRI... | 프로젝트 |

| | constraint_type | constraint_name | dele... | upd... | stat... | stat... | constraint_keys |
|---|---|---|---|---|---|---|---|
| 1 | PRIMARY KEY (non-clustered) | 프로젝트2_PK_IDX | (n/a) | (n/a) | (n/a) | (n/a) | 프로젝트 |

만들어진 비클러스터형 인덱스를 이용해서 실제로 어떻게 검색이 일어나는지 알아보자.

〈프로젝트〉열을 기준으로 만들어진 인덱스를 사용하는 것을 가정한다.

인덱스는 클러스터형 인덱스와는 달리 **트리구조**로 인덱스 페이지가 만들어진다.

데이터에 대한 포인터를 가지는 leaf **인덱스 페이지**가 만들어진 다음, leaf **인덱스 페이지**에 대한 주소를 포함하는 root **인덱스 페이지**가 만들어진다.

〈프로젝트〉가 'P10'인 행을 검색하면 다음과 같이 트리구조 인덱스를 통해서 원하는 행이 있는 위치로 찾아간다.

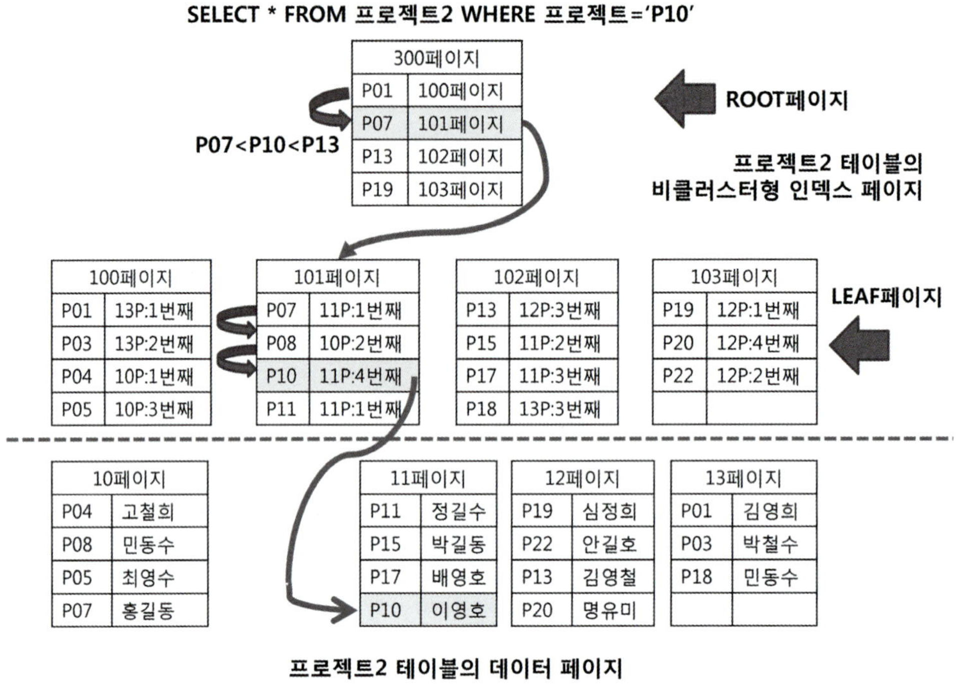


## 12.2 텍스트 검색

텍스트 검색은 문자 데이터 형식으로 정의된 열에서 특정 단어나 구와 정확히 일치하거나 비슷하게 일치하는 단어를 검색할 수 있는 기능이다.

또한, 서로 근접한 단어를 검색하거나 가중치 검색을 할 수도 있다.

문서나 기사 등과 같이 길이가 부정확한 텍스트에서 특정 단어가 포함된 데이터를 검색할 때 필요한 기능이다.

텍스트 검색을 위해서는 **전체 텍스트 인덱스**를 만들어야 하는데, 다음 예제를 통해서 이런 인덱스가 왜 필요한지 알아보자.

자기소개서 내용을 500자 이내로 작성할 수 있는 이력서라고 가정하고 다음과 같은 테이블을 만든다.

```
CREATE TABLE 이력서(번호 INT CONSTRAINT 이력서_PK_번호 PRIMARY KEY, 소개
NVARCHAR(500) NOT NULL)
```

| 번호 | 소개 |
|---|---|
| 1 | 저는 SQL에 능통하고 JAVA를 이용하여 어플을 제작할수 있으며 영어회화 능력이 우수합니다. |
| 2 | 대학 재학시 공공DB 관련 공모전에 입상하였고 매장관리를 했던 경험이 있어서 리더십이 있습니다. |
| 3 | 졸업작품으로 공용주차장 관련 어플을 제작하였고 쇼핑몰 관리 경험이 있으며 자바언어를 잘 사용할 수 있습니다. |

〈소개〉내용 중에 'SQL' 단어가 포함된 데이터를 검색한다면 다음과 같은 SQL문을 작성할 수 있다.

```
SELECT * FROM 이력서 WHERE 소개 LIKE '%SQL%' ;
```

다음과 같이 검색 결과가 잘 나온다.

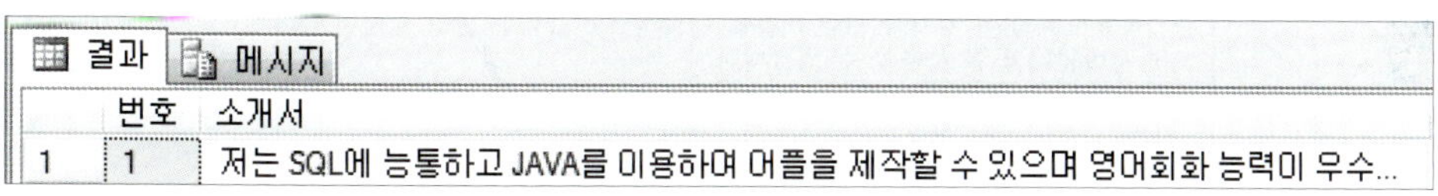


하지만, 이 SELECT문은 인덱스를 이용해서 검색한 것이 아니기 때문에 데이터를 처음부터 마지막까지 순차적으로 하나씩 비교한다.

만일, 수백만 건의 데이터를 대상으로 검색한다면 엄청난 시간이 요구될 것이다.

인덱스를 이용해서 검색하기 위해 앞 단원에서 설명한 인덱스를 정의해 보자.

```
CREATE NONCLUSTERED INDEX 이력서_IDX ON 이력서(소개);
```

메시지에서 보이는 것처럼 인덱스로 만들 수 있는 열의 길이는 제한이 있다. 따라서 인덱스 키 값은 제한된 길이만큼 잘려서 들어간다.

메시지

경고! 최대 키 길이는 900바이트입니다. 인덱스 '이력서_IDX'의 최대 길이는 1000바이트입니다.
큰 값을 조합한 일부 경우에는 삽입/업데이트 작업을 수행할 수 없습니다.

경고 메시지가 나오긴 하지만 인덱스가 만들어지긴 한다.

```
EXEC SP_HELP 이력서;
```

| | index_name | index_description | index_keys |
|---|---|---|---|
| 1 | 이력서_IDX | nonclustered located on PRIMARY | 소개 |

이렇게 만든 인덱스를 이용한다고 해도 인덱스에서 검색하는 단어("SQL")를 찾는 시간은 인덱스 없는 테이블에서 순차적으로 찾는 시간과 차이가 없다.

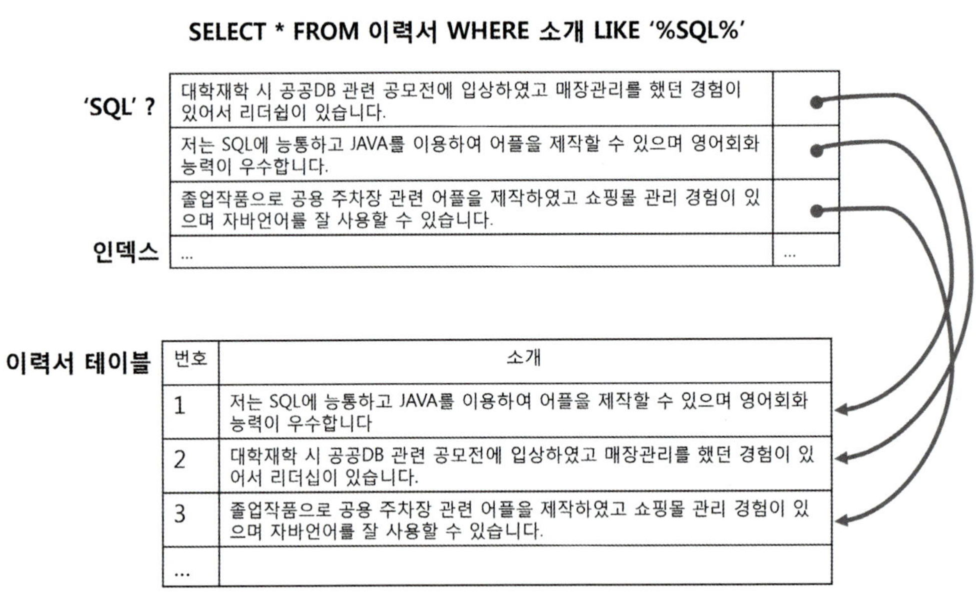


긴 텍스트에 대한 인덱스를 만들고 만든 인덱스를 통해서 검색을 하려면 전체 텍스트(FULLTEXT) 인덱스를 만들어야 한다.

다음 표에서, **전체 텍스트 인덱스**와 일반 SQL 인덱스와의 차이점을 설명하였다.

| 전체 텍스트 인덱스 | 일반 SQL 인덱스 |
|---|---|
| 테이블 또는 뷰당 한 개만 허용한다. | 여러 개의 인덱스를 허용한다. |
| 데이터가 추가될 때 인덱스를 추가하는 것을 "채우기"라고 하며, 채우기는 일정 예약 또는 특정 요청을 통해 수행할 수 있다. | 데이터가 삽입, 업데이트 또는 삭제되면 인덱스도 자동으로 업데이트된다. |
| 같은 데이터베이스 내에서는 하나 이상의 전체 텍스트 카탈로그로 그룹화 된다.<br>카탈로그는 전체 텍스트 인덱스가 들어가는 가상의 공간이다. | 그룹화 되지 않는다. |

전체 텍스트 인덱스를 사용하기 위한 기본 단계는 다음과 같다.

1 전체 텍스트 인덱스를 저장할 **전체 텍스트 카탈로그**를 만든다.

**전체 텍스트 카탈로그**는 가상의 개념이며 전체 텍스트 인덱스를 그룹화하기 위한 개념으로 이해할 수 있다.

카탈로그를 지정하지 않고 텍스트 인덱스를 만들 때, 기본적으로 적용할 카탈로그를 정의하려면 뒤에 'AS DEFAULT'를 붙인다.

```
CREATE FULLTEXT CATALOG 카탈로그이름 AS DEFAULT;
CREATE FULLTEXT CATALOG test_catalog AS DEFAULT;
```

정의한 카탈로그는 SQL 서버의 〈개체 탐색기〉에서 다음과 같이 확인할 수 있다.

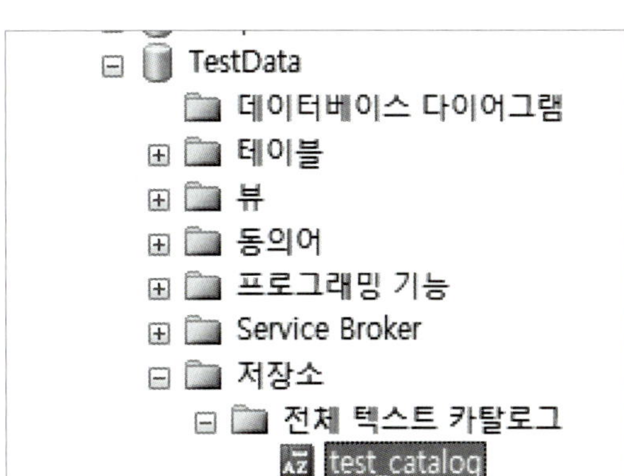

**2** 카탈로그가 만들어졌으면, 테이블 또는 클러스트형 인덱스가 정의된 뷰에서 전체 텍스트 인덱스를 만든다.

인덱스는 최대 1024개의 열을 포함할 수 있다.

KEY INDEX 다음에 지정하는 인덱스는 테이블에 이미 정의되어 있는 일반 SQL 인덱스 중에서 지정하면 되는데, 중복과 NULL을 허용하지 않은 인덱스이어야 하며 정수 유형 값을 선택하는 것이 좋다.

```
CREATE FULLTEXT INDEX ON 테이블명(열이름) KEY INDEX 테이블에정의된인덱스
ON 카탈로그이름;
CREATE FULLTEXT INDEX ON 이력서(소개) KEY INDEX 이력서_PK_번호 ;
```

전체 텍스트 인덱스가 저장될 카탈로그를 지정하지 않으면 기본 카탈로그가 적용된다.

정의된 전체 텍스트 인덱스의 상태를 확인하려면 SYS.FULLTEXT_INDEXES 내용을 검색한다.

```
SELECT * FROM SYS.FULLTEXT_INDEXES;
```

결과 | 메시지

| | object_id | unique_index_id | fulltext_catalog_id | is_enabled | change_tracking_state | change_tracking_state_desc | has_crawl_completed | crawl_type | crawl_type_desc |
|---|---|---|---|---|---|---|---|---|---|
| 1 | 1295343679 | 1 | 5 | 1 | A | AUTO | 1 | U | UPDATE_CRAWL |

만든 전체 텍스트 인덱스에서 어떤 단어를 추출해서 인덱스로 만들었는지 확인하려면 다음 명령을 실행한다.

```
SELECT * FROM SYS.DM_FTS_INDEX_KEYWORDS(DB_ID('데이터베이스이름'),
OBJECT_ID('테이블이름'));

SELECT * FROM SYS.DM_FTS_INDEX_KEYWORDS(DB_ID('testdata'),
OBJECT_ID('dbo.이력서'));
```

결과 | 메시지

| | keyword | display_term | column_id | document_count |
|---|---|---|---|---|
| 1 | 0x002E | . | 2 | 2 |
| 2 | 0x00640062 | db | 2 | 1 |
| 3 | 0x006A006100760061 | java | 2 | 1 |
| 4 | 0x00730071006C | sql | 2 | 1 |
| 5 | 0xACBDD5D8 | 경험 | 2 | 2 |
| 6 | 0xACF5ACF5 | 공공 | 2 | 1 |
| 7 | 0xACF5BAA8 | 공모 | 2 | 1 |
| 8 | 0xACF5BAA8C804 | 공모전 | 2 | 1 |
| 9 | 0xACF5C6A9 | 공용 | 2 | 1 |
| 10 | 0xAD00B828 | 관련 | 2 | 2 |
| 11 | 0xAD00B9AC | 관리 | 2 | 2 |
| 12 | 0xB2A5B825 | 능력 | 2 | 1 |
| 13 | 0xB2A5D1B5 | 능통 | 2 | 1 |
| 14 | 0xB2A5D1B5D558 | 능통하 | 2 | 1 |
| 15 | 0xB300D559 | 대학 | 2 | 1 |

## ■ 중지 목록

만든 전체 텍스트 인덱스에 생성된 키워드 목록을 보면 “저는”, “하고”, “합니다”, “를”, “있으며”, “하였고”등의 단어는 키워드로 추출하지 않았다.

DBMS는 이렇게 키워드로 추출하지 않을 단어들을 모아서 제공하는데, 이 목록을 “**중지 목록**”이라고 한다.

전체 텍스트 인덱스를 만들 때, 시스템에서 기본으로 제공하는 “중지 목록”을 사용할 것인지, 아니면 사용자가 별도로 만든 “중지 목록”을 사용할 것인지 지정할 수 있다.

생략하면 시스템에서 제공하는 “중지 목록”이 사용된다.

```
CREATE FULLTEXT INDEX ON 테이블명(열이름) KEY INDEX 테이블에정의된인덱스
WITH STOPLIST = SYSTEM|OFF|사용자정의중지목록;
```

### ③ 전체 텍스트 인덱스를 사용하여 검색한다.

전체 텍스트 인덱스를 사용하여 검색할 때 사용하는 연산자는 다음과 같다.

```
CONTAINS(대상,찾는값)
```

```
SELECT * FROM 이력서 WHERE CONTAINS(소개,'어플');
```

결과 | 메시지

| | 번호 | 소개 |
|---|---|---|
| 1 | 1 | 저는 SQL에 능통하고 JAVA를 이용하여 어플을 제작할 수 있으며 영어회화 능력이 우수합니다 |
| 2 | 3 | 졸업작품으로 공용주차장관련 어플을 제작하였고 쇼핑몰 관리 경험이 있으며 자바언어를 잘 사... |

```
SELECT * FROM 이력서 WHERE CONTAINS(소개,'어플 AND SQL');
```

결과 | 메시지

| | 번호 | 소개 |
|---|---|---|
| 1 | 1 | 저는 SQL에 능통하고 JAVA를 이용하여 어플을 제작할 수 있으며 영어회화 능력이 우수... |

```
SELECT * FROM 이력서 WHERE CONTAINS(소개,'JAVA OR 자바');
```

결과 | 메시지

| | 번호 | 소개 |
|---|---|---|
| 1 | 1 | 저는 SQL에 능통하고 JAVA를 이용하여 어플을 제작할 수 있으며 영어회화 능력이 우수합니다 |
| 2 | 3 | 졸업작품으로 공용주차장관련 어플을 제작하였고 쇼핑몰 관리 경험이 있으며 자바언어를 잘 사... |

CHAPTER 13

# SQL Server Management System 이용하기

이 단원에서는 SQL Server Management System(SSMS)을 이용하여 테이블을 만들고 데이터베이스를 관리하는 작업 방법에 대해서 알아본다.

## 13.1 테이블 만들기

다음과 같은 테이블의 구조를 설계하고 SSMS를 이용하여 이 테이블들을 생성해 본다.

**데이터베이스 이름: BANK**

| 테이블이름 : 계좌정보 | | |
|---|---|---|
| 열이름 | 데이터형식 | 제약조건 |
| 계좌번호 | INT | PK |
| 이름 | NCHAR(5) | NOT NULL |
| 연락처 | CHAR(13) | NOT NULL |
| 개설일 | DATE | NOT NULL |
| 잔액 | INT | NOT NULL |

| 테이블이름 : 입출금 | | |
|---|---|---|
| 열이름 | 데이터형식 | 제약조건 |
| 일련번호 | INT | IDENTITY, PK |
| 계좌번호 | INT | FK, NOT NULL<br>계좌정보(계좌번호) |
| 유형 | NCHAR(1) | NOT NULL |
| 거래점 | NCHAR(5) | |
| 금액 | INT | NOT NULL |
| 거래일 | DATETIME | NOT NULL |

## ■ 작업 단계

1. SSMS를 이용하여 데이터베이스를 만든다.
〈개체 탐색기〉에서 〈데이터베이스〉 마우스 오른쪽 버튼 클릭-〈새 데이터베이스〉메뉴를 선택한다.

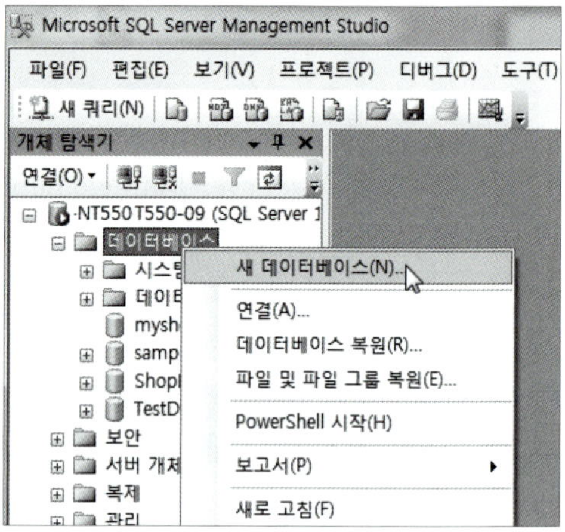

2. 〈새 데이터베이스〉 대화상자에서 〈데이터베이스 이름〉항목에 "BANK"를 입력하고 데이터와 개체들을 저장할 파일의 위치와 로그 파일이 저장될 위치를 지정한 다음 〈확인〉버튼을 클릭한다.

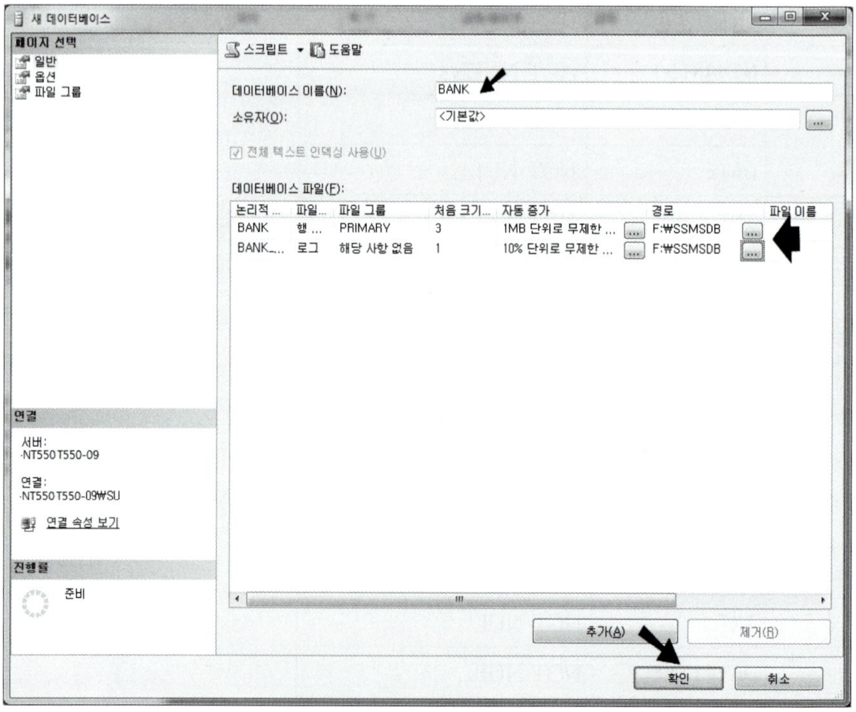

3 〈개체 탐색기〉창에서 BANK 데이터베이스가 생성되었는지 확인한다. 목록에 안보이면 〈F5〉키를 눌러서 새로 고침 한다.

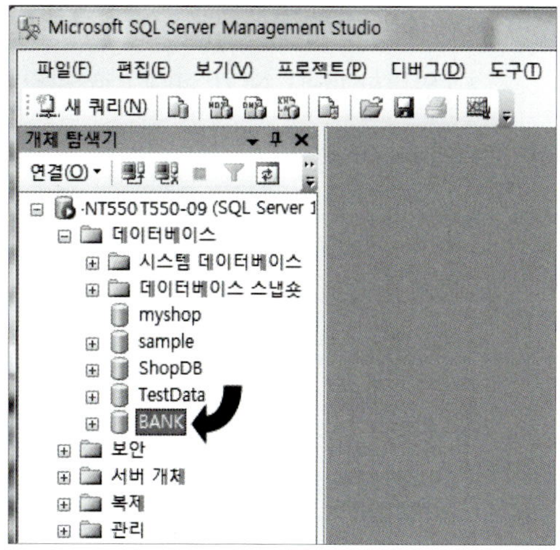


4 테이블을 만들기 위해, 〈개체 탐색기〉에서 〈BANK〉 데이터베이스 폴더의 〈테이블〉을 마우스 오른쪽 버튼으로 클릭한 다음, 〈새 테이블〉메뉴를 선택한다.

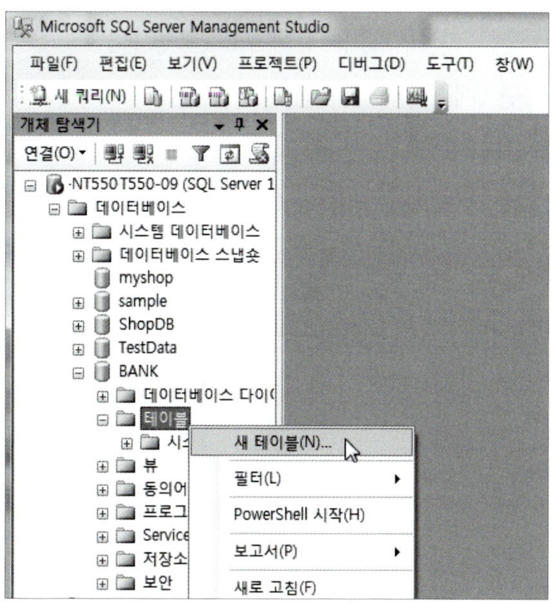

5 〈계좌〉테이블 구조대로 〈열 이름〉을 입력하고 〈데이터 형식〉을 목록에서 선택하거나 입력한 다음, NOT NULL로 지정할 열에 대해서 〈Null 허용〉을 체크 해제한다.

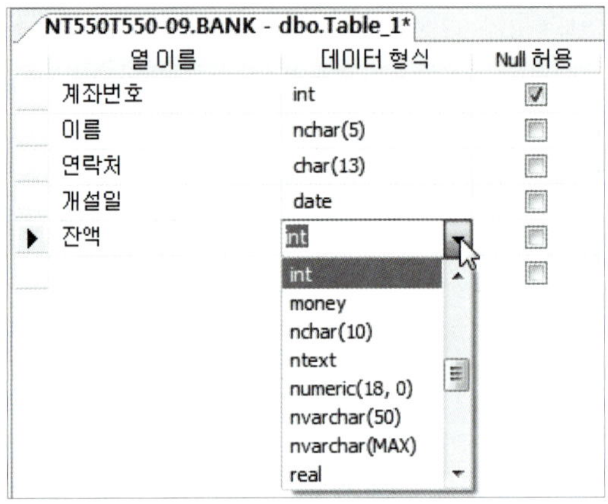


6 〈계좌〉테이블에서 〈계좌번호〉열을 기본 키로 지정한다.

〈열 이름〉목록에서 〈계좌번호〉를 선택하고 〈도구 모음〉줄에서 〈기본 키 설정〉 아이콘을 클릭하면 〈계좌번호〉열 이름 옆에 기본 키 아이콘( 계좌번호 )이 나타난다. 동시에, 기존에 〈Null허용〉체크를 해제 안한 경우에는 자동으로 체크가 해제된다.

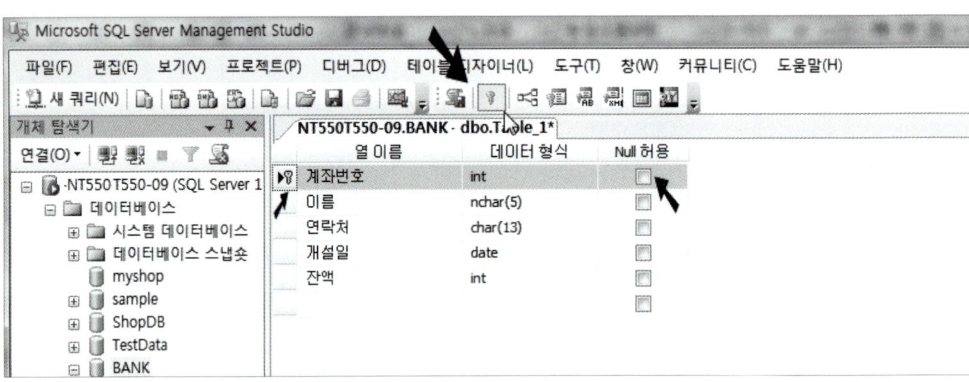

7 〈도구 모음〉줄에서 〈저장〉( )버튼을 클릭하고, 〈이름 선택〉대화 상자에서 테이블 이름(계좌정보)을 입력한 다음, 〈확인〉버튼을 선택한다.

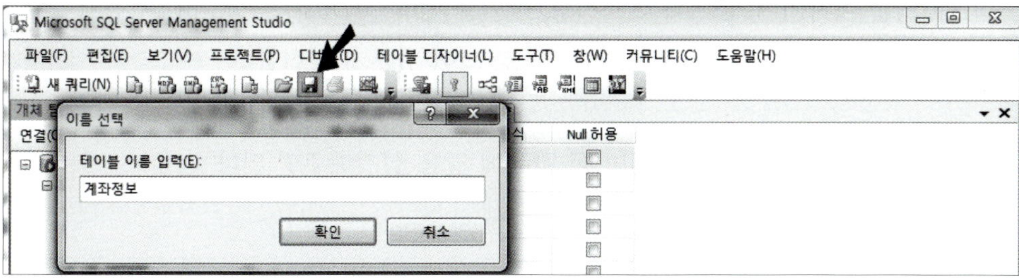


8 〈개체 탐색기〉에서, 앞 단계에서 만든 〈계좌정보〉테이블을 다음과 같이 확인할 수 있다. 테이블을 만들 때 스키마를 지정하지 않으면 기본적으로 dbo 스키마로 지정된다.

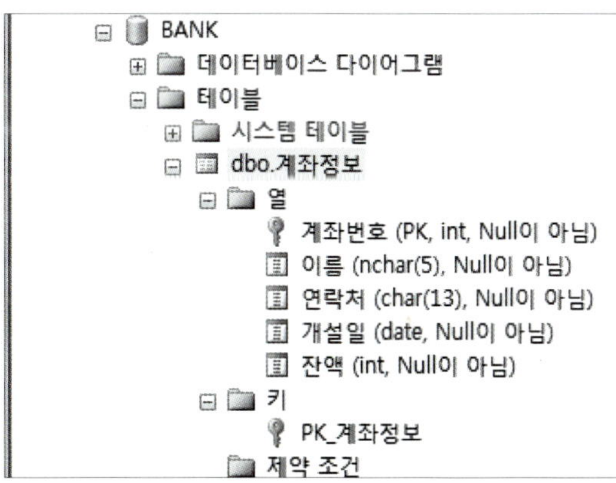


9 앞의 작업 단계를 참고해서 같은 방법으로 〈입출금〉테이블을 만든다. 〈일련번호〉열에 기본 키까지 설정해 놓는다.

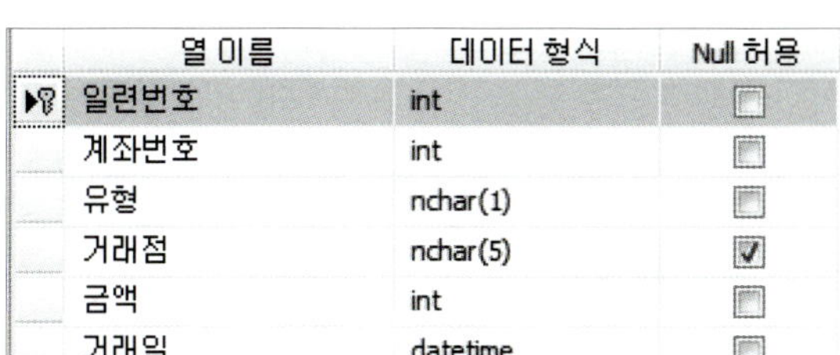

⑩ 〈일련번호〉에 IDENTITY(7단원 참조)를 지정하기 위해 다음과 같이 작업한다. 〈열 이름〉 목록에서 〈일련번호〉를 클릭하면 화면 아래에 해당 열에 대한 〈열 속성〉 창이 열린다.
〈테이블 디자이너〉폴더의 〈ID 사양〉폴더를 열고 "(ID)" 항목을 "예"로 선택한다.
"ID 증가값"과 "ID 초기값"이 "1","1"로 되어 있는지 확인한다.

초기값과 증가값을 변경하려면 이 항목에 값을 설정해주면 된다.

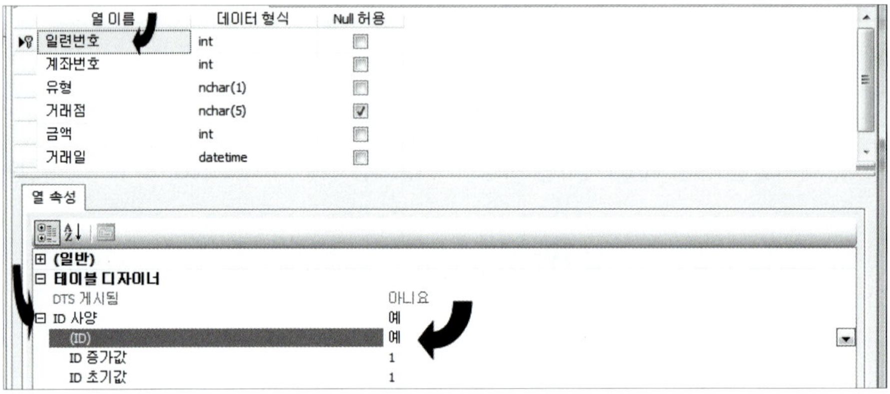


⑪ 〈도구 모음〉줄에서 〈저장〉( )버튼을 클릭하고, 〈입출금〉테이블 이름으로 저장한다.

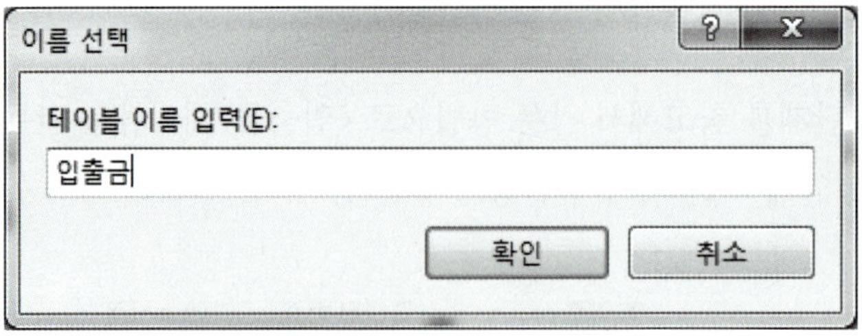

**12** 〈거래정보〉테이블과 〈입출금〉테이블 간에 관계를 설정하는 외래키(FK)를 설정한다.

〈개체 탐색기〉에서 〈입출금〉을 선택하고 마우스 오른쪽 버튼을 클릭한 다음 〈디자인〉메뉴를 선택한다.

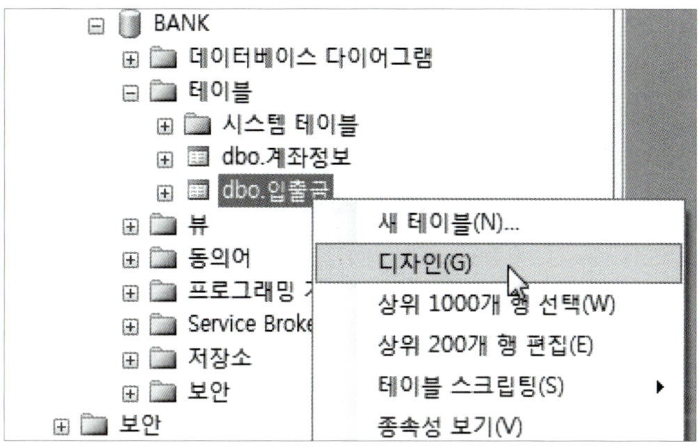


**13** 〈디자인〉창이 열리면, 외래키를 지정하려는 열(계좌번호)을 선택하고 , 마우스 오른쪽 버튼을 눌러서 나온 메뉴에서 〈관계〉를 선택한다.

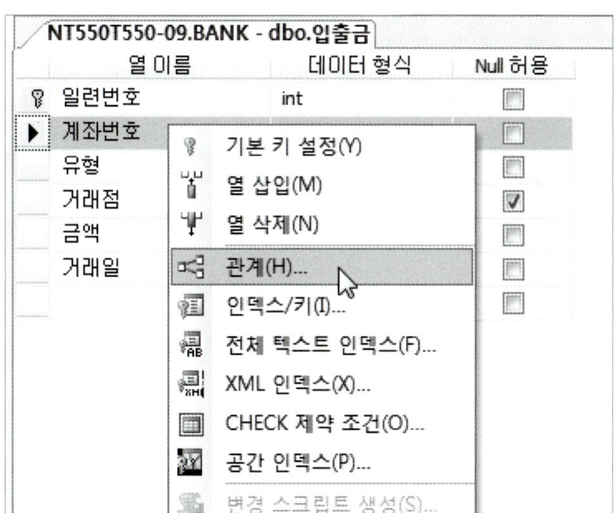

**14** 〈외래 키 관계〉대화상자가 나오면, 〈추가〉버튼을 선택하고 〈(일반)〉폴더의 〈테이블 및 열 사양〉폴더에서 자세히(...) 버튼을 클릭한다.

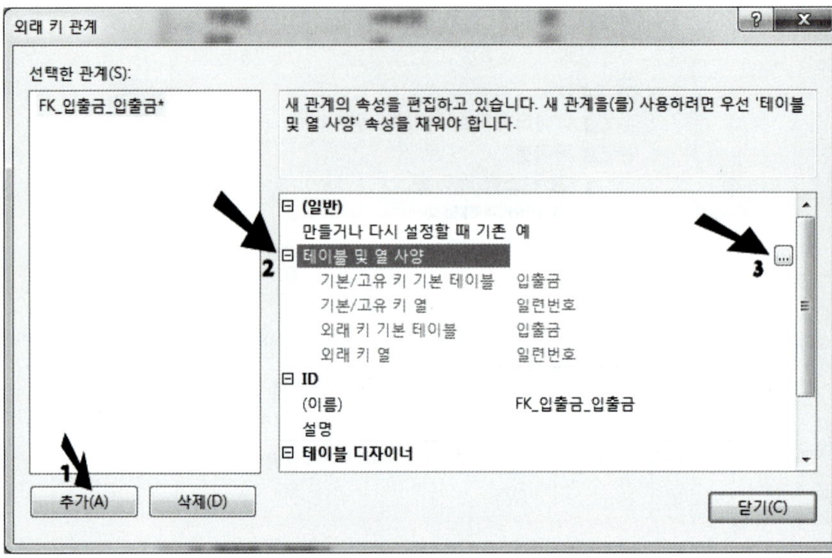


**15** 〈테이블 및 열〉대화상자가 열리면 〈기본 키 테이블〉영역에서 〈계좌정보〉테이블과 〈계좌번호〉를 선택하고 〈외래 키 테이블〉 영역에서 〈계좌번호〉열을 선택한 다음 〈확인〉을 클릭한다.

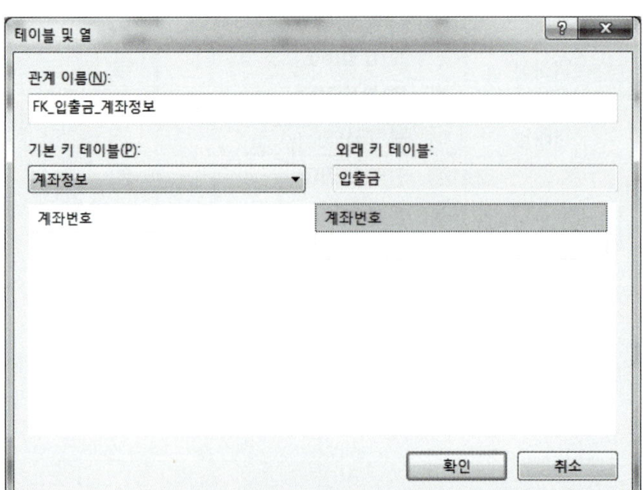

**16** 〈외래 키 관계〉대화상자에서 단계⑮에서 지정한대로 관계가 설정되었는지 확인하고 〈닫기〉버튼을 누른다.

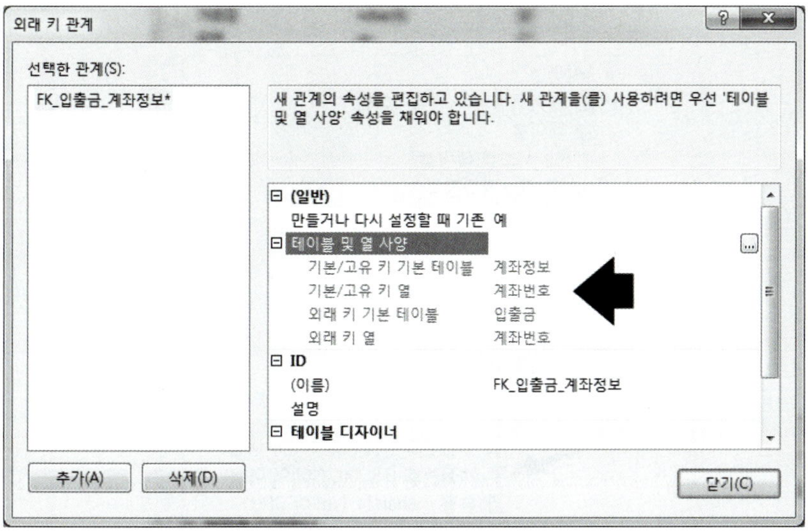


**17** 〈도구 모음〉줄에서 저장( ) 버튼을 누르면 다음과 같은 대화상자가 나타난다. 〈예〉버튼을 선택한다.

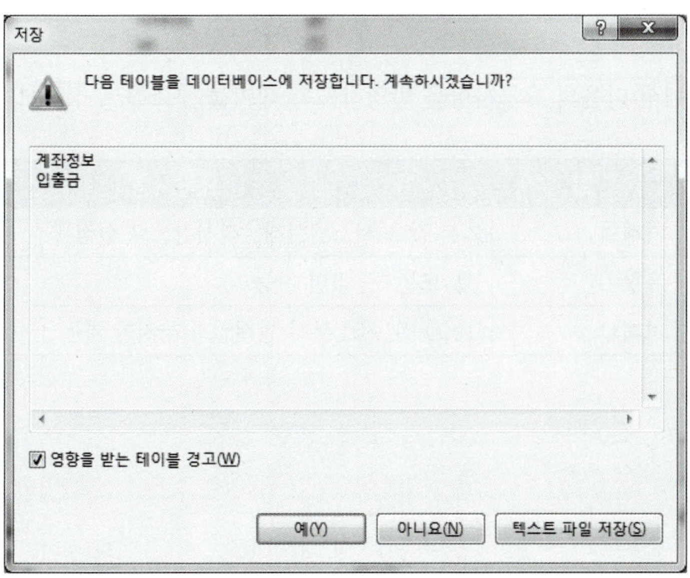

18 〈개체 탐색기〉에서 외래키가 설정되었는지 확인한다.
수정된 내용이 안보이면 해당 항목에서 오른쪽 마우스 버튼을 눌러서 나오는 메뉴에서 〈새로 고침〉을 선택한다.

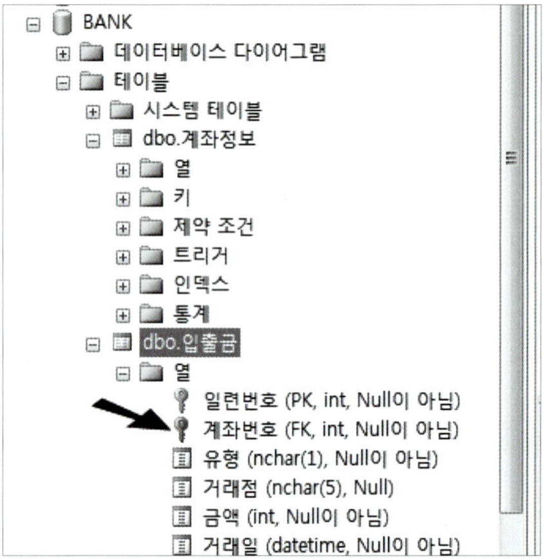


## 13.2 테이블 수정하기

SSMS를 이용해서 다음의 요구사항을 반영하도록 테이블 구조를 수정해보자.

| 테이블 | 열 | 요구사항 |
|---|---|---|
| 입출금 | 거래일 | 기본 값을 시스템현재날짜시간으로 설정 |
| 입출금 | 유형 | '입' 또는 '출'값만 가능 |
| 입출금 | 거래일 | '1900-01-01'부터 현재일자 까지만 가능 |

## ■ 작업 단계

❶ 〈개체 탐색기〉에서 〈입출금〉테이블을 선택하고 마우스 오른쪽 버튼을 클릭한 다음, 〈디자인〉 메뉴를 선택한다.

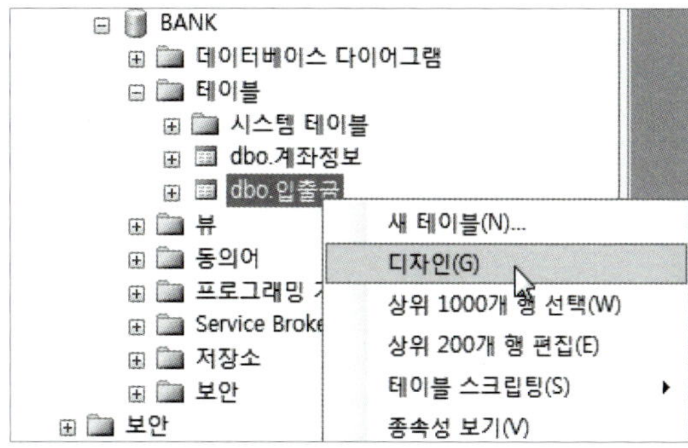


❷ 〈거래일〉에 기본 값을 시스템 현재날짜로 지정한다.

〈거래일〉을 선택하고 화면 아래 영역에 나오는 〈열 속성〉에서 〈일반〉폴더의 〈기본값 또는 바인딩〉항목에 "GETDATE()"를 입력한다.

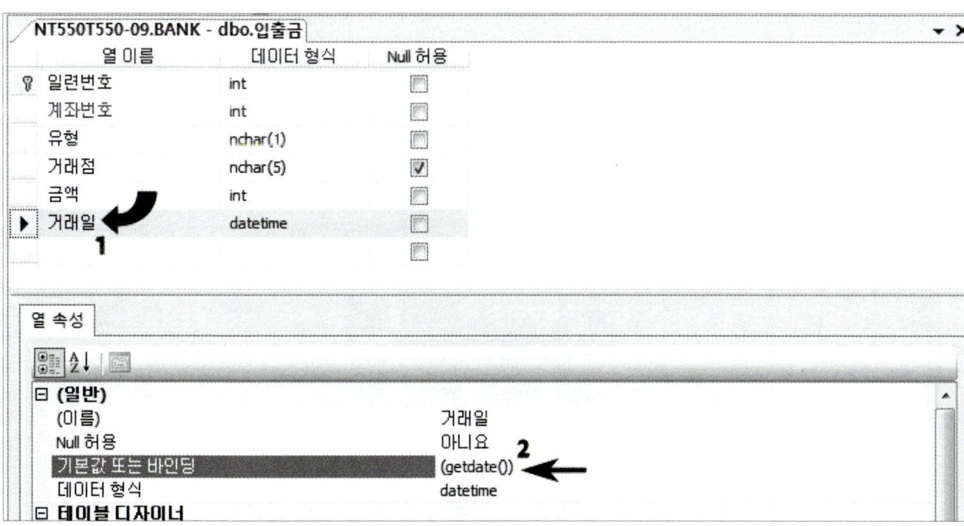


❸ 〈유형〉열에 특정 값만 입력될 수 있도록 제약조건을 추가한다.

〈유형〉을 선택하고 마우스 오른쪽 버튼을 누른 다음 〈CHECK 제약조건〉메뉴를 선택한다.

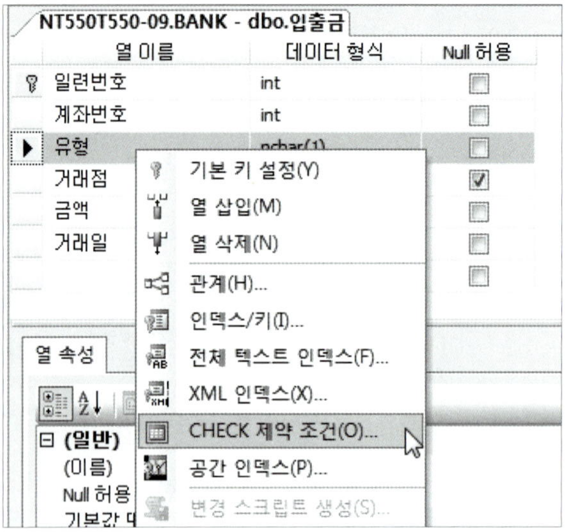


❹ 〈CHECK 제약조건〉대화상자에서 〈추가〉버튼을 누른 다음 〈일반〉폴더의 〈식〉을 클릭하고 자세히( ... )버튼을 누른다.

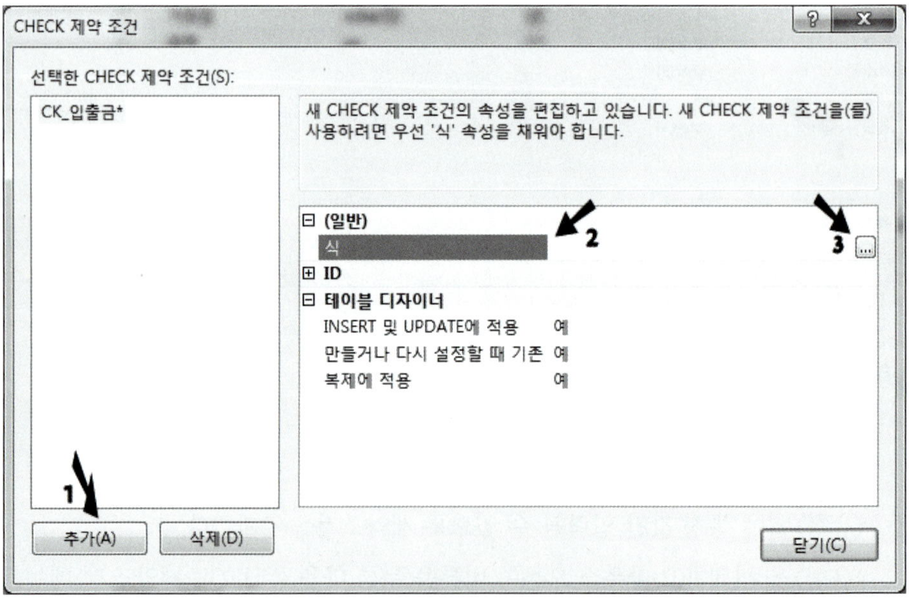

5 〈CHECK 제약 조건 식〉 대화상자에서 다음과 같이 입력한 다음 〈확인〉버튼을 클릭한다.

〈도구 모음〉줄에서 저장( ) 버튼을 누른다.

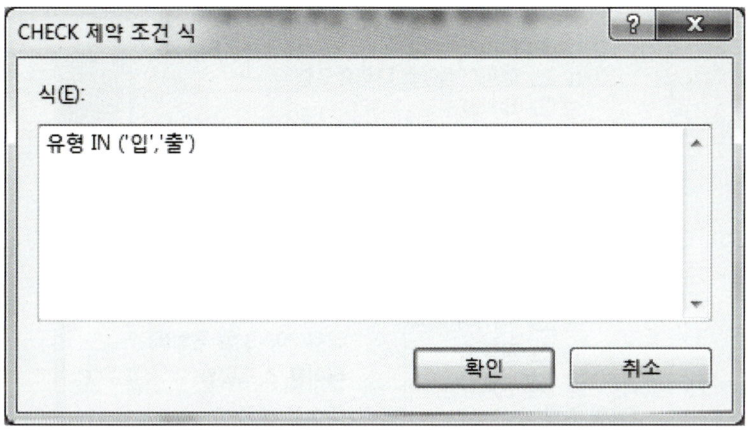


6 〈개체 탐색기〉창에서 〈입출금〉테이블을 선택하고 〈제약 조건〉폴더에서 2개의 제약조건을 확인한다.

기본 값(DeFault)에 대한 제약조건은 "DF"가, CHECK 제약조건에는 "CK"라는 접두어가 각 제약조건 이름에 자동으로 포함된 것을 확인할 수 있다.

**7** 앞 단계에서 기본 값을 설정한 〈입출금〉테이블의 〈거래일〉에 CHECK 조건을 추가한다.

〈개체 탐색기〉에서 〈입출금〉테이블을 선택한 다음, 마우스 오른쪽 버튼을 클릭하고 〈디자인〉메뉴를 선택한다.

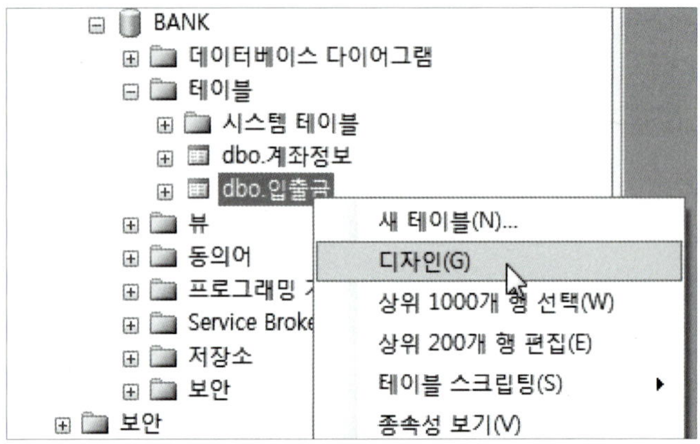


**8** 〈거래일〉을 선택하고 마우스 오른쪽 버튼을 누른 다음 〈CHECK 제약조건〉메뉴를 선택한다.

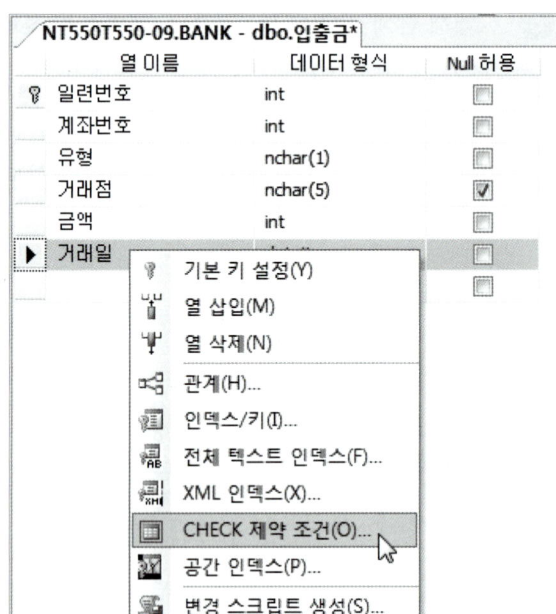

9 〈CHECK 제약조건〉대화상자에서 〈추가〉버튼을 누른다.
기존의 CHECK조건에 새로운 CHECK조건이 추가된다.
〈일반〉폴더의 〈식〉을 클릭하고 자세히( … )버튼을 누른다.

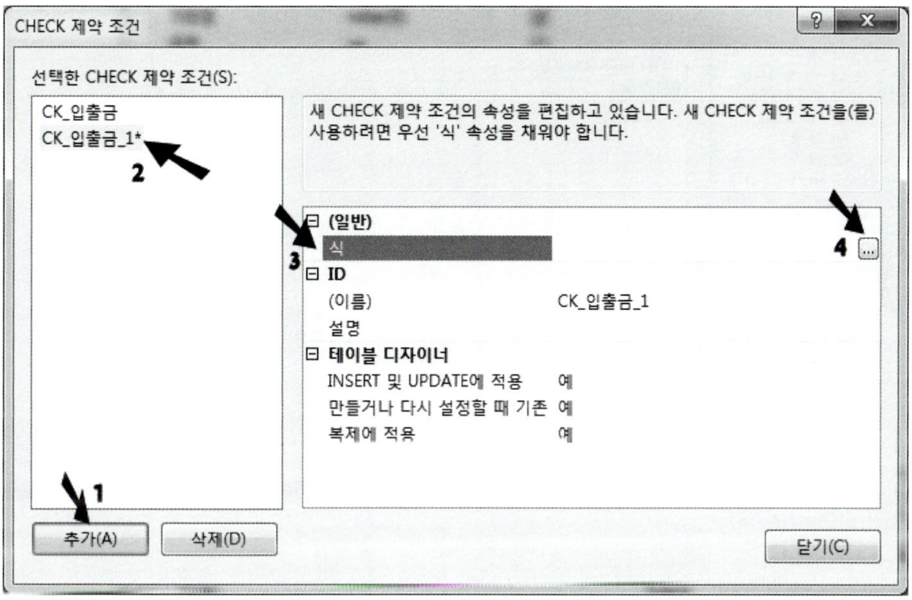


10 〈CHECK 제약 조건 식〉 대화상자에서 다음과 같이 입력한 다음 〈확인〉버튼을 클릭한다.

〈도구 모음〉줄에서 저장( ) 버튼을 누른다.

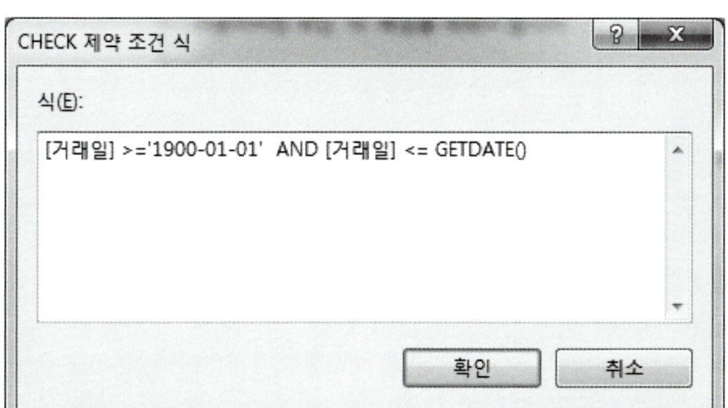

⑪ 〈개체 탐색기〉창에서 〈입출금〉테이블을 선택한 다음, 〈제약 조건〉폴더의 "CK_입출금"을 더블 클릭하면 〈입출금〉테이블에 지정된 모든 CHECK 조건을 확인 할 수 있는 대화상자가 열린다.

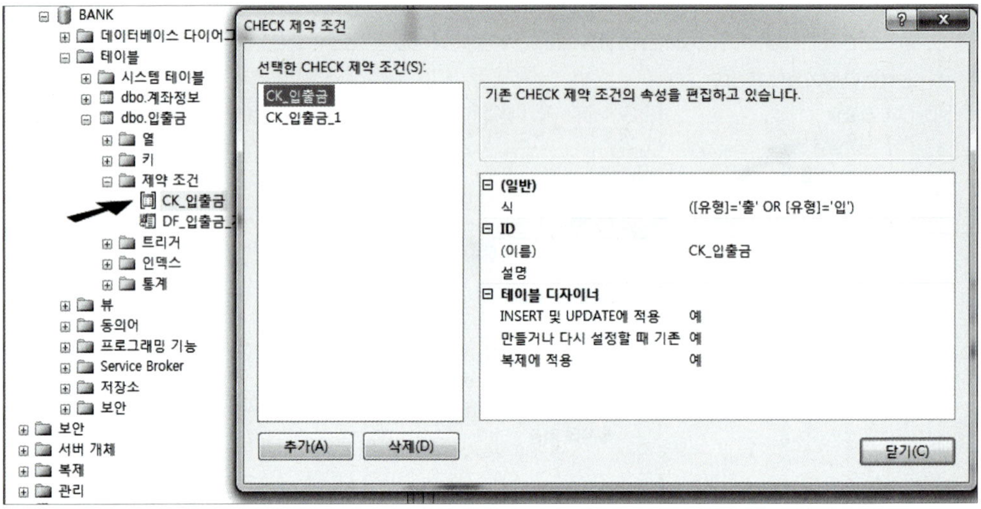

## 13.3 데이터 입력하기

SSMS를 이용해서 데이터를 입력하는 방법에 대해서 알아보자.

### ■ 작업 단계

1. 〈개체 탐색기〉창에서 〈계좌정보〉테이블을 마우스 오른쪽 버튼으로 누른 다음, 〈상위 200개 행 편집〉 메뉴를 선택한다.

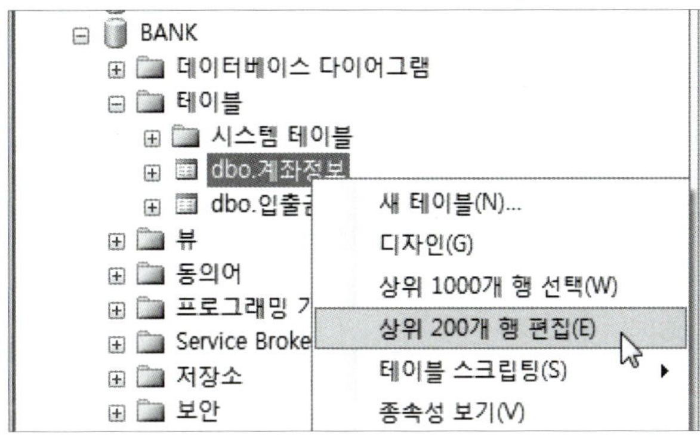


2. 다음의 데이터 값을 입력한다.

| 테이블이름 : 계좌정보 | | | | |
|---|---|---|---|---|
| 계좌번호 | 이름 | 연락처 | 개설일 | 잔액 |
| 2130113 | 홍길동 | 01012345678 | 2010-01-01 | 13000 |
| 2130299 | 김철수 | 01098765432 | 2011-03-03 | 22000 |
| 2139876 | 박영희 | 01022223333 | 2012-05-05 | 39000 |

한 행을 입력하고 다음 행으로 커서가 이동하는 순간, 자동으로 커밋(10단원 트랜잭션 참고)되기 때문에 값을 입력한 다음 추가로 저장할 필요가 없다.

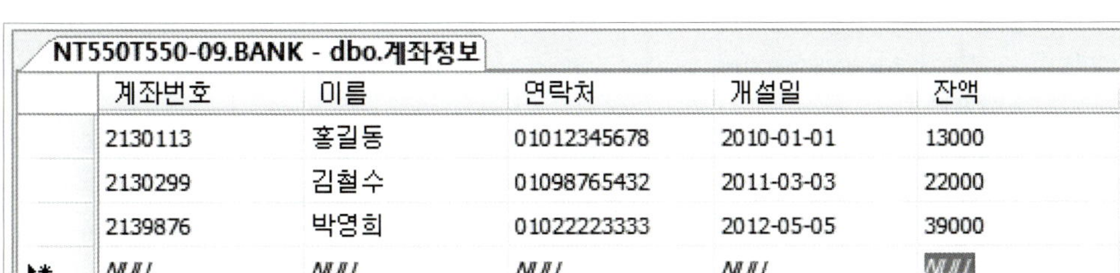

입력한 데이터를 삭제하려면 삭제할 행을 선택하고 마우스 오른쪽 버튼을 누른 다음 〈삭제〉메뉴를 선택한다.

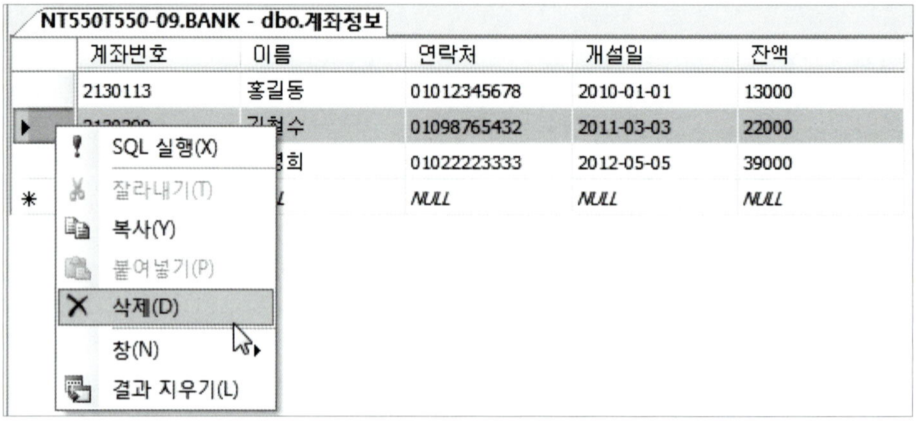


③ SQL을 입력하지 않고 SSMS를 이용해서 입력한 데이터를 확인하려면, 〈개체 탐색기〉창에서 〈계좌정보〉테이블을 선택한 다음, 마우스 오른쪽 버튼을 누르고 〈상위 1000개 행 선택〉메뉴를 선택한다.

오른쪽 영역에서 상단에는 관련 SQL 문장이 보이고 하단에는 그 결과 값이 나타난다.

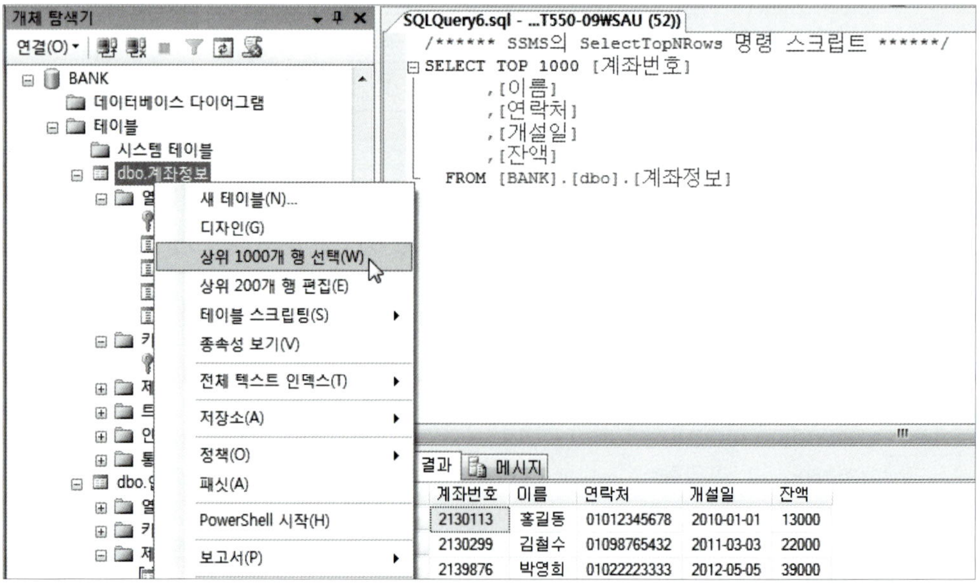

**4** 기본 값과 외래키, 그리고 IDENTITY와 CHECK 조건이 설정되어 있는 〈입출금〉테이블에 데이터를 추가해 보자.

〈개체 탐색기〉창에서 〈입출금〉테이블을 선택한 다음, 마우스 오른쪽 버튼을 누르고 〈상위 200개 행 편집〉메뉴를 선택한다.

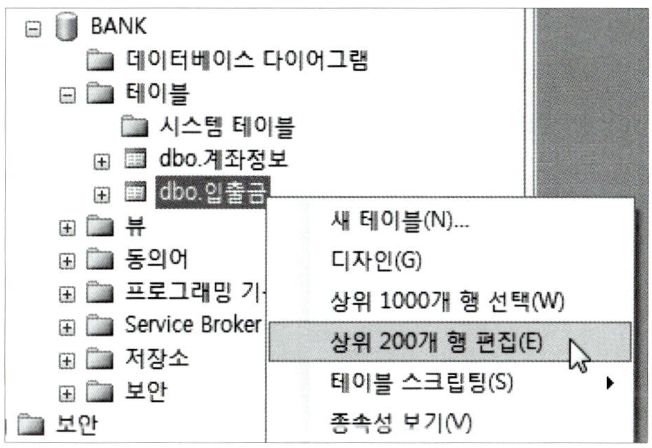


**5** 다음과 같이 IDENTITY로 지정된 〈일련번호〉와 기본 값이 지정된 〈거래일〉열에는 값을 입력하지 않고 다른 열에만 값을 입력한 다음, 창을 닫는다.

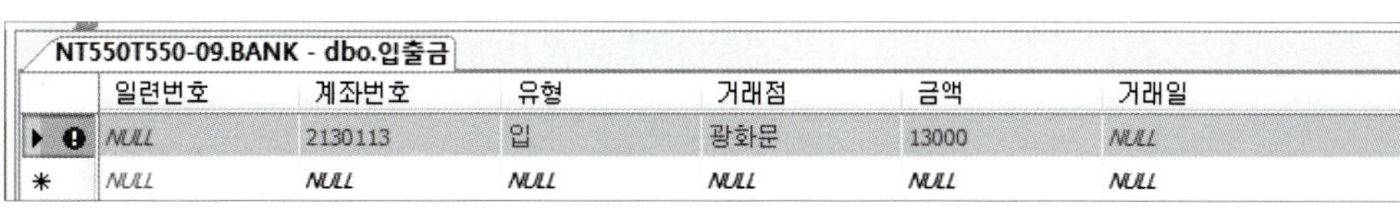


**6** 다시 단계 ④를 실행한다.

IDENTITY로 지정된 〈일련번호〉에는 "1"이, 기본 값이 지정된 〈거래일〉에는 시스템 현재날짜가 자동으로 입력되어 있는 것을 확인할 수 있다.

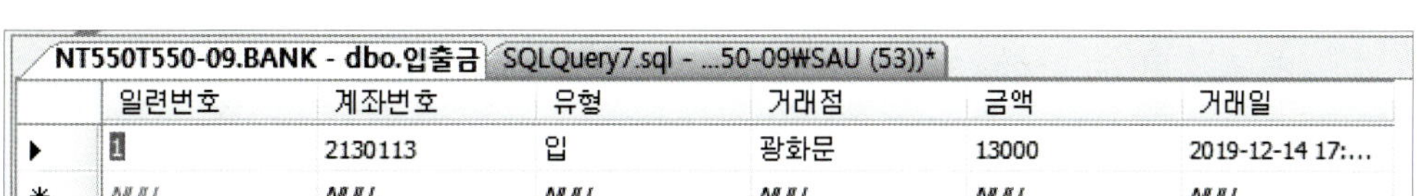

**7** CHECK조건을 확인하려면 〈유형〉값에 "입" 또는 "출"이 아닌 값을, 그리고 〈거래일〉에는 "1900-01-01"보다 이전 날짜를 입력해본다.

각각 오류 메시지가 나온다.

- 〈유형〉에 "입" 또는 "출"이 아닌 값을 입력한 결과

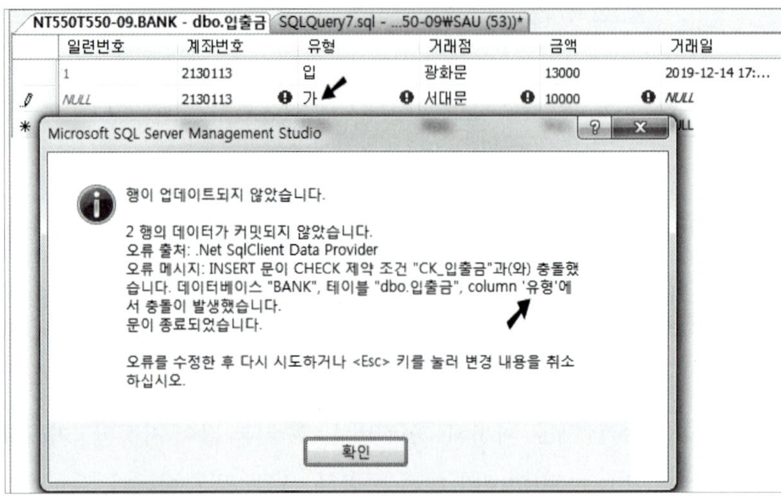


- 〈거래일〉에 "1900-01-01"보다 이전 날짜를 입력한 결과

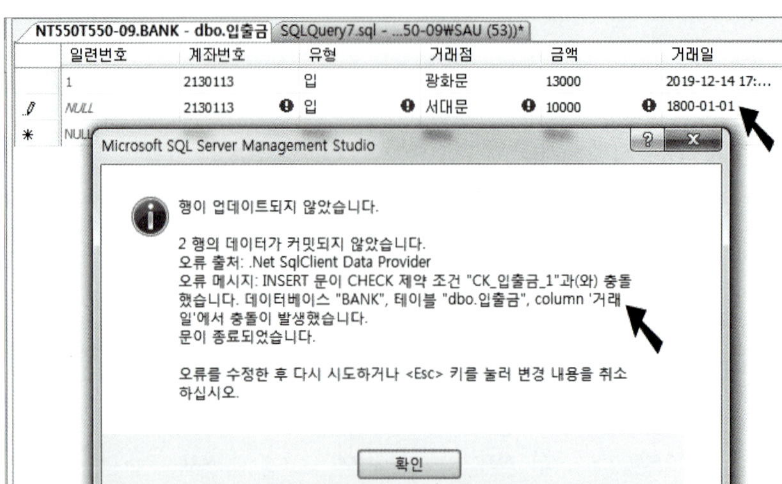

8 외래키 제약조건을 확인하기 위해 〈계좌정보〉테이블에 등록되어 있지 않은 〈계좌번호〉를 입력한다.

다음과 같은 오류 메시지가 나온다.

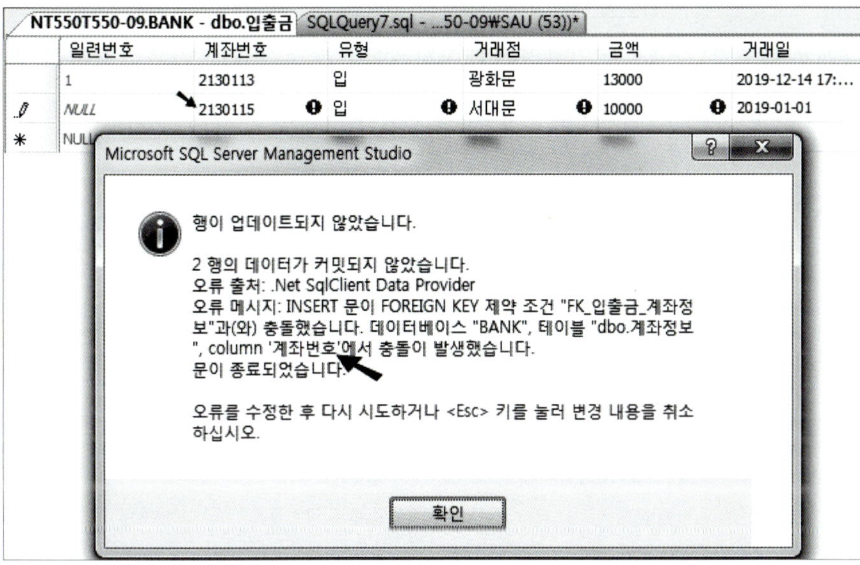

## 13.4 데이터베이스 백업

SSMS에서 데이터베이스를 백업하는 작업에 대해서 알아본다.

### ■ 작업 단계

1. 〈개체 탐색기〉창에서 백업하려는 데이터베이스를 선택하고, 마우스 오른쪽 버튼을 누른 다음 〈태스크〉-〈백업〉메뉴를 선택한다.

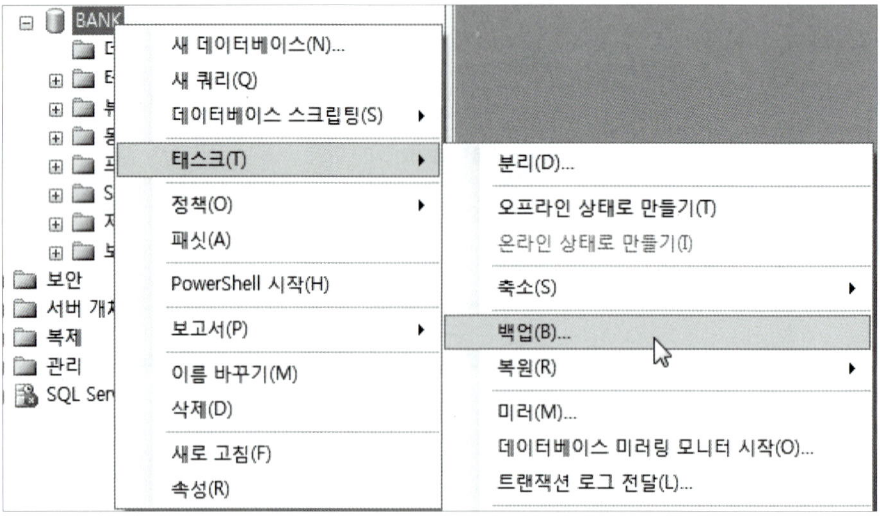

② 〈데이터베이스 백업〉대화상자에서 백업하려는 데이터베이스 이름을 확인하고 기존의 백업 위치를 〈제거〉한 다음 〈추가〉버튼을 누른다.

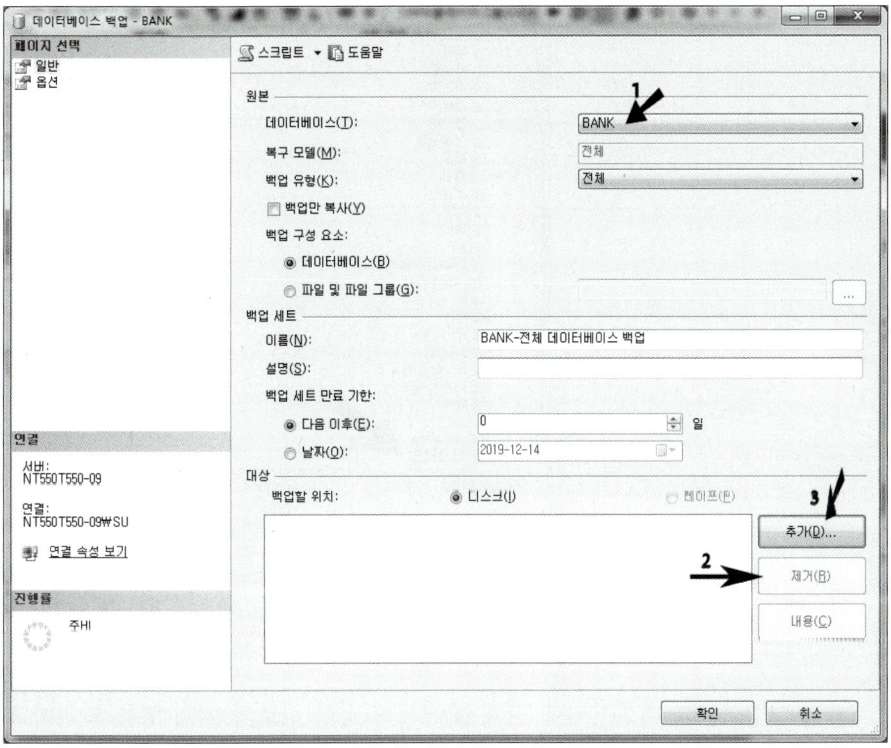

③ 〈백업 대상 선택〉 대화상자에서 〈자세히〉 ... 버튼을 클릭한다.

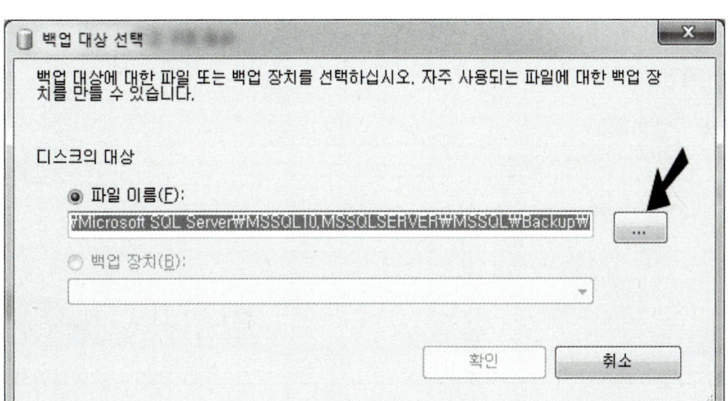

④ 백업을 할 위치를 선택한 다음, 백업 파일 이름을 직접 입력(BANK.bak)하고 〈확인〉버튼을 클릭한다.

⑤ 〈백업 대상 선택〉 대화상자에 단계 ④에서 지정한 경로와 백업 명을 확인하고 〈확인〉버튼을 누른다.

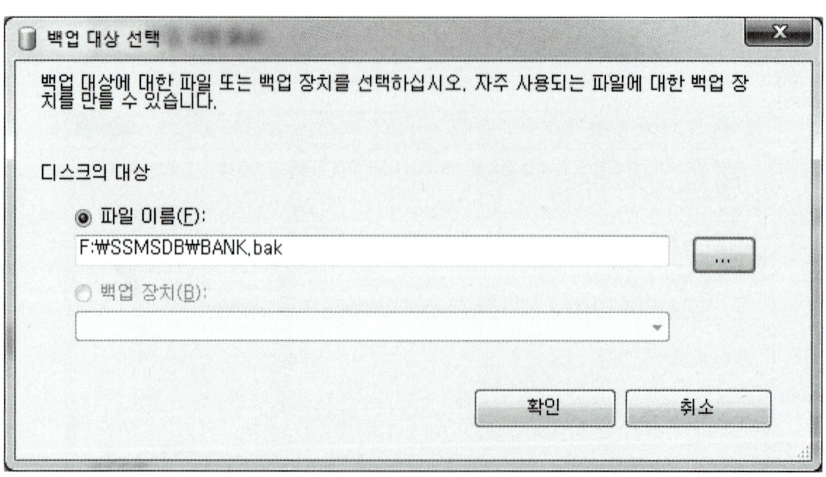

**6** 〈데이터베이스 백업〉대화 상자에서 〈확인〉버튼을 클릭하면 백업이 진행된다. 백업이 종료되면 〈완료되었다는〉 메시지가 나온다. 〈확인〉 버튼을 클릭한다.

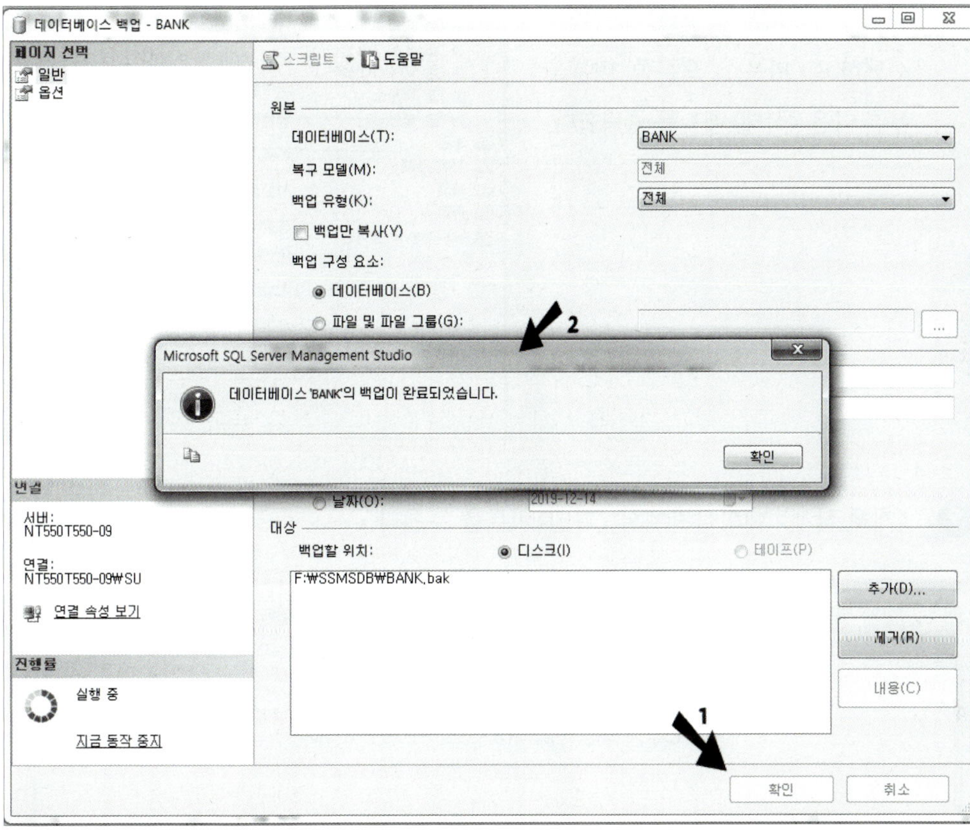


**7** 윈도우 탐색기에서 백업이 위치한 경로를 찾아서 백업파일이 있는지 확인한다.

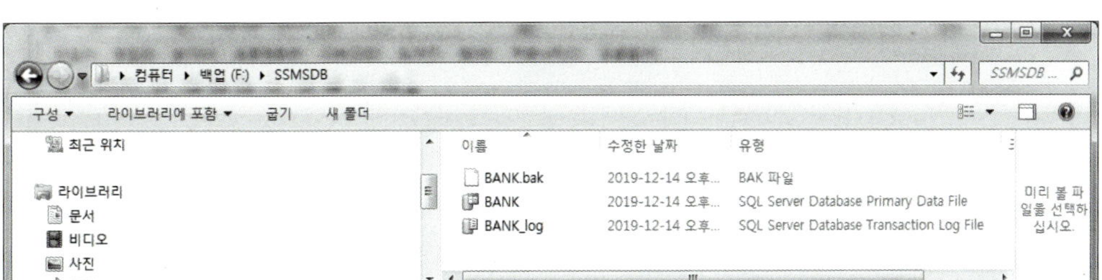

**8** 백업한 데이터베이스에서 한 테이블을 삭제한다.
〈개체 탐색기〉창에서 〈BANK〉 데이터베이스의 〈입출금〉테이블을 선택하고, 마우스 오른쪽 버튼을 누른 다음 〈삭제〉메뉴를 클릭한다.

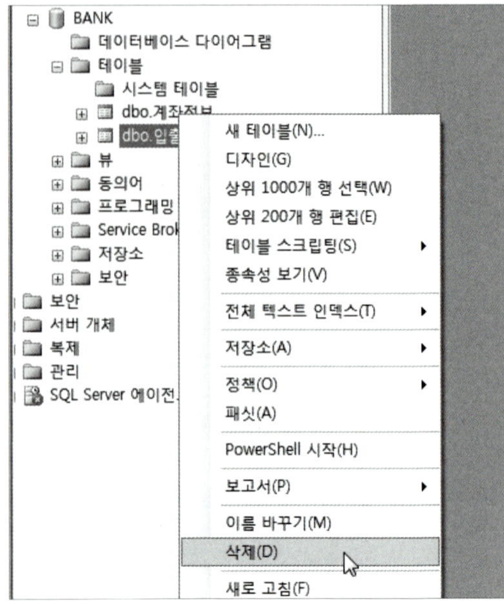


**9** 〈개체 삭제〉 대화상자에서 〈확인〉버튼을 누른다.

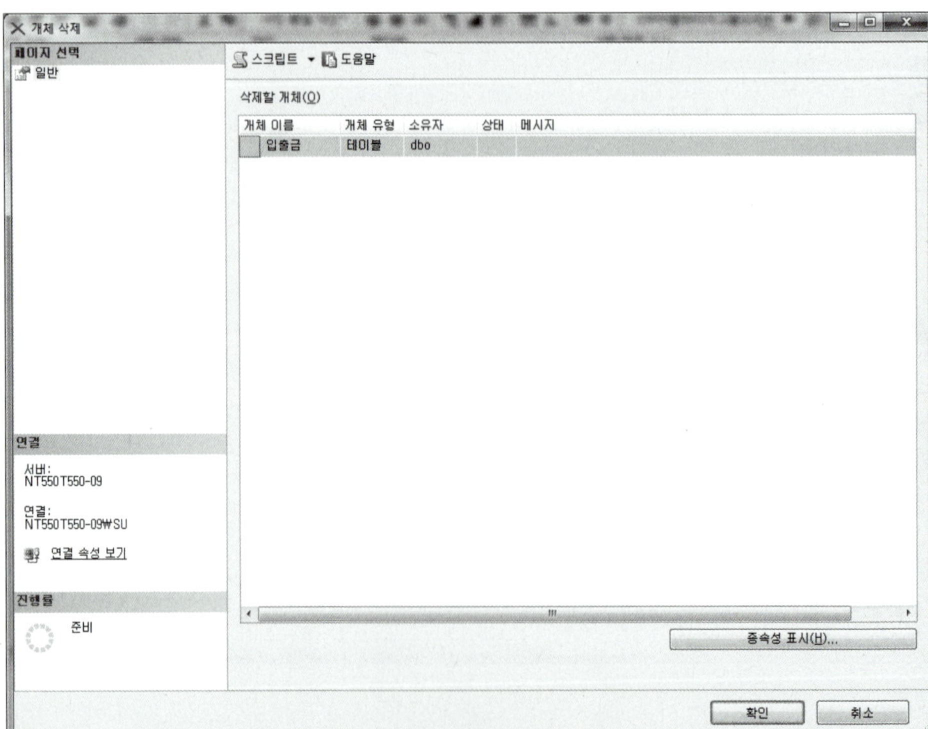

⑩ 〈개체 탐색기〉창에서 〈BANK〉 데이터베이스의 〈입출금〉테이블이 삭제되었는지 확인한다.

⑪ 삭제한 〈입출금〉테이블을 백업파일을 이용해서 복원한다.
〈개체 탐색기〉창에서 〈BANK〉를 선택하고 마우스 오른쪽 버튼을 누른 다음 〈태스크〉-〈복원〉-〈파일 및 파일 그룹〉메뉴를 선택한다.

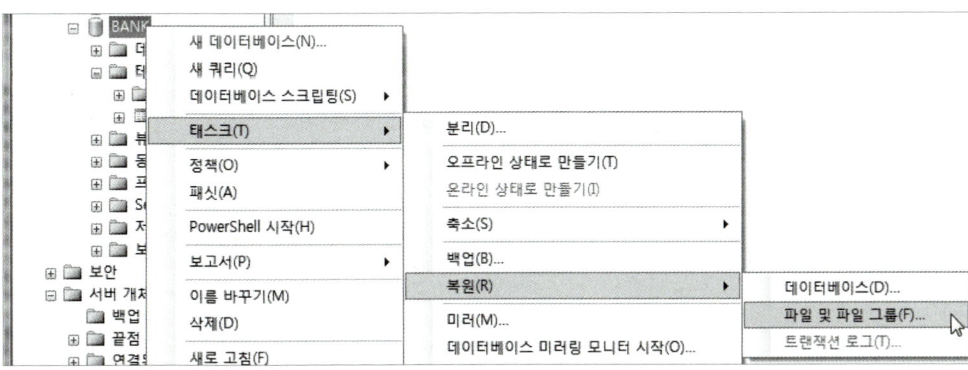


⑫ 〈파일 및 파일 그룹 복원〉대화상자에서 〈일반〉메뉴를 선택하고 〈데이터베이스〉항목에 “BANK”를 확인한다.
그리고 〈장치〉옵션을 선택하고 자세히( ... )버튼을 누른다.

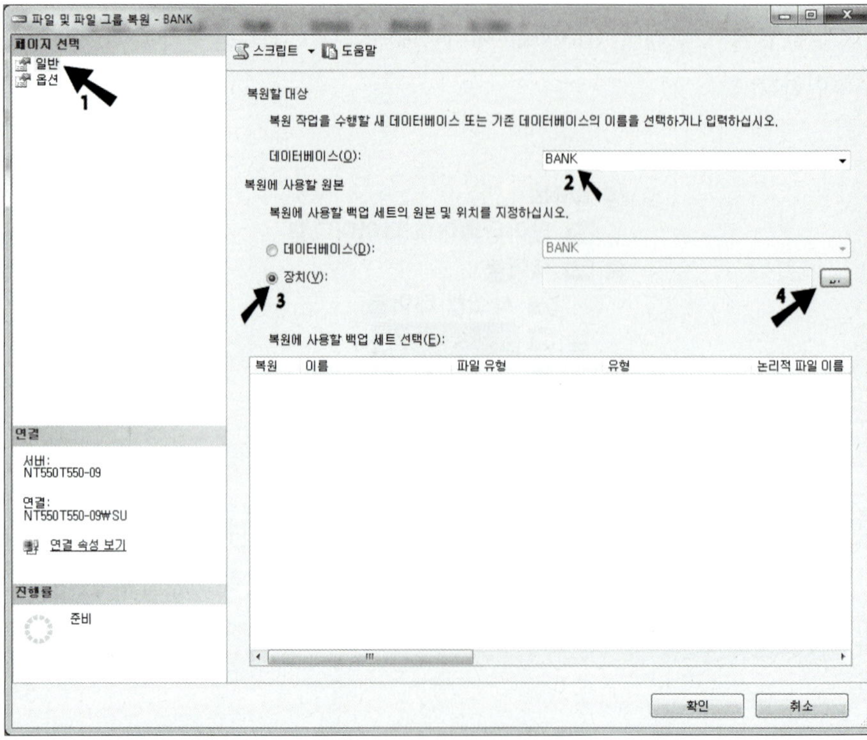

⑬ 〈백업 지정〉대화상자에서 〈추가〉버튼을 누른다.

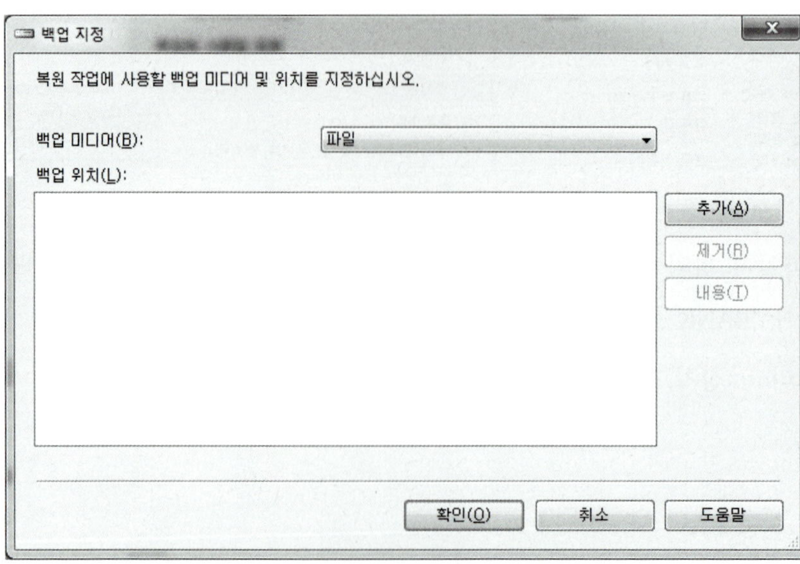

**14** 〈백업 파일 찾기〉 대화상자에서 백업한 파일 경로와 백업파일을 선택한 다음 〈확인〉한다.

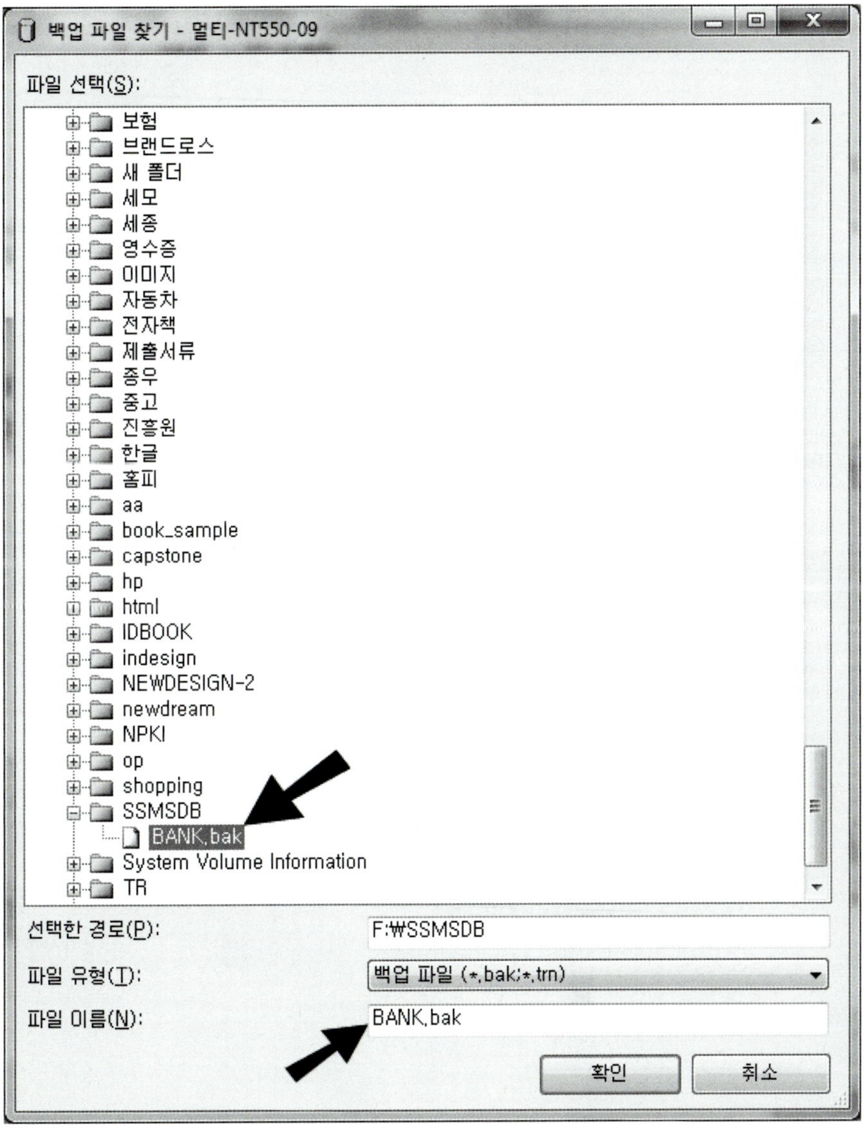


**15** 〈백업 지정〉 대화상자에서 백업파일이 정상으로 추가되었는지 확인하고 〈확인〉버튼을 클릭한다.

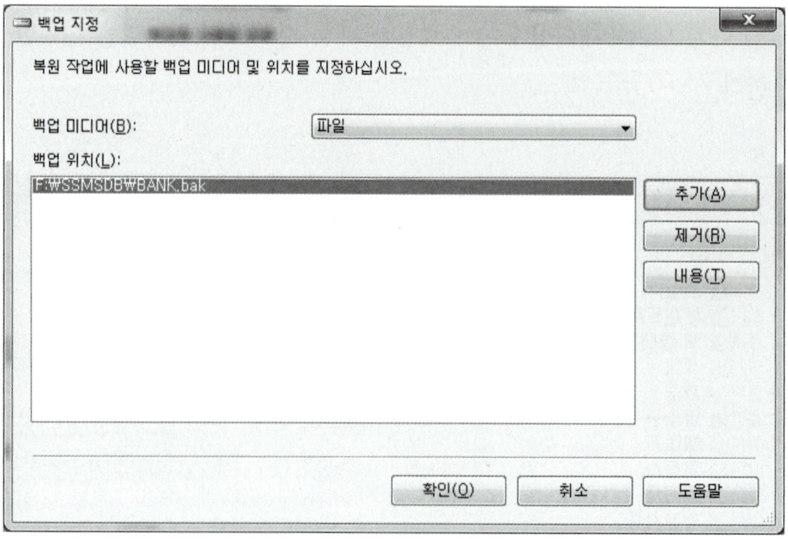


⑯ 〈파일 및 파일 그룹 복원〉대화상자에서 〈복원〉체크상자를 체크한다.

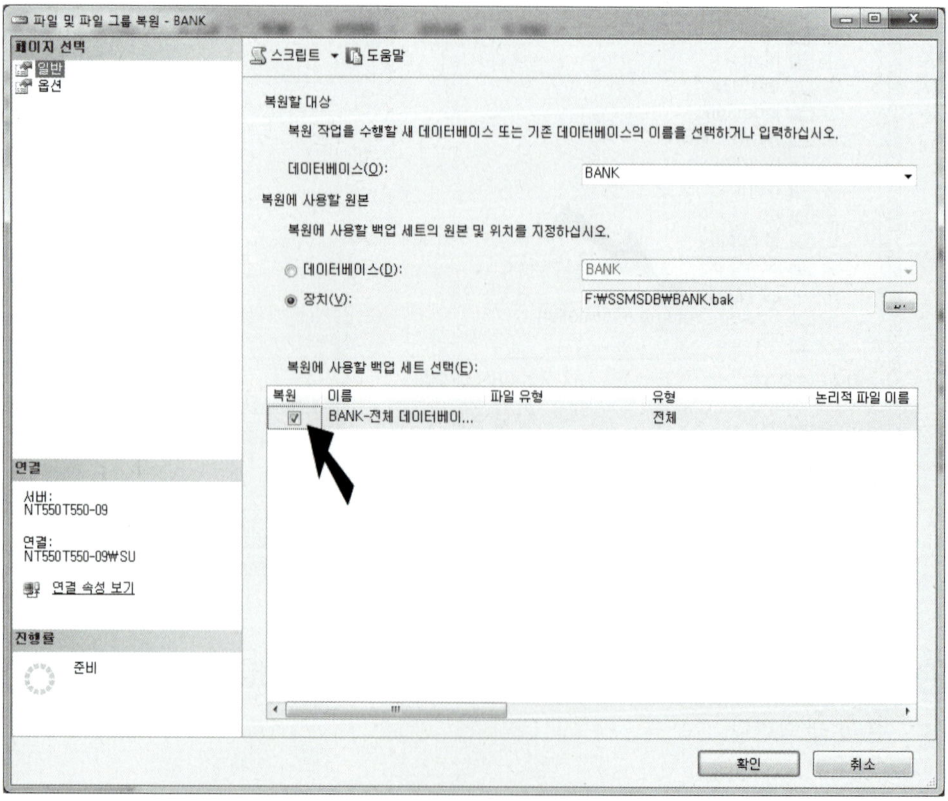

⑰ 〈파일 및 파일 그룹 복원〉대화상자에서 〈옵션〉메뉴를 선택하고 〈기존 데이터베이스 덮어쓰기〉옵션을 체크한 다음 〈확인〉한다.

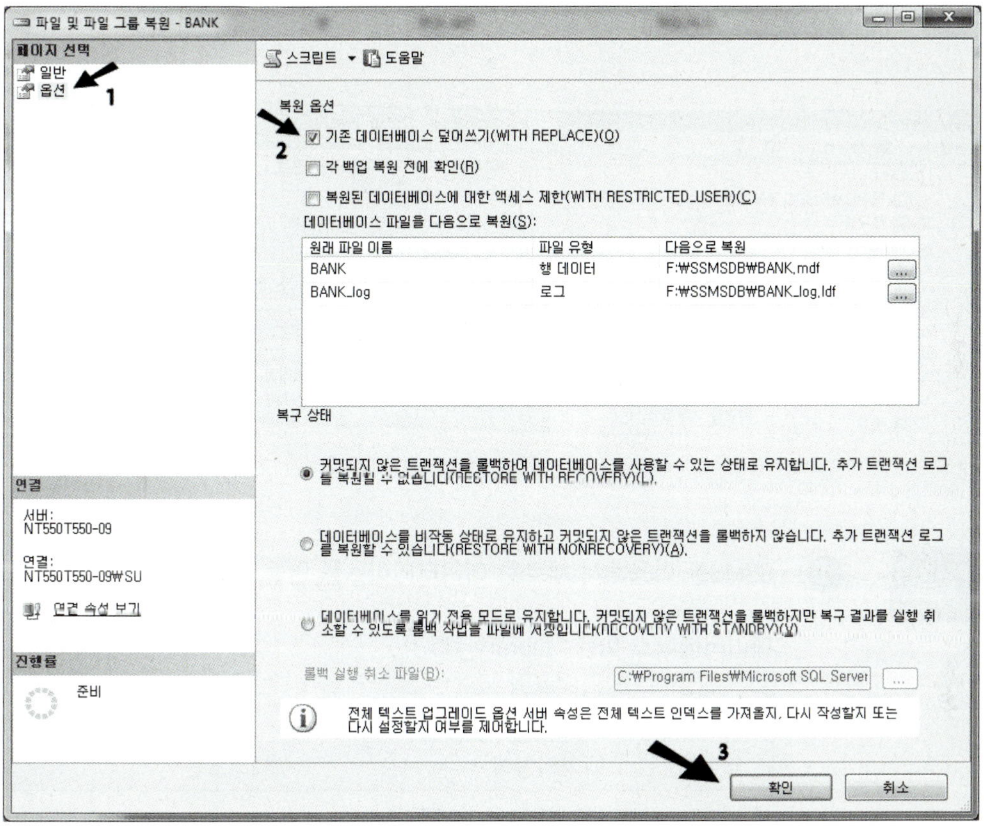

⑱ 복원이 완료되었다는 메시지가 나온다. 〈확인〉한다.

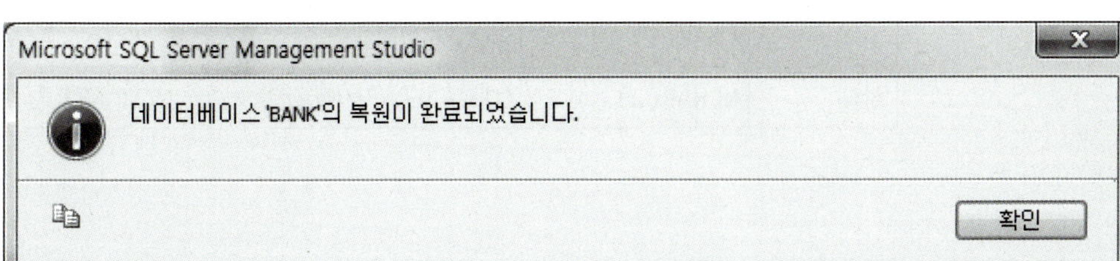

**19** 〈개체 탐색기〉창에서 〈BANK〉데이터베이스 폴더에, 삭제했던 〈입출금〉테이블이 생성 되었는지 확인한다.

또한, 〈입출금〉테이블에서 마우스 오른쪽 버튼을 누른 다음 〈상위 1000개 행 선택〉 메뉴를 선택하고 데이터도 모두 복원되었는지 확인한다.

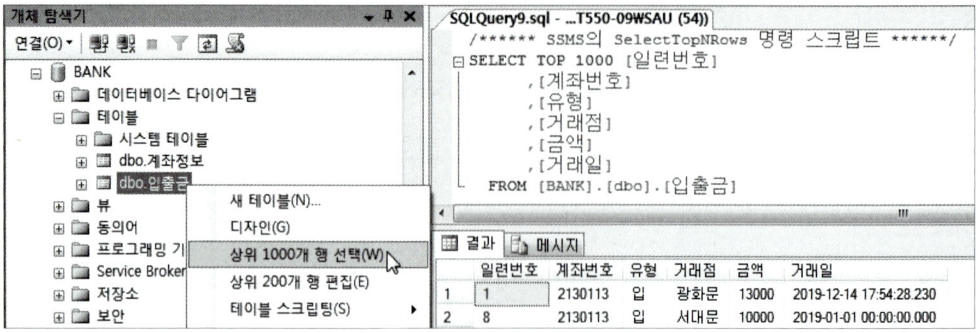


**실습**

**1** SSMS를 이용해서 새로운 데이터베이스를 만들고 테이블을 생성한다.

데이터베이스 이름: Library_db

| 테이블이름 : 책 | | |
|---|---|---|
| 열이름 | 데이터형식 | 제약조건 |
| 책번호 | NCHAR(10) | PK |
| 제목 | NVARCHAR(20) | NOT NULL |
| 저자 | NCHAR(10) | |
| 출간일 | DATETIME | NOT NULL, 현재일 이후 값 불가 |
| 위치 | CHAR(5) | NOT NULL |
| 상태 | NCHAR(2) | '대출' 또는 '보관'값만 가능, NOT NULL |

| 테이블이름 : 대여 | | |
|---|---|---|
| 열이름 | 데이터형식 | 제약조건 |
| 일련번호 | INT | PK, IDENTITY(100부터 10씩 증가) |
| 책번호 | CHAR(10) | FK 책(책번호) |
| 고객번호 | CHAR(13) | NOT NULL |
| 대여일 | DATETIME | NOT NULL, 현재 일을 기본 값으로 설정 |
| 반납일 | DATETIME | 대여일보다 크거나 같은 값만 가능 |

〈개체 탐색기〉에서 〈Library_db〉 데이터베이스의 〈책〉테이블 구성이 다음과 같은지 확인한다.

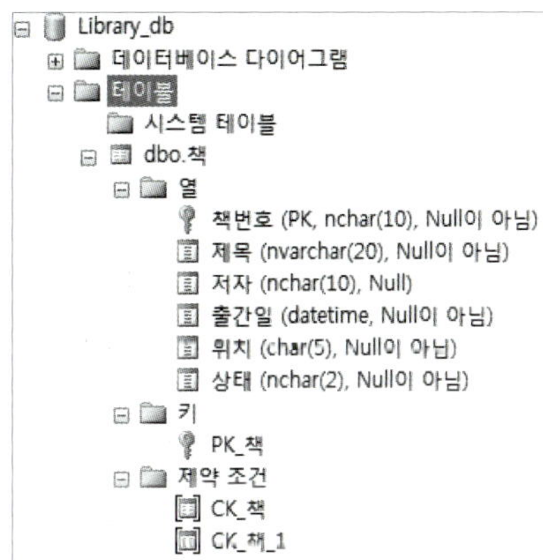


〈개체 탐색기〉에서 〈Library_db〉데이터베이스의 〈대여〉테이블 구성이 다음과 같은지 확인한다.

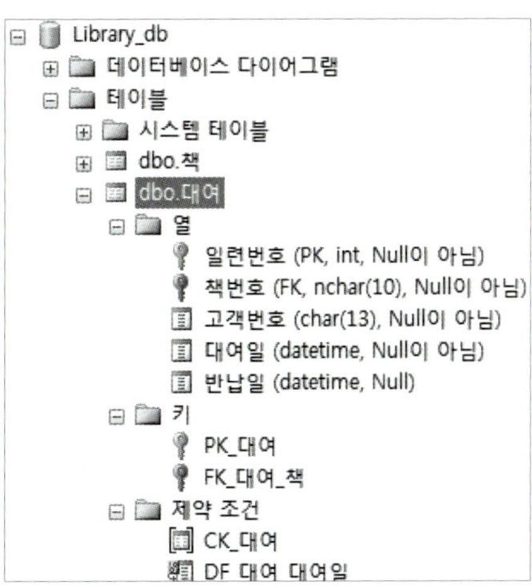

2 SSMS를 이용하여 2개 테이블에 데이터를 추가한다.

오류가 발생한 경우에는, 오류 발생 이유를 설명한다.

| 책 | | | | | |
|---|---|---|---|---|---|
| 책번호 | 제목 | 저자 | 출간일 | 위치 | 상태 |
| 가23-12-345 | 오래된 농담 | 박완서 | 2001-07-01 | C10-1 | 대출 |
| A12-34-567 | 블랙 파라오 | 크리스티앙 | 1989-08-01 | D10-2 | 보관 |
| S98-76-543 | 오만과 편견 | 제인오스틴 | 1963-01-01 | D10-3 | |
| 나12-34-567 | 골프 마스터 | 홍영희 | 2030-01-01 | C10-3 | 보관 |

| 대여 | | | | |
|---|---|---|---|---|
| 일련번호 | 책번호 | 고객번호 | 대여일 | 반납일 |
| | 가23-12-345 | 01012345678 | | |
| | 가23-12-345 | 01099998888 | 2020-03-03 | |
| | 가23-12-346 | 01012345678 | 2020-04-05 | |
| | S98-76-543 | 01099998888 | 2020-01-09 | 2020-01-01 |
| | A12-34-567 | 01012345678 | | 2019-11-30 |

3 Library_db 데이터베이스를 다른 폴더에 백업한다.

4 〈대여〉테이블을 삭제한다.

5 SSMS의 〈복원〉기능을 이용하여 〈대여〉테이블을 복원한다.

단계 ②에서 입력한 데이터도 복원되는지 확인한다.

# 부록 SQL 명령 구문

## Transact-SQL 구문표기 규칙

| 규칙 | 용도 |
|---|---|
| 대문자 | 키워드 |
| *기울임꼴* | 사용자가 지정 |
| **굵게** | 표시된 그대로 입력해야 하는 데이터베이스 이름, 테이블 이름, 열 이름, 인덱스 이름, 저장 프로시저, 유틸리티, 데이터 형식 이름 및 텍스트 |
| <u>밑줄</u> | 밑줄 친 값이 지정되지 않을 때 적용되는 기본 값 |
| \| | 나열한 항목 중 하나만 사용 |
| [ ] | 생략가능한 선택적인 항목(대괄호는 입력하지 않음) |
| {} | 반드시 입력해야하는 필수 항목(중괄호는 입력하지 않음) |
| [ ,...$n$] | 앞의 항목이 $n$번 반복될 수 있음(각 항목은 쉼표로 구분) |
| [ ...$n$] | 앞의 항목이 $n$번 반복될 수 있음(각 항목은 공백으로 구분) |
| ; | SQL문의 끝표시 |
| 〈레이블〉 ::= | 구문 블록의 이름. SQL문에서 한 번 이상 사용될 수 있는 긴 구문의 섹션 또는 구문 단위를 그룹화하고 레이블을 붙일 때 사용 |

## ■ CREATE TABLE

```
CREATE TABLE
    [ database_name . [ schema_name ] . | schema_name . ] table_name
        ( { <column_definition> | <computed_column_definition>
                | <column_set_definition> }
        [ <table_constraint> ] [ ,...n ] )
    [ ON { partition_scheme_name ( partition_column_name ) | filegroup
        | "default" } ]
    [ { TEXTIMAGE_ON { filegroup | "default" } ]
    [ FILESTREAM_ON { partition_scheme_name | filegroup
        | "default" } ]
    [ WITH ( <table_option> [ ,...n ] ) ]
[ ; ]
```

```
<column_definition> ::=
column_name <data_type>
    [ FILESTREAM ]
    [ COLLATE collation_name ]
    [ NULL | NOT NULL ]
    [
        [ CONSTRAINT constraint_name ] DEFAULT constant_expression ]
      | [ IDENTITY [ ( seed ,increment ) ] [ NOT FOR REPLICATION ]
    ]
    [ ROWGUIDCOL ] [ <column_constraint> [ ...n ] ]
    [ SPARSE ]
```

```
<data type> ::=
[ type_schema_name . ] type_name
    [ ( precision [ , scale ] | max |
        [ { CONTENT | DOCUMENT } ] xml_schema_collection ) ]
```

```
<column_constraint> ::=
[ CONSTRAINT constraint_name ]
{     { PRIMARY KEY | UNIQUE }
        [ CLUSTERED | NONCLUSTERED ]
        [
            WITH FILLFACTOR = fillfactor
          | WITH ( < index_option > [ , ...n ] )
        ]
        [ ON { partition_scheme_name ( partition_column_name )
            | filegroup | "default" } ]
  | [ FOREIGN KEY ]
       REFERENCES [ schema_name . ] referenced_table_name [ ( ref_column ) ]
        [ ON DELETE { NO ACTION | CASCADE | SET NULL | SET DEFAULT } ]
        [ ON UPDATE { NO ACTION | CASCADE | SET NULL | SET DEFAULT } ]
        [ NOT FOR REPLICATION ]
  | CHECK [ NOT FOR REPLICATION ] ( logical_expression )
}
```

```
<computed_column_definition> ::=
column_name AS computed_column_expression
[ PERSISTED [ NOT NULL ] ]
[
    [ CONSTRAINT constraint_name ]
    { PRIMARY KEY | UNIQUE }
        [ CLUSTERED | NONCLUSTERED ]
        [
            WITH FILLFACTOR = fillfactor
          | WITH ( <index_option> [ , ...n ] )
        ]
    | [ FOREIGN KEY ]
        REFERENCES referenced_table_name [ ( ref_column ) ]
        [ ON DELETE { NO ACTION | CASCADE } ]
        [ ON UPDATE { NO ACTION } ]
        [ NOT FOR REPLICATION ]
    | CHECK [ NOT FOR REPLICATION ] ( logical_expression )
    [ ON { partition_scheme_name ( partition_column_name )
        | filegroup | "default" } ]
]
```

```
<column_set_definition> ::=
column_set_name XML COLUMN_SET FOR ALL_SPARSE_COLUMNS

< table_constraint > ::=
[ CONSTRAINT constraint_name ]
{
    { PRIMARY KEY | UNIQUE }
        [ CLUSTERED | NONCLUSTERED ]


                (column [ ASC | DESC ] [ ,...n ] )
        [
            WITH FILLFACTOR = fillfactor
           |WITH ( <index_option> [ , ...n ] )
        ]
        [ ON { partition_scheme_name (partition_column_name)
            | filegroup | "default" } ]
    | FOREIGN KEY
                ( column [ ,...n ] )
        REFERENCES referenced_table_name [ ( ref_column [ ,...n ] ) ]
        [ ON DELETE { NO ACTION | CASCADE | SET NULL | SET DEFAULT } ]
        [ ON UPDATE { NO ACTION | CASCADE | SET NULL | SET DEFAULT } ]
        [ NOT FOR REPLICATION ]
    | CHECK [ NOT FOR REPLICATION ] ( logical_expression )
}
```

```
<table_option> ::=
{
    DATA_COMPRESSION = { NONE | ROW | PAGE }
      [ ON PARTITIONS ( { <partition_number_expression> | <range>
}
            [ , ...n ] ) ]
}
```

```
<index_option> ::=
{
    PAD_INDEX = { ON | OFF }
  | FILLFACTOR = fillfactor
  | IGNORE_DUP_KEY = { ON | OFF }
  | STATISTICS_NORECOMPUTE = { ON | OFF }
  | ALLOW_ROW_LOCKS = { ON | OFF}
  | ALLOW_PAGE_LOCKS ={ ON | OFF}
  | DATA_COMPRESSION = { NONE | ROW | PAGE }
       [ ON PARTITIONS ( { <partition_number_expression> | <range> }
       [ , ...n ] ) ]
}
```

```
<range> ::=
<partition_number_expression> TO <partition_number_expression>
```

## ■■ 인수 설명

### database_name

테이블이 만들어지는 데이터베이스 이름이다. database_name에는 기존의 데이터베이스 이름을 지정해야 한다. database_name을 지정하지 않으면 기본적으로 현재 데이터베이스가 지정된다. 현재 연결에 대한 로그인은 반드시 database_name에 지정된 데이터베이스의 기존 사용자 ID와 연관되어야 하며 해당 사용자 ID는 반드시 CREATE TABLE 권한을 갖고 있어야 한다.

### schema_name

새 테이블이 속한 스키마의 이름이다.

### table_name

새 테이블의 이름이다. 테이블 이름은 식별자에 적용되는 규칙을 따라야 한다. 로컬 임시 테이블 이름(기호(#)이 접두사로 붙은 단일숫자로 된 이름이며 최대 116자)을 제외하면 table_name은 최대 128자가 될 수 있다.

### column_name

테이블에 있는 열 이름이다. 열 이름은 식별자에 적용되는 규칙을 따라야 하며 테이블에서 고유해야 한다. column_name은 128자까지 지정할 수 있다. timestamp 데이터 형식으로 만든 열에서는 column_name을 생략할 수 있다. column_name을 지정하지 않으면 timestamp 열의 이름은 기본적으로 timestamp가 된다.

**computed_column_expression**

계산 열의 값을 정의하는 식이다. 계산 열은 해당 열에 PERSISTED 표시가 없는 한 테이블에 물리적으로 저장되지 않는 가상의 열이다. 이 열은 같은 테이블의 다른 열을 사용하는 식으로 계산된다. 예를 들어 매출 AS 가격 * 수량 라고 정의할 수 있으며, 식은 계산되지 않은 열 이름, 상수, 함수, 변수 등의 요소들을 하나 이상의 연산자로 연결한 조합이 될 수 있다. 식은 하위 쿼리가 되거나 별칭 데이터 형식을 포함할 수 없다.

계산 열은 SELECT 목록, WHERE 절, ORDER BY 절 또는 일반식을 사용할 수 있는 다른 위치에서도 사용할 수 있다. 단, 다음과 같은 경우는 예외이다.

계산 열은 DEFAULT 또는 FOREIGN KEY 제약조건, NOT NULL 제약조건 정의와 함께 사용할 수 없다. 그러나 계산 열 값이 명확한 식에 의해 정의되고 결과의 데이터 형식이 인덱스 열에 허용되는 경우에는 계산 열을 인덱스의 키 열이나 PRIMARY KEY 또는 UNIQUE 제약조건의 일부로 사용할 수 있다.

예를 들어 테이블에 a와 b라는 정수 열이 있을 때 계산 열 a+b에는 인덱스를 작성할 수 있지만 계산 열 a+DATEPART(dd, GETDATE())는 값이 계속 바뀌므로 인덱스를 작성할 수 없다.

계산 열은 INSERT 또는 UPDATE 문의 대상이 될 수 없다.

계산 열의 Null 허용 여부는 사용되는 식을 바탕으로 데이터베이스 엔진에서 자동으로 결정한다. 대부분 식의 결과는 언더플로 또는 오버플로에 의한 Null 결과를 생성할 수 있으므로 Null이 허용되지 않는 열이 포함된 계산식을 지정하더라도 결국 식은 Null을 허용하는 것으로 간주된다. AllowsNull 속성과 함께 COLUMNPROPERTY 함수를 사용하여 테이블에 있는 계산 열의 Null 허용 여부를 확인한다. Null을 허용하는 식은 check_expression 상수로 ISNULL을 지정하여 Null을 허용하지 않는 식으로 바꿀 수 있다. 이때 이 상수는 NULL 결과를 대치하는 Null이 아닌 값이다. CLR(공용 언어 런타임) 사용자 정의 형식의 식을 바탕으로 한 계산 열에는 해당 형식에 대한 REFERENCES 권한이 필요하다.

**PERSISTED**

SQL Server 데이터베이스 엔진이 계산된 값을 테이블에 물리적으로 저장하고 계산 열이 사용하는 다른 열이 업데이트되면 해당 값을 업데이트하도록 지정한다. 계산 열을 PERSISTED로 표시하면 결정적이지만 정확하지는 않은 계산 열에 인덱스를 만들 수 있다.

**ON { <partition_scheme> | filegroup | "default" }**

테이블이 저장된 파티션 구성표 또는 파일 그룹을 지정한다. 〈partition_scheme〉을 지정하면 해당 테이블은 〈partition_scheme〉에 지정된 하나 이상의 파일 그룹 집합에 파티션이 저장되는 분할된 테이블이 된다. filegroup을 지정한 경우에는 테이블이 명명된 파일 그룹에 저장된다. 파일 그룹은 반드시 데이터베이스 내에 있어야 한다. "default"를 지정하거나 ON을 지정하지 않으면 기본 파일 그룹에 테이블이 저장된다.

ON {〈partition_scheme〉 | filegroup | "default"}는 PRIMARY KEY나 UNIQUE 제약조건에도 지정할 수 있다. 이러한 제약조건은 인덱스를 만든다. filegroup을 지정한 경우에는 인덱스가 명명된 파일 그룹에 저장된다. "default"를 지정하거나 ON을 지정하지 않으면 테이블과 같은 파일 그룹에 인덱스가 저장된다. PRIMARY KEY 또는 UNIQUE 제약조건이 클러스터형 인덱스를 만드는 경우에는 테이블에 관한 데이터 페이지가 인덱스가 저장된 것과 동일한 파일 그룹에 저장된다. CLUSTERED를 지정하거나 아니면 제약조건이 클러스터형 인덱스를 만들고 테이블 정의의 〈partition_scheme〉 또는 filegroup 과는 다르게 〈partition_scheme〉을 지정하거나 그 반대인 경우에는 제약조건 정의만 유지하고 나머지는 무시한다.

**TEXTIMAGE_ON { filegroup | "default" }**

지정된 파일 그룹에 text, ntext, image, xml, varchar(max), nvarchar(max), varbinary(max) 및 CLR 사용자 정의 형식 열이 저장되어 있음을 나타내는 키워드이다.

테이블에 큰 값 열이 없는 경우에는 TEXTIMAGE_ON이 허용되지 않는다. 〈partition_ scheme〉을 지정하면 TEXTIMAGE_ON을 지정할 수 없다. "default"를 지정하거나 TEXTIMAGE_ON을 지정하지 않으면 큰 값 열이 기본 파일 그룹에 저장된다. CREATE TABLE에 지정된 큰 값 열 데이터를 저장한 후에는 변경할 수 없다.

**FILESTREAM_ON { partition_scheme_name | filegroup | "default" }**

FILESTREAM 데이터의 파일 그룹을 지정한다.

테이블에 FILESTREAM 데이터가 포함되어 있고 테이블이 분할된 경우에는 FILESTREAM_ON 절을 포함해야 하며 이 절에서 FILESTREAM 파일 그룹의 파티션 구성표를 지정해야 한다. 이 파티션 구성표는 테이블의 파티션 구성표와 같은 파티션 함수 및 파티션 열을 사용해야 한다. 그렇지 않으면 오류가 발생한다.

테이블이 분할되지 않은 경우에는 FILESTREAM 열을 분할할 수 없다. 테이블의 FILESTREAM 데이터는 단일 파일 그룹에 저장되어야 한다. 이 파일 그룹은 FILESTREAM_ON 절에 지정된다.

테이블이 분할되지 않고 FILESTREAM_ON 절이 지정되지 않은 경우에는 DEFAULT 속성이 설정된 FILESTREAM 파일 그룹이 사용된다. FILESTREAM 파일 그룹이 없으면 오류가 발생한다.

ON 및 TEXTIMAGE_ON과 마찬가지로 FILESTREAM_ON에 대해 CREATE TABLE을 사용하여 설정한 값은 다음과 같은 경우를 제외하고 변경할 수 없다.

CREATE INDEX 문이 힙을 클러스터형 인덱스로 변환하는 경우. 이 경우 다른 FILESTREAM 파일 그룹, 파티션 구성표 또는 NULL을 지정할 수 있다.

DROP INDEX 문이 클러스터형 인덱스를 힙으로 변환하는 경우. 이 경우 다른 FILESTREAM 파일 그룹, 파티션 구성표 또는 "default"를 지정할 수 있다.

FILESTREAM_ON 〈filegroup〉 절에 지정된 파일 그룹이나 파티션 구성표에 명명되어 있는 각 FILESTREAM 파일 그룹에는 파일 그룹에 대해 정의된 파일이 하나 포함되어 있어야 한다. 이 파일은 CREATE DATABASE 또는 ALTER DATABASE 문을 사용하여 정의해야 한다. 그렇지 않으면 오류가 발생한다.

**[ type_schema_name. ] type_name**

열의 데이터 형식과 열이 속한 스키마를 지정한다. 데이터 형식은 다음 중 하나일 수 있다.

**시스템 데이터 형식**

SQL Server 시스템 데이터 형식을 기반으로 하는 별칭 형식이다. 별칭 데이터 형식은 테이블 정의에서 사용되기 전에 CREATE TYPE 문으로 생성된다. 별칭 데이터 형식에 대한 NULL 또는 NOT NULL 할당은 CREATE TABLE 문 중에서 덮어쓸 수 있지만 길이 지정은 변경할 수 없다. 즉, CREATE TABLE 문에서 별칭 데이터 형식의 길이를 지정할 수 없다.

**CLR 사용자 정의 유형**

CLR 사용자 정의 데이터 형식은 테이블 정의에서 사용되기 전에 CREATE TYPE 문으로 생성된다. CLR 사용자 정의 형식으로 열을 만들려면 해당 형식에 대한 REFERENCES 권한이 필요하다.

type_schema_name을 지정하지 않으면 SQL Server 데이터베이스 엔진에서는 다음 순서로 type_name을 참조한다.

- SQL Server 시스템 데이터 형식
- 현재 데이터베이스에 있는 현재 사용자의 기본 스키마
- 현재 데이터베이스의 dbo 스키마

**precision**

지정한 데이터 형식에 대한 전체 자릿수이다.

### scale

지정한 데이터 형식에 대한 소수 자릿수이다.

### max

2^31바이트의 문자와 binary 데이터 그리고 2^30바이트의 유니코드 데이터를 저장하기 위한 varchar, nvarchar 및 varbinary 데이터 형식에만 적용된다.

### CONTENT

column_name에 있는 xml 데이터 형식의 각 인스턴스가 여러 개의 최상위 요소를 포함할 수 있도록 지정한다. CONTENT는 xml 데이터 형식에만 적용되며 xml_schema_ collection을 지정한 경우에만 지정할 수 있다. 지정하지 않은 경우에는 CONTENT가 기본 동작이다.

### DOCUMENT

column_name에 있는 xml 데이터 형식의 각 인스턴스가 최상위 요소를 하나만 포함할 수 있도록 지정한다. DOCUMENT는 xml 데이터 형식에만 적용되며 xml_schema_ collection을 지정한 경우에만 지정할 수 있다.

### xml_schema_collection

XML 스키마 컬렉션을 xml 데이터 형식에 연결하기 위해 이 데이터 형식에만 적용된다. 스키마에 xml 열을 입력하기 전에 먼저 CREATE XML SCHEMA COLLECTION을 사용하여 데이터베이스에서 해당 스키마를 만들어야 한다.

### DEFAULT

삽입 중에 값이 명시적으로 지정되지 않은 경우에 열에 대해 제공되는 값을 지정한다. DEFAULT 정의는 timestamp로 정의되거나 IDENTITY 속성이 있는 열을 제외한 모든 열에 적용할 수 있다. 사용자 정의 유형 열에 대해 기본 값을 지정할 경우 constant_ expression에서 해당 사용자 정의 유형으로 암시적으로 변환할 수 있어야 한다. DEFAULT 정의는 테이블이 삭제될 때 제거된다. 문자열과 같은 상수 값, 스칼라 함수(시스템 함수, 사용자 정의 함수 또는 CLR 함수) 또는 NULL만 기본 값으로 사용할 수 있다. 이전 버전의 SQL Server와의 호환성을 유지하기 위해 DEFAULT에 제약조건 이름을 할당할 수 있다.

### constant_expression

열의 기본 값으로 사용되는 상수, NULL 또는 시스템 함수이다.

### IDENTITY

새 열이 ID 열임을 지정한다. 테이블에 새 행이 추가되면 데이터베이스 엔진은 열에 대해 고유한 증가 값을 제공한다. ID 열은 일반적으로 PRIMARY KEY 제약조건과 함께 사용되어 테이블에 대한 고유한 행 식별자 역할을 한다. tinyint, smallint, int, bigint, decimal(p,0) 또는 numeric(p,0) 열에 IDENTITY 속성을 할당할 수 있다. ID 열은 테이블 당 하나만 만들 수 있다. ID 열에는 바인딩된 기본값 및 DEFAULT 제약조건을 사용할 수 없다. 초기 값과 증가 값은 둘 다 지정하거나 또는 둘 다 지정하지 않아야 한다. 둘 다 지정하지 않은 경우에는 기본 값(1,1)이 설정된다.

**seed**

테이블에 로드되는 제일 첫 행에 적용되는 값이다.

**increment**

로드된 이전 행의 ID 값에 추가되는 증가값이다.

**NOT FOR REPLICATION**

CREATE TABLE 문에서 IDENTITY 속성, FOREIGN KEY 제약조건 및 CHECK 제한 조건에 대해 NOT FOR REPLICATION 절을 지정할 수 있다. IDENTITY 속성에 이 절을 지정하면 삽입 작업을 수행할 때 ID 열의 값이 증가하지 않는다. 제약조건에 대해 이 절을 지정하면 삽입, 업데이트 또는 삭제 작업을 수행할 때 해당 제약조건이 강제로 적용되지 않는다.

**ROWGUIDCOL**

새 열이 행 GUID 열임을 지정한다. 테이블당 한 개의 uniqueidentifier 열만 ROWGUIDCOL 열로 지정할 수 있으며 ROWGUIDCOL 속성을 적용하면 $ROWGUID를 사용하여 열을 참조할 수 있다. ROWGUIDCOL 속성은 uniqueidentifier 열에만 할당할 수 있다. 데이터베이스 호환성 수준이 65 이하인 경우에는 ROWGUIDCOL 키워드가 유효하지 않다. 사용자 정의 데이터 형식 열은 ROWGUIDCOL로 지정할 수 없다.

ROWGUIDCOL 속성은 열에 저장된 값이 고유하도록 강제 적용되지 않는다. 또한 테이블에 삽입된 새 행에 대한 값을 자동으로 생성하지도 않는다. 각 열에 고유한 값을 생성하려면 INSERT 문에 NEWID 또는 NEWSEQUENTIALID 함수를 사용하거나 열에 대한 기본 값으로 이 함수들을 사용하면 된다.

**SPARSE**

열이 스파스 열임을 지정한다. 스파스 열의 저장소는 Null 값에 대해 최적화된다. 스파스 열은 NOT NULL로 지정할 수 없다.

**FILESTREAM**

varbinary(max) 열에 대해서만 사용할 수 있다. varbinary(max) BLOB 데이터에 대한 FILESTREAM 저장소를 지정한다.

테이블에는 ROWGUIDCOL 특성을 갖는 uniqueidentifier 데이터 형식의 열도 있어야 한다. 이 열은 Null 값을 허용하지 않으며 UNIQUE 또는 PRIMARY KEY 단일 열 제약조건을 가져야 한다. 열의 GUID 값은 응용 프로그램에서 데이터를 삽입할 때 제공하거나 NEWID () 함수를 사용하는 DEFAULT 제약조건을 통해 제공해야 한다.

테이블에 대해 정의된 FILESTREAM 열이 있는 동안에는 ROWGUIDCOL 열을 삭제하고 관련 제약조건을 변경할 수 없다. ROWGUIDCOL 열은 마지막 FILESTREAM 열이 삭제된 이후에만 삭제될 수 있다.

열에 대해 FILESTREAM 저장소 특성이 지정된 경우 해당 열의 모든 값이 파일 시스템에 있는 FILESTREAM 데이터 컨테이너에 저장된다.

**COLLATE collation_name**

열에 대한 데이터 정렬을 지정한다. 데이터 정렬 이름은 Windows 데이터 정렬 이름이나 SQL 데이터 정렬 이름이 될 수 있다. collation_name은 char, varchar, text, nchar, nvarchar 및 ntext 데이터 형식의 열에만 적용할 수 있다. 지정하지 않은 경우 열이 사용자 정의 데이터 형식이면 사용자 정의 데이터 형식의 데이터 정렬에 열이 할당되고 그렇지 않은 경우에는 데이터베이스의 기본 데이터 정렬에 할당된다.

**CONSTRAINT**

PRIMARY KEY, NOT NULL, UNIQUE, FOREIGN KEY 또는 CHECK 제약조건 정의의 시작을 표시하는 생략가능한 키워드이다.

**constraint_name**

제약조건의 이름이다. 제약조건 이름은 테이블이 속한 스키마 내에서 고유한 이름이어야 한다.

**NULL | NOT NULL**

열의 Null 값 허용 여부를 결정한다. NULL은 엄격하게 말해 제약조건이 아니지만 NOT NULL처럼 지정할 수 있다. 계산 열에서는 PERSISTED를 지정한 경우에만 NOT NULL을 지정할 수 있다.

**PRIMARY KEY**

지정한 열에 고유 인덱스를 통해 엔터티 무결성을 강제 적용하는 제약조건이다. PRIMARY KEY 제약조건은 각 테이블마다 하나만 만들 수 있다.

**UNIQUE**

지정한 열에 대해 고유 인덱스를 통해 엔터티 무결성을 적용하는 제약조건이다. 하나의 테이블에 여러 개의 UNIQUE 제약조건을 지정할 수 있다.

**CLUSTERED | NONCLUSTERED**

PRIMARY KEY 또는 UNIQUE 제약조건에 대해 클러스터형 또는 비클러스터형 인덱스를 만들도록 지정한다. PRIMARY KEY 제약조건의 기본 값은 CLUSTERED이며 UNIQUE 제약조건의 기본 값은 NONCLUSTERED이다.

CREATE TABLE 문에서는 한 가지 제약조건에만 CLUSTERED를 지정할 수 있다. UNIQUE 제약조건에 대해 CLUSTERED를 지정하고 PRIMARY KEY 제약조건도 지정한 경우 PRIMARY KEY의 기본 값은 NONCLUSTERED가 된다.

**FOREIGN KEY REFERENCES**

열에 있는 데이터에 참조 무결성을 제공하는 제약조건이다. FOREIGN KEY 제약조건을 지정하려면 열의 각 값이 참조된 테이블의 해당하는 참조된 열에 있어야 한다. FOREIGN KEY 제약조건은 참조되는 테이블의 PRIMARY KEY 또는 UNIQUE 제약조건 열이나 참조되는 테이블의 UNIQUE INDEX에서 참조되는 열만 참조할 수 있다. 계산 열의 외래 키 역시 PERSISTED로 표시되어야 한다.

**[ schema_name . ] referenced_table_name ]**

FOREIGN KEY 제약조건이 참조하는 테이블과 그 테이블이 속한 스키마의 이름이다.

**( ref_column [ ,... n ] )**

FOREIGN KEY 제약조건이 참조하는 테이블의 열 또는 열 목록이다.

**ON DELETE { NO ACTION | CASCADE | SET NULL | SET DEFAULT }**

참조 관계가 설정된 경우, 참조된 행이 부모 테이블에서 삭제될 때 테이블의 행에 수행될 동작을 지정한다. 기본 값은 NO ACTION이다.

- NO ACTION

  데이터베이스 엔진에서 오류가 발생하며 부모 테이블의 행에 대한 삭제 동작이 롤백된다.

- CASCADE

  부모 테이블에서 행을 삭제한 경우 참조 테이블에서 해당 행이 삭제된다.

- SET NULL

  부모 테이블에서 해당 행을 삭제하면 외래 키를 구성하는 모든 값이 NULL로 설정된다. 이 제약조건을 실행하려면 외래 키 열에 Null을 허용해야 한다.

- SET DEFAULT

  부모 테이블에서 해당 행을 삭제하면 외래 키를 구성하는 모든 값이 기본 값으로 설정된다. 이 제약조건을 실행하려면 모든 외래 키 열에 기본 정의가 있어야 한다. 열에 Null 값을 사용할 수 있고 명시적 기본 값이 설정되어 있지 않은 경우 해당 열의 암시적 기본 값은 Null이다.

해당 테이블에 ON DELETE INSTEAD OF 트리거가 이미 존재할 경우 ON DELETE CASCADE를 정의할 수 없다.

예를 들어, 〈고객〉 테이블과 〈주문〉 테이블이 참조 관계를 갖도록, 〈주문〉 테이블의 외래키 고객ID가 〈고객〉테이블의 기본키 고객ID를 참조하도록 정의되었다고 하자.

〈고객〉 테이블의 행에 대해 DELETE 문을 실행하고 〈주문〉 테이블의 고객ID에 대해 ON DELETE CASCADE 동작을 지정하면 데이터베이스 엔진은 〈주문〉 테이블에서 하나 이상의 종속 행이 있는지 확인한다. 〈주문〉 테이블에 종속 행이 있는 경우 삭제되며 〈고객〉 테이블에서 참조된 행도 삭제된다.

반대로 NO ACTION을 지정한 경우 〈주문〉 테이블에 〈고객〉 행을 참조하는 행이 하나 이상 있으면 데이터베이스 엔진에서 오류가 발생하고 〈고객〉 행의 삭제 동작이 롤백(취소)된다.

**ON UPDATE { NO ACTION | CASCADE | SET NULL | SET DEFAULT }**

참조 관계가 설정된 경우, 참조된 행이 부모 테이블에서 수정될 때 테이블의 행에 수행될 동작을 지정한다. 기본 값은 NO ACTION이다.

- NO ACTION
  데이터베이스 엔진에서 오류가 발생하며 부모 테이블의 행에 대한 업데이트 동작이 롤백(취소)된다.
- CASCADE
  부모 테이블에서 해당 행을 업데이트한 경우 참조 테이블에도 해당 행을 업데이트한다.
- SET NULL
  부모 테이블에서 해당 행을 업데이트하면 외래 키를 구성하는 모든 값이 NULL로 설정된다. 이 제약조건을 실행하려면 외래 키 열에 Null을 허용해야 한다.
- SET DEFAULT
  부모 테이블에서 해당 행을 업데이트하면 외래 키를 구성하는 모든 값이 기본 값으로 설정된다. 이 제약조건을 실행하려면 모든 외래 키 열에 기본 정의가 있어야 한다. 열에 Null 값을 사용할 수 있고 명시적 기본 값이 설정되어 있지 않은 경우 해당 열의 암시적 기본값은 Null이다.

변경 중인 테이블에 ON UPDATE INSTEAD OF 트리거가 이미 존재하면 ON UPDATE CASCADE를 정의할 수 없다.

예를 들어, 〈고객〉 테이블과 〈주문〉 테이블이 참조 관계를 갖도록, 〈주문〉 테이블의 외래키 고객ID가 〈고객〉 테이블의 기본키 고객ID를 참조하도록 정의되었다고 하자.

〈고객〉테이블의 행에 대해 UPDATE 문을 실행하고 〈주문〉 테이블의 고객ID에 대해 ON UPDATE CASCADE 동작을 지정하면 데이터베이스 엔진은 〈주문〉 테이블에서 하나 이상의 종속 행이 있는지 확인한다. 〈주문〉 테이블에 종속 행이 있는 경우 업데이트되며 〈고객〉 테이블에서 참조된 행도 업데이트된다.

반대로 NO ACTION을 지정한 경우 〈주문〉 테이블에 〈고객〉 행을 참조하는 행이 하나 이상 있으면 데이터베이스 엔진에서 오류가 발생하고 〈고객〉 행의 업데이트 동작이 롤백(취소)된다.

**CHECK**

열에 입력할 수 있는 가능한 값을 제한하여 도메인 무결성을 적용하는 제약조건이다. 계산 열의 CHECK 제약조건 또한 PERSISTED로 표시되어야 한다.

**logical_expression**

TRUE 또는 FALSE를 반환하는 논리식이다. 별칭 데이터 형식은 식에 포함될 수 없다.

**column**

제약조건 정의에서 사용하는 열을 표시하기 위해 테이블 제약조건에서 괄호로 묶어 사용하는 열 또는 열 목록이다.

**[ ASC | DESC ]**

테이블 제약조건에 사용되는 열의 저장 순서를 지정한다. 기본 값은 ASC이다.

**partition_scheme_name**

분할된 테이블의 파티션이 매핑될 파일 그룹을 정의하는 파티션 구성표의 이름이다. 파티션 구성표는 반드시 데이터베이스 내에 있어야 한다.

**[ partition_column_name. ]**

분할된 테이블이 분할될 열을 지정한다. 파티션 함수가 지정한 열은 partition_ scheme_name이 사용하는 열과 데이터 형식, 길이, 전체 자릿수 측면에서 일치해야 한다. 파티션 함수에 참여하는 계산 열은 명시적으로 PERSISTED로 표시되어야 한다.

분할된 테이블 및 ALTER TABLE...SWITCH 작업의 원본이나 대상인 분할되지 않은 테이블의 분할 열에 NOT NULL을 지정하는 것이 좋다. 이렇게 하면 분할 열의 CHECK 제약조건에서 Null 값을 확인하지 않아도 된다.

**WITH FILLFACTOR = fillfactor**

데이터베이스 엔진이 인덱스 데이터를 저장하기 위한 각 인덱스 페이지를 얼마나 채울지 지정한다. 사용자가 지정할 수 있는 fillfactor 범위는 1부터 100까지이며 값을 지정하지 않으면 기본 값은 0이

된다. fillfactor 0과 100은 모든 면에서 동일하다.

**column_set_name XML COLUMN_SET FOR ALL_SPARSE_COLUMNS**

열 집합의 이름이다. 열 집합은 구조화된 출력으로 테이블의 모든 스파스 열을 결합하는 형식화되지 않은 XML 표현이다.

**< table_option> ::=**

하나 이상의 테이블 옵션을 지정한다.

**DATA_COMPRESSION**

지정된 테이블, 파티션 번호 또는 파티션 범위에 대한 데이터 압축 옵션을 지정한다. 다음과 같은 옵션이 있다.

- NONE
  테이블 또는 지정된 파티션이 압축되지 않는다.
- ROW
  테이블 또는 지정된 파티션이 행 압축을 사용하여 압축된다.
- PAGE
  테이블 또는 지정된 파티션이 페이지 압축을 사용하여 압축된다.

**ON PARTITIONS ( { <partition_number_expression> | <range> } [ ,...n ] )**

DATA_COMPRESSION 설정을 적용할 파티션을 지정한다. 테이블이 분할되지 않은 경우 ON PARTITIONS 인수를 사용하면 오류가 발생한다. ON PARTITIONS 절을 지정하지 않으면 DATA_COMPRESSION 옵션이 분할된 테이블의 모든 파티션에 적용된다.

〈partition_number_expression〉은 다음과 같은 방법으로 지정할 수 있다.

- 파티션의 파티션 번호를 지정한다(예: ON PARTITIONS (2)).
- 여러 개별 파티션의 파티션 번호를 쉼표로 구분하여 지정한다(예: ON PARTITIONS (1, 5)).
- 범위와 개별 파티션을 모두 지정한다(예: ON PARTITIONS (2, 4, 6 TO 8)).
- 〈range〉는 TO라는 단어로 구분된 파티션 번호로 지정할 수 있다(예: ON PARTITIONS (6 TO 8)).

여러 파티션에 대해 서로 다른 데이터 압축 유형을 설정하려면 DATA_COMPRESSION 옵션을 두 번 이상 지정한다. 예를 들면 다음과 같다.

```
WITH
(
DATA_COMPRESSION = NONE ON PARTITIONS (1),
DATA_COMPRESSION = ROW ON PARTITIONS (2, 4, 6 TO 8),
DATA_COMPRESSION = PAGE ON PARTITIONS (3, 5)
)
```

**<index_option> ::=**

하나 이상의 인덱스 옵션을 지정한다.

**PAD_INDEX = { ON | OFF }**

ON이면 FILLFACTOR로 지정한 사용 가능한 공간의 비율을 인덱스의 중간 수준 페이지에 적용한다. OFF이거나 FILLFACTOR 값을 지정하지 않으면 중간 페이지의 키 집합을 고려하여 인덱스가 가질 수 있는 최대 크기의 행을 최소한 하나만큼 저장할 공간을 남기고 용량 한계에 가깝게 중간 수준 페이지를 채운다. 기본 값은 OFF이다.

**FILLFACTOR = fillfactor**

인덱스를 생성 또는 변경하는 중에 데이터베이스 엔진에서 각 인덱스 페이지의 리프 수준을 채우는 비율을 지정한다. fillfactor는 1부터 100까지의 정수이며 기본값은 0이다. fillfactor 0과 100은 모든 면에서 동일하다.

**IGNORE_DUP_KEY = { ON | OFF }**

고유 클러스터형 인덱스나 고유 비클러스터형 인덱스에서 다중 행 삽입 트랜잭션의 중복된 키 값에 대한 오류 응답을 지정한다. ON이고 행이 고유 인덱스를 위반하면 경고 메시지가 생성되고 UNIQUE 인덱스를 위반하는 행만 실패한다. OFF이고 행이 고유 인덱스를 위반하면 오류 메시지가 생성되고 전체 INSERT 트랜잭션이 롤백된다. UPDATE 문을 처리할 때 IGNORE_DUP_KEY는 아무 영향도 주지 않는다. 기본 값은 OFF이다.

**STATISTICS_NORECOMPUTE = { ON | OFF }**

ON이면 오래된 인덱스 통계를 자동으로 다시 계산하지 않는다. OFF이면 자동 통계 업데이트를 활성화한다. 기본 값은 OFF이다.

**ALLOW_ROW_LOCKS = { ON | OFF }**

ON이면 인덱스에 액세스할 때 행 잠금이 허용된다. 행 잠금을 사용하는 시점은 데이터베이스 엔진이 결정한다. OFF이면 행 잠금을 사용하지 않는다. 기본 값은 ON이다.

**ALLOW_PAGE_LOCKS = { ON | OFF }**

ON이면 인덱스에 액세스할 때 페이지 잠금이 허용된다. 페이지 잠금을 사용하는 시점은 데이터베이스 엔진이 결정한다. OFF이면 페이지 잠금을 사용하지 않는다. 기본 값은 ON이다.

## ■ DROP TABLE

```
DROP TABLE [ database_name . [ schema_name ] . | schema_name . ]table_name
[ ,...n ] [ ; ]
```

### ■■ 인수 설명

**database_name**

테이블이 생성된 데이터베이스 이름이다.

**schema_name**

테이블이 속한 스키마 이름이다.

**table_name**

제거할 테이블 이름이다.

## ■ ALTER TABLE

```
ALTER TABLE [ database_name . [ schema_name ] . | schema_name . ] table_name
{
    ALTER COLUMN column_name
    {
        [ type_schema_name. ] type_name [ ( { precision [ , scale ]
            | max | xml_schema_collection } ) ]
        [ COLLATE collation_name ]
        [ NULL | NOT NULL ]
    | {ADD | DROP }
            { ROWGUIDCOL | PERSISTED | NOT FOR REPLICATION | SPARSE }
    }
        | [ WITH { CHECK | NOCHECK } ]

        | ADD
    {
       <column_definition>  | <computed_column_definition>
      | <table_constraint>   | <column_set_definition>
    } [ ,...n ]
    | DROP
```

```
    {
        [ CONSTRAINT ] constraint_name
        [ WITH ( <drop_clustered_constraint_option> [ ,...n ] ) ]
        | COLUMN column_name
  } [ ,...n ]
    | [ WITH { CHECK | NOCHECK } ] { CHECK | NOCHECK } CONSTRAINT
        { ALL | constraint_name [ ,...n ] }
    | { ENABLE | DISABLE } TRIGGER  { ALL | trigger_name [ ,...n ] }
    | { ENABLE | DISABLE } CHANGE_TRACKING
        [ WITH ( TRACK_COLUMNS_UPDATED = { ON | OFF } ) ]
    | SWITCH [ PARTITION source_partition_number_expression ]
        TO target_table
        [ PARTITION target_partition_number_expression ]
    | SET ( FILESTREAM_ON = { partition_scheme_name | filegroup |
                "default" | "NULL" } )
    | REBUILD
          [ [PARTITION = ALL]  [ WITH ( <rebuild_option> [ ,...n ] ) ]
          | [ PARTITION = partition_number
           [ WITH ( <single_partition_rebuild_option> [ ,...n ] ) ]
        ]
          ]
    | (<table_option>)
} [ ; ]
```

```
<column_set_definition> ::=
        column_set_name XML COLUMN_SET FOR ALL_SPARSE_COLUMNS
```

```
<drop_clustered_constraint_option> ::=
    {
        MAXDOP = max_degree_of_parallelism
      | ONLINE = {ON | OFF }
      | MOVE TO { partition_scheme_name ( column_name ) | filegroup
          | "default" }
    }
```

```
<table_option> ::=
    {
        SET ( LOCK_ESCALATION = { AUTO | TABLE | DISABLE } )
    }
```

```
<single_partition_rebuild__option> ::=
{
      SORT_IN_TEMPDB = { ON | OFF }
    | MAXDOP = max_degree_of_parallelism
    | DATA_COMPRESSION = { NONE | ROW | PAGE} }
}
```

## ■■ 인수 설명

### database_name

테이블이 생성된 데이터베이스 이름이다.

### schema_name

테이블이 속한 스키마의 이름이다.

### table_name

변경할 테이블의 이름이다. 테이블이 현재 데이터베이스에 없거나 현재 사용자가 소유한 스키마에 포함되지 않은 경우 해당 데이터베이스와 스키마를 명시적으로 지정해야 한다.

### ALTER COLUMN

지정한 열을 변경한다.

다음과 같은 열은 수정할 수 없다.

- 데이터 형식이 timestamp인 열
- 테이블의 ROWGUIDCOL
- 계산 열이나 계산 열에 사용된 열
- 인덱스에 사용된 열(열의 데이터 형식이 varchar, nvarchar 또는 varbinary인 경우, 데이터 형식이 변경되지 않은 경우, 새 크기가 원래의 크기보다 크거나 같은 경우, 인덱스가 PRIMARY KEY 제약조건의 결과가 아닌 경우 제외).
- CREATE STATISTICS 문으로 생성된 통계에 사용된 열(열의 데이터 형식이 varchar, nvarchar 또는 varbinary인 경우, 데이터 형식이 변경되지 않은 경우, 새 크기가 원래의 크기보다 크거나 같은 경우 또는 열이 NOT NULL에서 NULL로 변경된 경우 제외). 먼저 DROP STATISTICS 문을 사용하여 통계를 제거한다. 쿼리 최적화 프로그램에 의해 자동으로 생성된 통계는 ALTER COLUMN에 의해 자동으로 삭제된다.
- PRIMARY KEY 또는 [FOREIGN KEY] REFERENCES 제약조건에 사용된 열

- CHECK 또는 UNIQUE 제약조건에 사용된 열. 그러나 CHECK 또는 UNIQUE 제약조건에 사용된 가변 길이 열의 길이는 변경할 수 있다.
- 기본값 정의에 연결된 열. 그러나 데이터 형식이 변경되지 않은 경우 열의 길이, 전체 자릿수 또는 소수 자릿수를 변경할 수 있다.

text, ntext 및 image 열의 데이터 형식은 다음과 같은 방식으로만 변경할 수 있다.

- text: varchar(max), nvarchar(max) 또는 xml
- ntext: varchar(max), nvarchar(max) 또는 xml
- image to varbinary(max)

데이터 형식을 변경하면 데이터 자체가 변경되는 경우도 있다. 예를 들어 nchar 또는 nvarchar 열을 char 또는 varchar로 변경하면 확장 문자가 변환될 수 있다.

분할된 테이블의 열 데이터 형식은 변경할 수 없다.

**column_name**

변경, 추가 또는 삭제할 열의 이름이다. column_name에는 최대 128자까지 사용할 수 있다. 새 열의 경우 timestamp 데이터 형식으로 생성된 열에는 column_name을 생략할 수 있다. timestamp 데이터 형식 열에 column_name을 지정하지 않으면 timestamp가 이름으로 사용된다.

**[ type_schema_name. ] type_name**

변경된 열의 새 데이터 형식 또는 추가된 열의 데이터 형식이다. 분할된 테이블의 기존 열에 type_name을 지정할 수 없다. type_name은 다음 중 한 가지이다.

- SQL Server 시스템 데이터 형식
- SQL Server 시스템 데이터 형식을 기반으로 하는 별칭 데이터 형식. 별칭 데이터 형식은 CREATE TYPE 문으로 만들어진 다음 테이블 정의에 사용된다.
- .NET Framework 사용자 정의 형식 및 이 사용자 정의 형식이 속한 스키마. .NET Framework 사용자 정의 형식은 CREATE TYPE 문으로 만들어진 다음 테이블 정의에 사용된다.

변경된 열의 type_name에 대한 기준은 다음과 같다.

- 이전 데이터 형식은 암시적으로 새 데이터 형식으로 변환 가능해야 한다.
- type_name은 timestamp가 될 수 없다.
- ALTER COLUMN에 대해 ANSI_NULL 기본값이 항상 설정되어 있다. 값을 지정하지 않으면 열에 Null이 허용된다.

- ALTER COLUMN에 대해 ANSI_PADDING 패딩이 항상 설정되어 있다.
- 수정된 열이 ID 열이면 new_data_type은 ID 속성을 지원하는 데이터 형식이어야 한다.
- SET ARITHABORT의 현재 설정이 무시된다. ALTER TABLE은 ARITHABORT가 설정된 것처럼 작동한다.

> COLLATE 절을 지정하지 않으면 열의 데이터 형식을 변경했을 때 데이터 정렬이 데이터베이스의 기본 데이터 정렬로 변경된다.

**precision**

지정한 데이터 형식의 전체 자릿수이다.

**scale**

지정한 데이터 형식에 대한 소수 자릿수이다.

**max**

2^31-1바이트 문자, 이진 데이터 및 유니코드 데이터를 저장하기 위해 varchar, nvarchar 및 varbinary 데이터 형식에만 적용된다.

**xml_schema_collection**

XML 스키마를 xml 데이터 형식에 연결하기 위해 이 데이터 형식에만 적용된다. 스키마 컬렉션에 xml 열을 입력하기 전에 먼저 CREATE XML SCHEMA COLLECTION을 사용하여 데이터베이스에 해당 스키마 컬렉션을 만들어야 한다.

**COLLATE < collation_name >**

변경된 열에 대한 새 데이터 정렬을 지정한다. 이를 지정하지 않으면 열에 데이터베이스의 기본 데이터 정렬이 할당된다. 데이터 정렬 이름으로는 Windows 데이터 정렬 이름 또는 SQL 데이터 정렬 이름을 사용할 수 있다.

char, varchar, nchar 및 nvarchar 데이터 형식의 열에 대한 데이터 정렬을 변경하는 데만 COLLATE 절을 사용할 수 있다. 사용자 정의 별칭 데이터 형식 열의 데이터 정렬을 변경하려면 별도의 ALTER TABLE 문을 실행하여 열을 SQL Server 시스템 데이터 형식으로 변경하고 해당 데이터 정렬을 변경한 다음 그 열을 별칭 데이터 형식으로 다시 변경해야 한다.

ALTER COLUMN은 다음 조건이 하나 이상 해당되는 경우 데이터 정렬을 변경할 수 없다.

- CHECK, FOREIGN KEY 제약조건 또는 계산 열이 변경된 열을 참조하는 경우
- 인덱스, 통계 또는 전체 텍스트 인덱스가 열에 생성된 경우. 변경된 열에 자동으로 생성된 통계는

해당 열의 데이터 정렬이 변경되면 삭제된다.

- 스키마 바운드 뷰 또는 함수가 열을 참조하는 경우

**NULL | NOT NULL**

열에 Null 값 허용 여부를 지정한다. Null 값이 허용되지 않는 열은 기본값이 지정된 경우 또는 테이블이 비어 있는 경우에만 ALTER TABLE을 사용하여 추가할 수 있다. 계산 열에서는 PERSISTED를 지정한 경우에만 NOT NULL을 지정할 수 있다. 새 열이 Null 값을 허용하고 기본값이 지정되지 않은 경우 테이블 각 행의 새 열은 Null 값을 가진다. 새 열이 Null 값을 허용하고 해당 열에 기본 정의가 추가된 경우 WITH VALUES를 사용하여 테이블 기존 행의 새 열에 기본 값을 저장할 수 있다.

새 열이 Null 값을 허용하지 않고 테이블이 비어 있지 않은 경우 DEFAULT 정의가 새 열에 추가되어야 각 기존 행의 새 열에 기본 값이 자동으로 로드된다.

PRIMARY KEY 제약조건이 있는 열을 제외하면 ALTER COLUMN에 NULL을 지정하여 NOT NULL 열이 Null 값을 허용하도록 강제 설정할 수 있다. 열에 Null 값이 포함되어 있지 않을 경우에만 ALTER COLUMN에 NOT NULL을 지정할 수 있다. ALTER COLUMN NOT NULL을 허용하려면 다음과 같이 Null 값을 다른 값으로 업데이트해야 한다.

```
UPDATE Product SET price = 100 WHERE price IS NULL
ALTER TABLE Product ALTER COLUMN price real NOT NULL
```

CREATE TABLE 또는 ALTER TABLE 문을 사용하여 테이블을 만들거나 변경하는 경우 데이터베이스 및 세션 설정이 열 정의에 사용되는 데이터 형식의 Null 허용 여부에 영향을 미치거나 이를 재정의할 가능성이 있다. 비계산 열은 항상 NULL 또는 NOT NULL로 명시적으로 정의하는 것이 좋으며 사용자 정의 데이터 형식을 사용할 때는 열에 해당 데이터 형식의 기본 Null 허용 여부를 적용하는 것이 좋다.

> ALTER COLUMN에 NULL 또는 NOT NULL을 지정할 때는 new_data_type [(precision [, scale ])]도 함께 지정해야 한다. 데이터 형식, 전체 자릿수, 소수 자릿수가 변경되지 않으면 현재 열 값을 지정한다.

**[ {ADD | DROP} ROWGUIDCOL ]**

지정한 열에 ROWGUIDCOL 속성을 추가 또는 삭제하도록 지정한다. ROWGUIDCOL은 열이 행 GUID 열임을 나타낸다. 테이블_당 하나의 uniqueidentifier 열만 ROWGUIDCOL 열로 지정할 수 있으며 ROWGUIDCOL 속성은 uniqueidentifier 열에만 지정할 수 있다. ROWGUIDCOL은 사용자 정의 데이터 형식의 열에 지정할 수 없다.

ROWGUIDCOL은 열에 저장된 값이 고유하도록 설정하지 않으며 테이블에 삽입된 새 행에 대한 값을 자동으로 생성하지 않는다. 각 열에 대해 고유한 값을 생성하려면 INSERT 문에서 NEWID 함수를 사용하거나 NEWID 함수를 해당 열의 기본 값으로 지정한다.

### [ {ADD | DROP} PERSISTED ]

지정한 열에 PERSISTED 속성을 추가 또는 삭제하도록 지정한다. 이 열은 결정적인 식으로 정의된 계산 열이어야 한다. PERSISTED로 지정된 열인 경우 데이터베이스 엔진은 계산된 값을 테이블에 저장하고 계산 열이 종속된 다른 열이 업데이트되면 해당 값을 업데이트한다. 계산 열을 PERSISTED로 표시하면 결정적이지만 정확하지 않은 식에 정의된 계산 열에 인덱스를 생성할 수 있다.

분할된 테이블의 분할 열로 사용되는 계산 열은 명시적으로 PERSISTED로 표시해야 한다.

### DROP NOT FOR REPLICATION

복제 에이전트가 삽입 작업을 수행할 때 ID 열의 값이 증가하도록 지정한다. 이 절은 column_name이 ID 열인 경우에만 지정할 수 있다.

### SPARSE

열이 스파스 열임을 나타낸다. 스파스 열의 저장소는 Null 값에 대해 최적화된다. 스파스 열은 NOT NULL로 지정할 수 없다. 스파스 열에서 스파스가 아닌 열로 또는 스파스가 아닌 열에서 스파스 열로 열을 변환하면 명령이 실행되는 동안 테이블이 잠긴다.

### WITH CHECK | WITH NOCHECK

새로 추가되거나 다시 설정된 FOREIGN KEY 또는 CHECK 제약조건에 대해 테이블의 데이터 유효성 검사 여부를 지정한다. 값을 지정하지 않으면 새 제약조건에는 WITH CHECK가, 다시 설정된 제약조건에는 WITH NOCHECK가 설정된다.

기존 데이터에 대해 새로운 CHECK 또는 FOREIGN KEY 제약조건을 확인하지 않으려면 WITH NOCHECK를 사용한다. 이 방법은 꼭 필요한 경우를 제외하면 사용하지 않는 것이 좋다. 새로운 제약조건은 향후 데이터가 업데이트될 때마다 평가된다. 따라서 제약조건 추가 시 WITH NOCHECK에 의해 숨겨진 모든 제약조건 위반은 제약조건에 위배되는 데이터가 있는 행을 업데이트할 경우 업데이트 오류를 발생시킬 수 있다.

쿼리 최적화 프로그램은 WITH NOCHECK가 정의된 제약조건을 고려하지 않는다. 그러한 제약조건은 ALTER TABLE table CHECK CONSTRAINT ALL을 사용하여 다시 설정될 때까지 무시된다.

**ADD**

하나 이상의 열 정의, 계산 열 정의 또는 테이블 제약조건이 추가되도록 지정한다.

**DROP { [ CONSTRAINT ] constraint_name | COLUMN column_name }**

테이블에서 constraint_name 또는 column_name이 제거되도록 지정한다. 여러 개의 열과 제약조건을 나열할 수 있다.

사용자 정의 또는 시스템 제공 제약조건 이름은 sys.check_constraint, sys.default_ constraints, sys.key_constraints 및 sys.foreign_keys 카탈로그 뷰를 쿼리하여 확인할 수 있다.

XML 인덱스가 테이블에 있는 경우 PRIMARY KEY 제약조건을 삭제할 수 없다.

다음과 같은 열은 삭제할 수 없다.

- 인덱스에 사용된 열
- CHECK, FOREIGN KEY, UNIQUE 또는 PRIMARY KEY 제약조건에 사용된 열
- DEFAULT 키워드로 정의된 기본값과 연결되거나 기본 개체에 바인딩된 열
- 규칙에 바인딩된 열

> 열을 삭제해도 해당 열의 디스크 공간은 회수되지 않는다. 테이블의 행 크기가 제한에 근접하거나 제한을 초과한 경우에는 삭제된 열의 디스크 공간을 회수해야 할 수도 있다. ALTER INDEX를 사용하여 기존 클러스터형 인덱스를 다시 작성하거나 테이블에 클러스형 인덱스를 생성하면 공간을 회수할 수 있다.

**WITH <drop_clustered_constraint_option>**

하나 이상의 클러스터형 제약조건 삭제 옵션이 설정되도록 지정한다.

**MAXDOP = max_degree_of_parallelism**

작업 기간 중에만 max degree of parallelism 구성 옵션을 재정의한다.

MAXDOP 옵션을 사용하여 병렬 계획 실행에 사용되는 프로세서 수를 제한한다. 최대값은 64개이다.

max_degree_of_parallelism에는 다음 값 중 하나를 사용할 수 있다.

- 1

  병렬 계획이 생성되지 않는다.
- >1

  병렬 인덱스 작업에 사용되는 최대 프로세서 수를 지정된 값으로 제한한다.

- 0(기본값)

  현재 시스템 작업에 따라 실제 프로세서 수 이하의 프로세서를 사용한다.

> 병렬 인덱스 작업은 SQL Server 2008 Enterprise에서만 사용할 수 있다.

**ONLINE = { ON | OFF }**

인덱스 작업 중에 쿼리 및 데이터 수정에 기본 테이블과 관련 인덱스를 사용할 수 있는지 여부를 지정한다. 기본 값은 OFF이다.

- ON

  인덱스 작업 중에 장기 테이블 잠금이 유지되지 않는다. 인덱스 작업의 주 단계 중 내재된 공유(IS) 잠금만 원본 테이블에 유지된다. 따라서 기본 테이블 및 인덱스를 계속 쿼리 또는 업데이트할 수 있다. 작업이 시작될 때 아주 짧은 기간 동안 공유(S) 잠금이 원본 개체에서 유지된다. 작업이 끝날 때 짧은 기간 동안 비클러스터형 인덱스가 생성되는 경우에는 원본에 대해 공유(S) 잠금이 획득되고, 온라인 상태에서 클러스터형 인덱스가 생성 또는 삭제될 때와 클러스터형 또는 비클러스터형 인덱스가 다시 작성될 때는 스키마 수정(SCH-M) 잠금이 획득된다. 로컬 임시 테이블에서 인덱스를 생성하는 경우에는 ONLINE을 ON으로 설정할 수 없다.

- OFF

  인덱스 작업 중에 테이블 잠금이 적용된다. 클러스터형 인덱스를 생성, 다시 작성 또는 삭제하거나 비클러스터형 인덱스를 다시 작성 또는 삭제하는 오프라인 인덱스 작업을 통해 테이블의 SCH-M(스키마 수정) 잠금을 획득한다. 이 경우 작업 중에 모든 사용자가 기본 테이블에 액세스할 수 없게 된다. 비클러스터형 인덱스를 만드는 오프라인 인덱스 작업을 통해 테이블의 S(공유) 잠금을 획득한다. 따라서 기본 테이블을 업데이트할 수 없지만 SELECT문과 같은 읽기 작업은 허용된다.

> 온라인 인덱스 작업은 SQL Server 2008 Enterprise에서만 사용할 수 있다.

**MOVE TO { partition_scheme_name ( column_name [ 1, ... n] ) | filegroup | "default" }**

현재 클러스터형 인덱스의 리프 수준에 있는 데이터 행을 이동할 위치를 지정한다. 테이블이 새 위치로 이동된다.

> 여기서 말하는 default는 키워드가 아니라 기본 파일 그룹에 대한 식별자이므로 MOVE TO "default" 또는 MOVE TO [default]와 같이 기호로 묶여 표시된다. "default"를 지정하면 현재 세션의 QUOTED_IDENTIFIER 옵션이 ON이어야 한다. 이 값은 기본 설정 값이다.

**{ CHECK | NOCHECK} CONSTRAINT**

constraint_name의 설정 여부를 지정한다. 이 옵션은 FOREIGN KEY 및 CHECK 제약조건에만 사용할 수 있다. NOCHECK를 지정하면 제약조건이 해제되고 향후 해당 열에 삽입하거나 해당 열을 업데이트할 때 제약조건에 대한 유효성 검사가 수행되지 않는다. DEFAULT, PRIMARY KEY 및 UNIQUE 제약조건은 해제할 수 없다.

**ALL**

NOCHECK 옵션을 사용하여 모든 제약조건을 해제하거나 CHECK 옵션을 사용하여 모든 제약조건을 설정하도록 지정한다.

**{ENABLE | DISABLE} TRIGGER**

trigger_name의 설정 여부를 지정한다. 트리거를 해제해도 테이블에서 트리거의 정의는 계속 유지된다. 하지만 INSERT, UPDATE 또는 DELETE 문이 테이블에 대해 실행되면 트리거가 다시 설정될 때까지 트리거의 동작은 수행되지 않는다.

**ALL**

테이블의 모든 트리거를 설정 또는 해제하도록 지정한다.

**trigger_name**

설정하거나 해제할 트리거의 이름을 지정한다.

**{ ENABLE | DISABLE } CHANGE_TRACKING**

테이블에 대해 변경 내용 추적이 설정되는지 여부를 지정한다. 기본적으로 변경 내용 추적은 비활성화된다.

이 옵션은 데이터베이스에 대해 변경 내용 추적이 설정된 경우에만 사용할 수 있다.

변경 내용 추적을 설정하려면 테이블에 기본 키가 있어야 한다.

**WITH ( TRACK_COLUMNS_UPDATED = { ON | OFF } )**

데이터베이스 엔진에서 업데이트된 변경 내용 추적 열을 추적하는지 여부를 지정한다. 기본 값은 OFF이다.

```
SWITCH [ PARTITION source_partition_number_expression ] TO [ schema_name. ]
target_table [ PARTITION target_ partition_number_expression ]
```

다음 방법 중 하나로 데이터 블록을 전환한다.

- 테이블의 모든 데이터를 기존의 분할된 테이블에 파티션으로 재할당한다.
- 분할된 테이블 간에 파티션을 전환한다.
- 분할된 테이블의 한 파티션에 있는 모든 데이터를 기존의 분할되지 않은 테이블에 재할당한다.
- table이 분할된 테이블인 경우에는 source_partition_number_expression을 반드시 지정해야 한다. target_table이 분할된 경우에는 target_partition_number_expression을 반드시 지정해야 한다. 테이블의 데이터를 기존의 분할된 테이블에 파티션으로 재할당하거나 파티션을 분할된 한 테이블에서 다른 테이블로 전환하는 경우 대상 파티션이 있어야 하며 비어 있어야 한다.
- 한 파티션의 데이터를 재할당하여 하나의 테이블을 구성하려는 경우 대상 테이블이 미리 만들어져 있고 비어 있어야 한다. 원본 테이블이나 파티션과 대상 테이블이나 파티션 모두 같은 파일 그룹에 있어야 한다. 해당 인덱스 또는 인덱스 파티션도 같은 파일 그룹에 있어야 한다. 파티션 전환에는 여러 가지 추가 제한 사항이 적용된다. table과 target_table은 같을 수 없다. target_table은 여러 부분으로 구성된 식별자일 수 있다.

source_partition_number_expression과 target_partition_number_expression은 변수와 함수를 참조할 수 있는 상수 식이다.

> 복제된 테이블에는 SWITCH 문을 사용할 수 없다.

**SET ( FILESTREAM_ON = { partition_scheme_name | filestream_filegroup_name | "default" | "NULL" } )**

FILESTREAM 데이터가 저장되는 위치를 지정한다.

SET FILESTREAM_ON 절이 있는 ALTER TABLE은 테이블에 FILESTREAM 열이 없는 경우에만 성공한다. FILESTREAM 열은 두 번째 ALTER TABLE 문을 사용하여 추가할 수 있다.

partition_scheme_name이 지정된 경우 CREATE TABLE에 대한 규칙이 적용된다. 테이블은 이미 행 데이터에 대해 분할되어 있어야 하며 테이블의 파티션 구성표는 FILESTREAM 파티션 구성표와 동일한 파티션 함수 및 파티션 열을 사용해야 한다.

filestream_filegroup_name은 FILESTREAM 파일 그룹의 이름을 지정한다. 파일 그룹에는 CREATE DATABASE 또는 ALTER DATABASE 문을 사용하여 파일 그룹에 대해 정의된 파일이 하나 포함되어야 하며, 그렇지 않으면 오류가 발생한다.

"default"는 DEFAULT 속성이 설정된 FILESTREAM 파일 그룹을 지정한다. FILESTREAM 파일 그룹이 없으면 오류가 발생한다.

"NULL"은 테이블의 FILESTREAM 파일 그룹에 대한 모든 참조를 제거하도록 지정한다. All FILESTREAM 열을 먼저 삭제해야 한다. SET FILESTREAM_ON="NULL"을 사용하여 테이블과 관련된 모든 FILESTREAM 데이터를 삭제해야 한다.

**SET ( LOCK_ESCALATION = { AUTO | TABLE | DISABLE } )**

테이블에 대해 허용되는 잠금 에스컬레이션 방법을 지정한다.

**AUTO**

이 옵션을 선택하면 SQL Server 데이터베이스 엔진에서 테이블 스키마에 적절한 잠금 에스컬레이션 세분성을 선택할 수 있다.

테이블이 분할된 경우에는 잠금이 HOBT(힙 또는 B-트리) 세분성으로 에스컬레이션된다. 잠금이 HoBT 수준으로 에스컬레이션된 후에는 나중에 잠금이 TABLE 세분성으로 에스컬레이션되지 않는다.

테이블이 분할되지 않은 경우에는 잠금이 TABLE 세분성으로 에스컬레이션된다.

**TABLE**

테이블이 분할되었는지 여부에 관계없이 잠금 에스컬레이션이 테이블 수준 세분성으로 수행된다. TABLE이 기본 값이다.

**DISABLE**

대부분의 경우 잠금 에스컬레이션이 허용되지 않는다. 테이블 수준 잠금은 부분적으로 허용된다. 예를 들어 직렬화 가능 격리 수준에서 클러스터형 인덱스가 없는 테이블을 검색하면 데이터베이스 엔진에서 테이블 잠금을 사용하여 데이터 무결성을 보호해야 한다.

**REBUILD**

REBUILD WITH 구문을 사용하여 분할된 테이블의 파티션을 포함한 전체 테이블을 다시 작성할 수 있다. 테이블에 클러스터형 인덱스가 포함된 경우 REBUILD 옵션을 사용하면 클러스터형 인덱스가 다시 작성된다.

REBUILD PARTITION 구문을 사용하여 분할된 테이블의 단일 파티션을 다시 작성할 수 있다.

**PARTITION = ALL**

파티션 압축 설정을 변경할 때 모든 파티션을 다시 작성한다.

**REBUILD WITH ( <rebuild_option> )**

모든 옵션이 클러스터형 인덱스가 있는 테이블에 적용된다. 테이블에 클러스터형 인덱스가 없는 경우 힙 구조는 일부 옵션의 영향만 받는다.

**DATA_COMPRESSION**

지정된 테이블, 파티션 번호 또는 파티션 범위에 대한 데이터 압축 옵션을 지정한다. 다음과 같은 옵션이 있다.

- NONE

  테이블 또는 지정된 파티션이 압축되지 않는다.
- ROW

  테이블 또는 지정된 파티션이 행 압축을 사용하여 압축된다.
- PAGE

  테이블 또는 지정된 파티션이 페이지 압축을 사용하여 압축된다.

**column_set_name XML COLUMN_SET FOR ALL_SPARSE_COLUMNS**

열 집합의 이름이다. 열 집합은 구조화된 출력으로 테이블의 모든 스파스 열을 결합하는 형식화되지 않은 XML 표현이다. 스파스 열이 포함되어 있는 테이블에는 열 집합을 추가할 수 없다.

## ■ INSERT

```
[ WITH <common_table_expression> [ ,...n ] ]
INSERT
    [ TOP ( expression ) [ PERCENT ] ]
    [ INTO ]
    { <object> | rowset_function_limited
      [ WITH ( <Table_Hint_Limited> [ ...n ] ) ]
    }
{
    [ ( column_list ) ]
    [ <OUTPUT Clause> ]
    { VALUES ( ( { DEFAULT | NULL | expression } [ ,...n ] ) [ ,...n ] )
```

```
        | derived_table
        | execute_statement
        | <dml_table_source>
        | DEFAULT VALUES
        }
}
[; ]
```

```
<object> ::=
{
    [ server_name . database_name . schema_name .
      | database_name .[ schema_name ] .
      | schema_name .
    ]
      table_or_view_name
}
```

```
<dml_table_source> ::=
    SELECT <select_list>
    FROM ( <dml_statement_with_output_clause> )
                  [AS] table_alias [ ( column_alias [ ,...n ] ) ]
        [ WHERE <search_condition> ]
    [ OPTION ( <query_hint> [ ,...n ] ) ]
```

## ■■ 인수 설명

**WITH <common_table_expression>**

INSERT 문의 범위 내에 정의된 임시로 명명된 결과 집합(공통 테이블 식이라고도 함)을 지정한다. 결과 집합은 SELECT문에서 생성된다.

공통 테이블 식은 SELECT, DELETE, UPDATE 및 CREATE VIEW 문에서도 사용할 수 있다.

**TOP( expression )[ PERCENT ]**

삽입되는 임의 행의 수 또는 백분율을 지정한다. expression은 행의 수 또는 백분율일 수 있다. INSERT, UPDATE 또는 DELETE에 사용된 TOP 식에서 참조된 행은 어떠한 순서로도 정렬되지 않는다.

INSERT, UPDATE 및 DELETE 문에서는 괄호를 사용하여 TOP의 expression을 구분해야 한다.

**INTO**

INSERT와 대상 테이블 사이에 사용할 수 있는 선택적인 키워드이다.

**server_name**

테이블 또는 뷰가 있는 서버의 이름(OPENDATASOURCE 함수를 서버 이름으로 사용)이다. server_name을 지정한 경우에는 database_name과 schema_name을 반드시 지정해야 한다.

**database_name**

데이터베이스의 이름이다.

**schema_name**

테이블이나 뷰가 속한 스키마의 이름이다.

**table_or view_name**

데이터를 받는 테이블 또는 뷰의 이름이다.

table 변수를 해당 범위 내에서 INSERT 문의 테이블 원본으로 사용할 수 있다.

table_or_view_name에서 참조되는 뷰는 업데이트가 가능해야 하며 해당 뷰의 FROM 절에서 하나의 기본 테이블을 참조해야 한다. 예를 들어 여러 뷰에 대해 INSERT 작업을 하려면 반드시 하나의 기본 테이블 열만 참조하는 column_list를 사용해야 한다.

**rowset_function_limited**

OPENQUERY 또는 OPENROWSET 함수이다.

**WITH ( <table_hint_limited> [... n ] )**

대상 테이블에 허용되는 하나 이상의 테이블 힌트를 지정한다. WITH 키워드와 괄호가 필요하다.

READPAST, NOLOCK 및 READUNCOMMITTED는 허용되지 않는다.

---

INSERT 문의 대상 테이블에 HOLDLOCK, SERIALIZABLE, READCOMMITTED, REPEATABLEREAD 또는 UPDLOCK 힌트를 지정하는 기능은 높은 버전의 SQL Server에서 제거되었다. 이러한 힌트는 INSERT 문의 성능에 영향을 주지 않는다.

---

INSERT 문의 대상 테이블에 TABLOCK 힌트를 지정하는 것은 TABLOCKX 힌트를 지정하는 것과 동일한 결과를 얻을 수 있다. 테이블을 배타적으로 잠근다.

### ( column_list )

데이터를 삽입할 하나 이상의 열 목록 column_list는 반드시 괄호로 묶어야 하며 쉼표로 구분해야 한다.

열이 column_list에 없는 경우 데이터베이스 엔진에서는 이 열 정의를 기준으로 하여 값을 제공할 수 있어야 한다. 그렇지 않은 경우에는 행을 로드할 수 없다.

열이 다음과 같은 경우에는 데이터베이스 엔진이 열에 대한 값을 자동으로 제공한다.

- 열에 IDENTITY 속성이 있는 경우. 다음 증분 ID 값을 사용한다.
- 열에 기본값이 있는 경우. 열의 기본 값을 사용한다.
- timestamp 데이터 형식 열인 경우. 현재 타임스탬프 값을 사용한다.
- Null 허용 열인 경우. Null 값을 사용한다.
- 계산 열인 경우. 계산된 값을 사용한다.

명시적인 값을 ID 열에 삽입할 경우 반드시 column_list와 VALUES 목록을 사용해야 하며 테이블에 대해 SET IDENTITY_INSERT 옵션을 ON으로 설정해야 한다.

### OUTPUT 절

삽입 작업으로 삽입된 행을 반환한다. 로컬 분할 뷰, 분산형 분할 뷰, 원격 테이블 또는 execute_statement를 포함한 INSERT 문을 참조하는 DML 문에서는 OUTPUT 절이 지원되지 않는다. 〈dml_table_source〉 절이 포함된 INSERT 문에서는 OUTPUT INTO 절이 지원되지 않는다.

### VALUES

삽입할 데이터 값의 목록을 표시한다. column_list(지정된 경우) 또는 테이블의 각 열에 대해 반드시 하나의 데이터 값이 있어야 한다. 값 목록은 괄호로 묶어야 한다.

VALUES 목록에 있는 값과 테이블에 있는 열의 순서가 다르거나 테이블의 각각의 열에 대해 해당되는 값이 없는 경우에는 각각의 받는 값을 저장하는 열을 명시적으로 지정하기 위해 반드시 column_list를 사용해야 한다.

한 행 이상의 값을 삽입하려면 VALUES 목록이 테이블의 열 순서와 일치하거나 테이블의 각 열에 해당되는 값을 갖거나 column_list에서 들어오는 모든 값을 저장할 열을 명시적으로 지정해야 한다. 단일 INSERT 문에 삽입할 수 있는 최대 행 수는 1000개이다. 1000개 이상의 행을 삽입하려면 여러 INSERT 문을 만들거나 BULK INSERT 문의 bcp 유틸리티를 사용하여 데이터를 대량으로 가져온다.

### DEFAULT

데이터베이스 엔진이 열에 대해 정의된 기본 값을 로드하도록 설정한다. 열에 대한 기본 값이 없고 열에 NULL 값을 사용할 수 있는 경우에는 NULL이 삽입된다. timestamp 데이터 형식으로 정의된 열의 경우 다음 타임스탬프 값이 삽입된다. ID 열에는 DEFAULT를 사용할 수 없다.

### expression

상수, 변수 또는 식이다. 식은 EXECUTE 문을 포함할 수 없다.

### derived_table

테이블에 로드될 데이터의 행을 반환하는 유효한 SELECT문이다. SELECT문은 CTE(공통 테이블 식)를 포함할 수 없다.

### execute_statement

SELECT 또는 READTEXT 문을 사용하여 데이터를 반환하는 유효한 EXECUTE 문이다.

execute_statement를 INSERT에 사용하는 경우 각 결과 집합은 테이블 또는 column_list 내의 열과 호환되어야 한다.

execute_statement는 같은 컴퓨터 또는 원격 컴퓨터에서 저장 프로시저를 실행하는 데 사용할 수 있다. 원격 서버에서 프로시저가 실행된 후 결과 집합이 로컬 서버로 반환되어 로컬 서버의 테이블로 로드된다. 연결에 MARS(Multiple Active Result Sets)가 설정된 경우 분산 트랜잭션에서 루프백 연결된 서버에 대해 execute_statement를 실행할 수 없다.

execute_statement가 READTEXT 문을 사용하여 데이터를 반환하는 경우 각 READTEXT 문은 최대 1MB(1024KB)의 데이터를 반환할 수 있다. execute_statement는 확장 프로시저에서도 사용할 수 있다. execute_statement는 확장 프로시저의 주 스레드에서 반환한 데이터는 삽입하지만 주 스레드를 제외한 스레드에서 나온 결과는 삽입하지 않는다.

### <<dml_table_source>>

INSERT, UPDATE, DELETE 또는 MERGE 문의 OUTPUT 절로 반환되는 행이 대상 테이블에 삽입되고 선택적으로 WHERE 절로 필터링되도록 지정한다. 〈dml_table_source〉를 지정한 경우 외부 INSERT 문의 대상은 다음과 같은 제한 사항을 따라야 한다.

- 뷰가 아닌 기본 테이블이어야 한다.
- 원격 테이블일 수 없다.
- 정의된 트리거를 포함할 수 없다.
- 기본 키-외래 키 관계에 참여할 수 없다.

- 트랜잭션 복제에 대한 병합 복제 또는 업데이트할 수 있는 구독에 참여할 수 없다.
- 데이터베이스의 호환성 수준이 100으로 설정되어야 한다.

**<<select_list>>**

OUTPUT 절에서 반환한 열 중 삽입할 열을 지정하는 쉼표로 구분된 목록이다. 〈select_list〉의 열은 값을 삽입할 열과 호환되어야 한다. 〈select_list〉는 집계 함수 또는 TEXTPTR를 참조할 수 없다.

> SELECT 목록에 나열된 모든 변수는 〈dml_statement_with_output_clause〉의 변경 내용에 관계없이 원본 값을 참조한다.

**<<dml_statement_with_output_clause>>**

OUTPUT 절에 해당 행을 반환하는 유효한 INSERT, UPDATE, DELETE 또는 MERGE 문이다. 이 문은 WITH 절을 포함할 수 없으며, 원격 테이블 또는 분할 뷰를 대상으로 할 수 없다. UPDATE 또는 DELETE가 지정된 경우 커서 기반의 UPDATE 또는 DELETE일 수 없다. 원본 행은 중첩된 DML 문으로 참조될 수 없다.

**WHERE <search_condition>**

〈dml_statement_with_output_clause〉에서 반환된 행을 필터링하는 유효한 〈search_condition〉을 포함하는 모든 WHERE 절이다. 이 컨텍스트에서 사용할 경우 〈search_condition〉은 하위 쿼리, 데이터 액세스를 수행하는 스칼라 사용자 정의 함수, 집계 함수, TEXTPTR 또는 전체 텍스트 검색 조건자를 포함할 수 없다.

**DEFAULT VALUES**

새 행이 각 열에 대해 정의된 기본 값을 포함하도록 설정한다.

## ■ UPDATE SET

```
[ WITH <common_table_expression> [...n] ]
UPDATE
    [ TOP ( expression ) [ PERCENT ] ]
    { <object> | rowset_function_limited
     [ WITH ( <Table_Hint_Limited> [ ...n ] ) ]
    }
       SET
        { column_name = { expression | DEFAULT | NULL }
```

```
         | { udt_column_name.{ { property_name = expression
                               | field_name = expression }
                               | method_name ( argument [ ,...n ] )
                             }
         }
         | column_name { .WRITE ( expression , @Offset , @Length ) }
         | @variable = expression
         | @variable = column = expression
         | column_name { += | -= | *= | /= | %= | &= | ^= | |= }
expression
         | @variable { += | -= | *= | /= | %= | &= | ^= | |= }
expression
         | @variable = column { += | -= | *= | /= | %= | &= | ^= | |= }
expression
       } [ ,...n ]
    [ <OUTPUT Clause> ]
    [ FROM{ <table_source> } [ ,...n ] ]
    [ WHERE { <search_condition>
            | { [ CURRENT OF
                  { { [ GLOBAL ] cursor_name }
                      | cursor_variable_name
                  }
                ]
              }
            }
    ]
    [ OPTION ( <query_hint> [ ,...n ] ) ]
[ ; ]
```

```
<object> ::=
{
    [ server_name . database_name . schema_name .
    | database_name .[ schema_name ] .
    | schema_name .
    ]
        table_or_view_name}
```

## ■■ 인수 설명

**WITH <common_table_expression>**

UPDATE 문의 범위 내에서 정의된 임시 명명된 결과 집합 또는 뷰를 지정한다. 이를 CTE(공통 테이블 식)라고 한다. CTE 결과 집합은 단순 쿼리에서 파생되며 UPDATE 문에서 참조된다.

공통 테이블 식은 SELECT, INSERT, DELETE 및 CREATE VIEW 문에서도 사용된다.

**TOP ( expression ) [ PERCENT ]**

업데이트할 행의 개수 또는 비율을 지정한다. expression은 행의 개수 또는 비율이 될 수 있다.

INSERT, UPDATE 또는 DELETE 문에 사용된 TOP 식에서 참조하는 행은 어떠한 순서로도 정렬되지 않는다.

INSERT, UPDATE 및 DELETE 문에서는 괄호를 사용하여 TOP의 expression을 구분해야 한다.

**server_name**

테이블이나 뷰가 위치한 서버의 이름이다. 연결된 서버 이름 또는 OPENDATASOURCE 함수를 서버 이름으로 사용한다. server_name을 지정한 경우에는 database_name과 schema_name을 반드시 지정해야 한다.

**database_name**

데이터베이스의 이름이다.

**schema_name**

테이블이나 뷰가 속한 스키마의 이름이다.

**table_or view_name**

행을 업데이트할 테이블 또는 뷰의 이름이다.

해당 범위 내의 table 변수 역시 UPDATE 문의 테이블 원본으로 사용할 수 있다.

table_or_view_name에서 참조되는 뷰는 업데이트가 가능해야 하며 해당 뷰의 FROM 절에서 하나의 기본 테이블을 참조해야 한다.

**rowset_function_limited**

공급자 기능에 관련된 OPENQUERY 또는 OPENROWSET 함수이다.

**WITH ( <Table_Hint_Limited> )**

대상 테이블에 허용되는 하나 이상의 테이블 힌트를 지정한다. WITH 키워드와 괄호가 필요하다. NOLOCK 및 READUNCOMMITTED는 허용되지 않는다.

**SET**

업데이트할 열이나 변수 이름의 목록을 지정한다.

**column_name**

변경할 데이터가 포함된 열이다. column_name은 table_or view_name에 있는 열 이름이어야 한다. ID 열은 업데이트할 수 없다.

**expression**

단일 값을 반환하는 변수, 리터럴 값, 식 또는 괄호로 묶인 하위 SELECT문이다. expression이 반환한 값이 column_name 또는 @variable의 기존 값을 대체한다.

**DEFAULT**

열에 정의한 기본값이 열의 기존 값을 대체하도록 지정한다. 열에 기본값이 없고 NULL 값을 허용하도록 정의한 경우, 열을 NULL로 변경하는 데 사용할 수도 있다.

**{ += | -= | *= | /= | %= | &= | ^= | |= }**

복합 지정 연산자이다.

**udt_column_name**

사용자 정의 형식의 열이다.

**property_name | field_name**

사용자 정의 형식의 공용 속성 또는 공용 데이터 멤버이다.

**method_name ( argument [ ,... n] )**

한 개 이상의 인수를 갖는 udt_column_name의 비정적 공용 변경자(mutator) 메서드이다.

**.WRITE ( expression, @Offset , @Length )**

수정할 column_name 값의 섹션을 지정한다. expression은 column_name의 @Offset부터 시작하여 @Length 단위를 대체한다. varchar(max), nvarchar(max) 또는 varbinary(max) 열만 이 절을 사용해 지정할 수 있다. column_name은 NULL일 수 없으며 테이블 이름이나 테이블 별칭을 붙인 이름일 수 없다.

- expression

  column_name에 복사되는 값이다. expression은 column_name 형식으로 평가되거나 암시적으로 이러한 데이터 형식으로 변환될 수 있어야 한다. expression을 NULL로 설정하면 @Length가 무시되고 column_name의 값이 @Offset에 지정된 값으로 잘린다.

- @Offset

  expression이 쓰여 질 column_name 값의 시작 지점이다. @Offset은 0부터 시작하는 서수 위치이고 bigint이며 음수가 될 수 없다. @Offset이 NULL이면 업데이트 작업 시 기존 column_name 값 끝에 expression이 추가되고 @Length는 무시된다. @Offset이 column_name 값의 길이보다 크면 데이터베이스 엔진에서 오류를 반환한다. @Offset에 @Length를 더한 길이가 기반 열의 값 길이를 초과하면 값의 마지막 문자까지 삭제가 이루어진다. @Offset에 LEN(expression)을 더한 값이 선언된 기반 크기보다 크면 오류가 발생한다.

- @Length

  expression으로 대체될 열 부분의 길이이며 시작 부분은 @Offset으로 지정된다. @Length는 bigint이며 음수일 수 없다. @Length가 NULL이면 업데이트 작업 시 @Offset에서부터 column_name 값의 끝까지 모든 데이터를 제거한다.

- @ variable

  expression에서 반환된 값으로 설정한 선언된 변수이다.

SET @variable = column = expression은 열과 동일한 값으로 변수를 설정한다. 이것은 변수를 이미 업데이트한 열 값으로 설정하는 SET @variable = column, column = expression과는 다르다.

**<OUTPUT_Clause>**

UPDATE 작업의 일부로서 업데이트된 데이터 또는 이를 바탕으로 한 식을 반환한다. OUTPUT 절은 원격 테이블 또는 뷰를 대상으로 하는 어떤 DML 문에서도 지원되지 않는다.

**FROM <table_source>**

업데이트 작업의 기준이 될 테이블, 뷰 또는 파생된 테이블 원본을 지정한다.

업데이트되는 개체가 FROM 절의 개체와 같고 개체에 대한 참조가 FROM 절에 하나만 있는 경우, 개체 별칭은 지정될 수도 있고 지정되지 않을 수도 있다. 업데이트되는 개체가 FROM 절에서 두 번 이상 나타날 경우 개체에 대한 단 한 번의 참조로 테이블 별칭을 지정할 수는 없다. FROM 절의 개체에 대한 다른 모든 참조에는 개체 별칭이 포함되어야 한다.

INSTEAD OF UPDATE 트리거가 있는 뷰는 FROM 절이 있는 UPDATE의 대상이 될 수 없다.

**WHERE**

업데이트되는 열을 제한하는 조건을 지정한다. 어떤 형식의 WHERE 절을 사용하는가에 따라 다음 두 가지 업데이트 형식이 있다.

검색 결과 업데이트 – 삭제할 행을 제한하는 검색 조건을 지정한다.

위치 지정 업데이트 – 커서를 지정하는 CURRENT OF 절을 사용한다. 이 경우 커서의 현재 위치에서 업데이트 작업이 이루어진다.

**<search_condition>**

업데이트할 행을 결정하는 조건을 지정한다. 조인을 기반으로 하는 조건도 검색 조건으로 사용할 수 있다. 검색 조건에 포함할 수 있는 조건자의 개수에는 제한이 없다.

**CURRENT OF**

지정한 커서의 현재 위치에서 업데이트가 수행되도록 지정한다.

**GLOBAL**

cursor_name이 전역 커서를 참조하도록 지정한다.

**cursor_name**

인출이 수행되는 열린 커서의 이름이다. 이름이 cursor_name인 전역 커서와 로컬 커서가 모두 있는 경우 이 인수는 GLOBAL이 지정되면 전역 커서를 참조하고 그렇지 않으면 로컬 커서를 참조한다. 커서는 업데이트를 허용해야 한다.

**cursor_variable_name**

커서 변수의 이름이다. cursor_variable_name은 업데이트를 허용하는 커서를 참조해야 한다.

**OPTION ( <query_hint> [ ,... n ] )**

데이터베이스 엔진이 문을 처리하는 방식을 사용자 지정하기 위한 최적화 프로그램 힌트를 지정한다.

## ■ DELETE

```
[ WITH <common_table_expression> [ ,...n ] ]
DELETE
    [ TOP ( expression ) [ PERCENT ] ]
    [ FROM ]
    { <object> | rowset_function_limited
      [ WITH ( <table_hint_limited> [ ...n ] ) ]
    }
    [ <OUTPUT Clause> ]
    [ FROM <table_source> [ ,...n ] ]
    [ WHERE { <search_condition>
            | { [ CURRENT OF
                  { { [ GLOBAL ] cursor_name }
```

```
                        | cursor_variable_name
                    }
                ]
            }
        }
    ]
    [ OPTION ( <Query Hint> [ ,...n ] ) ]
[; ]
```

```
<object> ::=
{
    [ server_name.database_name.schema_name.
      | database_name. [ schema_name ] .
      | schema_name.
    ]
        table_or_view_name
}
```

## ■■ 인수 설명

**WITH <common_table_expression>**

DELETE 문 범위 내에 정의되고 공통 테이블 식이라고도 하는 명명된 임시 결과 집합을 지정한다. 결과 집합은 SELECT문에서 파생된다.

공통 테이블 식은 SELECT, INSERT, UPDATE 및 CREATE VIEW 문과 함께 사용될 수도 있다.

**TOP ( expression ) [ PERCENT ]**

삭제될 임의 행의 개수 또는 백분율(%)을 지정한다. expression은 숫자이거나 행의 비율일 수 있다. INSERT, UPDATE 또는 DELETE와 함께 사용된 TOP 식에서 참조된 행은 어떠한 순서로도 정렬되지 않는다.

INSERT, UPDATE 및 DELETE 문에서는 괄호를 사용하여 TOP의 expression을 구분해야 한다.

**FROM**

DELETE 키워드와 대상 table_or_view_name 또는 rowset_function_limited 사이에서 선택적으로 사용할 수 있는 키워드이다.

**server_name**

테이블이나 뷰가 위치한 서버의 이름이다. 연결된 서버 이름 또는 OPENDATASOURCE 함수를 서버 이름으로 사용한다. server_name을 지정하는 경우에는 database_name과 schema_name을 지정해야 한다.

**database_name**

데이터베이스의 이름이다.

**schema_name**

테이블이나 뷰가 속한 스키마의 이름이다.

**table_or view_name**

행을 제거할 테이블 또는 뷰의 이름이다.

table 변수는 해당 범위 내에서 DELETE 문의 테이블 원본으로도 사용될 수 있다.

table_or_view_name에서 참조하는 뷰는 업데이트할 수 있어야 하며 해당 뷰의 FROM 절에서 하나의 기본 테이블을 참조해야 한다.

**rowset_function_limited**

공급자 기능에 관련된 OPENQUERY 또는 OPENROWSET 함수이다.

**WITH ( <table_hint_limited> [... n] )**

대상 테이블에 허용되는 하나 이상의 테이블 힌트를 지정한다. WITH 키워드와 괄호가 필요하다. NOLOCK 및 READUNCOMMITTED는 허용되지 않는다.

**<OUTPUT_Clause>**

삭제된 행 또는 삭제된 행 기반의 식을 DELETE 작업의 일부로 반환한다. OUTPUT 절은 뷰나 원격 테이블을 대상으로 하는 모든 DML 문에서 지원되지 않는다.

**FROM <table_source>**

FROM 절을 추가로 지정한다. DELETE에 대한 이 Transact-SQL 확장을 사용하여 〈table_source〉의 데이터를 지정하고 첫 번째 FROM 절에 있는 테이블에서 해당 행을 삭제할 수 있다.

조인을 지정하는 이 확장을 WHERE 절에서 하위 쿼리 대신 사용하여 제거될 행을 식별할 수 있다.

**WHERE**

삭제될 행의 개수를 제한하는 조건을 지정한다. WHERE 절을 지정하지 않으면 DELETE는 테이블의 모든 행을 제거한다.

WHERE 절에 지정된 내용에 따라 두 가지 형식의 삭제 작업이 있다.

검색 결과 삭제는 삭제할 행을 한정하는 검색 조건을 지정한다. 예를 들어 WHERE column_name = value과 같이 검색 조건을 지정한다.

위치 지정 삭제는 커서를 지정하는 CURRENT OF 절을 사용한다. 이 경우 커서의 현재 위치에서 삭제 작업이 발생한다. 이것은 WHERE search_condition 절을 사용하여 삭제될 행을 한정하는 검색 결과 DELETE 문보다 정확한 방법이다. 검색 결과 DELETE 문은 검색 조건이 한 행을 고유하게 식별하지 못할 경우 여러 행을 삭제할 수 있다.

**<search_condition>**

삭제될 행을 제한하는 조건을 지정한다. 검색 조건에 포함시킬 수 있는 조건자의 개수에는 제한이 없다.

**CURRENT OF**

지정한 커서의 현재 위치에서 DELETE가 수행되도록 지정한다.

**GLOBAL**

cursor_name이 전역 커서를 참조하도록 지정한다.

**cursor_name**

인출이 수행되는 열린 커서의 이름이다. 이름이 cursor_name인 전역 커서와 로컬 커서가 모두 있는 경우, GLOBAL이 지정되어 있으면 이 인수가 전역 커서를 참조하고 그렇지 않으면 로컬 커서를 참조한다. 커서는 업데이트될 수 있어야 한다.

**cursor_variable_name**

커서 변수의 이름이다. 커서 변수는 업데이트를 허용하는 커서를 참조해야 한다.

**OPTION ( <query_hint> [ ,... n] )**

데이터베이스 엔진에서 최적화 프로그램 힌트를 사용하여 문을 처리하는 방법을 사용자 지정한다는 것을 나타내는 키워드이다.

## SELECT

```
SELECT [ ALL | DISTINCT ]
[ TOP expression [ PERCENT ] [ WITH TIES ] ]
<select_list>
<select_list> ::=
    {
            *
      | { table_name | view_name | table_alias }.*
      | {
          [ { table_name | view_name | table_alias }. ]
              { column_name | $IDENTITY | $ROWGUID }
          | udt_column_name [ { . | :: } { { property_name | field_name }
            | method_name ( argument [ ,...n] ) } ]
          | expression
          [ [ AS ] column_alias ]
        }
      | column_alias = expression
    } [ ,...n ]
```

### 인수 설명

**ALL**

결과 집합에 중복 행을 표시할 수 있도록 지정한다. 기본 값은 ALL이다.

**DISTINCT**

결과 집합에 고유한 행만 표시하도록 지정한다. Null 값은 용도 면에서 DISTINCT 키워드와 동등한 것으로 간주된다.

**TOP expression [ PERCENT ] [ WITH TIES ]**

지정한 첫 번째 집합 또는 백분율만큼의 행만 쿼리 결과 집합에서 반환될 것임을 나타낸다. expression은 수 또는 행의 백분율이 될 수 있다.

SELECT, INSERT, UPDATE 및 DELETE 문에 TOP 절을 사용할 수 있다. INSERT, UPDATE 및 DELETE 문에서는 괄호를 사용하여 TOP의 expression을 구분해야 한다. 이전 버전과의 호환성을 위해 SELECT문에서 괄호 없이 TOP expression을 사용할 수 있지만 권장되지는 않는다.

**< select_list >**

결과 집합에 대해 선택할 열이다. 선택 목록은 쉼표로 구분된 일련의 식이다. 선택 목록에 지정할 수 있는 식의 최대 수는 4096개이다.

*****

FROM 절에서 모든 테이블과 뷰에 있는 모든 열이 반환되도록 지정한다. 열은 FROM 절에서 지정된 대로 테이블 또는 뷰에 존재하는 순서대로 테이블이나 뷰에서 반환된다.

**table_ name | view_ name | table_ alias.***

*의 범위를 지정된 테이블이나 뷰로 제한한다.

**column_ name**

반환할 열의 이름이다. column_name을 한정하면 FROM 절의 두 테이블이 중복 이름 열을 가지는 것과 같은 확실하지 않은 참조를 방지할 수 있다. 예를 들어 〈고객〉과 〈상품〉 테이블에 상품ID 열이 있다고 했을 때, 두 테이블이 한 쿼리에 조인된 경우 선택 목록에서 〈상품〉테이블의 상품ID 열을 상품.상품ID와 같이 지정할 수 있다.

**expression**

상수, 함수, 연산자로 연결된 열 이름, 상수 및 함수의 모든 조합 또는 하위 쿼리이다.

**$IDENTITY**

ID 열을 반환한다.

FROM 절에서 둘 이상의 테이블이 IDENTITY 속성의 열을 가진 경우 테이블이름.$IDENTITY와 같이 특정 테이블 이름으로 $IDENTITY를 한정해야 한다.

**$ROWGUID**

행 GUID 열을 반환한다.

FROM 절에 둘 이상의 테이블이 ROWGUIDCOL 속성을 가진 경우 테이블이름.$IDENTITY와 같이 특정 테이블 이름으로 $ROWGUID를 한정해야 한다.

**udt_column_name**

반환할 CLR(공용 언어 런타임) 사용자 정의 형식 열의 이름이다.

> SQL Server Management Studio는 사용자 정의 형식 값을 이진 표현으로 반환한다. 문자열 또는 XML 형식으로 사용자 정의 형식 값을 반환하려면 CAST 또는 CONVERT를 사용한다.

### { . | :: }

CLR 사용자 정의 형식의 메서드, 속성 또는 필드를 지정한다. 인스턴스(비정적) 메서드, 속성 또는 필드에 대해서는 .를 사용한다. 정적 메서드, 속성 또는 필드에 대해서는 ::을 사용한다. CLR 사용자 정의 형식의 메서드, 속성 또는 필드를 호출하려면 해당 형식에 대해 EXECUTE 권한이 있어야 한다.

### property_name

udt_column_name의 공용 속성이다.

### field_name

udt_column_name의 공용 데이터 멤버이다.

### method_name

하나 이상의 인수를 사용하는 udt_column_name의 공용 메서드이다. method_name은 변경자 메서드가 될 수 없다.

### column_ alias

쿼리 결과 집합에서 열 이름을 대신하는 대체 이름이다. 예를 들어 quantity라는 열에 대해 판매수량, 구매수량 또는 Qty와 같은 별칭을 지정할 수 있다.

column_alias는 ORDER BY 절에는 사용할 수 있지만 WHERE, GROUP BY 또는 HAVING 절에서는 사용할 수 없다. 쿼리 식이 DECLARE CURSOR 문의 일부인 경우 FOR UPDATE 절에서 column_alias를 사용할 수 없다.

## ■ CREATE VIEW

```
CREATE VIEW [ schema_name . ] view_name [ (column [ ,...n ] ) ]
[ WITH <view_attribute> [ ,...n ] ]
AS select_statement
[ WITH CHECK OPTION ] [ ; ]
```

```
<view_attribute> ::=
{
    [ ENCRYPTION ]
    [ SCHEMABINDING ]
    [ VIEW_METADATA ]     }
```

## ■■ 인수 설명

**schema_name**

뷰가 속한 스키마의 이름이다.

**view_name**

뷰의 이름이다. 뷰 이름은 반드시 식별자에 적용되는 규칙을 준수해야 한다. 뷰 소유자 이름을 지정하는 것은 선택 사항이다.

**column**

뷰에 있는 열에 사용할 이름이다. 열이 산술 식, 함수 또는 상수에서 파생된 경우, 일반적으로 조인 때문에 둘 이상의 열이 같은 이름을 갖는 경우, 뷰의 열이 파생된 열과 다른 이름을 갖는 경우에만 열 이름이 필요하다. SELECT문에서 열 이름을 할당할 수도 있다.

column을 지정하지 않으면 뷰 열의 이름은 SELECT문에 있는 열의 이름과 같다.

> 뷰에 대한 열에서 열 이름에 대한 사용 권한은 기본 데이터의 원본에 상관없이 CREATE VIEW 또는 ALTER VIEW 문에 적용할 수 있다. 예를 들어 CREATE VIEW 문에서 〈주문번호〉 열에 사용 권한이 부여된 경우 ALTER VIEW 문은 〈주문번호〉 열에 〈주분id〉등의 다른 이름을 지정할 수 있으며 여전히 〈주문번호〉를 사용하는 뷰에 연결된 사용 권한을 가진다.

**AS**

뷰가 수행할 동작을 지정한다.

**select_statement**

뷰를 정의하는 SELECT문이다. 이 문은 둘 이상의 테이블과 다른 뷰를 사용할 수 있다. 생성된 뷰의 SELECT 절에 참조된 개체 중에서 선택하려면 알맞은 사용 권한이 있어야 한다.

뷰가 한 특정 테이블의 행과 열로 된 간단한 하위 집합일 필요는 없다. SELECT 절이 있는 둘 이상의 테이블 또는 다른 뷰를 사용하여 뷰를 만들 수 있다.

인덱싱된 뷰 정의에서 SELECT문은 반드시 단일 테이블 문 또는 선택적 집계가 있는 복수 테이블 JOIN이어야 한다.

뷰를 정의하는 SELECT 절에는 다음을 포함할 수 없다.

- COMPUTE 또는 COMPUTE BY 절
- SELECT문의 선택 목록에 TOP 절도 함께 있는 경우를 제외한 ORDER BY 절

> ORDER BY 절은 뷰 정의의 TOP 절에서 반환되는 행을 결정하기 위한 용도로만 사용된다. 쿼리 자체에서 ORDER BY를 지정하지 않으면 ORDER BY 절은 뷰 쿼리 시 정렬된 결과를 보장하지 않는다.

- INTO 키워드
- OPTION 절
- 임시 테이블 또는 테이블 변수 참조

select_statement에는 UNION이나 UNION ALL과는 별도로 함수와 여러 SELECT문을 사용할 수 있다.

**CHECK OPTION**

뷰에 대해 실행된 모든 데이터 수정 문이 select_statement 내의 기준 집합을 준수하도록 설정한다. 뷰를 통해 행을 수정한 경우에는 WITH CHECK OPTION을 사용하여 수정이 커밋된 후에도 계속 뷰를 통해 데이터를 볼 수 있도록 한다.

> CHECK OPTION을 지정해도 뷰의 기본 테이블을 직접 업데이트한 결과는 뷰에서 확인되지 않는다.

**ENCRYPTION**

CREATE VIEW 문의 텍스트가 포함된 sys.syscomments의 항목을 암호화한다. WITH ENCRYPTION을 사용하면 뷰가 SQL Server 복제의 일부로 게시되지 않도록 할 수 있다.

**SCHEMABINDING**

기본 테이블의 스키마에 뷰를 바인딩한다. SCHEMABINDING을 지정하면 뷰 정의에 영향을 미치는 방법으로 기본 테이블을 수정할 수 없다. 뷰 정의 자체를 먼저 수정하거나 삭제하여 수정할 테이블에 대해 종속성을 제거해야 한다. SCHEMABINDING을 사용하는 경우 select_statement에 참조되는 테이블, 뷰 또는 사용자 정의 함수의 두 부분으로 구성된 이름(schema.object)이 있어야 한다. 참조된 개체는 모두 같은 데이터베이스에 있어야 한다.

SCHEMABINDING 절로 만든 뷰에서 사용하는 뷰 또는 테이블은 뷰가 삭제되거나 변경되어 스키마 바인딩이 더 이상 존재하지 않는 경우에만 삭제할 수 있다. 그렇지 않으면 데이터베이스 엔진에서 오류가 발생한다. 또한 ALTER TABLE 문이 뷰 정의에 영향을 미치는 경우에는 스키마 바인딩이 있는 뷰에서 사용하는 테이블에서 이러한 문을 실행할 수 없다.

뷰에 별칭 데이터 형식 열이 있는 경우 SCHEMABINDING을 지정할 수 없다.

**VIEW_METADATA**

뷰를 참조하는 쿼리에 대해 찾아보기 모드 메타데이터가 요청된 경우 SQL Server 인스턴스에서 기본 테이블 대신 뷰에 대한 메타데이터 정보를 DB-Library, ODBC 및 OLE DB API에 반환하도록 지정한다. 찾아보기 모드 메타데이터는 SQL Server 인스턴스가 이 클라이언트측 API에 반환하는 추가 메타데이터이다. 이 메타데이터를 사용하면 클라이언트측 API가 업데이트할 수 있는 클라이언트측 커서를 구현할 수 있다. 찾아보기 모드 메타데이터에는 결과 집합의 열이 속한 기본 테이블에 대한 정보가 포함되어 있다.

VIEW_METADATA를 사용하여 만든 뷰의 경우 찾아보기 모드 메타데이터는 결과 집합의 뷰에서 열을 설명할 때 기본 테이블 이름 대신 뷰 이름을 반환한다.

WITH VIEW_METADATA를 사용하여 뷰를 만드는 경우 뷰에 INSTEAD OF INSERT 또는 INSTEAD OF UPDATE 트리거가 있으면 timestamp 열을 제외한 모든 열을 업데이트할 수 있다.

## ■ ALTER VIEW

```
ALTER VIEW [ schema_name . ] view_name [ ( column [ ,...n ] ) ]
[ WITH <view_attribute> [ ,...n ] ]
AS select_statement
[ WITH CHECK OPTION ] [ ; ]
```

```
<view_attribute> ::=
{
    [ ENCRYPTION ]
    [ SCHEMABINDING ]
    [ VIEW_METADATA ]
}
```

### ■■ 인수 설명

**schema_name**

뷰가 속한 스키마의 이름이다.

**view_name**

변경할 뷰이다.

**column**

지정된 뷰에 포함될 하나 이상의 열 이름을 쉼표로 구분하여 지정한다.

---

열 사용 권한을 유지하려면 ALTER VIEW 실행 전후에 동일한 열 이름을 사용해야 한다.

---

뷰의 열에서 열 이름에 대한 사용 권한은 기본 데이터의 해당 원본과 관계없이 CREATE VIEW 또는 ALTER VIEW 문에 적용된다. 예를 들어 CREATE VIEW 문에서 〈주문번호〉 열에 사용 권한이 부여된 경우 ALTER VIEW 문에서 〈주문번호〉 열의 이름을 〈주문정보〉로 변경할 수 있으며 이때 〈주문번호〉를 사용하는 뷰와 관련된 권한은 계속 유지된다.

**ENCRYPTION**

ALTER VIEW 문의 텍스트가 포함된 sys.syscomments 항목을 암호화한다. WITH ENCRYPTION은 뷰가 SQL Server 복제의 일부로 게시되는 것을 방지한다.

**SCHEMABINDING**

기본 테이블의 스키마에 뷰를 바인딩한다. SCHEMABINDING을 지정하면 뷰 정의에 영향을 줄 수 있는 경우에는 기본 테이블을 수정할 수 없다. 수정할 테이블의 종속성을 제거하려면 우선 뷰 정의 자체를 수정 또는 삭제해야 한다. SCHEMABINDING을 사용하는 경우 select_statement에 참조되는 테이블, 뷰 또는 사용자 정의 함수의 두 부분으로 구성된 이름(스키마.개체)이 있어야 한다. 참조되는 개체는 모두 같은 데이터베이스에 있어야 한다.

SCHEMABINDING 절로 만든 뷰에서 사용하는 뷰 또는 테이블은 뷰가 삭제되거나 변경되어 스키마 바인딩이 더 이상 존재하지 않는 경우에만 삭제할 수 있다. 그렇지 않으면 데이터베이스 엔진에서 오류가 발생한다. 또한 ALTER TABLE 문이 뷰 정의에 영향을 미치는 경우에 스키마 바인딩이 있는 뷰에서 사용하는 테이블에 ALTER TABLE 문을 실행하면 실패한다.

뷰에 별칭 데이터 형식 열이 있는 경우 SCHEMABINDING을 지정할 수 없다.

**VIEW_METADATA**

뷰를 참조하는 쿼리에 대해 찾아보기 모드 메타데이터가 요청된 경우 SQL Server 인스턴스에서 기본 테이블 대신 뷰에 대한 메타데이터 정보를 DB-Library, ODBC 및 OLE DB API에 반환하도록 지정한다. 찾아보기 모드 메타데이터는 데이터베이스 엔진 인스턴스가 클라이언트측 DB-Library, ODBC 및 OLE DB API에 반환하는 추가 메타데이터이다. 이 메타데이터를 사용하면 클라이언트측 API가 업데이트할 수 있는 클라이언트측 커서를 구현할 수 있다. 찾아보기 모드 메타데이터에는 결과 집합의 열이 속한 기본 테이블에 대한 정보가 포함되어 있다.

VIEW_METADATA를 사용하여 만든 뷰의 경우 찾아보기 모드 메타데이터는 결과 집합의 뷰에서 열을 설명할 때 기본 테이블 이름 대신 뷰 이름을 반환한다.

WITH VIEW_METADATA를 사용하여 뷰를 만든 경우 뷰에 INSERT 또는 UPDATE INSTEAD OF 트리거가 있으면 뷰의 모든 열(timestamp 제외)을 업데이트할 수 있다.

**AS**

뷰가 수행할 동작이다.

**select_statement**

뷰를 정의하는 SELECT문이다.

**WITH CHECK OPTION**

뷰에 대해 실행된 모든 데이터 수정 문이 select_statement 내의 기준 집합을 따르도록 설정한다.

## ■ UNION

```
{ <query_specification> | ( <query_expression> ) }
   UNION [ ALL ]
 <query_specification | ( <query_expression> )
[ UNION [ ALL ] <query_specification> | ( <query_expression> )
   [ ...n ] ]
```

### ■■ 인수 설명

**<query_specification> | ( <query_expression> )**

다른 쿼리 사양 또는 쿼리 식의 데이터와 결합할 데이터를 반환하는 쿼리 사양 또는 쿼리 식이다. UNION 연산의 일부인 열의 정의는 같을 필요는 없지만 암시적 변환을 통해 호환되어야 한다. 데이터 형식이 다를 때 결과 데이터 형식은 데이터 형식 우선 순위에 따라 결정된다. 형식은 동일하지만 전체 자릿수, 소수 자릿수 또는 길이가 다르면 식 결합에 대한 동일한 규칙에 따라 결과가 결정된다.

xml 데이터 형식의 열은 동등한 형식이어야 한다. 모든 열은 XML 스키마로 형식화되거나 형식화되지 않아야 한다. 형식화된 경우 모든 열은 동일한 XML 스키마 컬렉션으로 형식화되어야 한다.

**UNION**

여러 결과 집합을 결합하여 하나의 결과 집합으로 반환하도록 지정한다.

**ALL**

모든 행을 결과로 통합한다. 여기에는 중복 행이 포함된다. 지정하지 않을 경우 중복 행은 제거된다.

## ■ EXCEPT 및 INTERSECT

```
{ <query_specification> | ( <query_expression> ) }
{ EXCEPT | INTERSECT }
{ <query_specification> | ( <query_expression> ) }
```

### ■■ 인수 설명

**<query_specification> | ( <query_expression> )**

다른 쿼리 사양이나 쿼리 식의 데이터와 비교할 데이터를 반환하는 쿼리 사양 또는 쿼리 식이다. EXCEPT 또는 INTERSECT 연산의 일부인 열의 정의는 같을 필요는 없지만 암시적 변환을 통해 비교할 수 있어야 한다. 데이터 형식이 다를 경우 비교를 수행하고 결과를 반환하는 데 사용되는 형식은 데이터 형식 우선 순위에 따라 결정된다.

형식은 동일하지만 전체 자릿수, 소수 자릿수 또는 길이가 다르면 식 결합에 대한 동일한 규칙에 따라 결과가 결정된다.

쿼리 사양이나 식은 xml, text, ntext, image 또는 이진이 아닌 CLR 사용자 정의 형식 열을 반환할 수 없다. 이유는, 이러한 데이터 형식은 비교할 수 없기 때문이다.

**EXCEPT**

오른쪽 쿼리에서 반환되지 않은 고유한 값을 EXCEPT 피연산자의 왼쪽에 있는 쿼리에서 반환한다.

**INTERSECT**

INTERSECT 피연산자의 왼쪽과 오른쪽에 있는 두 쿼리에 의해 반환된 공통된 값을 반환한다.

## ■ WITH 공통_테이블_식(CTE)

```
[ WITH <common_table_expression> [ ,...n ] ]
```

```
<clr_function_option>::=
}
    [ RETURNS NULL ON NULL INPUT | CALLED ON NULL INPUT ]
  | [ EXECUTE_AS_Clause ]
}
```

### ■■ 인수 설명

**expression_name**

공통 테이블 식의 유효한 식별자이다. expression_name은 같은 WITH 〈common_ table_ expression〉 절에서 정의된 다른 공통 테이블 식의 이름과는 달라야 하지만 expression_name이 기본 테이블 또는 뷰의 이름과 같을 수 있다. 쿼리에서 expression_name에 대한 모든 참조는 기본 개체가 아니라 공통 테이블 식을 사용한다.

**column_name**

공통 테이블 식에서 열 이름을 지정한다. 단일 CTE 정의 내에서는 중복 이름이 허용되지 않는다. 지정한 열 이름 수는 반드시 CTE_query_definition의 결과 집합에 있는 열 수와 일치해야 한다. 열 이름 목록은 쿼리 정의에 모든 결과 열에 대한 고유한 이름을 제공한 경우에만 선택 사항이다.

**CTE_query_definition**

공통 테이블 식을 채울 결과 집합을 위한 SELECT문을 지정한다. CTE_query_definition의 SELECT문은 CTE가 또 다른 CTE를 정의하지는 못한다는 점을 제외하고는 뷰를 만들 때와 동일한 요구 사항을 만족해야 한다.

CTE_query_definition을 두 개 이상 정의하는 경우 UNION ALL, UNION, EXCEPT 또는 INTERSECT 집합 연산자 중 하나로 쿼리 정의를 조인해야 한다.

### 공통 테이블 식 만들기 및 사용 규칙

다음 규칙은 비재귀 공통 테이블 식에 적용된다.

1. CTE 뒤에는 일부 또는 모든 CTE 열을 참조하는 SELECT, INSERT, UPDATE 또는 DELETE 문 하나가 있어야 한다. 뷰의 SELECT문 정의의 일부로 CREATE VIEW 문 내에 CTE를 지정할 수 있다.
2. 비재귀 CTE 내에 여러 개의 CTE 쿼리 정의를 정의할 수 있다. UNION ALL, UNION, INTERSECT 또는 EXCEPT 집합 연산자 중 하나를 사용해 이 같은 정의를 결합해야 한다.
3. CTE는 같은 WITH 절에서 자신 및 이전에 정의한 CTE를 참조할 수 있지만 전방 참조는 허용되지 않는다. 즉 정의된 순서로만 참조할 수 있다.
4. CTE에 둘 이상의 WITH 절을 지정할 수 없다. 예를 들어 CTE_query_definition이 하위 쿼리를 포함하는 경우 그 하위 쿼리가 또 다른 CTE를 정의하는 중첩 WITH 절을 포함할 수 없다.
5. CTE_query_definition에는 다음 절을 사용할 수 없다.
   - COMPUTE 또는 COMPUTE BY
   - ORDER BY(TOP 절을 지정하는 경우는 제외)
   - INTO
   - 쿼리 힌트가 있는 OPTION 절
   - FOR XML
   - FOR BROWSE
6. 일괄 처리에 속한 문에 CTE를 사용할 때는 그 전의 문 다음에 반드시 세미콜론을 추가해야 한다.
7. CTE를 참조하는 쿼리를 사용하여 커서를 정의할 수 있다.
8. CTE에서 원격 서버 상의 테이블을 참조할 수 있다.
9. CTE를 실행할 때는 쿼리의 뷰를 참조하는 힌트와 마찬가지로 CTE를 참조하는 힌트가 CTE가 기본 테이블에 액세스할 때 발견되는 다른 힌트와 충돌을 일으킬 수 있다. 이러한 충돌이 발생하는 경우 쿼리에서 오류를 반환한다.

### 재귀 공통 테이블 식 정의 및 사용 규칙

다음 지침은 재귀 공통 테이블 식 정의 작업에 적용된다.

1. 재귀 CTE 정의는 적어도 하나의 앵커 멤버와 하나의 재귀 멤버로 두 개의 CTE 쿼리 정의를 포함해야 한다. 앵커 멤버와 재귀 멤버를 여러 개 정의할 수 있지만 앵커 멤버 쿼리 정의는 모두 첫 번째 재귀 멤버 정의 앞에 와야 한다. 모든 CTE 쿼리 정의는 CTE 자체를 참조하지 않는 한 앵커 멤버이다.
2. 앵커 멤버는 UNION ALL, UNION, INTERSECT 또는 EXCEPT 집합 연산자 중 하나를 이용해 결합해야 한다. UNION ALL은 여러 재귀 멤버를 결합할 때 마지막 앵커 멤버와 첫 번째 재귀 멤버 사이에서 허용되는 유일한 집합 연산자이다.
3. 앵커 멤버 및 재귀 멤버에 있는 열의 수는 같아야 한다.

4. 재귀 멤버에 있는 열의 데이터 형식은 앵커 멤버에 있는 해당 열의 데이터 형식과 반드시 같아야 한다.
5. 재귀 멤버의 FROM 절은 CTE expression_name을 한 번만 참조해야 한다.
6. 다음 항목은 재귀 멤버의 CTE_query_definition에서 허용되지 않는다.
   - SELECT DISTINCT
   - GROUP BY
   - HAVING
   - 스칼라 집계
   - TOP
   - LEFT, RIGHT, OUTER JOIN(INNER JOIN이 허용됨)
   - 하위 쿼리
   - CTE_query_definition 내부의 CTE에 대한 재귀적 참조에 적용되는 힌트

다음 지침은 재귀 공통 테이블 식 사용 작업에 적용된다.

1. 재귀 CTE가 반환하는 모든 열은 참가하는 SELECT문이 반환하는 열의 Null 허용 여부와는 상관없이 Null을 허용한다.
2. 잘못 구성된 재귀 CTE로 인해 무한 루프가 발생할 수 있다. 예를 들어 재귀 멤버 쿼리 정의가 부모 열과 자식 열에 대해 모두 같은 값을 반환하면 무한 루프가 생성된 것이다. 무한 루프를 막기 위해서는 INSERT, UPDATE, DELETE 또는 SELECT문의 OPTION 절에서 MAXRECURSION 힌트와 0부터 32,767 사이의 값을 사용하여 특정 문에 허용되는 재귀 수준을 제한할 수 있다. 이 방법으로 루프를 발생시키는 코드 문제를 해결할 때까지 문의 실행을 제어할 수 있다. 서버 차원의 기본값은 100이다. 0을 지정하면 아무런 한계도 적용되지 않는다. 하나의 문에는 하나의 MAXRECURSION 값만 지정할 수 있다.
3. 재귀 공통 테이블 식을 포함한 뷰를 사용하여 데이터를 업데이트할 수 없다.
4. CTE를 사용하여 쿼리에 커서를 정의할 수 있다. CTE는 _커서의 결과 집합을 정의하는 select_statement 인수이다. 재귀 CTE에는 빠른 정방향 전용 커서 및 정적(스냅숏) 커서만 사용할 수 있다. 재귀 CTE에 또 다른 커서 유형을 지정하는 경우 해당 커서 유형이 정적으로 변환된다.
5. CTE에서 원격 서버 상의 테이블을 참조할 수 있다. CTE의 재귀 멤버에서 원격 서버를 참조하는 경우 로컬에서 반복적으로 테이블에 액세스할 수 있도록 각 원격 테이블을 위한 스풀이 생성된다.
6. SQL Server 2008에서는 CTE의 재귀 부분에 분석 및 집계 함수를 사용할 수 없다.

## ■ CREATE PROCEDURE

```
CREATE { PROC | PROCEDURE } [schema_name.] procedure_name
    [ { @parameter [ type_schema_name. ] data_type }
        [ VARYING ] [ = default ] [ OUT | OUTPUT ] [READONLY]
    ] [ ,...n ]
[ WITH <procedure_option> [ ,...n ] ]
[ FOR REPLICATION ]
AS { <sql_statement> [;][ ...n ] | <method_specifier> }
[;]
```

```
<procedure_option> ::=
    [ ENCRYPTION ]
    [ RECOMPILE ]
    [ EXECUTE AS Clause ]
```

```
<sql_statement> ::=
{ [ BEGIN ] statements [ END ] }
```

```
<method_specifier> ::=
EXTERNAL NAME assembly_name.class_name.method_name
```

### ■■ 인수 설명

**schema_name**

프로시저가 속한 스키마의 이름이다.

**procedure_name**

새 저장 프로시저의 이름이다. 프로시저 이름은 식별자에 적용되는 규칙을 준수해야 하며 스키마 내에서 고유해야 한다.

프로시저 이름에는 sp_ 접두사를 사용하지 않는 것이 좋다. 이 접두사는 SQL Server에서 시스템 저장 프로시저를 지정하는 데 사용된다.

로컬 임시 프로시저의 경우 숫자 기호(#) 하나를 procedure_name 앞에 사용(#procedure_name)하고 전역 임시 프로시저의 경우 숫자 기호 두 개를 사용(##procedure_name)하여 로컬 또는 전역 임시 프로시저를 각각 만들 수 있다. CLR 저장 프로시저에는 임시 이름을 지정할 수 없다.

저장 프로시저 또는 전역 임시 프로시저의 전체 이름은 ##을 포함하여 128자를 초과할 수 없다. 로컬 임시 저장 프로시저의 전체 이름은 #을 포함하여 116자를 초과할 수 없다.

**@ parameter**

프로시저의 매개 변수이다. CREATE PROCEDURE 문에서 하나 이상의 매개 변수를 선언할 수 있다. 선언된 각 매개 변수의 값은 기본값이 정의된 경우나 다른 매개 변수와 값이 같도록 설정된 경우를 제외하면 프로시저가 호출될 때 사용자가 지정해야 한다. 하나의 저장 프로시저에 최대 2,100개의 매개 변수를 지정할 수 있다. 프로시저에 테이블 반환 매개 변수가 포함되어 있고 호출에 매개 변수가 없는 경우 빈 테이블의 기본값이 전달된다.

at 기호(@)를 첫 번째 문자로 사용하여 매개 변수 이름을 지정한다. 매개 변수 이름은 식별자에 적용되는 규칙을 준수해야 한다. 매개 변수는 프로시저에서 로컬로 사용되므로 다른 프로시저에서 동일한 매개 변수 이름을 사용할 수 있다. 기본적으로 매개 변수는 상수 식 대신 사용될 수 있지만 테이블 이름, 열 이름 또는 다른 데이터베이스 개체 이름 대신 사용될 수는 없다.

FOR REPLICATION을 지정하면 매개 변수를 선언할 수 없다.

**[ type_schema_name. ] data_type**

매개 변수 및 변수가 속하는 스키마의 데이터 형식이다. 모든 데이터 형식을 Transact-SQL 저장 프로시저의 매개 변수로 사용할 수 있다. 사용자 정의 테이블 형식을 사용하면 테이블 반환 매개 변수를 Transact-SQL 저장 프로시저의 매개 변수로 선언할 수 있다. 테이블 반환 매개 변수는 입력 매개 변수로만 지정할 수 있으며 READONLY 키워드와 함께 사용해야 한다. cursor 데이터 형식은 OUTPUT 매개 변수에만 사용할 수 있다. cursor 데이터 형식을 지정하면 VARYING과 OUTPUT 키워드도 지정해야 한다. 여러 출력 매개 변수를 cursor 데이터 형식으로 지정할 수 있다.

CLR 저장 프로시저의 경우 char, varchar, text, ntext, image, cursor, 사용자 정의 테이블 형식 및 table은 매개 변수로 지정할 수 없다.

매개 변수의 데이터 형식이 CLR 사용자 정의 형식인 경우 해당 유형에 대해 EXECUTE 권한이 있어야 한다.

type_schema_name을 지정하지 않으면 SQL Server 데이터베이스 엔진에서는 type_name을 다음 순서로 참조한다.

- SQL Server 시스템 데이터 형식
- 현재 데이터베이스에 있는 현재 사용자의 기본 스키마

■ 현재 데이터베이스의 dbo 스키마

번호가 매겨진 저장 프로시저의 데이터 형식은 xml 또는 CLR 사용자 정의 형식이 될 수 없다.

**VARYING**

결과 집합이 출력 매개 변수로 사용되도록 지정한다. 이 매개 변수는 저장 프로시저에 의해 동적으로 생성될 수 있으며 해당 내용은 여러 가지가 될 수 있다. cursor 매개 변수에만 적용된다.

**default**

매개 변수의 기본 값이다. default 값이 정의되어 있으면 해당 매개 변수 값을 지정하지 않아도 프로시저를 실행할 수 있다. 기본값은 상수이거나 NULL이다. 프로시저에서 매개 변수에 LIKE 키워드를 사용할 경우 % _ [] 및 [^] 등의 와일드카드 문자가 포함될 수 있다.

> 기본값은 CLR 프로시저의 경우에만 sys.parameters.default 열에 기록된다. Transact-SQL 프로시저 매개 변수의 경우 이 열은 NULL이 된다.

**OUTPUT**

매개 변수가 출력 매개 변수임을 나타낸다. 이 옵션 값은 EXECUTE 문 호출 시 반환된다. OUTPUT 매개 변수를 사용하여 프로시저의 호출자에 값을 반환할 수 있다. 프로시저가 CLR 프로시저가 아니면 text, ntext 및 image 매개 변수를 OUTPUT 매개 변수로 사용할 수 없다. 프로시저가 CLR 프로시저가 아닐 경우 OUTPUT 키워드를 사용하는 출력 매개 변수가 커서 자리 표시자일 수 있다. 사용자 정의 테이블 형식은 저장 프로시저의 출력 매개 변수로 지정할 수 없다.

**READONLY**

프로시저 본문 내에서 매개 변수를 업데이트하거나 수정할 수 없음을 나타낸다. 매개 변수 유형이 사용자 정의 테이블 형식인 경우 READONLY를 지정해야 한다.

**RECOMPILE**

데이터베이스 엔진에서 현재 프로시저의 계획을 캐시하지 않고 프로시저가 런타임에 컴파일된다. FOR REPLICATION을 지정하면 이 옵션을 사용할 수 없다. CLR 저장 프로시저에는 RECOMPILE을 지정할 수 없다.

데이터베이스 엔진에서 저장 프로시저 안에 있는 개별 쿼리에 대한 계획을 삭제하려면 RECOMPILE 쿼리 힌트를 사용한다.

**ENCRYPTION**

SQL Server에서 CREATE PROCEDURE 문의 원본 텍스트가 알아보기 어려운 형식으로 변환된다. 변조된 출력은 SQL Server의 카탈로그 뷰 어디에서도 직접 표시되지 않는다. 시스템 테이블 또는 데이터베이스 파일에 대한 액세스 권한이 없는 사용자는 변조된 텍스트를 검색할 수 없다. 그러나 DAC 포트를 통해 시스템 테이블에 액세스하거나 데이터베이스 파일에 직접 액세스할 수 있는 권한을 가진 사용자는 변조된 텍스트를 사용할 수 있다. 또한 디버거를 서버 프로세스에 연결할 수 있는 사용자는 런타임에 메모리에서 해독된 프로시저를 검색할 수 있다.

CLR 저장 프로시저에는 이 옵션이 유효하지 않다.

이 옵션을 사용하여 만든 프로시저는 SQL Server 복제의 일부로 게시할 수 없다.

**EXECUTE AS**

저장 프로시저를 실행할 보안 컨텍스트를 지정한다.

**FOR REPLICATION**

복제용으로 만들어진 저장 프로시저가 구독자에서 실행되지 못하도록 지정한다. FOR REPLICATION 옵션을 사용하여 만들어진 저장 프로시저는 저장 프로시저 필터로 사용되며 복제 중에만 실행된다. FOR REPLICATION을 지정하면 매개 변수를 선언할 수 없다. CLR 저장 프로시저에는 FOR REPLICATION을 지정할 수 없다. FOR REPLICATION으로 만든 프로시저의 경우 RECOMPILE 옵션이 무시된다.

FOR REPLICATION 프로시저는 sys.objects와 sys.procedures에 RF 개체 유형을 사용한다.

**<sql_statement>**

프로시저에 포함될 하나 이상의 Transact-SQL 문이다.

**EXTERNAL NAME assembly_name.class_name.method_name**

CLR 저장 프로시저가 참조할 .NET Framework 어셈블리의 메서드를 지정한다. class_name은 유효한 SQL Server 식별자여야 하며 해당 어셈블리에 클래스로 존재해야 한다. 클래스에 마침표(.)를 사용하여 네임스페이스 부분을 구분하는 네임스페이스로 한정된 이름이 있는 경우 클래스 이름은 대괄호([ ]) 또는 따옴표(" ")를 사용하여 구분되어야 한다. 지정한 메서드는 해당 클래스의 정적 메서드여야 한다.

> 기본적으로 SQL Server에서는 CLR 코드를 실행할 수 없다. 공용 언어 런타임 모듈을 참조하는 데이터베이스 개체를 생성, 수정 및 삭제할 수 있지만 clr enabled 옵션을 설정할 때까지 SQL Server에서 이러한 참조를 실행할 수 없다. 이 옵션을 설정하려면 sp_configure를 사용한다.

## DECLARE CURSOR

**ISO 구문**

```
DECLARE cursor_name [ INSENSITIVE ] [ SCROLL ] CURSOR
     FOR select_statement
     [ FOR { READ ONLY | UPDATE [ OF column_name [ ,...n ] ] } ]
[;]
```

**Transact-SQL 확장된 구문**

```
DECLARE cursor_name CURSOR [ LOCAL | GLOBAL ]
     [ FORWARD_ONLY | SCROLL ]
     [ STATIC | KEYSET | DYNAMIC | FAST_FORWARD ]
     [ READ_ONLY | SCROLL_LOCKS | OPTIMISTIC ]
     [ TYPE_WARNING ]
     FOR select_statement
     [ FOR UPDATE [ OF column_name [ ,...n ] ] ]
[;]
```

### 인수 설명

**cursor_name**

정의된 Transact-SQL 서버 커서의 이름이다. cursor_name은 식별자에 대한 규칙을 따라야 한다.

**INSENSITIVE**

커서에서 사용할 데이터를 임시로 복사해 주는 커서를 정의한다. 커서에 대한 모든 요청은 tempdb의 임시 테이블에서 응답하므로 기본 테이블에 대한 수정 내용은 해당 커서에 대한 FETCH에서 반환된 데이터에는 반영되지 않으며 이 커서는 수정을 허용하지 않는다. ISO 구문을 사용할 때 INSENSITIVE를 생략하면 사용자가 기본 테이블에 커밋한 삭제 및 업데이트 내용이 NEXT FETCH에 반영된다.

**SCROLL**

모든 FETCH 옵션(FIRST, LAST, PRIOR, NEXT, RELATIVE, ABSOLUTE)을 사용할 수 있도록 지정한다. ISO DECLARE CURSOR에서 SCROLL을 지정하지 않으면 NEXT FETCH 옵션만 지원된다. FAST_FORWARD가 지정된 경우에는 SCROLL을 지정할 수 없다.

**select_statement**

커서의 결과 집합을 정의하는 표준 SELECT문이다. 커서 선언의 select_statement 내에서 COMPUTE, COMPUTE BY, FOR BROWSE 및 INTO 키워드는 사용할 수 없다.

SQL Server는 select_statement의 절이 요청된 커서 유형의 기능과 충돌할 경우 커서를 다른 유형으로 암시적으로 변환한다.

**READ ONLY**

이 커서를 통한 업데이트를 방지한다. UPDATE 문 또는 DELETE 문의 WHERE CURRENT OF 절에서는 이 커서를 참조할 수 없다. 이 옵션은 업데이트할 커서의 기본 기능을 무시한다.

**UPDATE [OF column_name [,...n]]**

커서 내에서 업데이트할 수 있는 열을 정의한다. OF column_name [,...n]이 지정된 경우 나열된 열만 수정이 가능하다. 열 목록 없이 UPDATE를 지정하면 모든 열을 업데이트할 수 있다.

**cursor_name**

정의된 Transact-SQL 서버 커서의 이름이다. cursor_name은 식별자에 대한 규칙을 따라야 한다.

**LOCAL**

커서 범위를 커서가 생성된 일괄 처리, 저장 프로시저, 트리거에 대해 로컬로 지정한다. 커서 이름은 지정된 범위 내에서만 유효하다. 일괄 처리, 저장 프로시저, 트리거의 로컬 커서 변수 또는 저장 프로시저의 OUTPUT 매개 변수에서 커서를 참조할 수 있다. OUTPUT 매개 변수는 호출한 일괄 처리, 저장 프로시저, 트리거로 로컬 커서를 다시 전달하는 데 사용되며 저장 프로시저가 종료된 후 커서 변수에 매개 변수를 할당하여 커서를 참조할 수 있다. 커서가 OUTPUT 매개 변수에서 다시 전달되지 않은 경우 일괄 처리나 저장 프로시저, 트리거가 종료되면 커서가 암시적으로 할당 취소된다. OUTPUT 매개 변수에서 커서가 다시 전달되면 커서를 참조하는 마지막 변수의 할당이 취소되거나 범위를 벗어날 때 커서의 할당이 취소된다.

**GLOBAL**

커서 범위를 연결에 대해 전역으로 지정한다. 연결되어 실행하는 모든 저장 프로시저 또는 일괄 처리에서 커서 이름을 참조할 수 있다. 커서는 연결 해제 시에만 암시적으로 할당이 취소된다.

> GLOBAL이나 LOCAL을 모두 지정하지 않으면 기본값은 default to local cursor 데이터베이스 옵션의 설정에 따라 결정된다. SQL Server 7.0에서 이 옵션은 모든 커서가 전역 커서인 이전 버전의 SQL Server와 일치하도록 기본적으로 FALSE가 된다. 이후 버전의 SQL Server에서 이 옵션의 기본값은 변경될 수 있다.

**FORWARD_ONLY**

첫 번째 행에서 마지막 행 방향으로만 커서를 스크롤할 수 있도록 지정한다. 유일하게 지원되는 FETCH 옵션은 FETCH NEXT이다. STATIC, KEYSET, DYNAMIC 키워드를 사용하지 않고 FORWARD_ONLY를 지정하면 DYNAMIC 커서로 작동한다. STATIC, KEYSET 또는 DYNAMIC 키워드가 지정된 경우를 제외하면 FORWARD_ONLY나 SCROLL을 모두 지정하지 않을 경우 FORWARD_ONLY가 기본값이다. STATIC, KEYSET, DYNAMIC 커서는 기본적으로 SCROLL이 된다. ODBC, ADO 등의 데이터베이스 API와 달리 STATIC, KEYSET, DYNAMIC Transact-SQL 커서에서는 FORWARD_ONLY가 지원된다.

**STATIC**

커서에서 사용할 데이터를 임시로 복사해 주는 커서를 정의한다. 커서에 대한 모든 요청은 tempdb의 임시 테이블에서 응답하므로 기본 테이블에 대한 수정 내용은 해당 커서에 대한 인출에서 반환된 데이터에는 반영되지 않으며 이 커서는 수정을 허용하지 않는다.

**KEYSET**

커서를 열 때 커서에 포함된 행의 멤버와 순서가 고정되도록 지정한다. 행을 고유하게 식별하는 keyset라는 키 집합이 tempdb의 테이블에 생성된다.

> 쿼리가 고유 인덱스 없이 한 개 이상의 테이블을 참조하는 경우 키 집합 커서는 정적 커서로 변환된다.
> 커서 소유자가 만들거나 다른 사용자가 커밋한 기본 테이블의 키가 아닌 값을 변경하면 커서 소유자가 커서를 스크롤할 때 변경 사항이 표시된다. 하지만 다른 사용자가 삽입한 데이터는 볼 수 없다(Transact-SQL 서버 커서를 통해 삽입할 수 없음). 삭제된 행을 FETCH하려고 하면 @@FETCH_STATUS가 -2로 반환된다. 커서 외부에서 키 값을 업데이트하는 것은 이전 행을 삭제하고 새 행을 삽입하는 것과 비슷하다. 새 값을 가진 행을 볼 수 없으므로 이전 값을 가진 행을 FETCH하려고 하면 @@FETCH_STATUS가 -2로 반환된다. WHERE CURRENT OF 절을 지정하여 커서를 통해 업데이트를 수행한 경우에는 새 값을 볼 수 있다.

**DYNAMIC**

커서를 스크롤할 때 결과 집합에 행에 대한 모든 데이터 변경 사항이 반영되는 커서를 정의한다. 따라서 인출할 때마다 행의 데이터 값과 순서, 멤버가 변경될 수 있다. 동적 커서에서는 ABSOLUTE 인출 옵션이 지원되지 않는다.

**FAST_FORWARD**

성능 최적화가 설정된 FORWARD_ONLY, READ_ONLY 커서를 지정한다. SCROLL 또는 FOR_UPDATE가 지정된 경우에는 FAST_FORWARD를 지정할 수 없다.

> SQL Server 2000에서 FAST_FORWARD 및 FORWARD_ONLY 커서 옵션은 함께 사용할 수 없다. 둘 다 지정하면 오류가 발생한다. SQL Server 2005 이상에서는 두 키워드를 동일한 DECLARE CURSOR 문에 사용할 수 있다.

**READ_ONLY**

이 커서를 통한 업데이트를 방지한다. UPDATE 문 또는 DELETE 문의 WHERE CURRENT OF 절에서는 이 커서를 참조할 수 없다. 이 옵션은 업데이트할 커서의 기본 기능을 무시한다.

**SCROLL_LOCKS**

커서를 통해 지정된 위치에서 업데이트 또는 삭제가 반드시 실행되도록 지정한다. SQL Server는 커서에서 읽어 들이는 행을 잠궈 나중에 수정할 때 사용할 수 있도록 한다. FAST_FORWARD 또는 STATIC을 지정한 경우에는 SCROLL_LOCKS를 지정할 수 없다.

**OPTIMISTIC**

커서에서 읽어 들인 행이 업데이트된 경우 커서를 통해 지정된 위치에서 업데이트 또는 삭제가 실행되지 않도록 지정한다. 이 경우 SQL Server는 커서로 행을 읽을 때 행을 잠그지 않는다. 대신 timestamp 열 값을 비교하거나 테이블에 timestamp 열이 없을 경우 체크섬 값을 비교하여 커서로 읽어 들인 행이 수정되었는지 여부를 확인한다. 행이 수정된 경우 지정된 위치에서 업데이트나 삭제가 실행되지 않는다. FAST_FORWARD가 지정된 경우에는 OPTIMISTIC을 지정할 수 없다.

**TYPE_WARNING**

요청한 커서 형식이 다른 형식으로 암시적으로 변환된 경우 클라이언트에게 경고 메시지를 보내도록 지정한다.

**select_statement**

커서의 결과 집합을 정의하는 표준 SELECT문이다. 커서 선언의 select_statement 내에서 COMPUTE, COMPUTE BY, FOR BROWSE 및 INTO 키워드는 사용할 수 없다.

> 커서 선언 내에 쿼리 힌트를 사용할 수 있다. 그러나 FOR UPDATE OF 절도 함께 사용하는 경우 FOR UPDATE OF 뒤에 OPTION (query_hint)를 지정해야 한다.

SQL Server는 select_statement의 절이 요청된 커서 유형의 기능과 충돌할 경우 커서를 다른 유형으로 암시적으로 변환한다.

**FOR UPDATE [OF column_name [,...n]]**

커서 내에서 업데이트할 수 있는 열을 정의한다. OF column_name [,...n]이 제공된 경우 나열된 열만 수정이 가능하다. READ_ONLY 동시성 옵션이 지정되지 않은 경우 열 목록 없이 UPDATE를 지정하면 모든 열을 업데이트할 수 있다.

---

DECLARE CURSOR는 스크롤 동작, 커서가 작동하는 결과 집합을 만드는 데 사용되는 쿼리 등 Transact-SQL 서버 커서의 특성을 정의한다. OPEN 문은 결과 집합을 채우고 FETCH는 결과 집합에서 행을 반환한다. CLOSE 문은 커서와 연결된 현재 결과 집합을 해제하며 DEALLOCATE 문은 커서에서 사용된 리소스를 해제한다.

---

DECLARE CURSOR 문의 첫 번째 형식은 커서 동작을 선언하기 위해 ISO 구문을 사용한다. DECLARE CURSOR 문의 두 번째 형식은 ODBC 또는 ADO의 데이터베이스 API 커서 함수에서 사용된 것과 동일한 커서 형식을 사용하여 커서를 정의할 수 있는 Transact-SQL 확장을 사용한다.

위의 두 가지 형식을 함께 사용할 수는 없다. CURSOR 키워드 앞에 SCROLL 또는 INSENSITIVE 키워드를 지정하면 CURSOR와 FOR select_statement 키워드 사이에 어떤 키워드도 사용할 수 없다. CURSOR와 FOR select_statement 키워드 사이에 키워드를 지정하면 CURSOR 키워드 앞에 SCROLL 또는 INSENSITIVE를 지정할 수 없다.

Transact-SQL 구문을 사용하는 DECLARE CURSOR에서 READ_ONLY, OPTIMISTIC, SCROLL_LOCKS를 지정하지 않을 경우 기본 값은 다음과 같다.

- 권한 부족, 업데이트를 지원하지 않는 원격 테이블 액세스 등의 이유로 SELECT문이 업데이트를 지원하지 않을 경우 커서는 READ_ONLY가 된다.
- STATIC 및 FAST_FORWARD 커서는 기본적으로 READ_ONLY가 된다.
- DYNAMIC 및 KEYSET 커서는 기본적으로 OPTIMISTIC이 된다.

커서 이름은 다른 Transact-SQL 문에서만 참조될 수 있으며 데이터베이스 API 함수에서는 참조될 수 없다. 예를 들어, 커서를 선언한 후 OLE DB, ODBC, ADO 함수나 메서드에서 커서 이름을 참조할 수 없다. 커서 행은 API의 인출 함수나 메서드를 사용하여 인출할 수 없고 Transact-SQL의 FETCH 문을 사용해야만 FETCH할 수 있다.

## ■ CREATE FUNCTION

```
-스칼라 값을 반환하는 함수-

CREATE FUNCTION [ schema_name. ] function_name
( [ { @parameter_name [ AS ][ type_schema_name. ] parameter_data_type
    [ = default ] [ READONLY ] }
    [ ,...n ]
  ]
)
RETURNS return_data_type
    [ WITH <function_option> [ ,...n ] ]
    [ AS ]
    BEGIN
                function_body
        RETURN scalar_expression
    END
[ ; ]
```

```
-인라인 테이블 반환 함수-

CREATE FUNCTION [ schema_name. ] function_name
( [ { @parameter_name [ AS ] [ type_schema_name. ] parameter_data_type
    [ = default ] [ READONLY ] }
    [ ,...n ]
  ]
)
RETURNS TABLE
    [ WITH <function_option> [ ,...n ] ]
    [ AS ]
    RETURN [ ( ] select_stmt [ ) ]
[ ; ]
```

```
-여러 명령으로 구성된 테이블 반환 함수-

CREATE FUNCTION [ schema_name. ] function_name
( [ { @parameter_name [ AS ] [ type_schema_name. ] parameter_data_type
    [ = default ] [READONLY] }
    [ ,...n ]
  ]
)
RETURNS @return_variable TABLE <table_type_definition>
    [ WITH <function_option> [ ,...n ] ]
    [ AS ]
    BEGIN
                function_body
        RETURN
    END
[ ; ]
```

```
-CLR 스칼라 함수-

CREATE FUNCTION [ schema_name. ] function_name
( { @parameter_name [AS] [ type_schema_name. ] parameter_data_type
    [ = default ] }
    [ ,...n ]
)
RETURNS { return_data_type }
    [ WITH <clr_function_option> [ ,...n ] ]
    [ AS ] EXTERNAL NAME <method_specifier>
[ ; ]
```

```
-CLR 테이블 반환 함수-

CREATE FUNCTION [ schema_name. ] function_name
( { @parameter_name [AS] [ type_schema_name. ] parameter_data_type
    [ = default ] }
    [ ,...n ]
)
RETURNS TABLE <clr_table_type_definition>
    [ WITH <clr_function_option> [ ,...n ] ]
    [ ORDER( <order_clause> )]
    [ AS ] EXTERNAL NAME <method_specifier>
[ ; ]
```

```
<order_clause> ::=
{
   <column_name_in_clr_table_type_definition>
   [ ASC | DESC ]
} [ ,...n]
```

```
Method Specifier
<method_specifier>::=
    assembly_name.class_name.method_name
```

```
Function Options
<function_option>::=
{
    [ ENCRYPTION ]
  | [ SCHEMABINDING ]
  | [ RETURNS NULL ON NULL INPUT | CALLED ON NULL INPUT ]
  | [ EXECUTE_AS_Clause ]
}
```

```
<clr_function_option>::=
}
    [ RETURNS NULL ON NULL INPUT | CALLED ON NULL INPUT ]
  | [ EXECUTE_AS_Clause ]
}
```

```
Table Type Definitions
<table_type_definition>:: =
( { <column_definition> <column_constraint>
  | <computed_column_definition> }
        [ <table_constraint> ] [ ,...n ]
)
```

```
<clr_table_type_definition>::=
( { column_name data_type } [ ,...n ] )
```

```
<column_definition>::=
{
    { column_name data_type }
    [ [ DEFAULT constant_expression ]
      [ COLLATE collation_name ] | [ ROWGUIDCOL ]
    ]
    | [ IDENTITY [ (seed , increment ) ] ]
    [ <column_constraint> [ ...n ] ]
}
```

```
<column_constraint>::=
{
    [ NULL | NOT NULL ]
    { PRIMARY KEY | UNIQUE }
      [ CLUSTERED | NONCLUSTERED ]
        [ WITH FILLFACTOR = fillfactor
        | WITH ( < index_option > [ , ...n ] )
      [ ON { filegroup | "default" } ]
  | [ CHECK ( logical_expression ) ] [ ,...n ]
}
```

```
<computed_column_definition>::=
column_name AS computed_column_expression
```

```
<table_constraint>::=
{
    { PRIMARY KEY | UNIQUE }
      [ CLUSTERED | NONCLUSTERED ]
           ( column_name [ ASC | DESC ] [ ,...n ] )
        [ WITH FILLFACTOR = fillfactor
        | WITH ( <index_option> [ , ...n ] )
  | [ CHECK ( logical_expression ) ] [ ,...n ]
}
```

```
<index_option>::=
{
    PAD_INDEX = { ON | OFF }
  | FILLFACTOR = fillfactor
  | IGNORE_DUP_KEY = { ON | OFF }
  | STATISTICS_NORECOMPUTE = { ON | OFF }
  | ALLOW_ROW_LOCKS = { ON | OFF }
  | ALLOW_PAGE_LOCKS ={ ON | OFF }
}
```

## ■■ 인수 설명

**schema_name**

사용자 정의 함수가 속한 스키마의 이름이다.

**function_name**

사용자 정의 함수의 이름이다. 함수 이름은 식별자에 대한 규칙을 따라야 하며 데이터베이스에서 각 스키마별로 고유해야 한다.

> 매개 변수를 지정하지 않은 경우에도 함수 이름 뒤에 괄호를 사용해야 한다.

**@ parameter_name**

사용자 정의 함수의 매개 변수이다. 하나 이상의 매개 변수를 선언할 수 있다.

하나의 함수에 최대 2,100개의 매개 변수를 지정할 수 있다. 매개 변수에 기본값이 정의되지 않은 경우 함수를 실행할 때 사용자가 선언된 각 매개 변수의 값을 지정해야 한다.

at 기호(@)를 첫 번째 문자로 사용하여 매개 변수 이름을 지정한다. 매개 변수 이름은 식별자에 대한 규칙을 따라야 한다. 매개 변수는 함수에서 로컬로 사용되므로 다른 함수에서 동일한 매개 변수 이름을 사용할 수 있다. 매개 변수는 상수 대신 사용할 수 있지만 테이블 이름, 열 이름 또는 다른 데이터베이스 개체의 이름 대신 사용할 수는 없다.

> 저장 프로시저나 사용자 정의 함수에 매개 변수를 전달할 때 또는 일괄 처리 문에서 변수를 선언하고 설정할 때 ANSI_WARNINGS는 인식되지 않는다. 예를 들어 변수가 char(3)로 정의된 경우 3자보다 큰 값을 설정하면 정의된 크기로 데이터가 잘리고 INSERT 또는 UPDATE 문이 성공한다.

**[ type_schema_name. ] parameter_data_type**

매개 변수 데이터 형식이며 매개 변수 데이터 형식이 속한 스키마가 될 수도 있다. Transact-SQL 함수의 경우 timestamp 데이터 형식을 제외하고 CLR 사용자 정의 형식 및 사용자 정의 테이블 형식을 비롯한 모든 데이터 형식이 허용된다. CLR 함수의 경우 text, ntext, image, 사용자 정의 테이블 형식 및 timestamp 데이터 형식을 제외하고 CLR 사용자 정의 형식을 비롯한 모든 데이터 형식이 허용된다. Transact-SQL 또는 CLR 함수에는 비스칼라 형식 cursor 및 table을 매개 변수 데이터 형식으로 지정할 수 없다.

type_schema_name을 지정하지 않으면 데이터베이스 엔진에서는 다음 순서로 scalar_parameter_data_type을 찾는다.

- SQL Server 시스템 데이터 형식의 이름이 포함된 스키마
- 현재 데이터베이스에 있는 현재 사용자의 기본 스키마
- 현재 데이터베이스의 dbo 스키마

**[ = default ]**

매개 변수의 기본 값이다. default 값이 정의되어 있으면 해당 매개 변수 값을 지정하지 않아도 함수를 실행할 수 있다.

> varchar(max) 및 varbinary(max) 데이터 형식을 제외한 기본 매개 변수 값을 CLR 함수에 지정할 수 있다.

함수의 매개 변수에 기본 값을 지정한 경우 기본 값을 가져오는 함수를 호출할 때 DEFAULT 키워드를 지정해야 한다. 이 동작은 매개 변수를 생략할 경우 자동으로 기본 값이 사용되는 저장 프로시저에서 기본값이 있는 매개 변수를 사용하는 것과는 다르다.

**READONLY**

함수 정의 내에서 매개 변수를 업데이트하거나 수정할 수 없음을 나타낸다. 매개 변수 유형이 사용자 정의 테이블 형식인 경우 READONLY를 지정해야 한다.

**return_data_type**

스칼라 사용자 정의 함수의 반환 값이다. Transact-SQL 함수의 경우 timestamp 데이터 형식을 제외하고 CLR 사용자 정의 형식을 비롯한 모든 데이터 형식이 허용된다. CLR 함수의 경우 text, ntext, image 및 timestamp 데이터 형식을 제외하고 CLR 사용자 정의 형식을 비롯한 모든 데이터 형식이 허용된다. Transact-SQL 또는 CLR 함수에는 비스칼라 형식 cursor 및 table을 반환 데이터 형식으로 지정할 수 없다.

**function_body**

테이블을 수정하는 경우처럼 함께 사용해도 부작용이 나타나지 않으며 함수의 값을 정의하는 일련의 Transact-SQL 문을 지정한다. function_body는 스칼라 함수와 다중 문 테이블 반환 함수에서만 사용된다.

스칼라 함수에서 function_body는 함께 계산되어 스칼라 값을 반환하는 일련의 Transact-SQL 문이다.

다중 문 테이블 반환 함수에서 function_body는 TABLE 반환 변수를 채우는 일련의 Transact-SQL 문이다.

**scalar_expression**

스칼라 함수가 반환하는 스칼라 값을 지정한다.

**TABLE**

테이블 반환 함수의 반환 값이 테이블임을 지정한다. 상수 및 @local_variables만 테이블 반환 함수에 전달할 수 있다.

인라인 테이블 반환 함수에서 TABLE 반환 값은 단일 SELECT문을 통해 정의된다. 인라인 함수에는 연관된 반환 변수가 없다.

다중 문 테이블 반환 함수에서 @return_variable은 TABLE 변수이며 함수의 값으로 반환되어야 하는 행을 저장하고 누적하는 데 사용된다. @return_variable은 Transact-SQL 함수에서만 지정할 수 있으며 CLR 함수에서는 지정할 수 없다.

**select_stmt**

인라인 테이블 반환 함수의 반환 값을 정의하는 단일 SELECT문이다.

**ORDER (<order_clause>)**

테이블 반환 함수에서 결과가 반환되는 순서를 지정한다.

**EXTERNAL NAME <method_specifier> assembly_name.class_name.method_name**

함수와 바인딩할 어셈블리의 메서드를 지정한다. assembly_name은 표시 유형이 지정되어 있는 현재 데이터베이스에 있는SQL Server의 기존 어셈블리와 일치해야 한다. class_name은 유효한 SQL Server 식별자여야 하며 어셈블리에서 클래스로 존재해야 한다. 클래스에 마침표(.)를 사용하여 네임스페이스 부분을 구분하는 네임스페이스로 한정된 이름이 있으면 대괄호([ ])나 따옴표(" ")를 사용하여 클래스 이름을 구분해야 한다. method_name은 유효한 SQL Server 식별자여야 하며 지정된 클래스에서 정적 메서드로 존재해야 한다.

> 기본적으로 SQL Server에서는 CLR 코드를 실행할 수 없다. 공용 언어 런타임 모듈을 참조하는 데이터베이스 개체를 생성, 수정 및 삭제할 수 있지만 clr enabled 옵션을 설정할 때까지 SQL Server에서 이러한 참조를 실행할 수 없다. 이 옵션을 설정하려면 sp_configure를 사용한다.

**<table_type_definition> ( { <column_definition> <column_constraint> | <computed_column_definition> } [ <table_constraint> ] [ ,...n ] )**

Transact-SQL 함수에 대한 테이블 데이터 형식을 정의한다. 테이블 선언에는 열 정의와 열 또는 테이블 제약조건이 포함된다. 테이블은 항상 주 파일 그룹에 포함된다.

**< clr_table_type_definition > ( { column_name data_type } [ ,...n ] )**

CLR 함수에 대한 테이블 데이터 형식을 정의합니다. 테이블 선언에는 열 이름과 데이터 형식만 포함된다. 테이블은 항상 주 파일 그룹에 포함된다.

**<function_option>::= 및 <clr_function_option>::=**

함수에 다음 옵션 중 하나 이상이 포함되도록 지정한다.

**ENCRYPTION**

데이터베이스 엔진에서 CREATE FUNCTION 문의 원본 텍스트가 알아보기 어려운 형식으로 변환됨을 나타낸다. 변조된 출력은 카탈로그 뷰 어디에서도 직접 표시되지 않는다. 시스템 테이블 또는 데이터베이스 파일에 대한 액세스 권한이 없는 사용자는 변조된 텍스트를 검색할 수 없다. 그러나 DAC 포트를 통해 시스템 테이블에 액세스하거나 데이터베이스 파일에 직접 액세스할 수 있는 권한을 가진 사용자는 변조된 텍스트를 사용할 수 있다. 또한 디버거를 서버 프로세스에 연결할 수 있는 사용자는 런타임에 메모리에서 원래 프로시저를 검색할 수 있다.

이 옵션을 사용하면 함수가 SQL Server 복제의 일부로 게시되는 것을 방지할 수 있다. CLR 함수에는 이 옵션을 지정할 수 없다.

**SCHEMABINDING**

함수를 함수가 참조하는 데이터베이스 개체에 바인딩되도록 지정한다. 이 경우 다른 스키마 바운드 개체가 이를 참조해도 함수가 변경되지 않는다.

다음 동작 중 하나만 발생해도 참조하는 개체에 대한 함수 바인딩이 제거된다.

- 함수가 삭제된 경우
- SCHEMABINDING 옵션을 지정하지 않은 상태에서 ALTER 문을 사용하여 함수를 수정한 경우

다음 조건을 만족하는 경우에만 함수가 스키마에 바인딩될 수 있다.

- 함수가 Transact-SQL 함수이다.
- 사용자 정의 함수와 함수가 참조하는 뷰도 스키마에 바인딩되어야 한다.
- 함수가 참조하는 개체가 두 부분으로 구성된 이름을 사용하여 참조되어야 한다.
- 함수와 함수가 참조하는 개체가 동일한 데이터베이스에 속해야 한다.

CREATE FUNCTION 문을 실행한 사용자는 해당 함수가 참조하는 데이터베이스 개체에 대한 REFERENCES 권한이 있어야 한다.

CLR 함수나 별칭 데이터 형식을 참조하는 함수에는 SCHEMABINDING을 지정할 수 없다.

**RETURNS NULL ON NULL INPUT | CALLED ON NULL INPUT**

스칼라 반환 함수의 OnNULLCall 특성을 지정한다. 이 특성을 지정하지 않으면 기본적으로 CALLED ON NULL INPUT이 적용된다. 즉, 인수로 NULL이 전달되는 경우에도 함수 본문이 실행된다.

CLR 함수에 RETURNS NULL ON NULL INPUT을 지정할 경우 받은 인수 중 하나라도 NULL이면 SQL Server에서는 실제로 함수의 본문을 호출하지 않고 NULL을 반환할 수 있다. 〈method_specifier〉에 지정된 CLR 함수의 메서드가 RETURNS NULL ON NULL INPUT을 지정하는 사용자 지정 특성을 이미 가지고 있지만 CREATE FUNCTION 문에 CALLED ON NULL INPUT이 지정된 경우 CREATE FUNCTION 문이 우선 적용된다. CLR 테이블 반환 함수에는 OnNULLCall 특성을 지정할 수 없다.

**EXECUTE AS 절**

사용자 정의 함수가 실행되는 보안 컨텍스트를 지정한다. 따라서 SQL Server에서 함수가 참조하는 데이터베이스 개체에 대한 사용 권한을 확인하는 데 사용할 사용자 계정을 제어할 수 있다.

> 인라인 사용자 정의 함수에는 EXECUTE AS를 지정할 수 없다.

**< column_definition >::=**

테이블 데이터 형식을 정의한다. 테이블 선언에는 열 정의와 제약조건이 포함된다. CLR 함수의 경우 column_name 및 data_type만 지정할 수 있다.

**column_name**

테이블에 있는 열의 이름이다. 열 이름은 식별자에 대한 규칙을 따라야 하며 테이블에서 고유해야 한다. column_name은 1-128자로 구성될 수 있다.

**data_type**

열 데이터 형식을 지정한다. Transact-SQL 함수의 경우 timestamp를 제외하고 CLR 사용자 정의 형식을 비롯한 모든 데이터 형식이 허용된다. CLR 함수의 경우 text, ntext, image, char, varchar, varchar(max) 및 timestamp를 제외하고 CLR 사용자 정의 형식을 비롯한 모든 데이터 형식이 허용된다. Transact-SQL 또는 CLR 함수에는 비스칼라 형식의 cursor를 열 데이터 형식으로 지정할 수 없다.

**DEFAULT constant_expression**

삽입 중에 값이 명시적으로 제공되지 않을 때 열에 대해 제공되는 값을 지정한다. constant_expression은 상수, NULL 또는 시스템 함수 값이다. DEFAULT 정의는 IDENTITY 속성을 갖는 열을 제외한 모든 열에 적용할 수 있다. CLR 테이블 반환 함수에는 DEFAULT를 지정할 수 없다.

**COLLATE collation_name**

열에 대한 데이터 정렬을 지정한다. 지정하지 않으면 열에 데이터베이스의 기본 데이터 정렬이 할당된다. 데이터 정렬 이름으로는 Windows 데이터 정렬 이름 또는 SQL 데이터 정렬 이름을 사용할 수 있다.

char, varchar, nchar 및 nvarchar 데이터 형식이 열에 대한 데이터 정렬을 변경하는 데만 COLLATE 절을 사용할 수 있다.

CLR 테이블 반환 함수에는 COLLATE를 지정할 수 없다.

**ROWGUIDCOL**

새 열이 행 GUID(Globally Unique Identifier) 열임을 나타낸다. 테이블당 한 개의 uniqueidentifier 열만 ROWGUIDCOL 열로 지정할 수 있으며 ROWGUIDCOL 속성은 uniqueidentifier 열에만 할당할 수 있다.

ROWGUIDCOL 속성은 열에 저장된 값이 고유하도록 강제 적용하지 않는다. 또한 테이블에 삽입된 새 행에 대한 값을 자동으로 생성하지도 않는다. 각 열에 대해 고유한 값을 생성하려면 INSERT 문에 NEWID 함수를 사용한다. 기본 값을 지정할 수 있지만 NEWID는 기본 값으로 지정할 수 없다.

**IDENTITY**

새 열이 ID 열임을 나타낸다. 테이블에 새 행이 추가되면 SQL Server는 열에 대해 고유한 증가값을 제공한다. ID 열은 일반적으로 PRIMARY KEY 제약조건과 함께 사용되어 테이블에 대한 고유한 행 식별자 역할을 한다. tinyint, smallint, int, bigint, decimal(p,0) 또는 numeric(p,0) 열에

IDENTITY 속성을 할당할 수 있다. ID 열은 테이블당 하나만 만들 수 있다. ID 열에는 바인딩된 기본값 및 DEFAULT 제약조건을 사용할 수 없다. seed와 increment를 함께 지정하거나 둘 다 지정하지 말아야 한다. 둘 다 지정하지 않은 경우 기본 값 (1,1)이 사용된다.

CLR 테이블 반환 함수에는 IDENTITY를 지정할 수 없다.

**seed**

테이블의 첫 번째 행에 할당되는 정수 값이다.

**increment**

테이블의 연속된 행에 대해 seed 값에 추가되는 정수 값이다.

**< column_constraint >::= 및 < table_constraint>::=**

지정된 열 또는 테이블에 대한 제약조건을 정의한다. CLR 함수의 경우 NULL 유형의 제약조건만 허용된다. 명명된 제약조건도 허용되지 않는다.

**NULL | NOT NULL**

열의 Null 값 허용 여부를 결정한다. NULL은 엄격하게 말해 제약조건이 아니지만 NOT NULL처럼 지정할 수 있다. CLR 테이블 반환 함수에는 NOT NULL을 지정할 수 없다.

**PRIMARY KEY**

지정한 열에 대해 고유 인덱스를 통해 엔터티 무결성을 적용하는 제약조건이다. 테이블 반환 사용자 정의 함수에서 테이블당 하나의 열에만 PRIMARY KEY 제약조건을 만들 수 있다. CLR 테이블 반환 함수에는 PRIMARY KEY를 지정할 수 없다.

**UNIQUE**

지정한 열에 대해 고유 인덱스를 통해 엔터티 무결성을 적용하는 제약조건이다. 테이블은 여러 개의 UNIQUE 제약조건을 가질 수 있다. CLR 테이블 반환 함수에는 UNIQUE를 지정할 수 없다.

**CLUSTERED | NONCLUSTERED**

PRIMARY KEY 또는 UNIQUE 제약조건에 대해 클러스터형 또는 비클러스터형 인덱스를 만들도록 지정한다. PRIMARY KEY 제약조건은 CLUSTERED를 사용하고 UNIQUE 제약조건은 NONCLUSTERED를 사용한다.

CLUSTERED는 하나의 제약조건에 대해서만 지정할 수 있다. UNIQUE 제약조건에 대해 CLUSTERED를 지정하고 PRIMARY KEY 제약조건도 지정한 경우 PRIMARY KEY는 NONCLUSTERED를 사용한다.

CLR 테이블 반환 함수에는 CLUSTERED 및 NONCLUSTERED를 지정할 수 없다.

**CHECK**

열에 입력할 수 있는 가능한 값을 제한하여 도메인 무결성을 적용하는 제약조건이다. CLR 테이블 반환 함수에는 CHECK 제약조건을 지정할 수 없다.

**logical_expression**

TRUE 또는 FALSE를 반환하는 논리식이다.

**<computed_column_definition>::=**

계산 열을 지정한다.

**column_name**

계산 열의 이름이다.

**computed_column_expression**

계산 열의 값을 정의하는 식이다.

**<index_option>::=**

PRIMARY KEY 또는 UNIQUE 인덱스에 대한 인덱스 옵션을 지정한다.

**PAD_INDEX = { ON | OFF }**

인덱스 패딩을 지정한다. 기본값은 OFF이다.

**FILLFACTOR = fillfactor**

데이터베이스 엔진에서 인덱스 생성 또는 변경 중에 각 인덱스 페이지의 리프 수준에 대한 채우기 정도를 나타내는 백분율을 지정한다. fillfactor는 1에서 100 사이의 정수 값이어야 하며 기본 값은 0이다.

**IGNORE_DUP_KEY = { ON | OFF }**

고유 클러스터형 또는 고유 비클러스터형 인덱스의 다중 행 삽입 트랜잭션에 중복된 키 값이 있을 경우에 대한 오류 응답을 지정한다. 기본 값은 OFF이다.

**STATISTICS_NORECOMPUTE = { ON | OFF }**

배포 통계를 다시 계산할지 여부를 지정한다. 기본 값은 OFF이다.

**ALLOW_ROW_LOCKS = { ON | OFF }**

행 잠금의 허용 여부를 지정한다. 기본 값은 ON이다.

**ALLOW_PAGE_LOCKS = { ON | OFF }**

페이지 잠금의 허용 여부를 지정한다. 기본 값은 ON이다.

> 사용자 정의 함수는 스칼라 반환 함수이거나 테이블 반환 함수이다. RETURNS 절에 스칼라 데이터 형식 중 하나가 지정된 경우에는 스칼라 반환 함수이다. 스칼라 반환 함수는 여러 Transact-SQL 문을 사용하여 정의할 수 있다.

RETURNS 절에 TABLE이 지정된 경우에는 테이블 반환 함수이다. 함수 본문의 정의 방식에 따라 테이블 반환 함수는 인라인 또는 다중 문 테이블 반환 함수로 분류한다.

함수에서 유효한 문은 다음과 같다.

- 대입 문
- TRY...CATCH 문을 제외한 흐름 제어 문
- 로컬 데이터 변수 및 로컬 커서를 정의하는 DECLARE문
- 지역 변수에 값을 할당하는 식이 있는 SELECT 목록이 포함된 SELECT문
- 함수에서 커서 선언, 열기, 닫기, 할당 취소 등 로컬 커서를 참조하는 커서 작업. INTO 절을 사용하여 지역 변수에 값을 할당하는 FETCH 문만 허용되며 클라이언트에게 데이터를 반환하는 FETCH 문은 허용되지 않는다.
- 로컬 table 변수를 수정하는 INSERT, UPDATE 및 DELETE 문
- 확장 저장 프로시저를 호출하는 EXECUTE 문

### 사용자 정의 함수 중첩

사용자 정의 함수는 중첩될 수 있다. 즉, 하나의 사용자 정의 함수가 다른 사용자 정의 함수를 호출할 수 있다. 호출된 함수의 실행이 시작되면 중첩 수준이 늘어나고 호출된 함수의 실행이 끝나면 줄어든다. 사용자 정의 함수는 최대 32 수준까지 중첩될 수 있다.

> Transact-SQL 사용자 정의 함수의 관리 코드 참조는 32 수준의 중첩 제한에 대해 한 수준으로 계산된다. 관리 코드 내에서 호출된 메서드는 이 제한에 따라 계산되지 않는다.

### 함수 속성

이전 버전의 SQL Server에서 함수는 결정적 또는 비결정적으로만 분류되었다. SQL Server 2005 이상에서는 함수가 다음 속성을 가진다. 이러한 속성의 값은 지속 또는 인덱싱할 수 있는 계산 열에 함수를 사용할 수 있는지 여부를 결정한다.

| 속성 | 설명 |
|---|---|
| IsDeterministic | 결정적 함수에서는 로컬 데이터 액세스가 허용된다. 예를 들어 동일한 데이터베이스 상태에서 특정 입력 값 집합을 사용하여 호출할 때 항상 동일한 결과를 반환하는 함수는 결정적인 함수이다. |
| IsPrecise | 정확하지 않은 함수에는 부동 소수점 연산과 같은 연산이 포함된다. |
| IsSystemVerified | SQL Server에서 함수의 정확성 및 결정성 속성을 확인할 수 있다. |
| SystemDataAccess | 함수가 SQL Server 로컬 인스턴스의 시스템 데이터(시스템 카탈로그 또는 가상 시스템 테이블)에 액세스한다. |
| UserDataAccess | 함수가 SQL Server 로컬 인스턴스의 사용자 데이터에 액세스한다. 사용자 정의 테이블 및 임시 테이블은 포함되고 테이블 변수는 포함되지 않는다. |

Transact-SQL 함수의 정확성 및 결정성 속성은 SQL Server에서 자동으로 결정된다. CLR 함수의 데이터 액세스 및 결정성 속성은 사용자가 지정할 수 있다.

이러한 속성에 대한 현재 값을 표시하려면 OBJECTPROPERTYEX를 사용한다.

### 사용자 정의 함수를 호출하는 계산 열 인덱싱

사용자 정의 함수를 호출하는 계산 열은 사용자 정의 함수가 다음 속성 값을 가질 경우 인덱스에 사용할 수 있다.

- IsDeterministic = True
- IsSystemVerified = True(계산 열이 지속형이 아닌 경우)
- UserDataAccess = False
- SystemDataAccess = False

### 함수에서 확장 저장 프로시저 호출

함수 내부에서 호출된 확장 저장 프로시저는 클라이언트에 결과 집합을 반환할 수 없다. 클라이언트에 결과 집합을 반환하는 모든 ODS API는 FAIL을 반환하게 된다. 확장 저장 프로시저는 SQL Server 인스턴스에 다시 연결할 수 있지만 확장 저장 프로시저를 호출한 함수와 같은 트랜잭션에 조인하려고 시도해서는 안 된다.

일괄 처리나 저장 프로시저에서 호출하는 경우와 마찬가지로 확장 저장 프로시저도 SQL Server가 실행되고 있는 Windows 보안 계정의 컨텍스트 내에서 실행된다. 저장 프로시저의 소유자는 사용자에게 EXECUTE 권한을 부여할 때 이 점을 고려해야 한다.

### 함수 호출

스칼라 반환 함수는 스칼라 식이 사용되는 위치에서 호출할 수 있다. 여기에는 계산 열 및 CHECK 제약조건 정의가 포함된다. 스칼라 반환 함수는 EXECUTE 문을 사용하여 실행할 수도 있다. 스칼라 반환 함수는 적어도 두 부분으로 구성된 함수 이름을 사용하여 호출해야 합니다. 테이블 반환 함수는 SELECT, INSERT, UPDATE 또는 DELETE 문 FROM 절의 테이블 식이 허용되는 위치에서 호출할 수 있다.

### CLR 함수에서 매개 변수 및 반환 값 사용

CLR 함수에 매개 변수를 지정할 경우 매개 변수는 이전에 scalar_parameter_data_type에 정의된 SQL Server 형식이어야 한다. SQL Server 시스템 데이터 형식을 CLR 통합 데이터 형식 또는 .NET Framework 공용 언어 런타임 데이터 형식과 비교하는 방법은 Mapping CLR Parameter Data를 참조한다.

SQL Server에서 클래스에 오버로드된 올바른 메서드를 참조하려면 〈method_specifier〉에 지정된 메서드가 다음과 같은 특성을 가져야 한다.

[ ,...n ]에 지정된 것과 같은 수의 매개 변수를 받는다 ].

참조가 아닌 값을 기준으로 모든 매개 변수를 받는다.

SQL Server 함수에 지정된 유형과 호환되는 매개 변수 유형을 사용한다.

CLR 함수의 반환 데이터 형식이 테이블 유형(RETURNS TABLE)을 지정하는 경우 〈method_specifier〉에서 메서드의 반환 데이터 형식은 IEnumerator 또는 IEnumerable 형식이어야 하며 함수를 만든 이가 인터페이스를 구현하는 것으로 간주된다. Transact-SQL 함수와 달리 CLR 함수는 〈table_type_definition〉에 PRIMARY KEY, UNIQUE 또는 CHECK 제약조건을 포함할 수 없다. 〈table_type_definition〉에 지정된 열의 데이터 형식은 실행 시 〈method_specifier〉의 메서드가 반환한 결과 집합의 해당 열의 형식과 일치해야 한다. 함수를 만들 때는 이러한 형식 확인이 수행되지 않는다.

### 허용되지 않는 SQL 문

다음 Service Broker 문은 Transact-SQL 사용자 정의 함수에 포함될 수 없다.

- BEGIN DIALOG CONVERSATION
- END CONVERSATION
- GET CONVERSATION GROUP
- MOVE CONVERSATION

- RECEIVE
- SEND

### 함수 정보 보기

Transact-SQL 사용자 정의 함수의 정의를 표시하려면 함수가 존재하는 데이터베이스의 sys.sql_modules 카탈로그 뷰를 사용한다.

예를 들면 다음과 같다.

```
USE testDB;
SELECT definition, type FROM sys.sql_modules AS m
JOIN sys.objects AS o ON m.object_id = o.object_id AND type IN ('FN', 'IF', 'TF');
```

> ENCRYPTION 옵션을 사용하여 만든 함수의 정의는 sys.sql_modules로 확인할 수 없지만 암호화된 함수에 대한 다른 정보는 표시된다.

CLR 사용자 정의 함수에 대한 정보를 표시하려면 함수가 존재하는 데이터베이스의 sys.assembly_modules 카탈로그 뷰를 사용한다.

사용자 정의 함수에 정의된 매개 변수에 대한 정보를 표시하려면 함수가 존재하는 데이터베이스의 sys.parameters 카탈로그 뷰를 사용한다.

함수가 참조하는 개체에 대한 보고서를 보려면 sys.sql_expression_dependencies를 사용한다.

### 사용 권한

데이터베이스에 대한 CREATE FUNCTION 권한과 함수가 생성되는 스키마에 대한 ALTER 권한이 필요하다. 함수에 사용자 정의 형식이 지정되면 해당 유형에 대한 EXECUTE 권한이 필요하다.

### 정렬 순서 사용에 대한 지침

CLR 테이블 반환 함수에서 ORDER 절을 사용할 때는 다음 지침을 따른다

- 결과가 항상 지정된 순서로 정렬되도록 해야 한다. 결과가 지정된 순서로 되어 있지 않으면 쿼리가 실행될 때 SQL Server에서 오류 메시지가 발생한다.
- ORDER 절이 지정된 경우 테이블 반환 함수의 출력은 열의 데이터 정렬(명시적 또는 암시적)에 따라 정렬되어야 한다. 예를 들어 열 데이터 정렬이 중국어(테이블 반환 함수의 DDL에 지정하거나 데이터베이스 데이터 정렬로부터 가져옴)인 경우 반환되는 결과는 중국어 정렬 규칙에 따라 정렬되어야 한다.

ORDER 절이 지정되면 SQL Server에서 결과를 반환하는 동안 항상 쿼리 프로세서에서 추가 최적화를 수행하기 위해 ORDER 절을 사용할지 여부를 확인한다. 쿼리 프로세서에 유용한 경우에만 ORDER 절을 사용한다.

SQL Server 쿼리 프로세서는 다음과 같은 경우에 ORDER 절을 자동으로 활용한다.

- ORDER 절이 인덱스와 호환되는 삽입 쿼리
- ORDER 절과 호환되는 ORDER BY 절
- GROUP BY가 ORDER 절과 호환되는 집계
- 고유 열이 ORDER 절과 호환되는 DISTINCT 집계

SELECT 쿼리에도 ORDER BY를 지정하고 쿼리를 실행해야 ORDER 절에서 정렬된 결과를 얻을 수 있다.